法治建设与法学理论研究部级科研项目成果

THE TRIAL - CENTERED
REFORM OF
THE CRIMINAL PROCEDURAL
SYSTEM

以审判为中心的
刑事诉讼制度改革

兰跃军　著

社会科学文献出版社
SOCIAL SCIENCES ACADEMIC PRESS (CHINA)

目　录

绪　论

党的十八届四中全会通过《中共中央关于全面推进依法治国若干重大问题的决定》，将"推进以审判为中心的诉讼制度改革"作为"推进严格司法"，从而"保证公正司法，提高司法公信力"的具体措施之一，提出"推进以审判为中心的诉讼制度改革，确保侦查、审查起诉的案件事实证据经得起法律的检验，全面贯彻证据裁判规则，严格依法收集、固定、保存、审查、运用证据，完善证人、鉴定人出庭制度，保证庭审在查明事实、认定证据、保护诉权、公正裁判中发挥决定性作用"。习近平总书记就该项改革进行说明时指出："充分发挥审判特别是庭审的作用，是确保案件处理质量和司法公正的重要环节。我国刑事诉讼法规定公检法三机关在刑事诉讼活动中各司其职、互相配合、互相制约，这是符合中国国情、具有中国特色的诉讼制度，必须坚持。同时，在司法实践中，存在办案人员对法庭审判重视不够，常常出现一些关键证据没有收集或者没有依法收集，进入庭审的案件没有达到'案件事实清楚、证据确实充分'的法定要求，使审判无法顺利进行。"[1] 在谈到"推进以审判为中心的诉讼制度"的意义时，他指出："全会决定提出推进以审判为中心的诉讼制度改革，目的是促使办案人员树立办案必须经得起法律检验的理念，确保侦查、审查起诉的案件事实证据经得起法律的检验，保证庭审在查明事实、认定证据、保护诉权、公正裁判中发挥决定性作用。这项改革有利于促使办案人员增强责任意识，

---

[1]　习近平：《关于〈中共中央关于全面推进依法治国若干重大问题的决定〉的说明》，《〈中共中央关于全面推进依法治国若干重大问题的决定〉辅导读本》，人民出版社，2014，第61页。

通过法庭审判的程序公正实现案件裁判的实体公正，有效防范冤假错案产生。"①

为了贯彻落实"推进以审判为中心的诉讼制度改革"的要求，中央司法改革领导小组成立了由最高人民法院前副院长沈德咏为组长、各中央政法单位相关负责人为成员的司法改革项目领导小组，专门负责研究论证、部署落实"以审判为中心的诉讼制度改革"相关工作。最高人民法院 2015 年 2 月公布的《关于全面深化人民法院改革的意见——人民法院第四个五年改革纲要（2014—2018）》提出："到 2016 年底，推动建立以审判为中心的诉讼制度，促使侦查、审查起诉活动始终围绕审判程序进行。"中央全面深化改革领导小组 2016 年 6 月通过《关于推进以审判为中心的刑事诉讼制度改革的意见》，由最高人民法院、最高人民检察院、公安部、国家安全部、司法部 2016 年 7 月联合印发。

在中央加强顶层设计的同时，"推进以审判为中心的诉讼制度改革"成为我国法学界和法律界的一个热门话题，各种研讨会相继召开，各种理论研究成果不断涌现。② 全国各地也积极探索试点。成都市两级法院首先开展刑事庭审实质化改革试点，从 2015 年 7 月 1 日起在全市法院推开，从庭前准备到最终宣判的全程都按照庭审实质化的要求试验示范。截至 2016 年 10 月 15 日，全市法院共开实质化的试验示范庭 219 件，实现律师辩护全覆盖，召开庭前会议 146 件；申请排除非法证据 73 件，启动非法证据排除程序 18 件，排除非法证据 6 件；人证出庭作证 156 件，共计 249 名人证出庭；当庭宣判 84 件。试点案件上诉率为 4.57%，仅 1 件案件被改判。改革试点工作一年多，成都法院已构建起以繁简分流、轻案快办为前提，以庭前准备为基础，以证据"排非"、人证出庭、综合认证为重点，以专业化审判、静默化管控、信息化支撑为特色的庭审操作模式和工作推进体系，得到中央政

---

① 习近平：《关于〈中共中央关于全面推进依法治国若干重大问题的决定〉的说明》，《〈中共中央关于全面推进依法治国若干重大问题的决定〉辅导读本》，人民出版社，2014，第 61~62 页。

② 笔者以"以审判为中心"作为主题词在中国知网（CNKI）搜索，结果显示，自 2014 年 1 月至 2018 年 12 月 2 日，共发表论文 1600 篇。

法委和最高人民法院的充分肯定。① 天津二中院探索推出"两段式、不间断"审判模式，在做好庭前准备和案件信息对接的基础上即时随机分案、即时开庭、即时合议、即时宣判，促使诉讼各环节围绕庭审进行，发挥庭审的决定性作用。② 学者们对"以审判为中心的诉讼制度改革"普遍持肯定的态度，对推进该制度改革的实践难点、现实制约、改革限度有清醒认识，③ 但是，对该制度的内涵还存在不同看法，对推进该制度的历史背景认识不足，这些是本课题研究首先要解决的问题。

一　以审判为中心的诉讼制度的三重内涵

"以审判为中心的诉讼制度改革"是由最高人民法院首次建议并被中央司改文本认可的。作为中央提出的推进严格司法，防范冤假错案的一项具体措施，目前仍然是一项政策，有待通过法定程序上升为法律。学者们通过对十八届四中全会决定及说明中相关内容的解读，并结合域内外刑事诉讼理论和实践，从不同视角对其内涵作出界定。概括起来，主要有三种观点。

第一种观点认为，"以审判为中心"等同于"审判中心主义"。这种观点是目前的主流观点。陈光中教授认为，以审判为中心，理论界称之为审判中心主义，是与以侦查为重心的侦查中心主义相对而言的，其含义包括三个方面：一是审判在刑事诉讼程序中居于中心地位；二是庭审是审判中的决定性环节；三是庭审应努力实现集中审理。④ 龙宗智教授认为，由于诉讼是围绕法官建立心证，而法官建立心证的主要空间是法庭，因此，以审判为中心，以庭审为重点，是诉讼的"题中应有之义"。合理的诉讼事实确

---

① 参见周夕又《成都刑事庭审实质化改革经验将全国推广：试点至今案件上诉率仅 4.57%》，《四川法制报》2016 年 10 月 20 日，第 2 版。

② 参见李少平《推进以审判为中心的诉讼制度改革——在中国刑事诉讼法学研究会 2015 年年会上的专题报告》，载卞建林、孙长永主编《全面推进依法治国与刑事诉讼制度改革（中国刑事诉讼法学研究会年会文集 2015 年卷）》，中国人民公安大学出版社，2016，第 11～12 页。

③ 参见龙宗智《"以审判为中心"的改革及其限度》，《中外法学》2015 年第 4 期；张建伟《以审判为中心的认识误区和实践难点》，《国家检察官学院学报》2016 年第 1 期；李乐平《以审判为中心需关注现实制约》，《检察日报》2015 年 10 月 23 日，第 3 版。

④ 参见陈光中、魏晓娜《论我国司法体制的现代化改革》，《中国法学》2015 年第 1 期。

认机制，应当以一审庭审为中心。① "以审判为中心"的基本含义是：侦查、起诉活动应当面向审判、服从审判要求，同时发挥审判在认定事实、适用法律上的决定性作用。以庭审为中心，即实现庭审实质化，要求举证、验证、质证、认证在法庭展开，将庭审作为心证来源的主要渠道。② 闵春雷教授认为，"以审判为中心"应以审判活动为中心。侦查、提起公诉等活动应围绕审判进行并接受审判活动的审查和检验，其重心在于保障被告人的公正审判权。③

第二种观点主张从诉讼职能视角理解。樊崇义教授认为，"以审判为中心"是在我国宪法规定的分工负责、互相配合、互相制约的前提下，诉讼的各个阶段都要以法院的庭审和裁决关于事实认定和法律适用的要求和标准进行，确保案件质量，防止错案的发生。其内涵包括三个方面：一是审前程序的侦、诉两种职能，即公安和检察机关要形成合力，执行控诉职能；二是要充分发挥刑事辩护职能的功能和作用，坚持有效辩护、实质辩护，充分行使诉讼权利；三是审判法官要坚持审判中立原则，做到兼听则明，认真听取控辩双方的意见，严格依法断案，作出公正裁判。④ 谢佑平教授认为，建立以审判为中心的诉讼制度，就是要建立以审判职能为中心的诉讼制度，旨在在现有司法体制格局下强调发挥审判职能在整个诉讼中的控制性、平衡性和决定性作用。⑤ 最高人民法院前副院长沈德咏也认为，"以审判为中心"的实质是在刑事诉讼的全过程实行以司法审判标准为中心，核心是统一刑事诉讼证明标准。⑥

第三种观点认为，"以审判为中心"不同于"审判中心主义"。陈卫东教授认为，"以审判为中心"是"审判中心主义"的体现，但它有别于"审

---

① 参见龙宗智《论建立以一审庭审为中心的事实认定机制》，《中国法学》2010 年第 2 期。

② 参见龙宗智《"以审判为中心"的改革及其限度》，《中外法学》2015 年第 4 期。

③ 参见闵春雷《以审判为中心：内涵解读及实现路径》，《法律科学》2015 年第 3 期。

④ 参见樊崇义《"以审判为中心"的概念、目标和实现路径》，《人民法院报》2015 年 1 月 4 日，第 5 版。

⑤ 参见谢佑平《论以审判为中心的诉讼制度改革——以诉讼职能为视角》，《政法论丛》2016 年第 5 期。

⑥ 参见沈德咏《论以审判为中心的诉讼制度改革》，《中国法学》2015 年第 3 期。

判中心主义"。① 张建伟教授认为，"审判中心主义"的含义比"以审判为中心"内涵更为丰富，它包含但不限于"以庭审为中心"。② 还有学者认为，"审判中心主义"是一种理论模型，"以审判为中心"是一项改革政策，这两套话语体系出自不同语境，它们在制度愿景、改革内容、价值定位、推进路径等方面存在诸多分歧。③

第一种观点的内容是正确的，强调审判在刑事诉讼程序中的中心地位和庭审的决定性作用，立案、侦查、起诉都应当面向审判，服从和服务于审判的要求，从而实现庭审实质化。但是，"以审判为中心"是公检法"分工配合制约"原则下推进严格司法的一种制度安排，它不是改变公检法"分工配合制约"的宪法原则，也不涉及政法各机关地位高低、作用大小等问题，将其等同于"审判中心主义"，可能扩大其内涵与外延，在司法实务中引起误解。第二种观点主张从诉讼职能视角理解"以审判为中心"，要求统一刑事司法标准，其实质内容与第一种观点基本一致，强调保障审判职能的履行，控、辩、审三种职能都要围绕审判中的事实认定、法律适用标准和要求展开，但它并不等同于"审判中心主义"。笔者赞同第三种观点，认为"以审判为中心"作为一项诉讼制度，是中央在公检法"分工配合制约"原则下实现庭审实质化，从源头上防范冤假错案，保障公正司法而作出的一种制度安排，它与公检法"分工配合制约"原则一样，是具有中国特色的诉讼制度，我们应当坚持并不断完善。"以审判为中心"体现了"审判中心主义"的理念，但它只能是一种有限的"审判中心"，有别于"审判中心主义"，④ 也不能等同于以庭审为中心或"审判中心主义"。在中国语境下，笔者主张从诉讼关系、诉讼构造和诉讼结果三个方面理解"以审判为

---

① 参见陈卫东《以审判为中心推动诉讼制度改革》，《中国社会科学报》2014 年 10 月 31 日，第 A05 版。

② 参见张建伟《审判中心主义的实质内涵与实现途径》，《中外法学》2015 年第 4 期。

③ 参见樊传明《审判中心论的话语体系分歧及其解决》，《法学研究》2017 年第 5 期。

④ "审判中心主义"是近现代国家刑事诉讼普遍认同的一项基本原则，包括两层含义：一是整个刑事程序中，审判是中心，只有在审判阶段才能最终决定被告人的刑事责任问题；二是全部审判程序中，一审是中心，其他审判程序都是以一审为基础和前提的，既不能代替一审，也不能完全重复一审的工作。参见孙长永《审判中心主义及其对刑事程序的影响》，《现代法学》1999 年第 4 期。

中心"的内涵。

（一） 从诉讼关系的视角

"以审判为中心"是一个刑事诉讼关系命题，它适用于刑事公诉案件按普通程序进行审判的情形，自诉案件和公诉案件按简易程序或速裁程序进行审判并不适用。"以审判为中心"确定侦查、起诉和审判三种诉讼职能在刑事诉讼中的基本关系，要求侦查、起诉必须按照审判的要求进行，① 即从侦查开始，所有诉讼行为都要为审判作准备，侦查机关的侦查活动、公诉机关的审查起诉活动等都要以审判为目标，服务于审判，以期通过审判实现国家的刑罚权。② 这样，审判结果就不再仅仅是对侦查结论或起诉意见的确认，而应成为侦查、起诉行为的评判者，并引导和制约侦查、起诉行为。

以审判为中心的诉讼制度下，侦查、起诉、审判、执行四种诉讼职能都有明确分工，侦查的任务是调查、收集证据，并保证证据收集的合法性；审查起诉的任务是审查确认证据，为审判作准备；审判的任务是通过庭审认定事实，决定采纳和采信证据，并适用法律作出裁判；执行的任务是落实审判结果。

（二） 从诉讼构造的视角

诉讼应是原、被告和裁决者三方组合形成的一种结构，原、被告之间的诉讼对抗由中立且独立的第三方进行裁决，因此，对抗和判定是诉讼的基本法则。而"侦查中心主义"将刑事诉讼处理为一种由侦查到起诉再到审判的工序性作业，以线性关系代替"三角构造"，"诉讼"其实已不再成立。③

"以审判为中心"的刑事诉讼构造强调审判的中心地位，无论审前程序、审判程序还是执行程序，凡是认定事实或者涉及重要权利（或利益）的处分，都应当采取以裁判为中心的诉讼构造。侦查、起诉机关共同承担

---

① 参见龙宗智《"以审判为中心"的改革及其限度》，《中外法学》2015 年第 4 期。
② 参见陈光中、崔洁《司法、司法机关的中国式解读》，《中国法学》2008 年第 2 期。
③ 参见龙宗智《"以审判为中心"的改革及其限度》，《中外法学》2015 年第 4 期。

"控"的职能，在追诉职能的分工上，侦查是公诉的准备，侦查收集、固定证据是为了在庭审阶段支持公诉。"以审判为中心"的诉讼制度要求有效切断侦查与审判的直接关系，侦查、起诉阶段形成的案卷材料对裁判没有预决力。

（三）从诉讼结果的视角

"以审判为中心"的要旨在于确定诉讼结果的实质阶段不是侦查，而是审判。实质性审判要求政府与个人进行平等对抗，由不听命于政府的独立的法庭秉公裁决，且法庭审判具有实质性。[①] 审判尤其庭审是事实认定的中心环节，法庭上"发生的事情"对裁判者的裁判具有极大的制约作用，"审判案件以庭审为中心，事实证据调查在法庭，定罪量刑辩论在法庭，裁判结果形成于法庭"，从而形成诉讼以审判为中心、审判以庭审为中心、庭审以证据为中心的刑事诉讼新格局。

为此，笔者认为，以审判为中心的诉讼制度，就是指刑事诉讼程序应围绕审判程序设计，刑事诉讼过程应围绕审判活动展开，所有诉讼参与人权利通过审判方式获得保障，审判在刑事诉讼中具有中心地位，侦查是为审判服务的活动，起诉是为审判作准备的活动，执行是落实审判结果的活动，侦查、起诉和执行都要面向审判，服务审判，并服从审判的标准和要求。这就是说，"以审判为中心"的实质是以审判所要实现的公正司法为中心，它不仅包括实体审理的审判中心、程序控制的审判中心和法律适用的审判中心，[②] 而且包括程序设计的审判中心和权利救济的审判中心。这不仅要求审前程序为审判作准备，而且审判要反馈于审前程序，通过审前程序的司法控制，使审判具有发现、纠正并预防侦查、审查起诉错误，并为诉讼参与人权利提供司法救济的功能。在审判程序中，庭审尤其是一审庭审又是关键环节，在查明事实、认定证据、保护诉权、公正裁判中发挥决定性作用。本项目结合我国刑事司法体制，根据中央深化司法体制改革的各项部署，研究改革我国刑事诉讼有关程序、制度，使之符合以审判为中心

---

① 参见张建伟《审判中心主义的实质内涵与实现途径》，《中外法学》2015 年第 4 期。
② 参见龙宗智《"以审判为中心"的改革及其限度》，《中外法学》2015 年第 4 期。

的刑事诉讼制度的要求。核心是建立以裁判为中心的诉讼构造，实现庭审实质化，努力让人民群众在每一个司法案件中都感受到公平正义。

二 推进以审判为中心的诉讼制度改革的历史背景

十八届四中全会提出推进以审判为中心的诉讼制度改革，是基于特定的历史背景。概括起来，主要包括四个方面。

（一）境外刑事诉讼实行"审判中心主义"

无论英美法系、大陆法系，还是"程序转向"国家的诉讼都实行"审判中心主义"，刑事诉讼法典或刑事诉讼规则的体系构造是以审判为中心而设计的，整个刑事诉讼是以裁判为中心的诉讼构造。美国、德国、日本、法国、意大利、俄罗斯等国刑事诉讼法典（诉讼规则）体现了这一点。

美国是联邦制国家，没有全国性的统一刑事诉讼法典。《美国联邦刑事诉讼规则》共十章，根据该规则，美国刑事诉讼程序分为审判前程序、审判程序和审后程序三个阶段。一般刑事案件的诉讼流程大致包括 19 项内容，这些程序和流程都是以裁判为中心而构建的。无论法院是如何组织的，美国法院处理刑事案件的基本方式都是抗辩式诉讼程序。该程序的主要思想是法院依靠纠纷当事人出示决定案件的证据。[1] 英美法系当事人主义诉讼模式的基本特征是"当事人推进主义"和"当事人处分主义"，法官居中裁判。

《德国刑事诉讼法典》是以审判为中心的体系构造，分为八编。根据该法典，德国刑事诉讼程序分为三个阶段，即准备程序（侦查阶段）、中间程序（裁定是否开始审判程序）和主要审判程序。侦查阶段作为"公诉之准备"程序，设立在法典第二编"第一审程序"之中，其目的是为检察机关是否提起公诉作准备。《德国刑事诉讼法典》第 261 条规定："法院以全体审判人员形成的内心确信为基础，判断证据调查的结果。"这凸显了审判在刑事诉讼中的中心地位。

---

[1] 参见〔美〕爱伦·豪切斯泰勒·斯黛丽、南希·弗兰克《美国刑事法院诉讼程序》，陈卫东、徐美君译，中国人民大学出版社，2002，第 42~43 页。

《日本刑事诉讼法》也是以审判为中心的体系构造，它分为七编。"侦查"和"公诉"作为审判之准备程序，列入"第一审"程序。"侦查的目的是查明是否有犯罪嫌疑，决定是否提起公诉。侦查是为提起公诉而作准备。"审判程序是刑事诉讼程序的核心。只有在审判过程中才能发现真实事实和充分保障人权（"审判中心主义"）。这要求侦查人员必须认识到这一点：查明否认案件的事实真相还有待于法庭审判。因此，尽管日本刑事诉讼以"精密司法"著称，但 2006 年日本地方法院的无罪判决率达 0.13%，简易法院为 0.16%；2006 年否认案件的无罪判决率，地方法院为 2.56%，简易法院为 5.03%。① 这说明审判结果仍然是对许多侦查结论和起诉意见的否定。

《法国刑事诉讼法典》和《意大利刑事诉讼法典》虽然将刑事诉讼程序分为侦查、预审、审判、执行等诉讼阶段，但这些阶段分别由不同的法官负责，即侦查法官负责侦查，预审法官负责预审，审判法官负责庭审，执行法官负责执行，且每一个法官只能参与同一案件一个阶段的诉讼活动。《意大利刑事诉讼法典》确立了对抗制诉讼模式，与此相适应，刑事诉讼实行审判中心主义。审前收集到的信息仅仅是证据材料，原则上不允许在法庭审判过程中直接作为证据使用，控、辩双方的证据材料必须在法庭上以口头方式提出，经过当庭质证、辩论后才能作为定案的根据，法庭审判因此就成为整个刑事诉讼活动的中心。《俄罗斯联邦刑事诉讼法典》分为六个部分，第一部分是"通则"；第二部分是"审前程序"，包括"刑事案件的提起"和"审前调查"；第三部分是"法院诉讼程序"，包括"一审程序"、"二审程序"和"执行程序"；第四部分是"刑事诉讼的特别程序"；第五部分是"刑事诉讼领域的国际合作"。法官的诉讼行为涉及刑事诉讼全过程。

（二）中国古代和近代刑事诉讼也实行"审判中心主义"

中国从西周开始就建立审讯制度，法律规定在审讯时，"两造到庭、法官讯问"和"证人到庭质对"，诉讼的原告、被告必须到庭，接受司法官的

---

① 参见〔日〕田口守一《刑事诉讼法》，张凌、于秀峰译，中国政法大学出版社，2010，第 29、338 页。

讯问。《尚书·吕刑》说："两造具备，师听五辞。"五辞，即《周礼·秋官·小司寇》所言："以五声听狱讼，求民情，一曰辞听，二曰色听，三曰气听，四曰耳听，五曰目听。"就是说诉讼当事人双方都到法庭后，由司法官从五个方面去考察案情。而且，由于证人是重要的证据，在诉讼中被广泛使用，因此，审理案件必须有证人出庭作证。清末修律诞生的中国第一部刑事诉讼法典——《1911 年刑事诉讼律（草案）》借鉴德国、日本的做法，其框架体系是按照"审判中心主义"设计的。该法典将侦查和起诉作为"公诉"一部分，与"公判"一起，构成第二编"第一审"程序。从一审、上诉到再审、特别诉讼程序，最后是裁判的执行。

（三）中国现代"侦查中心主义"诉讼模式导致大量冤假错案

与境外国家（地区）刑事诉讼法典和《1911 年刑事诉讼律（草案）》不同，我国 1979 年、1996 年、2012 年和 2018 年刑事诉讼法都将刑事诉讼程序分为立案、侦查、审查起诉、审判和执行五个诉讼阶段，侦查、审查起诉和审判分别由侦查机关、检察机关、法院负责，实行"分工负责、互相配合、互相制约"原则，且侦查终结移送起诉、提起公诉和法院裁判的证据标准都是"案件事实清楚、证据确实充分"。侦查结论可以直接影响起诉决定和裁判结果，容易出现"起点错、跟着错、错到底"，或"公安造案、检察照办、法院宣判"的不良现象。一旦公安侦查终结认定有罪，检察就要起诉，法院就会定罪。这样，起诉和审判为侦查服务，检察机关依据非法证据提起公诉，法院对存有疑点的案件，也不敢作出无罪判决。

这种"侦查中心主义"诉讼模式导致"侦查失控"、"制约失灵"和"控辩失衡"。司法实践中发生的冤假错案，从杜培武案、佘祥林案到赵作海案，再到念斌案、呼格吉勒图案、陈满案、聂树斌案等，都诉说着"侦查中心主义"的罪恶行径。"从侦查中心"到"以审判为中心"是人类社会刑事诉讼制度的发展趋势，两大法系国家刑事诉讼制度的历史沿革就是例证。[①]

---

① 参见何家弘《从侦查中心转向审判中心——中国刑事诉讼制度的改良》，《中国高校社会科学》2015 年第 2 期。

（四）"以审判为中心"的诉讼制度契合当前中国司法改革的要求

2018 年刑事诉讼法体现了"以审判为中心"的基本精神和要求，"以审判为中心"在我国具备法律基础。但在实践中，刑事诉讼的运作却呈现"侦查中心主义"诉讼模式。虽然绝大多数刑事案件都能做到犯罪事实清楚，证据确实、充分，但还是有的案件"带病"起诉到法院，导致法院定放两难。如果勉强定罪，极有可能冤枉无辜，错判的隐患极大；如果判处被告人无罪，又面临诉讼程序内外的压力，容易引发被害方上访、闹访。近年来，刑事诉讼法的全面贯彻落实情况不容乐观，特别是近几年发现的一系列重大冤假错案，导致司法公正性面临质疑，司法公信力和权威性受到较大影响。随着司法在社会治理领域的重要性不断提高，中央越来越重视司法领域存在的突出问题。在这种背景下，十八届三中全会作出全面深化改革的决定，并提出完善人权司法保障制度，"深化司法体制改革，加快建设公正高效权威的社会主义司法制度，维护人民权益，让人民群众在每一个司法案件中都感受到公平正义"。十八届四中全会作出全面推进依法治国的决定，加强人权司法保障，将"保证公正司法、提高司法公信力"确定为司法改革的重要内容，要求"推进严格司法"，并提出推进以审判为中心的诉讼制度改革，努力让人民群众在每一个司法案件中感受到公平正义。党的十九大报告进一步提出"深化司法体制综合配套改革，全面落实司法责任制，努力让人民群众在每一个司法案件中感受到公平正义"，从而深化依法治国实践，加强人权法治保障。这为落实以审判为中心的刑事诉讼制度改革提供了配套机制。

第一章 以审判为中心的诉讼制度的
基本特征

从立法规定和司法实践看，境外国家（地区）"审判中心主义"的诉讼制度具有许多共同特征。这些特征为我国推进以审判为中心的刑事诉讼制度改革，突破改革面临的一系列理论困境、实践难点和现实制约等指明了方向。笔者认为，以审判为中心的刑事诉讼制度具有六个方面的基本特征。

一 以裁判为中心的诉讼构造

审判作为法院的基本职能，包括审理和裁判两方面内容。法院行使裁判权的目的是定纷止争，使被破坏的社会秩序恢复到安定的状态，并且使合法权益受到损害的主体得到应有的赔偿或补偿，使违法犯罪行为受到应有的处罚。虽然两大法系国家（地区）刑事诉讼程序从基础理念到诉讼程序设计方面存在较大差异，但大体上具有以裁判为中心的诉讼构造模式。这种构造模式有两个极为重要的理论基础——司法最终裁决原则和控审分离原则。① 这种以裁判为中心的诉讼构造，是审判中心主义诉讼制度的核心与支柱，它贯穿刑事诉讼全过程，包括审前程序、审判程序和审后程序，要求刑事诉讼中所有争议事实的认定，无论是实体法事实还是程序法事实，都应当以裁判的方式解决，不存在通过行政机制解决事实争议或权利救济问题。境外以裁判为中心的诉讼构造不仅体现在其刑事诉讼法或诉讼规则的框架体系上，而且贯彻在具体诉讼制度设计、刑事诉讼法教科书编写，

---

① 参见陈瑞华《从"流水作业"走向"以裁判为中心"——对中国刑事司法改革的一种思考》，《法学》2000 年第 3 期。

以及刑事司法实践中。这种诉讼构造具有六个方面特点。

（一）侦查阶段普遍存在一个中立的司法机构，负责就所有涉及个人基本权益的事项进行司法授权和司法审查

英国《1984 年警察与刑事证据法》规定，在侦查阶段，搜查房屋、逮捕或者授权在警察局继续羁押犯罪嫌疑人必须由治安法官签发令状。第 78 条允许法庭拒绝任何种类的证据，只要法庭认为采纳这样的证据将对程序的公正性产生如此严重的损害以至于法庭不应当采纳该证据。《德国刑事诉讼法典》规定了侦查法官权能，拘传和审前羁押、扣押物品、搜查、身体检查、对私人通信的秘密监控（包括邮件检察、电子通信的监控与记录、影像监视和记录等）等，都需要侦查法官发布命令才能实施。在紧急情况下，法律有例外规定，但有关机关需要在法定期间内报告侦查法官审查。日本宪法第 33 条和第 35 条规定，没有法官签发的令状，原则上任何人不受拘留，也不得侵入、搜查或扣押任何人的住所、文件以及所有物品。这个原则称为令状主义。根据《日本刑事诉讼法》第 179 条第 1 款规定，强制措施只有在法定情况下才允许实施，此即强制措施法定主义。根据令状主义原则，强制措施由司法控制，它只能通过法定程序由法官签发令状才允许实施。[①] 境外司法审查制度的核心理念在于由中立的司法官员通过听证程序来控制刑事诉讼的进程，这不仅体现在审判程序中，也应体现在审前程序中。此即我们常说的"审判中心主义"。

（二）在整个诉讼过程中，那些权益受到限制或剥夺的公民可以向法院提起诉讼，从而引发法院就此事项进行的司法裁判活动

美国联邦宪法第 1 条规定，公民享有获得人身保护令救济的权利。当政府机关违反宪法或法律的根本原则而拘禁公民时，该公民有权请求法院签发人身保护令，命令拘禁机构予以释放。大陆法系国家（地区）刑事诉讼的本质虽然是以国家或社会为本位的，但他们通过分类设置审前法官（侦

---

① 参见〔日〕田口守一《刑事诉讼法》，张凌、于秀峰译，中国政法大学出版社，2010，第 32~33 页。

查法官或预审法官）、庭审法官和执行法官等，在刑事诉讼全过程为那些权益受到限制或剥夺的公民提供司法救济。《欧洲人权公约》规定，缔约国应当保证每个公民享受公约列举的权利与自由。任何公民在他享有的本公约规定的权利与自由受到侵犯时，有权向国家当局要求有效的补救，即使上述侵犯行为是担任公职身份的人员所为。一旦公民用尽国内救济渠道，还不能获得有效补救，他可以向欧洲人权法院申请救济。欧洲人权法院的裁决，对缔约国具有约束力。《德国基本法》第 19 条第 4 款规定，任何人权利受到公共权力侵犯时，都可以要求法院对这种侵犯进行审查。《意大利刑事诉讼法典》规定的保障措施包括预防性保障措施和一般性保障措施。前者目的是临时性地限制人身自由，通常发生在初期侦查的前阶段。后者包括有关人身保障方面的措施和有关物品财产方面的保障措施，都是由司法权力机关决定实施的，它可以发生在初期侦查阶段，由初期侦查法官作出决定；侦查结束后，在侦查终结阶段有预审法官介入，在预审阶段由预审法官作出决定；它也可以发生在审判阶段，由庭审法官作出决定。①

（三）对于检察机关所作的起诉或不起诉决定，司法机关可以进行司法审查

英美法系国家（地区）通过治安法官或陪审团对检察机关的起诉决定进行审查。美国刑事案件是否起诉，根据案件属于重罪还是轻罪、轻微罪，分别由检察官、大陪审团或者法官进行审查决定。如果犯罪嫌疑人已经被逮捕，决定起诉一般要经过检察官审查同意。在重罪案件中，一般要经过大陪审团或者法官预审方式的审查，如果大陪审团认为证据具备可能性根据，就签署大陪审团起诉书。由法官预审听证审查时，法官举行听证会，如果认为证据足以支持检察官的指控时，检察官则向重罪法院提交起诉书。大陆法系国家（地区）通过专门的预审程序对起诉进行审查，同时通过"强制起诉"（或"准起诉"、"交付审判"）程序对检察机关的不起诉裁量权进行制约。《德国刑事诉讼法典》第 199 条至第 211 条设置了"裁判是否开始审判程序"（又称"中间程序"），由法院对检察院提起公诉进行审查，

---

① 参见宋英辉等《外国刑事诉讼法》，法律出版社，2006，第 492～517 页。

以决定是否开启审判程序。该程序的一个显著特征是，所有的裁判者均由职业法官担任，其功能主要包括两个方面：一是由一个独立的法官或法官委员会以不公开审理的方式，对案件继续进行合法性和必要性作出决定，并尽量避免使当事人受到不平等的审判；二是使被告人在接到起诉书后，能再有机会通过对证据调查的申请反过来影响是否开庭审判的决定。[①] 对于检察院决定不起诉的案件，《德国刑事诉讼法典》第172条至第177条设置了"强制起诉"制度，赋予被害人将检察院作出的不起诉决定提交中立的法院进行司法审查的权利，以此来限制检察官的自由裁量权。

（四）法院通过法庭审判，可以对审判前活动的合法性继续进行审查

英美证据法的一项重要内容就是证据排除规则。美国是非法证据排除规则的发祥地，非法证据排除规则的适用范围已经不限于排除非法口供以及非法搜查、扣押的证据，还包括非法逮捕、非法监听、诱惑侦查等所获得的证据，以及"毒树之果"，但存在若干例外。非法证据根据利害关系人申请，由法官审查决定是否排除。根据联邦和多数州法律规定，在法官对排除证据的申请进行审查和决定的听证程序中，陪审团不得参加。大陆法系国家（地区）刑事诉讼法或证据法规定了证据排除规则或证据禁止法则。《意大利刑事诉讼法典》第191条规定："在违反法律禁令的情况下获得的证据不得加以使用，同时可以在任何阶段和审级中指出上述证据的不可使用性。违反了排除规则的行为，在程序的各个阶段及审级中均可构成提起上诉的理由。"该条采用使违法行为无效的方法，最主要的目的是用来限制法官在证据取舍评断中的自由度和保障被告人的相应人身权。《俄罗斯联邦宪法》第50条第2款规定："在进行审判时不允许使用违反联邦法律取得的证据。"为此，《俄罗斯联邦刑事诉讼法典》第75条规定，凡是违反本法典的要求获得的证据不允许采信，不允许采信的证据不具有法律效力，不得作为指控的根据，也不得用来证明法律规定的应该证明的情况。为了保

---

① 参见〔德〕克劳思·罗科信《刑事诉讼法》（第24版），吴丽琪译，法律出版社，2003，第377~378页。

证该规则的实现，该法典第三部分在"法院诉讼程序"中设置了"庭前听证"程序，以解决证据是否排除的问题。

（五）记载着控方证据和结论的案卷材料，对法院不具有任何预定的效力

《德国刑事诉讼法典》规定，法院为了发现真实，依照职权必须调查对裁判有意义的所有事实和证据（第244条第2款）。这意味着，法院必须争取使用所有可能获得的最佳证据：如果法院可以传唤目击证人，就不能以听取询问过该证人的警察的证言，或者宣读询问该证人的笔录来代替（第250条）。它明确了证人证言优先于书面证据，保留了审判作为查明案情中心环节的特色，即形成判决事实基础的任何东西都必须在审判中被"实况地"提交；单单是先前陈述的复制品是不够的。在德国司法实践中，该原则使用得相当灵活。直接原则的目的不在于排除传闻证据，它甚至允许传闻证人出庭。[1] 法典第251条规定了"宣读笔录"，作为直接原则的例外。与直接原则相适应，该法第261条和第264条规定了言词辩论原则，要求当事人务必在场以言词陈述进行攻击或防御，以此使负责审判的法官通过听取言词陈述和察言观色来建立确信，就被告人是否有罪问题作出独立自主的裁判。也就是说，"法院应当以全体审判人员形成的内心确信为基础，判断证据调查的结果"（第261条）。"法院不受开始审判程序的裁定所依据的对行为的评断之约束。"（第264条第2款）根据这两项原则，在德国，卷宗的内容原则上不得作为裁判的依据，其他所有在审判程序外所获得的数据来源均不得作为判决的基础。[2] 我国《澳门刑事诉讼法典》规定了直接作证原则："须向证人询问其直接知悉且为证明对象之事实"（第115条第1项），"作证言系一亲身行为，在任何情况下均不得透过授权人为之"（第125条第1项）。同时，该法第116条规定了传闻证据规则及若干例外。

---

[1] 参见〔德〕托马斯·魏根特《德国刑事诉讼程序》，岳礼玲、温小洁译，中国政法大学出版社，2004，第183~187页。

[2] 参见〔德〕克劳思·罗科信《刑事诉讼法》（第24版），吴丽琪译，法律出版社，2003，第429~441页。

（六）法院与检察机关在组织和运作方式上具有明显区别

以德国为例，虽然检察机关是根据法院组织法设立的，但在办理案件时，检察机关和检察官并非像法院和法官一样享有独立权。从宪法权力分立来说，检察机关属于政府行政部门，不是司法部门。德国检察院的组织是分等级的。检察机关办理刑事案件需要依据上级长官的职务指令行事。这些与法院作为司法机关依法独立行使司法权都是明显不同的。根据《德国基本法》第 92 条规定，检察机构需受上级指示的约束，检察官所作出的决定不像法官作出的判决那样具有法律效力。但检察机构也不是行政机构，检察机构在刑事司法功能的分配上与法院有密切的联系，其承担的职责与法官一样，以法律价值的真实性和公正性为价值取向，而不管行政的需求如何。在侦查阶段，只有法官才具有完全的强制力，检察机关只有限制性的强制力。检察机关无权作出羁押和拘留决定，无权主持宣誓以及在特定的案件中下令扣押、检查身体、抽验血液，无权吊销驾照和暂时收容观察。只有在紧急的案件中，检察官才被允许采取一些强制性侦查措施，并且均需取得法官的认可或同意。

关于我国"流水作业式"诉讼构造及其局限性，陈瑞华教授概括为七个方面。[①] 推进以审判为中心的诉讼制度改革，实现从"流水作业式"诉讼构造走向以审判为中心的诉讼构造，是克服上述局限性的根本出路。这要求我们在程序设计上以审判为中心，去除刑事诉讼中的各种行政程序。同时，在权利救济和程序控制上以法院为中心，切实保障人民法院依法独立行使审判权。具体将在下文论述。

二 审前程序司法控制

在审前程序中以司法权制衡侦查权和不起诉裁量权，保持侦查行为和起诉行为必要的谦抑性，是境外国家（地区）刑事诉讼的通行做法。法院不仅应当主导审判程序，而且对审前程序有一定的监督和控制作用。诉讼

---

① 参见陈瑞华《从"流水作业"走向"以裁判为中心"——对中国刑事司法改革的一种思考》，《法学》2000 年第 3 期。

法学理论和实践均表明，实施调查的国家权力，如仅依靠自律，不足以抑制其不适当、不合法地侵犯公民权利的冲动。在实现侦查效益从而实现国家刑罚权的国家任务与保护个人和社会组织不受非法侵犯的个体性权利之间，需要一种权衡与判定，进而实现刑事司法中的价值平衡。而抑制国家权力的违法侵权冲动，以及平衡刑事调查中的不同利益并作出裁断的机制，就是法院对审前程序的司法控制，包括对强制侦查行为的司法审查，以及对于权利保护诉求进行判断并实施司法救济的机制。这就是程序意义上的"以审判为中心"。① 如果没有审前程序中对限制人身自由权、财产权等基本人权的强制措施的司法审查制度，就不可能有最终的公正审判制度。在这个意义上，审前的司法审查与"审判"在保障基本人权方面具有完全相同的功效。只有"审判"而无审前的司法审查制度，是一种不完整的司法审判制度及权利保障制度。② 以审判为中心的诉讼构造通过在侦查阶段设置一个中立的司法机构，负责就所有涉及个人基本权益的事项进行司法授权和司法审查；由法院对那些权益受到限制或剥夺的公民提供司法救济；以及由法院对检察机关所作的起诉或不起诉决定进行司法审查，就是审前程序司法控制的重要内容。

美国学者赫尔伯特·帕卡提出刑事诉讼正当程序模式和犯罪控制模式两种模式理论。正当程序模式十分重视法的形式，重视证据排除规则和对辩护权的保障，认为非司法的程序有犯错误的可能性，强调通过司法程序"发现真实"的重要性。而犯罪控制模式以信赖侦查机关和追诉机关为基础，以保护社会的自由作为刑事司法的目的，认为认定犯罪嫌疑人、确定有罪、处罚犯罪是最重要的。③ 因而，前者得到越来越多国家（地区）刑事诉讼法确认，而后者逐渐被抛弃。在英国，除了在法定紧急情况下实施的无证搜查、无证逮捕等例外情形，警察进行搜查或者逮捕时，必须取得治安法官的授权。逮捕犯罪嫌疑人之后，警察自行决定的羁押期限不得超过36小时。在逮捕后法定羁押期限结束后，如果警察认为还有必要对犯罪嫌疑人继续进行羁押，必须向治安法院申请签发进一步羁押的令状，由治安

---

① 龙宗智：《"以审判为中心"的改革及其限度》，《中外法学》2015 年第 4 期。
② 龙宗智：《强制侦查司法审查制度的完善》，《中国法学》2011 年第 6 期。
③ Herbert Packer, *The Limits of the Criminal Sanction*, Stanford University Press, 1968, p. 158.

法院对羁押的理由进行审查。对此申请，治安法院一般要举行听审，由警察与犯罪嫌疑人作为控辩双方参与并充分发表意见，然后再作出批准或者不批准延长羁押期限的裁决。检察机关对侦查终结的案件进行审查，以确定案件是否符合起诉的条件。检察官认为案件符合起诉条件的，决定提起公诉。1994 年以后，检察官通知被告人案件由刑事法院审理，被告人有权提出驳回起诉的申请，是否同意该申请由治安法官审查决定。预审的主要功能是审查证据是否符合起诉的要求，从而将被告人交付审判，同时保障被告人的合法权利不受警方滥用职权的侵犯。

法国审判前的诉讼活动包括侦查、预审和起诉。预审与追诉、审判一样，是刑事诉讼的一项独立职能。预审由预审法官负责，预审法官具有侦查者和裁判者的双重身份，负责进行侦查，依法进行其认为有益于查明事实真相的一切侦查行为，查找有罪证据与无罪证据，并且在实施侦查行为之前或者其后，可以作出"具有司法裁判权性质的决定"。对于预审法官作出的这种决定，包括不起诉和释放犯罪嫌疑人的裁定，检察官可以经上诉途径向上诉法院预审庭提出复议。所有重罪案件必须进行预审，由预审法官直接向重罪法庭提出起诉决定书。轻罪案件可以选择性地进行预审。违警罪案件根据检察官的要求进行预审。凡是涉及剥夺人身自由或司法裁判权性质的决定，都应当由预审法官或自由与羁押法官作出或批准。[①] 日本学者田口守一将刑事案件分为自白案件和否认案件。他认为，侦查的目的是查明是否有犯罪嫌疑，决定是否提起公诉。侦查是为了提起公诉而作准备。对于很多犯罪嫌疑人自白的案件，为了不起诉而进行侦查活动和防御活动。对于重大案件和犯罪嫌疑人否认犯罪的案件，侦查活动开始时就是以审判为目的进行的。在侦查时要考虑到决定起诉或者不起诉与准备审判这两方面的问题。[②] 在侦查阶段，除非法律规定的例外情形，强制措施既要贯彻法定主义，又要实行令状主义，只能通过法定程序由法官签发令状才能实施。在起诉阶段，由于国家追诉主义和起诉垄断主义容易产生官僚主义，而起

---

① 参见〔法〕贝尔纳·布洛克《法国刑事诉讼法》（原书第 21 版），罗结珍译，中国政法大学出版社，2009，第 357~467 页。

② 参见〔日〕田口守一《刑事诉讼法》，张凌、丁秀峰译，中国政法大学出版社，2010，第 29 页。

诉便宜主义易使检察官恣意与独断，法律设置了"准起诉"制度、检察审查会制度，以及对作出送回裁定的少年案件的强制起诉制度等，对检察官的追诉裁量权予以控制。

根据我国公检法三机关"分工配合制约"原则，公安机关负责侦查，检察机关负责审查起诉，法院负责审判。在司法实践中，法院不介入审前程序，只有通过庭审阶段的非法证据排除对审前程序实行有限的司法审查，而侦查阶段除批准逮捕由检察机关审查决定外，其他强制性侦查行为都由公安机关自行决定。而检察机关又是唯一公诉机关，不符合中立要求。这不利于审前程序人权司法保障。因此，如何对"法院负责审判"进行扩大解释，使之既包括审判程序的审判，也包括审前程序的裁判活动，将法院活动范围从审判程序延伸到审前程序，同时将法官区分为审前法官、庭前法官、庭审法官和执行法官，由审前法官负责对审前程序中各种程序性争议进行裁判，包括对各种强制性诉讼行为实行司法授权与司法审查、依申请对检察机关批准逮捕活动实行司法审查、为权利受到侵犯的公民提供司法救济等，从而实现审前程序的司法控制。这是推进以审判为中心的诉讼制度改革，实现程序控制的审判中心面临的任务。

三 统一刑事司法标准

以审判为中心的诉讼制度，就是要在刑事诉讼全过程统一刑事司法标准，以刑事司法审判标准为中心。"以审判为中心"意味着庭审实质化、证据规则严格化。侦查和起诉所收集、组织的证据能否被采信，指控的犯罪事实能否成立，都由审判决定。这对侦查与起诉双方加强协作产生倒逼作用，要求公安机关与检察机关在办案过程中，必须以审判为风向标，以审判的标准进行侦查取证和审查起诉，确保刑事追诉的准确性，而不能仅仅追求办案数量、批捕率以及完成考核任务，更要将视野扩大至审判阶段，以审判的标准进行侦查取证，使办案程序、认定的案件事实和收集的证据经得起法庭审判的质疑。这种统一刑事司法标准主要表现在四个方面。

（一）法律适用统一

对于刑事诉讼法适用过程中需要进行的司法解释，境外均贯彻"以司法为中心原则"，侦查机关应遵从起诉机关，负责追诉犯罪的起诉机关和侦查机关应遵从负责审判的法院，以此体现"审判中心主义"要求；不同部门对刑事诉讼中的相关问题所作的规定，如果存在差异，应以司法机关的解释性规定为准。① 这样保证在诉讼全过程适用法律的统一性。《法国刑事诉讼法典》将追诉、预审、审判规定为刑事诉讼的三种基本职能。预审和审判分别由预审法官、审判法官负责，追诉由检察机关负责。检察机关决定是否追诉时，应当审查追诉是否具备合法性和适当性。所谓追诉的合法性是指追诉的法定条件是否已经具备，首先就应当详细审查犯罪是否确实属于刑事法律条文所规定的范围，确认法官可能宣告有罪判决的各项条件是否已经具备，并确定犯罪嫌疑人在犯罪中的角色。这就要求检察机关审查追诉适用的法律与法官判决适用的法律一致，从而实现审前程序和审判程序法律适用的统一。《日本国宪法》第 77 条和第 81 条规定，最高法院有权就诉讼程序、律师、法院内部纪律以及司法事务处理等事项制定规则。检察官对最高法院的规则必须服从。虽然检察官和司法警察都有侦查权，但检察官对司法警察的侦查具有指示、指挥权，司法警察应当服从。而最高法院对一切法律、法令、规则和处分是否符合宪法具有决定权。这样，可以保证在刑事诉讼全过程中法官、检察官、司法警察适用法律标准的统一。

（二）裁判主体统一

境外刑事诉讼都实行以裁判为中心的诉讼构造，不仅审判程序由法官负责，而且审前程序实行司法控制，由法官负责司法授权和司法审查，提供司法救济，执行程序中争议事实的解决也由法官裁判。因为，裁判具有终局性，侦查、审查起诉工作是否符合法律规定、是否达到法定标准，不是由哪个人或哪个部门说了算，最终需要通过也只能通过公开、公正的裁判加以检验和确认。只有通过审判这一最终环节，才能将统一但抽象的法律标准"落地"为具体的司法标准。根据《法国刑事诉讼法典》规定，

---

① 参见王敏远《2012 年刑事诉讼法修改后的司法解释研究》，《国家检察官学院学报》2015 年第 1 期。

刑事诉讼程序分为侦查、预审、审判、执行四个阶段。初步侦查由司法警察负责。在尚未开始侦查的情况下，司法警察负责查证、勘验违反刑事法律的犯罪，收集犯罪证据以及查找犯罪行为人。在已经开始侦查的情况下，司法警察对预审法官提供帮助，执行预审法庭委派的事务并依据其指令开展工作。大审法院设一名或多名执行法官，主持该院"刑罚执行委员会"，负责判决执行工作。这样，整个审前程序由预审法官负责，审判程序由审判法官负责，执行程序由执行法官负责，实现刑事诉讼全过程中裁判主体的统一。

（三）证据标准统一

刑事诉讼以审判为中心，确保侦查、审查起诉的事实证据经得起法律的检验，要求侦查、审查起诉阶段收集证据和认定事实严格按照审判阶段的证据标准进行，这样才能保证这些事实证据进入审判程序尤其是庭审过程中，能够经受住控辩双方质证辩论，从而被庭审法官采信，作出可接受的裁判。这要求从侦查开始，侦诉机关就要有服务法院审判、遵照法院审判标准的办案意识。法院定罪和量刑时需要什么样的证据、证据达到何种证明要求，侦诉机关就应当收集和提供这些证据，而不能仅仅是"我办我的、你判你的"，侦查终结将案子移送了事。[①] 统一证据标准既是统一裁判主体参与刑事诉讼全过程的应然结果，也是刑事诉讼各阶段统一法律适用的具体表现。《俄罗斯联邦刑事诉讼法典》第 17 条规定证据自由评定原则，任何证据都不具有事先确定的效力。法官、陪审员以及检察长、侦查员、调查人员根据自己基于刑事案件中已有全部证据的总和而形成的内心确信，同时遵循法律和良知对证据进行评价。而且这种内心确信不得是推测和随意的。对每一个证据都应该从它的关联性、可采性、真实性的角度进行评价，而对所有收集到的证据的总和，要从是否足够解决刑事案件的角度进行评价（第 88 条）。这样，无论审程序还是审判程序，法官、陪审员以及检察长、侦查员、调查人员结论形成的基础都应该是有关联的、真实的、可采信的证据的总和。

---

① 参见陈卫东《"以审判为中心"与审前程序改革》，《法学》2016 年第 12 期。

（四）救济途径统一

为了统一刑事司法标准，解决审判前程序和审判程序中各级刑事司法机关及其工作人员对司法审判标准理解所产生的争议，提高刑事裁判的可接受性，境外刑事诉讼法都设置了专门的法律审或非常上诉途径，由最高法院提供最终救济。法国刑事诉讼实行两审终审制，《法国刑事诉讼法典》第三卷规定了"非常上诉途径"，其中第一编就是"向最高司法法院提起上诉"，上诉法院预审法庭的裁定，以及重罪案件、轻罪案件与违警罪案件的终审判决，一旦有违反法律之情形，经检察院或权益受到裁定或判决损害的当事人向最高司法法院提出上诉，可以按照不同情况予以撤销（第567条）。该编第六章"为维护法律之利益向最高司法法院提起上诉"，规定了检察机关为维护法律利益而提起抗诉的两种不同形式，目的都是审查、纠正原审法院法官所作裁判中存在的法律意义上的错误，主要是司法审判标准理解与适用方面的错误，从而保证正确适用法律，维护不同法院对同类案件判决和司法标准的统一。在意大利，向最高法院上诉为所有案件判决提供了统一救济途径，只要具备法定理由，即适用法律上或诉讼程序上有错误，它是不可限制和禁止的。它既可以给那些不允许上诉的案件提供上诉途径，同时也提供了一种有效的直接上诉方法——越过普通上诉程序直接向最高法院进行上诉。而且在上诉过程中自动中止原来判决的执行。日本刑事诉讼中非常上诉的管辖法院是最高法院，申请理由是审判违反法令，包括原判决违反法令和违反诉讼程序，该程序的目的也在于统一解释法令。

根据我国2018年刑事诉讼法第162条、第176条和第200条规定，侦查终结、提起公诉和定罪判决都应当达到"事实清楚，证据确实、充分"的证据标准。第175条第1款规定，检察机关审查案件时，"可以要求公安机关提供法庭审判所必需的证据材料"。这体现了"以审判为中心"的内涵。但在实际执行中，依据"分工配合制约"原则，公检法三机关分别要对侦查、审查起诉和审判负责，警察、检察官、法官在侦查、审查起诉、审判三个阶段对该证据标准往往有不同理解，执行标准不一，而立法又没有设置专门的非常救济途径，从而导致审前程序缺乏对审判程序应有的重视，审判程序缺乏对审前程序有效的制约。这是导致有的案件从源头上就出现问题，而后续程序又难以发挥制约、纠错功能的重要原因。因此，只有推行以审判中心的诉讼制度，统一刑事司法标准，才能有效破解这一妨碍公正司法的突出问题。有的地方政法单位已经进行这方面尝试。据悉，为了统一刑事司法标准，加快实现法院审判以庭审为中心，进而促进整个诉讼程序以审判为中心，贵州省高院与省检察院、省公安厅针对该省公、检、法机关对刑事证明标准的理解不统一，在刑事案件证据的收集、固定、保存、审查和运用上不规范等问题，2016 年 6 月共同研究制定了贵州省《刑事案件基本证据要求》，对各类刑事案件都通用的基本证据要求予以规范，并对几类常见案件提出个别化的证据要求。①

四 贯彻证据裁判原则

古罗马谚语：无证据，不事实。英国法学家边沁认为，证据是正义的基石。② 证据裁判原则要求以证据作为裁判的依据，没有证据不得认定事实。大陆法系国家（地区）刑事诉讼法大都对证据裁判原则作了规定。《日本刑事诉讼法》第 317 条规定："认定事实，应当依据证据。"《韩国刑事诉讼法》第 307 条规定："认定事实，应当根据证据。"我国台湾地区"刑事诉讼法"第 154 条规定："犯罪事实应依证据认定之，无证据不得认定犯罪事实。"《法国刑事诉讼法典》第 427 条规定："除法律另有规定外，犯罪得以任何证据形式认定，并且法官得依其内心确信作出判决。法官只能以在审理过程中向其提出的，并在其当面经对席辩论的证据为其作出裁判决定的依据。"英美法系国家（地区）虽然没有明确规定证据裁判原则，但其证据制度中有大量关于证据可采性的规则，这些规则与证据裁判原则的基本精神是一致的。《美国联邦刑事诉讼规则》第 11 条 f 规定了"答辩的正确性"，即"法院在受理有罪答辩时，应当审查答辩的事实基础。如果不能认为该事实存在，就不能根据该答辩宣告判决"。这里所说的"审查"答辩的"事实基础"，是指通过质问被告人，要求检察官和辩护人说明案件内容等

---

① 参见涂林念《我省发布〈刑事案件基本证据要求〉统一刑事司法标准》，《贵州日报》2016 年 6 月 14 日，第 2 版。
② 〔英〕威廉·特文宁：《证据理论：边沁与威格摩尔》，吴洪淇、杜国栋译，中国人民大学出版社，2015，扉页。

适当的方法，法院只要认为"被告人不是要对荒诞无稽的事实进行有罪答辩"即可。这就意味着是"事实的基础"。这种认定"事实的基础"作为法院宣告有罪判决的条件，与"证据调查"很接近。因为控罪答辩制度是基于"被告人的有罪答辩"而认定有罪的制度，所以在该制度适用之前就涉及被告人自己决定权的要素，如果要求"由法院进行审查"，那么这种审查接近于"用证据（自白）进行裁判"。①

证据裁判原则作为证据法的一项基本原则，包括三层含义。

第一，案件事实的认定必须以证据作为基础。没有证据不得认定案件事实。当代理性主义认识论的一个基本判断，就是人类自身有能力通过证据来发现和认定案件事实，而且这也是目前为止人类所能找到的最佳事实认定方式。证据裁判首先意味着案件事实的认定不再是通过水审、火审、司法决斗等较为野蛮的传统方式来进行。其次，证据裁判意味着案件事实的认定不得以案外因素为根据，不得依赖领导的指示、当事人的压力、媒体舆论的报道来进行。最后，案件的事实只能依赖于通过对所能获得的证据进行推理的方式来加以确定。"在我国刑事司法实践中，长期以来一直坚持'以事实为根据，以法律为准绳'的司法政策，这无疑是正确的。但是，'以事实为根据'没有解决一个问题，那就是——作为根据的事实从哪里来。"② 这就需要证据裁判原则来回答。因为办理案件"以事实为根据"，其实就是以证据所认定的事实为根据，离开了证据，办案人员不可能有据以裁判的事实。因此，证据裁判原则不仅在理论上坚持了马克思主义认识论关于唯物主义的观点，而且在实务中也澄清了许多错误的认识和做法，把证据作为认定案件事实的根据，它对规范法官的自由裁量权，驱散人们对案件事实的不同理解和认定方法，具有重要的功能和作用。

第二，案件事实的认定必须以审判环节审查属实的证据作为基础。随着诉讼理论的发展，证据裁判原则的含义已经超出单纯的认识论的范围，

---

① 〔日〕田口守一：《刑事诉讼的目的》，张凌、于秀峰译，中国政法大学出版社，2011，第107~108页。

② 参见张媛《刑事诉讼法修改应确立证据裁判原则》，《法制日报》2011年12月22日，第3版。

逐渐渗入价值论的因素。今天的证据裁判原则，已经具有明确的规范意义：据以裁判之证据，必须具备证明能力，且必须经过正式的法庭调查程序。因为，只有作为认定事实的证据具有证据能力，才能使案件得出唯一合理的结论。证据必须在法庭上出示，经过控辩双方的质证、辩论。如此，才能使法院所确定的法律事实符合客观事实，所作出的裁决具有说服力和权威性。对证据的认识必须以法庭为时空条件，以证据调查为认知方式，依托证据链准确构建法庭事实。在大陆法系国家，证据能力包括两个方面要求：一是证据材料不被法律禁止；二是证据应当经过法定的调查程序。只有满足了上述两方面的要求，才能作为证据由裁判者据以进行裁判。在英美法系国家，普通法上早已存在诸如传闻规则、品格证据规则、任意自白规则、意见证据规则、最佳证据规则等，以规范证据的可采性。

第三，法院必须根据证据规则和正当程序对证据进行审查。审判阶段在对证据进行审查并不是可以由法官来恣意展开的，而需要以一系列证据规则和程序制度作为保障。证据的审查判断必须通过正当程序展开。在我国台湾地区，所谓无证据之裁判，不仅包括没有证据而推定犯罪事实或仅凭法官理想推测之词作为裁判基础的情形，还包括以下情形：（1）不依证据而为裁判者，即裁判理由内未记载其认定事实所凭之证据；（2）裁判书中叙明其认定事实所凭之证据与认定事实不相适合；（3）卷宗内无可查考之证据。① 这表明，"没有证据"不仅是指在实体上缺乏相应的、充分的证据，而且，还指那些在证据记载等程序性事项上或者形式上未满足法律要求的情形，这体现出程序法治的要求。而后者又是以程序法中存在相应的规定为前提的。我国台湾地区"刑事诉讼法"第 155 条规定："无证据能力、未经合法调查之证据，不得作为判断之依据。"

证据裁判原则中的"裁判"，是指认定事实、适用法律。就此而言，在刑事诉讼的不同阶段，均存在"裁判"，只不过裁判的主体、内容、方式和具体的程序存在差异。证据裁判原则的内在精神要求，在刑事诉讼不同阶段进行的各类裁判均必须依靠证据进行，而且应当以审判为中心。这就是说，证据裁判应当是一个以审判为中心的贯穿刑事诉讼全过程的要求。由

---

① 参见刁荣华主编《比较刑事证据法各论》，汉林出版社，1984，第 41 页。

于刑事诉讼不同阶段进行的"裁判"其性质各不相同，因此，作为裁判依据的"证据"也必然具有多样性。审前阶段的证据与用作定案的证据在应当具备的条件方面不可能完全相同。与审判阶段的证据相比，虽然审前阶段的证据并不需要满足较高的要求，但它始终应当以审判为中心，以审判阶段证据审查的要求作为审前程序收集和审查判断证据的标准，以便能够接受庭审的检验。

由此可见，证据裁判原则与以审判为中心的诉讼制度具有天然的"亲缘性"，二者是一种相辅相成的关系。证据裁判原则既是以审判为中心的诉讼制度的题中应有之义，也是其具体化与保障。以审判为中心这一整体格局的确立是证据裁判原则建立的前提性基础。在证据裁判原则的确立过程中，案件事实的认定以证据作为基石，审判作为证据审查的核心阶段，没有以审判为中心的基本格局，这些要义就缺乏实现的制度环境。反过来说，以审判为中心这一基本格局要得以实现，其中最核心的内容就是证据裁判原则的落实与贯彻。案件事实认定和证据审查判断是诉讼的核心内容，以审判为中心要得以落实，最重要的就是要实现审判阶段对案件事实认定和证据审查判断的最后判断权。我国《1911年刑事诉讼律（草案）》第326条明确规定了证据裁判原则和自由心证原则："认定事实应依证据。证据之证明力任推事自由判断。"但是，我国4部刑事诉讼法都没有规定证据裁判原则，2018年刑事诉讼法第55条、第200条、第253条等体现了证据裁判的精神。《办理死刑案件证据规定》第2条规定："认定案件事实，必须以证据为根据。"这是我国规范性文件第一次明确规定证据裁判原则。笔者认为，刑事诉讼法明确规定该原则，并在司法实践中贯彻该原则的各项要求，是我国推进以审判为中心的诉讼制度改革需要优先解决的一个问题。

五　遵循直接言词原则

直接言词原则是大陆法系国家（地区）刑事审判乃至刑事诉讼法的基本原则之一，是直接原则和言词原则两项原则的合称。直接原则又可分为直接审理原则和直接采证原则。前者的含义是，法官审理案件时，公诉人、当事人及其他诉讼参与人应当在场，除法律另有特别规定外，如果上述人员不在场，不得进行法庭审理。否则，审判活动无效。在这一意义上，直接审理原则也称为在场原则。直接采证原则是指，法官对证据的调查必须亲自进行，不能由他人代为实施，而且必须当庭直接听证和直接查证，不得将未经当庭亲自听证和查证的证据加以采纳，不得以书面审查方式采信证据。言词原则要求法院只能依据开庭审理时的口头陈述和证言进行事实认定。对侦查案卷记载的内容，原则上不允许作为法庭调查的基础。它包括控辩双方要以口头进行陈述、举证和辩论，证人、鉴定人要以口头作证或陈述，法官要以口头的形式进行询问调查。除非法律有特别规定，凡是未经口头调查之证据，不得作为定案的依据采纳。直接言词原则就是指法官必须在法庭上亲自听取当事人、证人及其他诉讼参与人的口头陈述，案件事实和证据必须由控辩双方当庭口头提出并以口头辩论和质证的方式进行调查。它是《欧洲人权公约》第 6 条"公正审判"的内在要求。[①] 而且和证据裁判原则一样，它与以审判为中心的诉讼制度具有天然的"亲缘性"，是一种相辅相成的关系。它们既是以审判为中心的诉讼制度的题中应有之义，也是其具体化和保障。

直接言词原则源于德国 19 世纪立法改革，其目的是消除书面审理和间接审理给法官发现事实真相所带来的种种弊端，法官可以借之从被告人、全部证人及证物获得印象，即"就犯罪行为以'审判程序所获之结果'，而活生生并且是以直接的感受来完成一项判决"。[②] 为此目的，包括证人在内的诉讼参与人有义务一直在场，法庭审理应当由裁判者亲历、亲为，并且不间断进行。因此，直接言词原则充分体现了司法权行使的参与性和亲历性要求。根据该原则，卷宗的内容不得作为裁判的依据；所有在审判程序外所获得的资料来源均不得作为判决的基础；书证的影印本只具有较少的证据价值；法官必须时时洞悉诉讼过程；形成法官心证的所有证据的调查应当在法庭上以口头方式进行；在审理过程中更换法官时必须重新开始公审程序等。[③]《德国刑事诉讼法典》第 226 条规定，审判是在被召集作裁判

---

① 参见〔瑞士〕萨拉·J.萨默斯《公正审判：欧洲刑事诉讼传统与欧洲人权法院》，朱奎彬、谢进杰译，中国政法大学出版社，2012，第 194 页。

② 参见〔德〕克劳思·罗科信《德国刑事诉讼法》，吴丽琪译，法律出版社，2003，第 429~430 页。

③ 参见陈卫东《论刑事证据法的基本原则》，《中外法学》2004 年第 6 期。

人员、检察院和法院书记处一名书记员不间断地在场情形下进行。该法第250条规定，对事实的证明如果是建立在一个人的感觉之上的时候，要在审判中对他询问。询问不允许以宣读以前的询问笔录或者书面证言而代替。《日本刑事诉讼法》第43条第1款规定："判决，除本法有特别规定的以外，应当根据言词辩论而作出。"我国台湾地区"刑事诉讼法"第159条规定："被告之外之人于审判外之言词或书面陈述，除法律有规定者外，不得作为证据。"

英美法系国家刑事诉讼法没有规定直接言词原则，但其当事人主义诉讼构造和传闻证据规则体现出与直接言词原则相通的理念和目标追求。传闻证据规则的主要内容包括传闻证据的范围及例外，传闻证据规则适用的诉讼阶段、证据种类与排除程序等。传闻证据规则就是指传闻证据不得作为认定案件事实的根据，法律另有规定的除外。排除传闻，就是要求对案件相关事实作出陈述者到法庭陈述并接受质询，从而保障证据的真实性以及被告人与不利于自己证人对质的权利。这一要求既是阻断侦审连接最重要的措施，也是实现审判实质化及庭审实效性最重要的保障。《美国联邦证据规则》第八章用6个条文（第801条至第806条）规定了"传闻证据"，第802条规定了"传闻证据规则"："传闻证据，除本证据规则或其他由联邦最高法院根据立法授权或国会立法所确认的规则另有规定外，不能采纳。"美国联邦最高法院在2004年的 *Crawford v. Washington* 案［541U. S. 36，42（2004）］中指出，只要一项庭外陈述属于"证言性陈述"，那么根据对质条款，禁止采纳该陈述为证据，除非作出陈述的人曾经接受过交叉询问。① 英国《2003年刑事司法法》第114条规定，"传闻"是指一份陈述被用来证明其内容的真实性，但是该陈述并不是在刑事审理中用口头作证的方式提出的。传闻证据不具有可采性，除非法律另有规定。英国普通法和制定法分别规定了传闻证据规则的若干例外情形。

---

① 参见 Joshua Dressler & Alan C. Michaels, *Understanding Criminal Procedure* (4th ed. , vol. 2), Matthew Bender & Company, Inc. , 2006, pp. 243–244。根据美国联邦最高法院的表述，如果一项陈述是"出于在法庭上使用它的目的而作出时"，就很可能被认定为"证言性陈述"。它至少包括在预审、大陪审团程序中作出的陈述，或者在以前的审判中作出的先前证言，也包括警察讯问。但是，911接警员的电话录音，报案人为了让警察帮助应对正在发生的紧急情况而作的陈述，不属于"证言性陈述"。

直接言词原则与传闻证据规则虽然有共同的理念基础——公正审判和发现真实，两者都存在许多例外情形，但它们有许多重大差异。现代混合式诉讼模式刑事证据法发展趋势之一就是有效结合直接言词原则与传闻证据规则的优点。日本学者认为，作为直接言词原则精神的延伸，产生了在对实体真实的证明中尽可能依靠原始证据证明犯罪事实的观念，并根据这一要求，对于传闻证据，原则上应当排除。①《日本国宪法》规定，应当给予刑事被告人询问所有证人的充分机会。由于传闻证据是无法进行反询问的，因而不能作为证据。《日本刑事诉讼法》第 320 条规定了"排除传闻证据的原则"及其例外情形。

我国刑事诉讼法没有明确规定直接言词原则或传闻证据规则。2018 年刑事诉讼法第 192 条规定了证人、鉴定人出庭作证的条件，但第 195 条又允许法庭当庭宣读未到庭的证言笔录、鉴定意见等书面笔录。在司法实践中，有时还需要提出证人审判前陈述的笔录作为举证或者质证的辅助手段。推进以审判为中心的诉讼制度改革，实现庭审实质化，立法应当明确规定直接言词原则，并构建适合我国刑事司法体制的传闻证据规则，否定公诉方所做的证言笔录、被害人陈述笔录、侦查人员情况说明等书面材料的证据能力（例外情形除外），保证作为证据来源的证人、鉴定人、侦查人员、被害人等出庭作证，从而保障证据的真实性和被告人的对质权。

六　确立有效辩护制度

在以审判为中心的诉讼制度中，审判要发挥发现、纠正乃至预防侦查、起诉的错误的功能，应当是独立、中立、被动、对抗和公开的，不仅犯罪嫌疑人、被告人等诉讼当事人享有充分的程序参与权，而且当事人应有充分的说服裁判者的机会。这要求充分保障犯罪嫌疑人、被告人获得律师帮助权，使控辩双方享有对等的诉讼权利，辩护方能实质性地与控诉方平等对抗，实现有效辩护。确立有效辩护制度既是联合国刑事司法准则的基本要求，也是境外国家（地区）刑事诉讼的共同做法。联合国《公民权利和

---

① 参见〔日〕土本武司《日本刑事诉讼法要义》，董璠舆、宋英辉译，五南图书出版公司，1997，第 211 页。

政治权利国际公约》第 14 条第 3 项规定，在判定对他提出的任何刑事指控时，人人完全平等地有资格享受以下的最低限度的保证。（乙）有相当时间和便利准备他的辩护并与他自己选择的律师联络。（丁）出席受审并亲自替自己辩护或经由他自己所选择的法律援助进行辩护；如果他没有法律援助，要通知他享有这种权利；在司法利益有此需要的案件中，为他指定法律援助，而在他没有足够能力偿付法律援助的案件中，不要他自己付费。《欧洲人权公约》第 6 条第 3c 款规定，只要为了保护犯罪嫌疑人获得有效辩护的权利而明显需要指定辩护人时，检察官就有责任在审前提出指定辩护人的申请，法官有责任予以批准。因此，有效的律师辩护是被告人享有公正审判权的前提。从境外立法与实践看，有效辩护制度的确立主要包括三项内容。

（一）确立并保障律师帮助权

在 19 世纪的欧洲，获得律师辩护权就被看成是辩护权的最重要内容。有学者认为，获得律师帮助是建立在自然正义基础上的一种自由。还有学者认为，被告人只有获得律师帮助，才能被看成一方当事人。而在法国，律师辩护权甚至被看成是刑事司法功能发挥的工具。① 美国联邦宪法第六修正案规定，在任何刑事诉讼中，被告人都享有获得律师帮助的权利。经过美国联邦最高法院判例解释，如果某一程序经认定被告享有获得律师帮助的权利，其所代表的意义，即律师帮助权的内涵包括七个方面。第一，被告在该程序中有权委托律师在场协助，非有正当理由，不得以法律或命令禁止律师在场或禁止律师协助被告。第二，如果被告因为贫穷而无力聘请律师，国家必须出资为其聘请律师。第三，该程序之进行如有被告在场，在程序进行前，国家有通知其律师到场的义务，否则程序不得进行。第四，被告的律师必须提供"有效"的律师协助（不论是被告自行委托还是国家出资聘请）。第五，有限度受律师以外的专家协助的权利。第六，违反被告获得律师帮助权，将产生相应的法律后果。即当被告享有律师权，政府机关（含法院）却违反被告之律师权，美国法根据违反的程序而分别赋予不

① 参见〔瑞士〕萨拉·J. 萨默斯《公正审判：欧洲刑事诉讼传统与欧洲人权法院》，朱奎彬、谢进杰译，中国政法大学出版社，2012，第 97~98 页。

同的法律效果予以救济。（1）违反律师权而取得的自白，予以排除。（2）如果被告在指证程序中享有律师权，违反律师权之指证结果应予排除。（3）如果被告在审判程序或上诉程序中享有宪法上之律师权，而其律师权却于该程序被违反时，该程序及程序之结果应撤销，构成当然发回的效果。但是，审判程序违法时，被告有权请求上级法院救济，上级法院的审理，原则上应适用所谓的"无害错误"法则，亦即原审程序虽有错误，但对于判决结果或显著权利无害者，不发回重新审判。第七，被告获得律师帮助权，是可以抛弃的权利，经"合法"抛弃权利，即不受律师帮助权的保护。① 可见，美国联邦宪法确立的律师帮助权是被告获得有效律师帮助的权利，违反律师帮助权会受到相应的程序性制裁。日本保障犯罪嫌疑人、被告人律师帮助权的重要制度设计是必要辩护制度和国选辩护人制度。日本律师联合会 1990 年建立了刑事辩护中心，实行"律师值班制度"，并开始适用"犯罪嫌疑人辩护人援助制度"。日本学者认为，刑事诉讼的目的是通过创造法的社会秩序来解决刑事案件。犯罪嫌疑人、被告人是解决案件的一方责任承担者，具有诉讼主体地位。即犯罪嫌疑人、被告人不仅是人权保障的客体，同时也是解决案件的主体。但他们不是唯一的主体。首先，辩护人是最重要的解决案件的责任人。被告人在行使自己决定权时，离不开辩护人的帮助。保障被告人人权这种保障机能，还有赖于辩护人的援助机能。而且，在诉讼外解决案件也是辩护人的主要任务。只有这样，刑事辩护的防护范围才能大幅度扩大。② 犯罪嫌疑人、被告人获得律师帮助既是实现有效辩护的前提，也是实现审判中立和公正审判的必要条件。

（二） 确立无效辩护的判断标准与法律后果

美国联邦宪法第六修正案规定被告有获得律师帮助的权利，该权利包括受有效的律师帮助。正如美国联邦最高法院指出："如果辩护人不能提供

---

① 关于美国律师帮助权内容的详细分析，参见王兆鹏《美国刑事诉讼法》（第 2 版），北京大学出版社，2014，第 369~389 页。

② 参见〔日〕田口守一《刑事诉讼的目的》，张凌、于秀峰译，中国政法大学出版社，2011，第 26、43 页。

有效的律师帮助，与无辩护人无异。"① 有效辩护的目的不在于改善律师执业水准，而在于确保公平审判。② 因为在当事人主义的审判下，双方当事人应当倾尽全力去主张于自己有利事项、指出不利他方事项。如果辩护人不能提出有效的攻击防御，如同没有辩护人协助一样，而任由检察官一方攻击无法律知识的被告，这样的审判结果显然是不公平的。关于无效辩护的判断标准，美国有一个演进过程。联邦最高法院在 1970 年的 *McMann v. Richardson* 一案中，提出所谓的"合理信任"标准，即只要辩护人所提供的建议，在刑事辩护律师所认可的适当范围内，即为提供了有效的律师帮助。但许多学者和法官批评该标准极为模糊不明确，而未被大多数法院所接受。直到 1984 年的 *Strickland v. Washington* 一案中，联邦最高法院终于确立无效辩护的宪法标准。联邦最高法院指出，被告未受有效的律师帮助分三类：一是辩护人造成的错误；二是利益冲突；三是政府的干涉行为。所谓无效的律师帮助，即无效辩护，在不同类别又有不同意义，需要区别对待。③

（三）　建立选择辩护人和排除辩护人制度

在德国，被告人享有选择他所信任的律师作为指定辩护人的权利被认为是获得平等审判的宪法权利的一部分。④《德国刑事诉讼法典》第 142 条规定了选择辩护人制度，在指定辩护时尊重被告人的意愿，赋予被告人选择他所信任的律师作为其指定辩护人的权利。⑤ 据悉，德国 1994 年修改刑事诉讼法增加选择辩护人制度，预期目标就在于尽可能地使对辩护人的指定类似于被告人任意的选任辩护人。这种通过尊重被告人意愿来选择的指定辩护人，有利于获得被告人的信任与合作，实现有效辩护。此外，《德国刑事诉讼法典》第 138 条 a、b、c、d 和第 146 条 a 规定了排除辩护人制度，

---

① *Evitts v. Lucey*, 489 U. S. 387（1985）.
② *Strickland v. Washington*, 466 U. S. 668（1984）.
③ 详细分析，参见王兆鹏《美国刑事诉讼法》（第 2 版），北京大学出版社，2014，第 390~405 页。
④ BVerfGE39, 238 at 243（1975）.
⑤ 关于德国的选择辩护人制度，参见孙孝福、兰跃军《德国的选择辩护人制度及其借鉴》，《法学评论》2004 年第 6 期。

包括排除辩护人的条件、程序、审理和救济。从德国司法实践看，排除辩护人的程序并不会经常启动。据统计，从 1975 年到 1990 年，只有 89 起排除辩护人的申请；其中只有 28 起最后导致辩护人被排除。这些申请中有 69 起是因为怀疑辩护人为共犯（事前或事后）而要求排除其辩护资格的。[①] 根据《德国刑事诉讼法典》第 138 条 c 第（六）项规定，辩护人被排除参加诉讼程序后，法院可以要求他承担延期审理所造成的费用。对此，由程序在该处审理未决的法院决定。

我国宪法和刑事诉讼法都赋予犯罪嫌疑人、被告人辩护权，法院有义务保证被告人获得辩护。但由于立法本身存在许多缺陷，导致司法实践中律师辩护日渐萎缩，极大地制约了辩护功能的发挥。2012 年刑事诉讼法对辩护制度进行了较大修改，但刑事辩护"老三难"还未彻底解决的情况下，"新三难"如约而至。[②] 为此，最高人民法院、最高人民检察院、公安部、国家安全部、司法部（以下简称"两高三部"）2017 年 8 月联合印发《法律援助值班律师工作意见》，确认犯罪嫌疑人、被告人在刑事诉讼全过程有获得法律援助值班律师帮助的权利。最高人民法院、司法部 2017 年 10 月联合印发《关于开展刑事案件律师辩护全覆盖试点工作的办法》，将通知法律援助机构指派律师提供辩护的范围扩大到法院阶段适用普通程序审理的所有一审案件、二审案件和按照审判监督程序审理的案件。这两个规范性文件为我国贯彻有效辩护原则，强化刑事辩护功能奠定了的基础。2018 年刑事诉讼法第 33 条第 3 款增加规定不得担任辩护人的情形，第 36 条在增设值班律师制度的同时，明确值班律师可以为犯罪嫌疑人、被告人提供法律帮助服务。如何借鉴境外做法，从有权辩护走向有效辩护，确立有效辩护制度，是我国刑事辩护制度的发展方向，也是推进以审判为中心的诉讼制度改革的一项重要的综合配套改革措施。

---

① 参见〔德〕克劳思·罗科信《德国刑事诉讼法》，吴丽琪译，法律出版社，2003，第 163~167 页。

② 关于刑事辩护制度存在的主要问题，参见兰跃军《我国刑事辩护制度的立法缺陷及其完善》，《湖北社会科学》2007 年第 10 期。"老三难"是指会见难、阅卷难、调查取证难。"新三难"一般是指发问难、质证难、辩论难。

第二章 以审判为中心的刑事审前
程序改革

我国刑事诉讼法的框架体系是借鉴《苏联刑事诉讼法典》，按照诉讼阶段论设计的。它虽然吸收了"审判中心主义"的合理因素，整个诉讼程序明显划分为审前、审判和执行三大部分，具有"审判中心论"特点，但还不是按照"以审判为中心"的诉讼理念设计的。因此，审前程序在我国还不是一个法定概念，它作为审判之前的诉讼程序，与"审判程序"、"执行程序"和"特别程序"并列，包括立案、侦查和提起公诉三个诉讼"阶段"。① 以审判为中心的诉讼制度要求刑事诉讼以审判为中心，将刑事诉讼程序明确地划分为审前程序、审判程序和审后程序。审前程序作为审判的准备，其侦查、审查起诉活动应当围绕审判进行。同时，审判程序对审前程序具有引导、反馈作用，能够发现、纠正并预防侦查、审查起诉错误。这就要求实行审前程序司法控制，让裁判与侦查、起诉同步进行。2001 年《俄罗斯联邦刑事诉讼法典》已经将刑事案件的提起和审前调查统称为审前程序，均由检察长负责，由法官进行司法审查和司法救济，具有典型的审判中心主义的框架结构特点，值得我国借鉴。

一 审前程序诉讼化改造

刑事诉讼的本质特征是由控、辩、裁三方构成的三角结构，法官应当

---

① 2012 年刑事诉讼法第 36 条、第 39 条中称"侦查期间"、"侦查、审查起诉期间"，而不是侦查"程序"。笔者认为，根据立法本意，"立案"、"侦查"、"提起公诉"都被称为审前程序的三个诉讼"阶段"更加准确，而不能称为诉讼"程序"。但"审判"和"执行"都独立成一编，应称之为诉讼"程序"。

中立地裁判，控诉和辩护者都应当有机会让法庭确信其立场。① 它既适用于审判程序，也应适用于审前程序和执行程序中的刑罚执行变更。前文已经论及以裁判为中心的诉讼构造和审前程序司法控制都是以审判为中心的诉讼制度的基本特征。法院（或法官）对审前程序进行控制的基本途径是直接参与到审前程序各个环节，通过司法授权、司法审查、司法救济等方式，在审前程序形成以裁判为中心的诉讼构造，从而实现审前程序诉讼化。

（一）我国审前程序诉讼构造及存在的主要问题

我国 2018 年刑事诉讼法框架体系分为五编，依次为第一编"总则"、第二编"立案、侦查和提起公诉"、第三编"审判"、第四编"执行"、第五编"特别程序"。它虽然没有像德国、日本刑事诉讼法典一样，将侦查、起诉置于审判程序之中，但也没有将立案、侦查、提起公诉与审判并列为四部分（或四编），而是将这三个诉讼阶段合并作为第二编，置于审判程序之前，相当于审前程序。从立法规定和司法实践看，我国审前程序的诉讼构造具有四个方面主要特点和问题。

1. 只有控辩两方组合，缺乏中立的裁判方，导致控辩严重失衡

我国审前程序虽然明确地分为立案、侦查和提起公诉三个阶段，将追诉权分立为侦查权和起诉权，分别由公安机关和检察机关为主行使，但严格贯彻三机关分工配合制约原则。法院审判仅限于审判程序和执行程序中的刑罚变更执行裁判，不介入审前程序。这样，审前程序尤其是侦查阶段只有控辩两方组合，且公安机关和检察机关利益攸关，两家成一家，组成"大控诉方"（还包括被害人），缺乏中立的裁判者。而且犯罪嫌疑人作为辩护方，无法得到律师的有效法律帮助，并且绝大多数处于被羁押状态，自由、财产乃至生命都长期处于侦查机关控制之下，他们只能沦为侦查机关（主要是公安机关）侦查取证的工具，根本谈不上与控诉方平等对抗，从而导致控辩双方严重失衡。

---

① J. Vargha, *Die Verteidigung in Strafsachen*（Vienna, Manzsche k k Hof-Verlagund Univ Buchhandlung, 1879），p. 288. 转引自〔瑞士〕萨拉·J. 萨默斯《公正审判：欧洲刑事诉讼传统与欧洲人权法院》，朱奎彬、谢进杰译，中国政法大学出版社，2012，第 32～35 页。

2. 检察机关的侦查监督和侦查救济缺乏中立性、超然性

检察机关集侦查、起诉、法律监督等不同权力于一身，随时可能在不同角色之间切换，而这些角色往往又代表着不同的、甚至可能相反的利益诉求。在审前程序中，检察机关是自身侦查阶段的内部监督主体，具有严重的同体监督弊端；同时，检察机关担负着控诉职能，进行监督时不具有中立性和超然性，其履行侦查救济职能也很难取得社会认同。从现实经验看，检察机关无论行使哪一种职能角色，往往更加重视搜集对犯罪嫌疑人不利的证据，不自觉地与公安机关组成"统一战线"。也正是基于此种考虑，西方国家一般把检察机关视为同犯罪嫌疑人对抗的一方当事人，其有关活动也一样要受到法院的审查。检察机关在审前程序中仅仅具有法律监督者和公诉机关两种身份，没有裁判权力，也始终不具备裁判者身份。

3. 强制性诉讼行为和公民权利保障缺乏司法授权、司法审查与司法救济

在侦查阶段，除了需要采取强制性人身措施外，还需要采用搜查、扣押、检查等强制性措施保全证据，有的案件还要采取技术侦查措施（如监听等）对隐私权进行干预，以便在起诉和审判时用来指控被告人。这些强制性诉讼行为、证据保全措施以及技术侦查措施的采用可能会给公民的权利造成侵犯，有时被滥用还造成严重后果。按照联合国刑事司法准则规定，犯罪嫌疑人在审前程序中不被长时间地剥夺人身自由是原则，未决羁押只是不得已情况下才采取的例外规定。强制性措施限制适用与适度原则是现代刑事诉讼各阶段适用的基本原则之一。而在我国，剥夺人身自由的拘留、逮捕措施构成了强制措施体系的核心，限制措施的适用是例外。由于法院不介入审前程序，检察机关不具有裁判职能，强制性诉讼行为的实施事前缺乏司法授权，事中缺乏司法审查，事后缺乏司法救济。

4. 审前返还涉案财物缺乏正当法律程序

由于法律和有关司法解释对审前返还的规定不明确或不合理，法院又不介入审前程序，再加上我国审前程序尤其是侦查阶段相对封闭，犯罪嫌疑人的辩护权、案外人对合法财产的抗辩权的行使都受到较多限制，由公安机关或检察机关直接决定返还涉案财物，不仅在有些情况下可能侵害法院的审判权，而且可能使刑事司法实践产生一些难以解决的问题。

（二）我国法院进入审前程序实行司法控制的法理分析

推进以审判为中心的诉讼制度改革，有效解决我国刑事审前程序诉讼构造及其存在的各种问题，需要法院进入审前程序履行裁判职能，使审前程序不仅仅是审判之前的几个诉讼阶段，而且是具有"控辩式三角结构"的一种诉讼程序，从而保证进入刑事庭审的所有证据材料的真实性、合法性，为庭审实质化奠定基础。那么，在我国刑事司法体制下，法院能进入刑事审前程序履行裁判职能吗？笔者认为，答案是肯定的。其诉讼法理包括三个方面，或三项原则。

1. 司法最终裁决原则

作为现代司法的一项基本原则，它要求法院审判活动遍及社会生活的各个方面，只要有纠纷、有原告，就应有法院。无论民事诉讼、行政诉讼还是刑事诉讼，不存在法院不能进入的诉讼领域，包括刑事审前程序。现代法治国家刑事诉讼程序建立在两个极为重要的理论基础之上，即司法最终裁决原则和控审分离原则。[①] 十八届四中全会通过《中共中央关于全面推进依法治国若干重大问题的决定》提出"完善对限制人身自由司法措施和侦查手段的司法监督，加强对刑讯逼供和非法取证的源头预防，健全冤假错案有效防范、及时纠正机制"。尽管这里没有明确规定实行司法审查，但无疑释放出加强司法监督的强烈改革信号。在刑事诉讼中坚持"以审判为中心"，根本上讲是由司法审判的最终裁判性质决定的。强调"以审判为中心"，是因为侦查、审查起诉工作的实际成效，最终需要通过，也必须通过法庭审理来检验，法庭审理是确保案件公正处理的最终程序。[②] 中央政法委前书记孟建柱在2015年中央政法工作会议上强调，要"防止事实不清、证据不足的案件或者违反法律程序的案件'带病'进入起诉、审判程序，造成起点错、跟着错、错到底"。[③] 推进以审判为中心的刑事诉讼制度改革，

---

① 参见陈瑞华《从"流水作业"走向"以裁判为中心"——对中国刑事司法改革的一种思考》，《法学》2000年第3期。

② 参见沈德咏《论以审判为中心的诉讼制度改革》，《中国法学》2015年第3期。

③ 孟建柱：《政法机关要防止案件"带病"进入司法程序》，中国新闻网2015年1月21日，最后访问时间：2016年9月4日。

保证进入审判程序的案件事实清楚、证据合法，要求法院进入审前程序履行裁判职能。这也是境外国家（地区）的共同做法。两大法系主要国家（地区）都实行司法令状制度，设置专门的侦查法官或预审法官在审前程序实行司法控制。

2. 公检法"分工配合制约"原则

2012 年刑事诉讼法第 54 条至第 58 条规定了中国模式非法证据排除规则，赋予法院在审判程序中对侦查机关证据收集的合法性进行司法审查的权力，这是法院对侦查行为进行司法审查的直接法律依据。法院既然有权在审判程序中对侦查行为的合法性进行司法审查，当然也可以在审前程序履行裁判职能，对各种强制性诉讼行为（包括强制侦查）进行司法审查。十八届四中全会提出优化司法职权配置，"健全公安机关、检察机关、审判机关、司法行政机关各司其职，侦查权、检察权、审判权、执行权相互配合、相互制约的体制机制"。我国法律赋予侦查机关以不受法院约束的侦查权明显不符合权力行使的"自然正义"原则。贯彻该原则要求侦查机关不得在自己的案件中担任裁判者，而应由中立的司法官员负责进行审查。公安机关、检察机关作为积极的犯罪追诉主体，即使在当事人申请的情况下，也不宜充当裁判者。法律规定法院不介入审前程序，主要是为防止法官在庭审前产生先入为主的预断。但是，如果法院不介入审前程序，这一阶段缺少一个中立的裁判者，无从实现侦查权、检察权、审判权之间的相互制约。这显然不符合公检法"分工配合制约"原则的要求。

3. 刑事诉讼职权原则

从 1979 年、1996 年、2012 年和 2018 年刑事诉讼法第 3 条第 1 款规定的公检法三机关职权及修改内容看，该条中的"侦查"、"检察"、"提起公诉"、"审判"都是一种诉讼职能，而不是一个诉讼程序，或者一个诉讼阶段。换言之，公安机关、检察机关、法院分别负责侦查（拘留、执行逮捕、预审）、检察（批准逮捕、检察机关直接受理的案件的侦查、提起公诉）、审判这些诉讼职能。刑事诉讼每一个诉讼阶段的运行和推进需要两个或两个以上机关分别履行不同的诉讼职能。"审判"作为一种基本的诉讼职能，无论在审判程序还是审前程序、执行程序，无论是实体性裁判还是程序性裁判，都应由法院负责。这也是贯彻落实宪法第 131 条规定的人民法院依法独立行使审判权原则的基本要求。人民检察院作为公诉机关，与公安机关、被害人共同组成控诉方，不符合作为裁判者的中立性要求，不能充当审前程序的裁判者。否则，就违反了宪法第131条和刑事诉讼法第3条第1款规定的"审判由人民法院负责"的职权分工。

俄罗斯法院进入刑事审前程序实行司法控制（即法院监督）也经历了一个逐步演进的过程，对我国具有启示作用。苏联拒绝法院进入审前程序实行司法控制，即法院监督。1992年俄罗斯联邦通过一项法律，允许法院审理对调查机关、侦查员和检察长选择羁押作为强制处分的决定提出的申诉。随着1993年《俄罗斯联邦宪法》通过，立法对刑事案件提起阶段和以后的侦查和调查阶段法院监督的态度整体开始发生变化。俄罗斯联邦最高法院全体会议1995年10月31日第8号决议第1条向法院解释：《俄罗斯联邦宪法》的规定（包括第46条的规定[①]）应该直接适用。法官们遵照这一解释开始接受和审理对调查机关和检察长非法行为和决定提出的申诉，包括非法拒绝提起刑事案件的决定提出的申诉。但是，相当大部分的法院仍然表现得很"小心"和"谨慎"。随后，俄罗斯联邦宪法法院作出的一系列决议和裁定，更加扩展了《俄罗斯联邦宪法》第46条在刑事案件诉讼中的适用。实际上已经承认，普通法院应该接受并实体审理对负责进行刑事案件审前调查的机关和公职人员非法行为和决定的申诉。[②] 这样，法院进入审前程序实行司法控制实现了合法化。

我国宪法第131条规定，审判权由人民法院依法独立行使。为了在刑事诉讼中贯彻落实该项原则和司法最终裁决原则，实现刑事程序彻底诉讼化，笔者主张由全国人大常委会对刑事诉讼法第3条第1款规定的公检法三机关职权分工作出解释，将其中"审判"解释为包括审前程序、审判程序和执行程序中各种裁判职能，包括实体性裁判和程序性裁判，从而为推进以审判为中心的诉讼制度改革，法院进入审前程序履行裁判职能提供直接依据，

---

① 该条包括3款内容：保障对每个人的权利和自由提供司法保护；对国家权力机关、地方自治机关、社会团体和公职人员的决定和行为（或不作为），可以向法院投诉；每个人都有权根据俄罗斯联邦的国际条约诉诸维护人权与自由的国际组织，如果现有受法律保护的所有国内手段都已用尽的话。

② 参见〔俄〕к.ф.古岑科主编《俄罗斯刑事诉讼教程》，黄道秀等译，中国人民公安大学出版社，2007，第285～286页。

包括对立案、侦查、审查起诉过程中各种强制性诉讼行为进行司法授权和司法审查，并为所有认为自己权利受到侵害的公民提供司法救济。同时，借鉴俄罗斯做法，最高人民法院可以通过司法解释和若干指导性案例等，要求各级法院在刑事审前程序中受理犯罪嫌疑人及其辩护人、被害人及其诉讼代理人，以及其他诉讼参与人、利害关系人提出的各种申诉，依法为他们提供司法救济，并对审前程序发生的各种纠纷，尤其是程序性违法行为实行司法审查。

法院进入审前程序后，我国法官分类需要进一步细化，分为审前法官、庭前法官、庭审法官和执行法官，分别负责履行审前程序、庭前阶段、庭审阶段和执行程序中的"审判"职能。而且同一法官只有一次机会参与处理同一案件，以防止由于预先介入而产生偏见或预断，影响案件公正处理。

（三）审前程序诉讼化改造的基本思路

实现审前程序诉讼化改造，学者们提出过各种方案。[①] 笔者认为，在全面依法治国和全面深化司法体制改革背景下推进以审判为中心的诉讼制度改革，建构完整的司法审查制度，实现审前程序诉讼化，由法院进入审前程序履行审判职能，对审前程序实行司法控制，从而实现刑事诉讼彻底诉讼化，条件已经成熟。

1. 审前程序诉讼化的概念与特征

在我国刑事司法体制下，审前程序诉讼化，就是指将公安机关、检察机关的侦查、审查起诉活动纳入司法裁判的范畴，由法院进入审前程序对可能导致公民权益受到限制或剥夺的强制性侦查行为、侦查措施实行司法授权，以司法裁判的方式审查、决定追诉行为的合法性与正当性，并赋予当事人申请司法听证的权利以获得司法救济。具体来说，具有五个方面特征。（1）法院介入审前程序，由法官以司法裁判的方式对强制性侦查行为、侦查措施的实施进行授权，实行令状原则。（2）构建基本的控、辩、裁三方构造的诉讼格局，审前程序由对抗化的控诉方、中立的裁判者，以及在律

---

① 参见叶青《刑事审前程序诉讼化问题研究》，法律出版社，2017；胡志斌《刑事诉讼审前程序诉讼化研究》，《学术界》2014 年第 4 期；等等。

师协助下并且拥有诸多反对控方主张手段的犯罪嫌疑人三方组成。(3) 确保裁判方的中立性和权威性。在审前程序中，由相对于追诉主体和被追诉主体而处于中立地位的裁判者处分涉及追诉权或辩护权行使的有关事项，避免其中一方单方面处分涉及另一方权利的事项所产生的不公正。(4) 赋予当事人启动程序性裁判的申请权、参与权和救济权。与刑事诉讼法第117条规定由作为控诉方的检察机关提供侦查救济不同，当事人和辩护人、诉讼代理人、利害关系人如果认为公安机关、检察机关的诉讼行为违法或侵犯其合法权益，都有权向审前法官提出程序性裁判申请，启动程序性裁判程序，并参与到程序性裁判过程中，包括出席司法听证、参与法庭调查与法庭辩论等；对程序性裁判结论不服，还有权提起程序性上诉获得救济。(5) 通过程序性裁判和程序性制裁解决审前程序中的程序性违法问题，包括非法证据排除问题。

2. 审前程序诉讼化的主要内容

我国审前程序中的立案、侦查、审查起诉三个阶段都有一些诉讼行为具有强制性，或者涉及当事人、其他诉讼参与人乃至普通公民权利保障，需要通过诉讼化的方式加以处理。概括起来，审前程序诉讼化的主要内容包括三个方面。

(1) 司法授权。法院进入审前程序，首要任务是对强制性侦查行为和侦查措施实行司法授权，以审判权制衡侦查权，从而保障公民人权。所有强制性侦查行为和侦查措施必须经法院授权才能实施。公安机关或检察机关在采取有关强制性侦查行为和侦查措施前应当向法院提出申请，说明申请理由，包括行为对象、行为方式、行为期限等，并依法提交相关证据证明申请的正当性。法院在作出授权决定前可以举行司法听证，听取控辩双方当事人（包括被害人）及其辩护人、诉讼代理人意见，必要时还可以传唤证人、鉴定人，然后作出相应的处理决定。根据我国刑事诉讼法规定，需要法院签发"令状"才能实施的强制性侦查行为和侦查措施可分为四类：一是有关人身方面的强制措施，包括监视居住、拘留和逮捕，以及强制性人身检查，强制提取指纹信息，强制采集血液、尿液等生物样本；二是有关物品财产方面的强制性措施，包括搜查，查封、扣押，查询、冻结；三是技术侦查措施；四是其他强制性侦查行为，包括鉴定、辨认、通缉、DNA

检测、测谎等。

（2）司法审查，是指法院依职权，或者根据当事人及其辩护人、诉讼代理人或利害关系人申请，对公安机关、检察机关在审前程序中诉讼行为的合法性进行审查并作出决定，以及根据公安机关、检察机关申请对某些事项进行审查作出决定，或采取相应的司法行为等。这种司法审查既可以在作出司法授权决定前实施，也可以在公安机关、检察机关实施相应的诉讼行为过程中进行。司法审查是以一种诉讼的形态解决诉讼问题。法官负责听取陈述、审查证据并作出裁决，双方当事人有权参加。根据我国刑事诉讼法规定，司法审查的范围包括六个方面。第一，被采取强制措施或强制性措施，或者其合法权利在采取强制措施或强制性措施中受到侵害的人有权请求法院进行审查，以确定强制措施或强制性措施的适用是否合法，是否需要撤销或变更该强制措施或强制性措施。羁押必要性审查，应一律改由法院主持进行。第二，对审前程序不立案或终止诉讼（撤销案件、不起诉）决定，以及刑事诉讼法第 116 条规定的预审决定不服，当事人及其辩护人、诉讼代理人、近亲属有权申请司法审查。第三，法官询问，如果存在不可推迟的原因或者存在审前程序中必须实施询问的其他原因，在控辩双方（包括被害人）在场的情况下，由法官主持询问证人、被害人、鉴定人和侦查人员等，保全证据。[①] 第四，对于批准逮捕，由于我国宪法第 37 条已经赋予检察机关批捕权，在宪法没有修改前，检察机关直接受理的案件批捕权可以改由法院审查批准，其他案件批捕权仍然由检察机关审查批准，但是，如果犯罪嫌疑人及其辩护人、近亲属对检察机关批准逮捕决定不服，或者被害人及其诉讼代理人、近亲属对检察机关不批准逮捕决定不服，有权申请司法审查。第五，审前返还财产，一律由法院审查决定。第六，审前程序排除非法证据，申请回避和法律帮助，律师和其他辩护人、诉讼代理人申请调查取证，被害人提起附带民事诉讼，接受扭送，证人、鉴定人、被害人申请作证保护，当事人及其辩护人、诉讼代理人提出管辖权异议，延长侦查羁押期限等，以及拒绝法律援助等，由法院审查决定，或受理、处理。

[①] 关于审前法官询问，参见兰跃军《刑事被害人作证制度研究》，中国人民公安大学出版社，2011，第 260~266 页。

（3）司法救济，是指当事人及其辩护人、诉讼代理人、利害关系人认为公安机关、检察机关及其工作人员的诉讼行为侵犯其合法权益，依法向法院提出申诉或控告，由法院启动审判权予以救济。法院通过司法听证的形式，对申诉或控告进行审查，并作出相应的处理决定。申请人对决定不服，有权向上一级法院上诉。这包括 2018 年刑事诉讼法第 117 条规定的侦查救济、审前程序中其他可能涉及公民权利保障的诉讼行为，包括技术侦查措施侵权救济，以及犯罪嫌疑人及其辩护人、被害人及其诉讼代理人不服检察机关立案监督等决定的救济。

3. 审前程序诉讼化的律师参与

律师在审前程序的介入，是律师作为社会力量监督司法运行职能的内在要求。律师在审前程序介入与否在国际社会被视为判定刑事诉讼现代化与传统模式的一个重要分野。欧洲人权委员会认为，律师在诉讼早期阶段介入很重要，因为侦查阶段对于审判之准备至关重要。"律师可以确保此阶段采取各项措施的合法性；在可以查明新的相关事实的时候，或者证人记忆更清楚的时候，律师可以在诉讼早期阶段发现或者提出新的证据线索。"[1]我国 2012 年刑事诉讼法进一步完善了刑事辩护制度，包括明确律师在侦查阶段的辩护人地位，但实施效果并不理想，律师辩护难尤其是审前程序中律师辩护难，依然是刑事诉讼中的突出问题。推进以审判为中心的诉讼制度改革，法院进入审前程序实行司法控制，对警察、检察官提出更高要求，也对律师辩护设定了更严标准。要想在审判程序实现真正的控辩平等对抗，就应当在审前程序实现控辩实质平等，包括赋予律师广泛且有效的参与权。这不仅要解决辩护律师有效辩护问题，还应解决被害人律师的有效帮助问题。笔者认为需要解决四个问题。

一是律师在场权。法院进入审前程序后，审前程序诉讼构造由两方组合变成"控辩式三角构造"，凡是法院主持的司法听证，包括司法授权、司法审查、司法救济等，律师都有权在场。对于法院授权实施的侦查行为、侦查措施等，只要律师到场不严重影响侦查进行，原则上也应当允许律师在场。此外，侦查预审和审查起诉阶段讯问犯罪嫌疑人，应当允许律师在

---

[1] *Can V Austria*, App no 9300 / 81, report of 16 July 1984, Series B no 79, para 50 and 55.

场，因为侦查取证已经结束，此时仅仅是核实证据，不再存在侦查保密问题。至于前期侦查讯问犯罪嫌疑人，是否允许律师在场，由侦查机关根据个案情况决定。

二是律师调查取证权。刑事诉讼法第 41 条和第 43 条赋予律师申请法院、检察院调查取证权，第 42 条、第 43 条赋予律师有限的自行调查取证权。主流观点认为，这三条规定的调查取证权仅适用于审查起诉阶段和审判程序，而不包括侦查阶段。笔者认为，《律师法》是规范律师行业的基本法律，该法第 35 条规定的律师调查取证权，是律师执业的基本权利，不仅适用于民事诉讼和行政诉讼，而且适用于刑事诉讼，包括审判程序和审前程序。推进以审判为中心的诉讼制度改革，需要辩护律师有效参与刑事诉讼全过程，包括在侦查阶段调查收集履行辩护职能所需要的证据材料，实施必要的诉讼行为。因此，立法明确律师在侦查阶段的调查取证权，包括相应的自行调查取证权，既是律师在侦查阶段辩护人地位的体现，也是律师有效履行辩护职能，维护犯罪嫌疑人、被告人的诉讼权利和其他合法权益不可缺少的手段。鉴于我国作为传统大陆法系国家实行的职权主义诉讼模式，全国各地侦查机关的侦查能力和侦查水平整体还不高，刑事诉讼法第 38 条严格限制了辩护律师在侦查阶段的诉讼权利。我国目前还只能接受这种"控辩式庭审"模式与单轨制侦查模式之间所存在的冲突，不能赋予律师完全的调查取证权。但可以借鉴俄罗斯做法，允许律师在侦查阶段"有权依照法定程序收集和提出法律帮助所必需的证据"，以有效履行第 38 条所规定的为犯罪嫌疑人提供法律帮助职能，从而完善侦查阶段律师辩护制度。换言之，立法应当明确，律师在侦查阶段有权依照法定程序收集和提出法律帮助所必需的各种证据材料。

三是律师阅卷权。刑事诉讼法第 40 条赋予律师从审查起诉之日起可以查阅、摘抄、复制本案的案卷材料，而侦查阶段不允许从事这些行为。并且第 38 条只赋予律师向侦查机关了解犯罪嫌疑人涉嫌的罪名和案件有关情况，提出意见，包括根据第 161 条规定在侦查终结前要求被听取意见，或者提出书面意见，但无权直接阅卷。这就存在一个问题，律师在侦查阶段既不能完全自行调查取证，又不能阅卷，他们如何对案件处理提出有价值的意见呢？笔者认为，如果适当限制律师在侦查阶段自行调查取证权具有一定合理性的话，那么在侦查终结前完全剥夺律师阅卷权，有悖诉讼法理，不利于律师有效参与侦查和履行辩护职能。为此，笔者也主张借鉴俄罗斯做法，使律师在前期侦查结束后、预审开始前享有阅卷权，他们有权了解刑事案件材料，并查阅、摘抄、复制本案的案卷材料，侦查机关负有通知和保障义务。这样，律师阅卷后就可以根据刑事诉讼法第161条规定向预审部门要求被听取意见，或者提出书面意见，并且附卷，随起诉意见书一并移送检察机关。检察机关开始审查起诉时可以直接接触到侦查机关和辩护方双方的意见，以及被害人方的意见（如果提出，也应附卷移送），从而作出更加客观全面的审查起诉决定。

四是律师申请救济权。刑事诉讼法第49条和第117条规定，律师认为自己权利在审前程序中受到侵犯，只能向检察机关申诉或控告，由检察机关通知纠正。在公安机关与检察机关组成大控诉方的体制下，这显然无法为辩护律师或诉讼代理律师提供有效救济。在法院进入审前程序后，允许律师直接向法院提出救济申请，法院通过司法审查为律师提供有效救济。

4. 审前程序诉讼化的检察监督

根据刑事诉讼法第8条规定，检察机关有权对刑事诉讼全过程实行法律监督，包括审前程序。法院进入审前程序履行裁判职能后，检察机关通过行使检察权，对侦查权、审判权进行制约。检察权对侦查权的监督主要是通过审查起诉、审查批捕等，对侦查行为进行监督，保证侦查行为的合法性。而对审判权的监督，即对审前法官主持的司法审查进行监督，应当适用刑事诉讼法第209条及其司法解释规定，实行庭后监督，由检察机关向法院提出书面纠正意见。为此，应当区分诉讼制约与诉讼监督，既保障审前程序法院审判权依法行使，又保证检察监督职能的有效履行。

二　合理定位侦诉审辩关系

推进以审判为中心的诉讼制度改革，构建以审判为中心的刑事诉讼新格局，加强人权司法保障，促进公正司法，需要充分发挥律师辩护职能，合理定位侦查、起诉、审判和辩诉四种诉讼职能的相互关系，包括侦诉关系、侦审关系、侦辩关系、诉辩关系、诉审关系和审辩关系。它们既不同于公检法三机关的宪法关系，也不同于侦查机关、检察机关（含被害人）、审判机关、辩护方（犯罪嫌疑人及其辩护人）四种诉讼主体之间的相互关系。笔者认为，定位四种诉讼职能关系的依据是我国宪法第 140 条规定的公检法"分工配合制约"原则、第 130 条规定的"被告人有权获得辩护"原则，以及《中共中央关于全面推进依法治国若干重大问题的决定》提出的司法职权优化配置要求。

（一）服务与引导的侦诉关系

侦诉关系包括侦诉的组织隶属关系和诉讼职能关系。传统上研究侦诉关系往往是指前者，主要包括英美法系国家和日本等侦诉分立模式、大陆法系国家和俄罗斯等侦诉一体化模式和我国的混合模式三种类型。侦诉的诉讼职能关系是指侦查、起诉两种诉讼职能的相互关系，它既与检警关系相关，又存在本质区别。

以审判为中心的诉讼制度的主要目标之一是实现庭审实质化，它要求审前程序为审判程序做好充分的准备，不仅包括证据的数量、质量，而且包括证据收集的合法性和证据体系的完整性。因此，侦查和起诉所收集、调取的证据能否被采信，指控的犯罪事实能否成立，审判起到决定性作用。这样，审判对于追诉方而言，有着更大的不确定性。从诉讼职能上看，检察机关与公安机关作为共同的追诉力量，既然将被告人提交法庭审判，认为其行为已触犯刑法，应当追究刑事责任，其直接目的就是说服法庭作出有罪裁判。共同的诉讼目标，是检察机关与公安机关加强协作的天然动力，使得指控的犯罪事实和收集的证据经得起审判的检验，从而形成强大的追诉合力。因此，公安机关的侦查取证不能仅仅追求办案数量、批捕率以及完成考核任务，更应将视野扩大至审判阶段，以审判的司法标准进行侦查取证，以使办案程序、认定的案件事实和收集的证据经得起法庭审判的各方质疑。检察机关为了指控成功，也不得不更加严格地审查案件，组织严密的证据体系，对公安机关的侦查取证行为进行引导，更有针对性、更加全面地收集证据，对于案件中存在的瑕疵及时予以补正。公安机关的侦查取证行为是检察机关起诉和举证的基础，检察机关的起诉和举证是证明责任的具体落脚点。侦查与起诉在本质上均属于控诉职能，侦查是起诉的基础和前提，起诉是侦查的指向和目标。起诉之后能否决胜于法庭，不仅仅标志着起诉本身是否成功，而且也意味着侦查是否圆满。侦诉关系的合理定位应当是侦查为起诉作准备、服务于起诉，起诉引导侦查、制约侦查。侦查与起诉共同面向审判、服务审判。

然而，在司法实践中，侦诉关系呈现一幅扭曲形态。主要表现在以下三点。第一，起诉受制于侦查，服务于侦查。侦查阶段出现的错误无法通过起诉发现并纠正。北宋法医学家宋慈在《洗冤集录》中写道："狱情之失多起于发端之差，定验之误。"在我国公检法"分工配合制约"体制下，公检法三机关形成"利益共同体"，检察机关对于公安机关的侦查取证和侦查结论，除了有限的退回补充侦查和不批准逮捕外，缺乏其他有效的制约手段。而囿于各种不合理的绩效考核指标，检察机关审查起诉和提起公诉往往只有想方设法确认和竭力维护公安机关的侦查结论，为公安机关背书，没有其他选择。这样，错误侦查结成的恶果，经审查起诉的合法护送而大摇大摆出现于法庭上，最后得到审判的采摘和食用，坊间流传的"公安造案、检察照办、法院宣判"也就顺理成章了。第二，侦诉脱离严重影响起诉质量。我国实行检警分离体制，公安机关与检察机关没有组织隶属关系。实践中绝大部分刑事案件由公安机关侦查，只有极少数案件由检察机关侦查。刑事诉讼法第169条规定，检察机关是唯一公诉机关，无论公安机关还是检察机关侦查终结的案件，都由检察机关审查起诉、提起公诉并出庭支持公诉。这就可能造成负责对绝大多数刑事案件进行侦查的公安机关，与负责对所有刑事案件起诉的检察机关各行其是的局面。而且在法庭审判过程中，负责侦破案件和实施鉴定的侦查人员又极少出庭作证，负责支持公诉的检察人员很难获得公安机关的支持和配合。况且，根据我国法律规定，检察机关并不能直接命令和指挥刑事警察进行侦查，只能在必要时请求公安机关派员协助。这样，检察机关就无法从起诉的角度对侦查进行指导，进而大大影响了刑事追诉的效果。第三，实证研究和统计数据表明，公安机关收集、调取证据材料的质量不高，不仅导致审查逮捕环节证据不足不批捕的案件比例较高，而且导致审查起诉环节退回补充侦查的案件比例偏高，并且各种违法取证乃至刑讯逼供现象仍然存在，辩护方针对刑讯逼供等非法取证现象申请排除非法证据的个案越来越多，公安机关侦查取证的合法性面临日益严峻的质疑与挑战。

　　针对侦诉关系在司法实践中出现的扭曲形态，学者们提出包括"侦诉一体化"或"检警一体化"在内的各种对策，司法实务部门也开展各种有益探索，其中"检察提前介入、公诉引导侦查"被认为符合我国刑事体制，解决我国警检分离体制下侦诉关系的最佳方案。① 刑事诉讼法第 134 条、中央政法委《关于切实防止冤假错案的规定》第 4 条、最高人民检察院《关于切实履行检察职能、防止和纠正冤假错案的若干意见》第 18 条等都体现了这一理念。《审判中心改革意见》第 5 条和《严格执行非法证据排除规定》第 14 条确立了重大案件侦查终结前讯问合法性核查制度，为检察机关提前介入侦查，保证侦查取证的合法性创造了条件。检察引导侦查，充分发挥了检察机关对刑事证据标准的把握、审查和运用证据的能力及法律适用的专业优势，以及侦查人员侦查技术、技能、侦查经验的优势，二者的有机结合有利于有效打击犯罪，提高公诉质量和诉讼效率。笔者赞同以"检察提前介入、公诉引导侦查"模式来调整我国侦诉关系，认为它符合以审判为中心的诉讼制度的要求，在我国现行刑事司法体制下，有利于实现侦诉合力。鉴于学者们对此已经作过深入研究，笔者在此不再赘述。但是，笔者认为，还有两个问题需要明确。一是公诉引导侦查与检察监督侦查的关系亟待厘清，以避免诉讼职能与诉讼监督职能的混淆。检察提前介入、公诉引导侦查的宗旨，是履行诉讼职能，引导侦查取证，使证据收集符合起诉的要求，形成追诉合力，而不是履行诉讼监督职责。公诉方根据庭审证明需要，从应对法庭质疑和辩护律师挑战的角度，有针对性地引导侦查人员做好调查取证工作。二是由高阶位法律进一步明确规定检察介入、引导侦查的案件范围、条件和具体程序，并明确侦查人员不执行检察建议的诉讼法律责任。笔者认为，检察介入、引导侦查的案件范围不应有限制，它可以适用于所有案件。通过适当扩大检察机关不起诉裁量权，进一步明确证据不足不起诉的适用条件，完善侦查救济和司法审查制度等，加大审判权、公诉权对侦查权的制约，让侦查人员主动申请检察提前介入，为侦查取证提供法律意见，帮助确定案件性质和引导收集、固定证据。同时，

---

　　① 参见陈卫东、郝银钟《侦、检一体化模式研究》，《法学研究》1999 年第 1 期；龙宗智《评"检警一体化"——兼论我国的检警关系》，《法学研究》2000 年第 2 期；张小玲《审判中心背景下审前侦诉关系之重塑》，《政法论坛》2016 年第 3 期。

还应赋予检察机关一定的惩戒建议权，作为其侦查监督权的具体权能。对于拒不执行检察取证建议的侦查人员，检察机关可建议公安机关给予纪律处分，或者要求重新进行侦查取证行为等程序性制裁。

（二）隔离与制约的侦审关系

侦查权的强制性决定了其行使随时可能与公民权利发生碰撞，法律必须对于某些严重侵犯公民权利的侦查行为作出限制，以审判权制约侦查权，从而达到对侦查权运行合理规制的目的。一般来说，主要针对侵犯公民宪法权利和其他重要权利的侦查措施，侦查机关不能自由裁量决定，在行动之前需要得到司法授权，在行动之后要受到司法审查，犯罪嫌疑人、被告人及其辩护律师对于侦查行为的合法性和正当性可以提起司法救济。这样，通过审判对侦查进行制约，确保侦查不至于失控，这是侦审关系的核心。另外，审判受制于侦查，主要表现在两个方面。第一，从认识论的角度，侦查是基础，审判是关键。任何审判，包括审前程序的司法授权、司法审查和司法救济等，都离不开侦查收集的证据材料，没有侦查就没有审判。在许多案件中，侦查人员本身就是一种重要的证据来源，法院审判需要他们作为程序性证人出庭作证，协助公诉方更好地完成控诉职能。第二，从诉讼活动的角度，审判必须独立和中立。它应当与侦查隔离，而不能依附于侦查。法庭的裁判结论必须来自庭审，而不是侦查结论，这是审判独立的必然要求，也是侦审关系的关键环节。其中，这一层面侦审关系的核心是"不依附"。这既适用于审判阶段的侦审关系，也适用于审前程序的侦审关系。另外，审前程序中的审判应当处于中立、超然地位，贯彻控审分离原则，不能履行侦查或起诉职能，从而为侦查阶段履行裁判职能，维持控辩平等创造条件。

无论从刑事诉讼立法还是司法实践看，目前我国侦审关系并非完全符合公检法三机关"分工配合制约"原则的要求。从规则层面看，除了人民法院在决定逮捕时由公安机关执行之外，侦审之间是一种既不配合也不制约的关系，特别是搜查、扣押等强制性侦查措施都由公安机关自行决定实施，除了逮捕之外的刑事强制措施都由公安机关自行决定，审判对侦查没有制约。实践中则是侦查主导审判的样态，对于侦查机关开展的诉讼活动、收集的证据和认定的事实，审判机关倾向于信任和采信。在实践中，只要案件被提起公诉，公安机关往往就认为案件终结，至于审判的过程和结果与其关系不大，审判中的证明责任以及由此带来的风险基本上由检察机关承担。而作为刑事诉讼程序的发起者、侦查行为的实施者和指控证据的收集者，公安机关却不用承担最后的诉讼风险，这既造成诉讼上的不公平，也易使检察机关在审判中陷于孤立。境外基于审判中心主义的要求，实行侦审阻断制，但同时强调司法权对侦查权的制约，强调法官对侦查程序的司法控制，集中体现在确立司法审查原则，未经法院审查，不得对公民实施逮捕、羁押等强制措施以及其他强制性措施，以使公民在国家的强制权面前得到有效的法律保护。十八届四中全会决定提出，要完善对限制人身自由司法措施和侦查手段的司法监督，加强对刑讯逼供和非法取证的源头预防，健全冤假错案有效防范、及时纠正机制。尽管没有明确规定实施司法审查，但无疑释放出加强司法监督的强烈改革信号。

推进以审判为中心的诉讼制度改革，构建新型侦审关系。首先，要明确审前程序法院的裁判者地位。前文已经论述，法院应当进入审前程序履行裁判职能，完全独立于公安机关、检察机关，通过司法授权、司法审查、司法救济等，实行令状主义，对审前程序实行有效的司法控制，而不承担任何侦查或起诉职能。其次，完善侦审关系的综合配套措施，包括建立侦查人员旁听庭审制度、完善侦查人员出庭说明情况制度等，促使侦查人员转变观念，自觉适应以审判为中心的诉讼制度的要求，尤其是法院进入审前程序实行司法控制的需要，主动从侦查人员转变为审前程序司法审查的控诉方当事人、审前程序和审判程序的程序性证人，乃至一个普通的庭审旁观者，从而在侦查取证中进一步增强服务起诉和审判的证据裁判意识，而不是企图将自己的侦查结论强加给起诉和审判。最后，构建侦审关系需要律师参与，进一步明确律师在审前程序的参与权，提高律师参与的有效性，以及完善检察监督制度等。

（三）对抗与协作的侦辩关系

侦查作为立案后的第一个诉讼阶段，其诉讼构造也是"控辩式三角结构"，存在利益对立的双方当事人——侦查机关和辩护方（犯罪嫌疑人及其辩护人），他们分别行使侦查权和辩护权，履行侦查职能与辩护职能。双方利益的对立性决定了侦查与辩护两种诉讼职能的目的、任务不同。从侦查、辩护的诉讼职能看，侦辩关系作为控辩关系的一部分，首先是一种对抗关系，以此形成侦查阶段的诉讼化构造，通过对抗性的侦查行为和辩护行为来收集证据，查明案件事实，查获犯罪嫌疑人，并确保证据收集的合法性。英美法系和绝大部分大陆法系国家（地区）实行双轨制侦查模式，犯罪嫌疑人依法享有保释权，他们与辩护律师在侦查阶段依法进行各种调查取证活动，与侦查机关的侦查取证形成对抗，从而为庭审实质化做好充分准备。我国1979年、1996年、2012年和2018年四部刑事诉讼法都明确规定，在侦查机关第一次讯问犯罪嫌疑人或采取强制措施前，不允许犯罪嫌疑人委托辩护人，目的就是保证犯罪嫌疑人在没有得到任何法律帮助的情况下向侦查机关陈述其大脑中保存的最纯净的案件事实，或曰本源事实。这既体现了我国刑事诉讼坚持侦查取证与控制犯罪优先的理念，也是刑事诉讼中侦辩对抗与人权保障的源泉。与此同时，刑事诉讼法和有关规范性文件赋予辩护律师一系列诉讼权利，并建立起相应的权利保障机制。这样，辩护行为对侦查行为可以进行一定制约，从而保障侦查取证的合法性。

另外，在我国单轨制侦查模式下，法院没有进入侦查阶段履行裁判职能，检察机关的侦查监督职能限于违法侦查行为，侦查、辩护成为侦查阶段的两种基本诉讼职能。收集、调取证据材料查明案件事实，既是侦辩对抗追求的共同目标，又是促使侦辩协作的唯一选择。刑事案件发生具有一定突发性，侦查人员一般都不在犯罪现场，他们侦查破案除了收集、调取案发现场留下的各种物品、痕迹等实物证据外，只能通过在案发现场的犯罪嫌疑人、被害人及目击证人的陈述等言词证据来还原案件事实，其中犯罪嫌疑人作为最了解案件事实的人，一直是他们最依赖的对象，也被视为最廉价的一种司法资源，尤其是在我国绝大部分基层公安机关收集实物证据的侦查技术还相对落后的情况下。我国四部刑事诉讼法都将讯问犯罪嫌疑人列为首要侦查行为，各种侵犯犯罪嫌疑人人权的违法取证行为几乎都发生在侦查讯问过程中，也体现了侦查破案对口供的严重依赖。《刑事诉讼法》第42条增设积极辩护制度，第162条增加公安机关侦查终结移送起诉的告知义务，赋予辩护律师在侦查阶段的会见权、申请调查取证权、法律帮助权和听取意见权等，都需要侦查机关的配合、协作乃至保障。因此，侦辩关系还应当是一种协作关系。

2012 年刑事诉讼法立足于构建这种既对抗又协作的侦辩关系，对刑事辩护制度作了较大的修改和完善，基本解决了律师辩护"老三难"问题。随着近年来一系列冤假错案曝光，人们逐步认识到，律师辩护对于加强人权司法保障，促进司法公正具有重要作用。但是，从司法实务看，囿于我国公安机关的强势地位，律师辩护尤其是侦查阶段辩护仍然面临许多障碍，存在一系列突出问题。① 侦辩之间的实质关系依然是求情而非对抗。②

在"以审判为中心"和刑事辩护全覆盖背景下，侦辩对抗将更加明显，而侦辩协作也更有必要。进一步强化侦查阶段的律师辩护职能，构建新型侦辩关系，首先，侦辩对抗与协作的核心是证据，关键在庭审，应当面向庭审，服务庭审。无论是以检察官主导侦查为主的大陆法系国家（地区），还是以警察主导侦查为主的英美法系国家（地区），都要求侦查机关履行客观公正义务，在侦查阶段全面收集有利于和不利于犯罪嫌疑人的各种证据，并且向辩护方开示，或者充分保障辩护律师的阅卷权。同时，辩护方收集的积极辩护证据，也应当及时告知侦查机关，从而保证庭审理性对抗，避免庭审突袭，提高诉讼效率。我国刑事诉讼法第 42 条、第 52 条和第 115 条规定体现了该要求。其次，侦辩对抗与协作的重心是对抗，关键在制约，保障证据收集的合法性。这是由侦辩双方诉讼职能的对立性决定的，也是侦查作为刑事诉讼的基础，通过收集证据还原案件真相的职责所在。协作是对抗的结果，服务并服从于对抗。因此，立法在明确侦查阶段律师的辩护人地位后，应当与《律师法》和联合国《关于律师作用的基本原则》相协调，进一步明确侦查阶段辩护律师的诉讼权利，尤其是有限的调查取证权，保障律师能依法收集和提出提供法律帮助和积极辩护所必需的证据材料。严格落实 2018 年刑事诉讼法第 161 条规定的侦查终结前听取律师意见

① 参见顾永忠《以审判为中心背景下的刑事辩护突出问题研究》，《中国法学》2016 年第 2 期；韩旭《新刑事诉讼法实施以来律师辩护难问题实证研究——以 S 省为例的分析》，《法学论坛》2015 年第 3 期；刘方权《侦查阶段律师辩护问题实证研究》，《四川大学学报》（哲学社会科学版）2016 年第 3 期。
② 参见周长军《语境与困境：侦查程序改革的未竟课题》，《政法论坛》2012 年第 5 期。

制度，及时听取辩护律师意见或审查其提出的书面意见，全面了解辩护方对案件处理和侦查取证的意见，进一步完善侦查取证工作，包括依职权排除非法证据，搭建侦辩协作的良性互动平台。同时，切实降低审前羁押率，赋予辩护律师讯问在场权，让辩护律师有机会参与并见证侦查机关收集口供的全过程，侦辩双方共同保障口供的任意性和口供收集程序的合法性，减少犯罪嫌疑人被强迫自证其罪的机会和各种程序性争议。最后，建构一个系统、全面、科学的刑事证据规则体系，进一步完善刑事证据规则，尤其是侦查取证规则。借鉴德国证据禁止理论，[①] 构建适合我国刑事司法体制的刑事证据收集规则，取消犯罪嫌疑人"如实回答"义务，将刑事诉讼法第 52 条中规定的"不得强迫任何人证实自己有罪"内容扩张确定为完整意义的不得强迫自证其罪原则，赋予犯罪嫌疑人有限沉默权，强化侦查人员根据刑事诉讼法第 120 条第 2 款规定履行讯问前告知义务，充分保障犯罪嫌疑人陈述的自愿性和认罪认罚的自愿性、明智性。

（四）合作与对抗的诉辩关系

诉辩关系与侦辩关系共同组成控辩关系。作为控辩关系的一部分，它也是一种对抗关系，集中呈现在审判程序，尤其是庭审过程中。二者的诉讼主张有时更是针锋相对，公诉方提起公诉，指控被告人行为构成犯罪，根据刑事诉讼法第 51 条规定，他们需要承担证明被告人有罪的举证责任，在法庭上提出被告人有罪、罪重或者加重其刑事责任的证据，并说服法庭作出有罪判决。根据刑事诉讼法第 37 条和第 200 条规定，辩护方就是根据事实和法律，提出被告人无罪、罪轻或者减轻、免除其刑事责任的材料和意见，指出公诉方指控证据体系的疏漏与不足，使法官产生合理怀疑，指控的犯罪没有证据或者证据不足，作出无罪判决，或者被告人存在从轻、减轻或者免除处罚的情节，依法从轻、减轻或者免除处罚，从而推翻或部分推翻公诉方的指控。因此，对抗性是诉辩关系的天然属性，失去对抗的诉辩关系，也就失去了其应有的价值。另外，刑事审判的目的在于还原过

---

① 关于德国证据禁止，参见李倩《德国刑事证据禁止理论问题研究》，《中外法学》2008 年第 1 期；兰跃军《论言词证据之禁止——以德国刑事诉讼法为中心》，《现代法学》2009 年第 1 期。

去发生的案件事实，诉辩双方的对抗分别从不同角度帮助法庭认识和重构案件事实，又是人们所能设计的发现案件事实真相的最佳制度。境外国家（地区）都将交叉询问作为法庭质证的主要方式，就体现了这一诉讼理念。我国刑事诉讼法虽然没有明确规定交叉询问制度，但刑事诉讼法第191条至第198条规定的法庭调查流程和最高人民法院《高法解释》有关法庭质证的内容也体现了这一理念。

然而，"无论从哪方面讲，公诉人与律师都不是简单的控辩关系、对抗关系"。[①] 在审前程序，诉辩双方在价值目标上具有共同性、一致性，他们都追求个案公平正义。在我国，检察机关与法院一样，都属于司法机关，诉辩职能的诉讼主体——检察官和辩护律师都是法律职业共同体的重要组成部分，检察官还有诉讼照料、真相澄清和客观公正义务。因此，诉辩存在对话与合作的基础。刑事诉讼法和有关规范性文件也为诉辩对话与合作提供了平台。正是这种合作与对抗为刑事诉讼程序的推进提供了动力。诉辩关系在审前程序主要是一种合作关系，在审判程序主要是一种对抗关系。作为诉辩合作的典型表现，辩诉交易成为许多国家刑事程序分流机制的重要形式。然而，从我国司法实践看，诉辩关系呈现另一幅图景——合作缺乏诚意，对抗流于形式。究其原因，在于诉辩关系的严重失衡。这源于我国审前程序行政化构造，以及在庭审过程中，审判人员不适当地限制辩方诉讼权利，异化为第二公诉人，联合对抗辩护方。这样，起诉、审判只能是对侦查结果的背书，共同为侦查服务，依法掩盖侦查的不足乃至错误，导致"起点错、跟着错、错到底"的诉讼结局。

推进以审判为中心的诉讼制度改革，实行刑事辩护全覆盖，必须构建新型的诉辩合作与对抗关系。首先，要尊重和依法保障律师执业权利。认真落实《关于依法保障律师执业权利的规定》，强化诉讼中律师知情权、辩护权、申请权等各项诉讼权利的制度保障。其次，完善审前程序分流机制，建立符合我国国情的有被害人参与的认罪认罚从宽制度，切实减少进入庭审的案件数量，提高诉讼效率。十八届四中全会决定提出要完善刑事诉讼

[①] 王治国、郑赫南：《着力提升公诉理念 充分发挥公诉职能 维护国家安全稳定 促进严格公正司法》，《检察日报》2015年6月5日，第001版。

中认罪认罚从宽制度，该制度自 2014 年试点以来，已经取得显著成效，2018 年刑事诉讼法已经确认了该制度。这种认罪认罚从宽处理制度，本质上就是一种通过诉辩协商处理犯罪嫌疑人、被告人认罪认罚案件的"中国式辩诉交易"。辩诉交易作为美国最具特色也是最主要的刑事速决程序，对世界各国诉讼制度产生了重要影响。然而，从产生那刻起，它就因为司法公正和道德问题受到怀疑和反对。我国学者对此也存在争议，认为"正义是有代价的"，应当"珍视正当程序，拒绝辩诉交易"。① 笔者赞同该观点，认为诉辩在我国不能交易。但是，我国可以借鉴辩诉交易的合理内核及其他国家恢复性、协商性司法经验，构建符合我国国情的有被害人参与的认罪认罚从宽制度或诉辩协商制度，在认罪认罚从宽案件中充分保障犯罪嫌疑人、被告人和被害人权利。② "两高三部"《认罪认罚从宽试点办法》第 3 条至第 7 条规定体现了上述精神，要求办理认罪认罚从宽案件，既要保障犯罪嫌疑人、被告人依法享有的辩护权和其他诉讼权利，又要保障被害人合法权益，听取被害人及其代理人意见，并将犯罪嫌疑人、被告人是否与被害人达成和解协议或者赔偿被害人损失，取得被害人谅解，作为量刑的重要考虑因素。笔者认为这是符合我国目前司法实践的。2018 年刑事诉讼法第 173 条和第 223 条有关内容肯定了这一点。最后，完善刑事庭审证据规则，实现诉辩实质对抗与合作。这不仅要改革完善卷宗移送制度，防止法官预断，让法官真正通过庭审形成心证，作出裁判；保证关键证人、鉴定人、侦查人员出庭作证，保障被告人质证权，为诉辩对抗与合作创造条件；增强裁判文书的说理性，由裁判方对诉辩对抗与合作的结果作出明确回应，而且应当激活处于休眠状态的非法证据排除规则，完善关联性规则、传闻证据规则、意见证据规则、作证特免权规则、交叉询问规则等，促进诉辩理性对抗与合作。

---

① 参见龙宗智《正义是有代价的——论我国刑事司法中的辩诉交易兼论一种新的诉讼观》，《政法论坛》2002 年第 6 期；孙长永《珍视正当程序，拒绝辩诉交易》，《政法论坛》2002 年第 6 期。

② 关于辩诉交易在国内外面临的困境以及我国诉辩协商制度的构建，参见兰跃军《刑事被害人人权保障机制研究》，法律出版社，2013，第 480~490 页。

（五）分离与制衡的诉审关系

在现代辩论式诉讼模式下，任何国家刑事诉讼都可以从横向和纵向两个角度进行考察，具有"双重结构"，即横向的侦、诉、审线性结构和纵向的控、辩、裁三角结构，以审判为中心的诉讼制度也不例外。这两个向度的诉讼构造都涉及起诉与审判两种诉讼职能的关系，即诉审关系。从横向分析，诉审关系是一种分离关系，控审分离原则作为联合国刑事司法基本准则之一，已经成为绝大多数国家刑事诉讼基本原则。它摆脱了纠问式诉讼模式下法官集侦查、起诉、审判职能为一身而与被追诉人单线对峙的行政治罪式诉讼构造，为了限制法官的集权追诉，使检察官从法官体系中分立出来，从而实现检审分隶、控审分离，保障裁判中立。这样，"以审判为中心"、"审判中立"，居于其上、被动行使才有可能，而起诉成为与辩护"平等武装"、平等对抗的一方当事人身份与职能，不应具有官方属性。这也使得分权制衡思想在诉讼结构中得以贯彻成为可能。从纵向考察，诉审关系又是一种制衡关系，所谓"不告不理"、"没有起诉就没有审判"，行使控诉职能的检察机关以起诉把控审判关口，限制审判的案件范围，建议、监督法官判案的量刑幅度，使法官转变为单纯居中裁判不告不理的裁判者。法官只能就检察机关起诉的案件范围进行审理，不能超裁或漏裁。当然，法院作为最终的案件裁决者，对于检察机关的起诉也可以作出否定性评价，或者建议检察机关变更或追加起诉，或建议倒流回起诉程序，由检察机关补充侦查。① 这样，使"以审判为中心"成为可能的同时，也使审判作为一种实体性权力，成为决定案件和被追诉人命运的关键环节，而起诉与侦查一样，只能作为一种程序性权力，为审判服务，其作出的诉讼结论不具有终局性效力。

起诉与审判这种既分离又制衡的关系，容易导致诉审关系紧密化、复杂化。尤其在我国，检察机关作为唯一公诉机关，负责起诉，同时又是专门的法律监督机关，在诉讼过程中还要履行诉讼监督，包括审判监督职能，成为"法官之上的法官"。公检法三机关分工配合制约原则还要求检察机关

---

① 参见单民、董坤《以审判为中心背景下的诉审关系探讨》，《人民检察》2015年第12期。

和法院在刑事诉讼中"互相配合"。这在立法和实践中都有体现。在立法上,《人民法院组织法》第 10 条规定的检察长可以列席同级法院审判委员会的做法,一直广受诟病。而刑事诉讼法规定的案卷移送制度"轮回性改革",一直没有有效发挥预断阻却功能,更是引起理论和实务界质疑。从司法实践看,起诉与审判之间"配合"大于"制约",呈现过于亲密样态,成为庭审虚化的根源之一。公诉人举证时,笔录都是简单宣读,有的甚至不宣读,只宣读证据在侦查卷宗第几页,使被告人、旁听人员很难明白证据全貌。另外,检、法对证据分歧部分,一般不采取断然否定的态度,而是以协商、退回补充侦查等友好方式纠正,有时还亲密地代为行使控诉职能,如直接变更指控罪名。而刑事法官在庭审过程中不自觉地偏离中立地位,与公诉人结成"统一战线",成为第二控诉方,与公诉人共同打压辩护方,限制辩护方的有效辩护,更是成为中国刑事审判的一大怪胎。

"以审判为中心"构建新型诉审关系,需要解决三个问题。第一,明确区分公诉与诉讼监督两种不同的诉讼职能,在庭审中正确处理尊重法庭权威与履行法律监督的关系。公诉人要充分尊重法官在庭审中的主导作用,尊重法官在查明案件事实、审查判断证据过程中的权威性。如果发现庭审活动有违法情况,除不立即监督纠正事后无法弥补的特殊情况外,都应当在休庭后及时向检察长报告,在庭审后以检察机关名义依法提出书面监督意见,且监督的内容仅限审理程序违法,公诉人不能以当庭退庭或其他方式阻碍庭审正常进行。此外,根据《高检规则》第 579 条规定,检察长列席同级法院审判委员会会议,对审判委员会讨论的案件等议题发表意见,是依法履行法律监督职责,而不是继续履行公诉职能,促使审判委员会按照公诉书和量刑建议书作出判决。这就要求检察机关公诉职能与诉讼监督职能适当分离,至少在同一检察机关内部实现公诉与诉讼监督由不同的副检察长分管,列席审判委员会会议的应当是检察长或分管诉讼监督的副检察长,不能由分管公诉的副检察长列席。第二,完善审前程序分流机制,充分发挥审前过滤功能。构建多元化纠纷解决机制,引导更多纠纷以非讼方式解决。同时,充分利用庭前会议解决程序性问题,有效排除庭审障碍。第三,以证据为核心完善卷宗移送制度,有效阻隔侦审连接,避免庭前预断。

（六）　制约与合作的审辩关系

辩护是针对控诉作出的一种应然反应，目的是依法维护被追诉人合法权益。辩护权具有诉权性质，属于犯罪嫌疑人、被告人依法享有的一种诉讼请求权。与诉权相对应的是裁判权，即法院针对犯罪嫌疑人、被告人的诉讼请求，就某一诉讼事项作出附理由的裁判的权力。《审判为中心改革意见》第 20 条要求加强裁判说理性，通过裁判文书展现法庭审理过程。《刑事辩护全覆盖试点办法》第 18 条也要求法院重视律师辩护意见，对不采纳的，应当说明理由。这些规定都体现了裁判权对辩护权的尊重与保障，以及辩护权对裁判权的制约。刑事辩护全覆盖要求法院在整个审判期间都要保障被告人获得律师的有效辩护或法律帮助。否则，根据《刑事辩护全覆盖试点办法》第 11~12 条规定，即构成审判程序违法，法院应当受到程序性制裁——撤销原判，发回重审，有关人员将被追究诉讼法律责任——实体性制裁或纪律处分。为此，有学者认为，在辩护权制约裁判权的方式上，存在三种模式，即诉权控制模式、裁判权控制模式和诉权影响裁判权模式。[①] 从这个意义上说，审辩关系首先是一种制约关系。

另外，裁判中立是现代诉讼"控辩式三角结构"存在的基础和前提，裁判方在诉讼中既无诉讼主张，也与诉讼结局没有直接利害关系。法官、律师都是法律职业共同体成员，通过正当法律程序查明案件事实，维护个案公平正义，促进司法公正是他们共同的诉讼价值目标。因此，审辩具有合作的基础。而且法庭本身就是一个"理想的交往情境"，通过诉讼主体之间的平等沟通和理性交流来达成最终的共识，[②] 作出具有可接受性的裁判。推进以审判为中心的诉讼制度改革，实行刑事辩护全覆盖，就是要让诉、辩、裁三方充分地参与庭审，一切有关定罪量刑的事实、证据都在法庭上公开展示、质证、辩论、认证，通过庭审尽可能客观、全面、公正地呈现一个真实、完整的案件事实。公诉人必须在法庭上履行证明被告人有罪的

---

① 参见陈瑞华《辩护权制约裁判权的三种模式》，《政法论坛》2014 年第 5 期。
② "理想交往情境"理论是哈贝马斯提出的"商谈理论"或"交往理性理论"的重要组成部分。详细分析请参见任岳鹏《哈贝马斯：协商对话的法律》，黑龙江大学出版社，2009，第 56 页。

举证责任，且达到"证据确实、充分"的证明标准。"以审判为中心"离不开控辩平等对抗，更需要审辩真诚合作。正如最高人民法院前副院长沈德咏指出，作为法官要认识到，从确保所有刑事案件审判的公正性、合理性、裁判可接受性而言，辩护律师都是法庭最可信赖和应当依靠的力量。①《刑事辩护全覆盖试点办法》第 13 条要求法院依法保障辩护律师的知情权、申请权、申诉权，以及会见、阅卷、收集证据和发问、质证、辩论等执业权利，为律师履行职责，包括查阅、摘抄、复制案卷材料等提供便利，就是审辩合作的重要体现。

然而，在司法实践中，以审辩交易和审辩对抗为典型样态的审辩关系异化现象不断出现，诸如"审辩冲突"、"辩审冲突"、"辩审妥协"，以及律师"闹庭"、"死磕"、擅自退庭、被赶出法庭，以及律师组团辩护、借助新媒体和社会向司法机关施压等，都是审辩关系异化的表现形式。近年来发生的杭州保姆纵火案、贵州小河案、广西北海律师伪证案，以及南昌大学原校长周文斌受贿案审理过程中出现的审辩冲突就是典型。截至 2017 年底，我国执业律师总数已经达到 36.5 万余人。虽然绝大部分律师都通过了全国律师资格考试或司法资格考试，但是专业水平尤其是刑事法律专业知识参差不齐。我国至今没有设置专门的辩护律师资格条件，也没有制定一个统一的刑事辩护准则，或无效辩护的认定标准。随着刑事辩护全覆盖的推行，如果所有律师都从事刑事辩护业务，审辩冲突将更加突出。这要求我们重新审视并"以审判为中心"构建新型的制约与合作的审辩关系。

构建这种新型审辩关系，第一，法院要平等对待辩护律师和公诉人，始终保证裁判中立，增进审辩互信。裁判中立是实现控辩平等对抗的充分必要条件。只有裁判中立，控辩双方平等对抗才有可能，审辩互信与合作才有基础，而互信与合作又是相互制约的重要形式。另外，为了保证裁判中立，不仅要求控审分离，而且要求控辩双方的诉讼地位平等。为此，《关于依法保障律师执业权利的规定》第 26 条明确禁止法院对律师进行歧视性安检，要求保障律师与出庭履行职务的检察人员同等对待。此外，贯彻落实十八届四中全会精神，规范司法行为，加强对司法活动的监督，还要加

---

① 参见沈德咏《我们应当如何防范冤假错案》，《人民法院报》2013 年 5 月 6 日。

强对法官和律师违法行为的惩戒，全面落实司法责任制。第二，完善庭前会议听取律师意见制度，促进诉辩、审辩良性互动，构建诉辩、审辩制约与合作平台。法官在庭前会议上可以听取辩护律师意见，及时作出处理。辩护律师可以在庭前会议上将自己意见告知法官，并说明理由，争取法庭支持。第三，建立法官与律师互评机制，防止裁判权或辩护权滥用，实现有效辩护。在美国，法官的任命需要律师协会的严格把关。我国台湾地区设立"法官评鉴委员会"，允许辩护律师参与法官的评鉴工作，使得律师能监督法官权力的行使，同时督促法官重视律师意见。[①] 我国有关规范性文件已经试点推进法官与律师之间职业交流，为了实现律师对法官的监督制约，防止裁判权滥用，笔者认为，应当研究构建法官与律师之间的互评机制，通过互评增加对对方职业的认同感，在相互制约的同时，增进互信与合作，减少审辩冲突。据悉，浙江省云和县 2017 年建立法官与律师双向互评工作机制，宁波市 2018 年试点法官律师庭审互评机制，这些地方实践经验值得总结推广。此外，"以审判为中心"和刑事辩护全覆盖所要求的律师辩护应当是有效辩护。我国应当研究为辩护律师设置专门的资格条件，促进刑事辩护专业化，避免所有律师都从事刑事辩护业务，切实提高辩护质量。同时，可以借鉴美国、德国等做法，制定符合我国国情的无效辩护的认定标准，建立无效辩护制度，或者排除辩护人制度，以法官裁判权评介和制约律师辩护权的滥用。2018 年刑事诉讼法第 33 条第 3 款明确增加不得担任辩护人的情形，就是一个明确信号。

三　改革刑事立案制度

2017 年 5 月 26 日，山东省人民检察院公布聊城于欢故意伤害案处警民警调查结果，称此事存在处警不够规范问题，但不构成玩忽职守罪，不予刑事立案。聊城冠县纪检监察部门通报称，给予处警民警及相关负责人员

---

① 参见亢晶晶《说服与判断：审辩关系的异化及回归——以"商谈理论"为视角》，《河南大学学报》（社会科学版）2017 年第 3 期。

以党纪政纪处分。① 该案中检察机关对处警民警不立案，在公众和学界存在不同看法。再看看 2016 年 8 月先后发生的另外两个案例：

案例 1 2016 年 7 月 5 日晚，陈某家的狗将王某女朋友李某玲手臂咬伤。7 月 7 日晚，陈某在遛狗过程中，遇到王某和同行另一男子，两人持刀将陈某家的狗砍杀，经认定，狗价值人民币 3.6 万元。目前，犯罪嫌疑人王某因涉嫌故意毁坏财物罪被连云港警方依法刑事拘留。②

案例 2 5 个月前的一个晚上，湖北省咸宁市女子王柠（化名）酒后出现在一个酒店里，和她一起的是咸宁市通山县东城派出所民警吴某，吴某付钱开了一间大床房。当晚，王柠从酒店三楼与四楼之间的楼梯窗户坠落，全身多处骨折。王柠苏醒后坚持称，当晚吴某趁自己醉酒"强迫与其发生性行为"，她试图逃脱，两人拉扯中她从窗户坠落。吴某的同事和朋友谭姓民警则表示，吴某曾告诉他经过，吴称只是送醉酒的王柠入住房间，打算安顿好王柠之后就离开，并不知道王柠坠楼。2016 年 8 月 6 日，湖北通山县公安局林姓副局长对澎湃新闻表示，酒店楼梯间并没有监控设备，根据酒店走廊的监控，已排除吴某的作案嫌疑，该案不构成刑事案件，不予立案，建议走民事诉讼程序。8 月 9 日晚，事发近 5 个月后，王柠告诉澎湃新闻，她父亲接到通山县公安局刑侦部门通知，8 月 10 日可前往该局领取不予立案通知书。对于不予立案通知书的下达时间，林姓副局长曾于 8 月 6 日向澎湃新闻解释，案件材料需送至法制部门审核，审核通过后才可送达不予立案通知书。③

这两个案件分别发生在江苏和湖北。在案例 1 中，男子王某因砍杀曾咬

---

① 参见徐鹏《山东公布于欢故意伤害案处警民警调查结果给予党纪政纪处分》，《法制日报》2017 年 5 月 27 日。《山东公布于欢案处警民警调查结果：不予刑事立案》，中国新闻网 2017 年 5 月 26 日，最后访问时间：2017 年 6 月 6 日。

② 参见李欢《连云港男子为女友报仇打死咬人狗被追刑 予立案追诉》，新华网 2016 年 8 月 5 日，最后访问时间：2016 年 8 月 22 日。

③ 参见曾珂《湖北女子酒后与民警开房坠楼受伤 警方：不构成刑案不予立案》，澎湃新闻网 2016 年 8 月 10 日，最后访问时间：2016 年 8 月 22 日。

伤其女朋友的狗，被连云港警方以故意毁坏财物罪立案。但进一步结合此案发生的具体背景，尤其是考虑到这里"狗"作为"公私财物"的特殊背景，简单以"故意毁坏财物罪"立案追究杀狗男子刑事责任，存在许多疑点，包括男子砍杀狗的原因究竟纯粹出于泄愤，还是迫于无奈的"正当防卫"或"紧急避险"；作为被"毁坏财物"的狗，是否属于狗主人的"合法财物"；等等。这些争议事实全由公安机关认定，作为立案的依据，显然很难取得公众认同。在案例2中，一方当事人吴某是派出所民警，涉嫌强奸罪，双方当事人对案件发生的原因明显存在争议，公安机关在事发近5个月后，仅凭犯罪嫌疑人吴某及其同事和朋友谭姓民警的陈述，认定该案不构成刑事案件，决定不予立案。这些案件不得不引起我们对我国刑事立案制度反思。

关于立案的独立性，学者们已经提出质疑并进行深入研究。[①] 笔者赞同借鉴意大利、我国澳门特别行政区等做法，取消立案作为一个独立的诉讼阶段，将立案改革为犯罪消息登记制度，作为侦查的前期工序和启动环节，用来获悉和记载犯罪消息，成为侦查启动的信息来源，从而构建一个"大侦查"阶段。[②] 这符合十八届四中全会通过的《中共中央关于全面推进依法治国若干重大问题的决议》提出的改革法院案件受理制度，变立案审查制为立案登记制的基本方向。以审判为中心的诉讼制度中，立案阶段出现的这种当事人之间纠纷、当事人与公安机关之间的争议，应当如何解决，是我们研究改革刑事立案制度需要解决的另一个问题。

（一）刑事立案的本质与功能

在我国，立案是刑事诉讼的一个独立的、必经的诉讼阶段，是刑事诉讼活动开始的标志。公诉案件必须先立案才能启动侦查。这在法理和制度层面上都是存在问题的。立案的前提是"认为有犯罪事实需要追究刑事责

---

① 对立案独立性的质疑，参见吕萍《刑事立案程序的独立性质疑》，《法学研究》2002年第3期；刘瑞榕、刘方权《刑事诉讼程序启动研究——对我国现行立案制度的质疑》，《中国刑事法杂志》2002年第1期。

② 参见兰跃军《侦查程序被害人权利保护》，社会科学文献出版社，2015，第52页。详细制度构建，参见吕萍《刑事立案程序的独立性质疑》，《法学研究》2002年第3期。

任"，如果公安机关或检察机关不经过必要的调查或侦查，如何能够判断一个案件是否存在犯罪事实，而且需要追究刑事责任？在司法实践中，无论公安机关"调查"还是检察机关"初查"，实际上都是具有侦查性质的诉讼行为。这种先侦查，再立案，然后再进行刑事诉讼法规定的侦查的传统做法，成为我国立案不实现象的重要根源。有学者运用统计学方法，推算出全国立案率为 20% 左右。而长期占全部刑事案件 2/3 的盗窃案件立案率不足 10%。① 实践中不断出现各种"当立不立"、"不当立而立"的立案争议。1996 年刑事诉讼法增设立案监督制度，赋予被害人对"当立不立"申请检察监督的救济权，说明立案阶段可能存在各种程序性纠纷。前面案例 1 和案例 2 就是例证。根据最高人民检察院 2018 年工作报告，2013～2017 年全国检察机关督促侦查机关立案 9.8 万件、撤案 7.7 万件。以下表 1 是最高人民检察院 2014～2018 年工作报告中提到或统计的全国检察机关刑事立案监督的数据。

表 1 全国检察机关 2013～2017 年刑事立案监督情况

单位：件

	2017 年	2016 年	2015 年	2014 年	2013 年
当立不立（督促立案）	18246	14650	14509	21236	29359
不当立而立（督促撤案）	13071	10661	10384	17673	25211

从性质上讲，立案是法律赋予公安司法机关的一项职权。立案的本质是为强制侦查提供法律依据。换言之，任何案件不经立案，侦查机关无权对犯罪嫌疑人适用强制性侦查措施。只有犯罪嫌疑人的行为达到立案条件，经过侦查有证据证明是嫌疑对象实施了犯罪行为，侦查机关才能采取各种限制人身自由、财产权、隐私权等强制性侦查行为。立案具有输入功能和屏蔽（或过滤）功能，前者通过立案将有犯罪事实发生、需要追究刑事责任的案件纳入刑事追诉的视阈，实现打击犯罪的一般目标；后者将案件线索中的虚假信息，以及不需要国家追诉的情形予以排除。这两个功能既是

---

① 参见陈志军《刑事立案不实的现状与出路》，《学理论》2014 年第 28 期。

优化配置国家刑事司法资源的必然要求，也是保障无辜者不受刑事追诉的人权保障要求。国家通过立案将犯罪行为注入正式的司法机器中，也应当为这种追诉权的滥用提供一种程序救济手段，以防止不得或不应启动的诉讼程序。从这个意义上说，立案仅仅是一种程序性的材料审查活动，只需进行形式审查即可。但是，我国却采用了一种"认为有犯罪事实需要追究刑事责任"的实质性证据标准，而且公诉案件中这种证据标准的认定权属于侦查机关。为了达到这一标准，侦查机关一般通过称为"初查"的手段进行查证。事实上，这种"初查"与侦查并无实质的差别，它们在行为主体、行为方式、行为结果以及实施程序等方面几乎一致。[①] 这种"程序倒挂"与侦查措施中存在的各种自我授权，极易造成对公民权利的漠视乃至侵犯，导致刑事立案阶段出现各种问题。

（二）刑事立案制度存在的主要问题

从"以审判为中心"视角分析，我国刑事立案制度主要存在三个方面问题。

1. 立案条件欠缺科学性

刑事诉讼法第112条和第16条规定，立案必须同时具备两个条件。一是事实条件，即"认为有犯罪事实"，是指认为有刑法规定的犯罪事实发生，并且该犯罪事实的发生有一定的证据材料证明。它要求犯罪事实是客观存在的。这在实践操作中往往很难办到，除却基层侦查人员素质等客观原因之外，还有其深层的法理上原因。如果在此阶段已然有确信，证据材料都已充分，就没有继续侦查的必要，无法解释立案后撤案、不起诉、宣告无罪等诉讼行为。二是法律条件，即"需要追究刑事责任"，是指依照实体法和程序法规定应当追究行为人刑事责任。也就是说，行为人不具有刑事诉讼法第16条规定的6种情形之一。该条件所要求的证据标准，目前法律上尚无明文规定，理论界对此看法也不一，它给办案实践带来一定不便，使得办案民警很难把握和操作，在客观上导致全国立案标准不统一，也为

---

① 关于立案前初查，参见卢乐云《检察机关初查制度之价值评析及其实现——以法律监督权为视角》，《中国法学》2010年第1期；施鹏鹏、陈真楠《初查程序废除论——兼论刑事立案机制的调整》，《社会科学》2014年第9期。

公安、检察机关不立案或不破不立提供合法借口，是造成立案不实、立案纠纷的主要原因之一。以致公安机关的正常破案反而遭到公众质疑。而且是否需要追究刑事责任属于法律评价，应当属于法院审判权解决的范畴。这两个条件决定了我国刑事诉讼法确立的立案标准是一种实质审查标准，而且审查认定的主体是作为控诉方的侦查机关，不是中立的裁判方（法院）。这种实质审查标准主要体现在侦查机关需对犯罪行为进行法律后果的评价，以判断是否需要追究刑事责任。而一旦侦查机关按照这种实质审查标准作出判断，认为犯罪嫌疑人行为有犯罪事实需要追究刑事责任，案件就被"定性"，犯罪嫌疑人被贴上犯罪分子的标签，在整个诉讼过程中很难改变，从而使起诉、审判为侦查服务。有悖"以审判为中心"的要求。

2. 立案监督缺乏刚性效力

为了强化人民检察院对公安机关不立案的监督制约机制，1996 年刑事诉讼法第 87 条增设了立案监督制度，2018 年刑事诉讼法第 113 条继续保留了这一制度。对于公安机关应当立案侦查的案件而不立案侦查的，检察机关自行发现或根据被害人申请，可以启动立案监督，要求公安机关立案，从而使检察机关在立案阶段具有法律监督者身份。然而，检察机关这种法律监督者身份与其公诉机关身份是不相容的，不具有作为裁判者的中立性。而且监督也不等同于制约，无法为被害人提供有效救济。实践中，如果检察机关对被害人提出的立案监督申请迟迟不作出答复，或者继续维持公安机关不立案决定，或者公安机关接到检察机关发出的《说明不立案理由通知书》后，反应冷淡、消极对待等，被害人无法获得救济，对检察机关处理决定不服，既不能向该检察机关申请复议，也不能向上一级检察机关申请复核，最后只能按照刑事诉讼法第 210 条规定向法院提起自诉救济。这不符合程序正义的基本要求，久而久之会大大地挫伤被害人提出立案监督申请的积极性，从而使立法赋予被害人参与立案监督的权利形同虚设。另外，从立法规定看，检察机关进行立案监督没有任何法定的制裁措施，他们除了对刑事诉讼法第 19 条第 2 款规定的极少数案件直接立案侦查外，只能提出一定处分建议，将涉嫌徇私舞弊等违法违纪行为的侦查人员移交监察机关处理，无权直接处分。而且，在我国，公安机关不仅拥有几乎不受限制的立案管辖权，并且拥有独立的撤销案件权，检察机关对此也缺乏有效的监督。在实践中，虽然有的公安机关收到检察机关《通知立案书》后立案，并将《立案决定书》送达人民检察院，但随后未经任何侦查就撤销案件，立而不侦、侦而不结等消极侦查、侦查不作为，检察机关和被害人也无可奈何。立法者精心设计的这种立案监督制度缺乏刚性效力，很难发挥应有的功能。

3. 立案纠纷缺乏司法救济途径

由于我国立法规定的立案与侦查、审查起诉阶段一样，并非诉讼化设计，法院不介入，缺乏中立的裁判方。立案纠纷采取行政复议方式处理。刑事诉讼法第112条规定，对于报案、控告、举报和自首的材料，公、检、法审查后，如果认为没有犯罪事实，或者犯罪情节显著轻微，不需要追究刑事责任的时候，不予立案，并且将不立案的原因通知控告人。控告人如果不服，可以申请复议。刑事诉讼法没有明确规定这种立案复议的程序，而《高检规则》第184条和《公安部规定》第176条都将它设计为一种行政程序，前者规定由检察机关控告检察部门处理，后者规定可由原公安机关及其上一级公安机关复议、复核。这是其一。其二，在被举报或控告等多种不同线索来源的案件中，经审查认定为不立案的，唯有控告人才可以获知不立案原因及对此结果不服申请复议的权利。根据刑事诉讼法第110条规定，控告人一般是人身权利或财产权利受到侵犯的被害人。因此，对于不立案案件，唯有被害人对公安司法机关的不立案决定不服的，才能申请复议，而其他人如报案人、举报人均没有复议权。其三，虽然刑事诉讼法第210条第（三）项为被害人提供了自诉救济途径，但它仅仅适用于人身、财产权利受到侵犯的被害人，而且要求被害人履行证明责任，提供证据证明。根据《高法解释》，对于公安机关这种不立案决定，被害人无权提起行政诉讼获得司法救济。从司法实践来看，这种被害人自诉救济效果并不理想，"中看不中用"，笔者与许多学者一样，主张废除。①

（三）俄罗斯刑事案件的提起制度及启示

由于种种原因，我国刑事诉讼制度许多都移植于苏联，很多基本制度

---

① 详细研究，参见兰跃军《侦查程序被害人权利保护》，社会科学文献出版社，2015，第95~103页；兰跃军《刑事被害人人权保障机制研究》，法律出版社，2013，第255~270页。

框架也与其类似。独联体及东欧各国一般都将提起刑事诉讼作为刑事诉讼开始的一个独立阶段,提起刑事诉讼具有体现阶段独立性的全部特征。① 我国1979年刑事诉讼法基本移植苏联及东欧各国做法,将"立案"作为一个独立的诉讼阶段,只是没有称之为"提起刑事诉讼"。而苏联解体后,俄罗斯对苏联的法律制度并没有完全继承,伴随着社会体制的重大变更,以及两大法系融合的大趋势、全球化法治进程的加深,俄罗斯的法律制度也兼收并蓄了许多英美国家甚至亚洲国家法律制度内容,对其原有的法律制度、法律体系、法律原则、法律框架、法律思想等进行了重要改革。② 在原有的职权主义模式的法律制度基础上,新移植了英美法系的当事人主义,从而在近20年来呈现一种混合式的诉讼制度。其中"刑事案件的提起"制度的改革值得我国借鉴。

《俄罗斯联邦刑事诉讼法典》第二部分"审前程序",包括第七编"刑事案件的提起"和第八编"审前调查"两部分内容,都是作为一种诉讼程序设计的。第七编"刑事案件的提起"又分第十九章"提起刑事案件的事由和根据"和第二十章"提起刑事案件的程序"两章,从第140条至第149条共10条,主要包括提起刑事案件的任务和目的、提起刑事案件的主体、提起刑事案件的事由、提起刑事案件的根据、拒绝提起刑事案件的根据、犯罪举报的审查程序、公诉案件和自诉案件的提起程序、拒绝提起刑事案件的救济和刑事案件的移送等九个方面内容。③ 与我国刑事立案制度相比,俄罗斯"刑事案件的提起"制度具有三个方面特点。

1. 统一的提起刑事案件的决定机制

在俄罗斯,自诉案件由法院直接受理,公诉案件的提起由检察长统一决定,检察长负责审前程序,包括刑事案件的提起和审前调查。《俄罗斯联邦刑事诉讼法典》第146条第4款规定,调查人员和侦查员关于提起刑事案件的决定应当立即送交检察长,决定应当附上审查犯罪举报的材料和相应的笔录和

---

① 参见吕萍《刑事立案程序的独立性质疑》,《法学研究》2002年第3期。
② 关于苏联刑事诉讼,参见〔苏联〕H. B. 蒂里切夫等编《苏维埃刑事诉讼》,张仲麟等译,法律出版社,1984。
③ 详细介绍,参见〔俄〕к. ф. 古岑科主编《俄罗斯刑事诉讼教程》,黄道秀等译,中国人民公安大学出版社,2007,第260~290页。

决定。检察长收到决定后，应立即作出是否同意提起刑事诉讼的决定或将材料发还进行补充审查。这与我国公安机关、检察机关都有公诉案件立案决定权不同。而这种统一的提起公诉案件的决定机制，既有利于保证提起公诉案件的质量和效率，也有利于统一提起公诉案件的根据和审查标准，从而使审前程序为审判程序服务，刑事案件的提起为审前调查服务。

2. 科学的提起刑事案件的审查机制

俄罗斯将"存在说明犯罪要件的材料"作为提起刑事案件的根据。第一，它仅要求"存在足够的材料"，即仅要求公职人员在提起刑事案件的时候掌握作出有根据的决定所必需的材料（信息材料、信息、事实或材料）。这里的审查标准显然是一种主观标准、形式标准，而非客观标准、实质标准。第二，它仅要求有关公职人员在提起刑事案件时掌握"说明犯罪要件的"材料，并不要求确定犯罪构成。只要他们主观上"认为有犯罪事实"即可，并不要求审查确认"需要追究刑事责任"。这一要求显然"宽缓"。因为提起刑事案件仅仅意味着决定开始刑事案件的诉讼，对某一事件、事实、行为等存在所有犯罪要件的材料进行审查，而只有在这一切之后才可以构建关于是否确实实施了犯罪和究竟是谁实施了犯罪的结论。第三，立法明确列举了拒绝提起刑事案件的根据，便于实践操作和申诉。第四，立法明确规定这一阶段不仅可以进行一些非诉讼性质的审查，而且可以实施刑事诉讼法规定的最低限度的侦查行为，包括勘验现场、进行检验和指定司法鉴定。而且立法明确承认这种侦查前审查属于一种侦查行为，这种行为的结果依照刑事诉讼法典的规则办理有关手续后可以作为证据使用。这相对于我国《高检规则》和《公安部规定》规定的初查而言，性质更加明确。

3. 健全的拒绝提起刑事案件的司法救济程序

与我国不同，俄罗斯对拒绝提起刑事案件决定的救济不仅包括检察监督，即《俄罗斯联邦刑事诉讼法典》第124条规定的"检察长审议申诉的程序"，而且有法院监督作为补充。《俄罗斯联邦刑事诉讼法典》第123条和第125条确认了在刑事诉讼的审前阶段实行法院监督的制度，法院有权接受和审理对调查机关和检察院非法行为和决定（包括非法提起刑事案件和非法拒绝提起刑事案件）提出的申诉，而且规定了一个完整的"审议申诉的审判程序"。这是俄罗斯刑事诉讼的基本制度之一，其使命是保障有权查明犯罪和采取措施发现犯罪揭露犯罪人的那些执法机关与公职人员的任何诉讼行为和决定都合法有据，从而保证审前程序尤其是证据收集的合法性，使进入审判程序的证据材料具有合法性，为庭审实质化奠定坚实基础。

（四）改革我国刑事立案制度的基本思路

针对刑事立案制度存在的各种问题，全国公安机关开展立案规范化建设，全面推动立案突出问题专项治理，包括严格实行刑事立案归口管理，完善案件办理工作操作规范；对刑事案件实行统一登记统一办理统一审核统一出口等。① 2015 年 4 月，中央全面深化改革领导小组审议通过《关于人民法院推行立案登记制改革的意见》；2015 年 12 月，公安部出台《关于改革完善受案立案制度的意见》。这些改革措施对于推进我国刑事立案规范化具有重要作用。我国还有必要适当借鉴境外国家（地区），尤其是俄罗斯的做法，改革刑事立案制度设计，以适应以审判为中心的诉讼制度的要求。基本思路包括四个方面。

1. 立案前初查：从调查到侦查

我国刑事诉讼法都没有规定初查制度，但赋予公、检、法三机关立案前对报案、控告、举报和自首的材料进行审查的权力。针对立案前这种对案件事实或线索不明所进行的初步的调查，《高检规则》第八章第一节直接称之为"初查"，并以第 168 条到第 182 条共 15 个条文规定了该制度，其中第 173 条规定："在初查过程中，可以采取询问、查询、勘验、检查、鉴定、调取证据材料等不限制初查对象人身、财产权利的措施。不得对初查对象采取强制措施，不得查封、扣押、冻结初查对象的财产，不得采取技术侦查措施。"《公安部规定》没有直接使用"初查"作为章节名称，但第 171 条第 3 款规定："初查过程中，公安机关可以依照有关法律和规定采取

① 参见宫文飞《践行"三严三实" 查纠立案问题》，《江苏法制报》2015 年 8 月 6 日，第 2 版；尤垒等《立案标准不统一是主要原因》，《人民公安报》2015 年 8 月 3 日，第 5 版；李国平《强化完善立案监督机制有效推动依法如实立案》，《人民公安报》2015 年 8 月 10 日，第 5 版；赵家新《刑事案件统一登记统一办理统一审核统一出口》，《人民公安报》2015 年 5 月 11 日，第 6 版。

询问、查询、勘验、鉴定和调取证据材料等不限制被调查对象人身、财产权利的措施。"从这两个规范性文件规定看，二者都允许在初查过程中采取不限制初查对象人身、财产权利的任意侦查措施，《高检规则》明确禁止采取强制措施和限制初查对象财产权和隐私权的强制性措施（包括技术侦查措施）。二者可以采取措施的范围比俄罗斯要广泛得多。但是，二者都没有明确初查的法律性质、应当遵守的程序规定，以及取得证据材料的法律效力等，这势必导致各种实践乱象，以至于许多学者明确提出废除初查。

鉴于初查已经在我国司法实务中大量运用，对于公安、检察机关调查核实立案证据材料发挥重要作用。俄罗斯、意大利、法国、我国澳门特别行政区等都允许进行立案前审查，并将这种非诉讼性质的审查行为界定为一种侦查行为，尽管只能是最低限度的，也必须遵守刑事诉讼法相关侦查行为程序规范。笔者认为，我国将立案作为侦查启动环节后，应当明确地将立案前的审查，即初查的法律地位从调查界定为一种初步侦查行为，纳入刑事诉讼范畴，要求遵守刑事诉讼法相关程序规范，并适当扩大解释刑事诉讼法第54条第2款规定，在初查过程中收集的物证、书证、视听资料、电子数据等证据材料，在刑事诉讼中可以作为证据使用。这是其一。其二，确认《高检规则》第173条规定，采取列举和概括相结合方式，从正面和负面两个方面明确规定初查过程中可以采用的任意侦查措施，即在初查过程中，可以采取询问、查询、勘验、检查、鉴定、调取证据材料等不限制初查对象人身、财产权利的措施。但是，不得对初查对象采取强制措施，不得查封、扣押、冻结初查对象的财产，不得采取技术侦查措施。其三，为了防止初查措施滥用，需要检察监督介入，包括将初查定位于初步侦查，立案后的侦查就是正式侦查，经过初查后决定立案或不立案，公安机关应将立案或不立案决定和相关证据材料报同级检察机关诉讼监督部门备案；检察机关直接受理的案件应将立案或不立案决定和相关证据材料报上一级检察机关诉讼监督部门备案。这样，可以使检察机关或上一级检察机关从案件登记开始，就对侦查活动包括立案进行全面的监督，以便为相关当事人和诉讼参加人提供救济。

2. 立案审查标准：从实质到形式

刑事案件尤其是由公安机关受理的案件，往往具有突发性、紧迫性和不确定性。侦查作为对犯罪作出的一种"应激性"反应，一旦发现或获悉有犯罪消息，就应当及时、迅速地启动，对案件进行调查不应当附加不必要的程序限制。从原则上讲，立案条件或立案标准的确定应符合立案制度本身的功能定位。科学合理的立案标准应该能够使得立案对于案件的输入功能与过滤功能在动态中保持一种相对的平衡，即实现对案件输入功能的同时，确保对案件的应然过滤。① 当一个刑事案件已经发生的时候，要判断案件的性质如何，只能根据在上一阶段中已经存在的证据材料，凭借办案人员的经验、意识或者只言片语的民俗习惯等进行追索，对犯罪事实是否客观存在作出一个浅显、迫切甚至背道而驰、错误的主观判断。这也只是一种可能而不是一个必然的结果，在有些时候，这个阶段的指引甚至是相反方向的，因为无论如何，最终查明真相的功能本身不是这个阶段要解决的问题，而是审查逮捕、审查起诉、审判等后续环节逐步解决的。

为此，笔者主张借鉴德国、意大利、日本等国做法，将我国立案审查标准由目前的实质标准改为纯粹的形式标准，即只要"认为有犯罪事实"即可。具体做法包括三个方面。第一，取消立案的法律条件"需要追究刑事责任"，即侦查机关在立案前不需要对犯罪事实进行法律评价，只要求进行事实判断，即"认为有犯罪事实"即可。因为某种行为是否构成犯罪，是否应当被追究刑事责任，在立案前难以确定，往往需要通过审判才能确定，否则，撤销案件、不起诉、宣告无罪和定罪免刑就没有理由存在了。因此，只要受案部门有一定的证据材料说明存在犯罪事实，就应该立案，启动侦查。第二，公、检、法三机关根据相关证据材料判断是否有犯罪事实时只需进行主观判断，即"认为有犯罪事实"即可。因为"侦查权的发生，并不以刑罚权已否存在为前提，故侦查之开始系主观意思，即检察官认为有犯罪嫌疑时，即得开始侦查，并不以客观事实是否存在为必要"。② 侦查机关在收到报案、举报、控告、自首的材料或者自己发现案件线索，经过初步侦查，认为有犯罪事实存在就应立案，启动正式侦查。在正式侦查阶段，如果发现不存在犯罪事实的，就撤销案件。第三，借鉴俄罗斯做法，将"认为有犯罪事实"解释为认为存在说明犯罪构成要件的一定的相关证据材料，并不要求确定犯

① 参见陈冬《改革我国刑事立案标准问题的探讨》，《中国刑事法杂志》2011 年第 8 期。
② 陈朴生：《刑事证据法论》，中正书局，1971，第 146 页。

罪构成，即刑法分则相应条款规定的全部犯罪构成要件的总和。

3. 立案监督效力：从柔性到刚性

为了避免侦查机关针对检察机关立案监督的处理决定反应冷淡、消极对待，立法应当赋予检察机关对被监督者一定的惩戒权，强化立案监督的刚性效力。应当规定检察机关向公安机关发出的《要求说明不立案理由通知书》、《要求说明立案理由通知书》、《通知立案书》、《通知撤销案件书》、《立案监督案件催办函》等法律文件的法律效力，赋予检察机关立案监督必要的制裁措施。第一，调查核实权。人民检察院诉讼监督部门有权对立案机关的诉讼活动依法进行调查，只有进行调查，才能确定已有的证据材料能否达到立案标准，是否属于应当立案而不立案，或者不应当立案而立案。第二，变更决定权。人民检察院诉讼监督部门有权对立案机关的立案、不立案决定依法作出变更处理。借鉴俄罗斯做法，检察机关诉讼监督部门对于立案机关初步侦查报送备案的立案决定和材料，应当立即进行审查，发现立案不实的，应当及时启动立案监督机制予以变更。第三，处罚建议权。人民检察院在纠正违法过程中，认为需要给予违法责任人员行政处罚、内部纪律处分时，有权提出书面监督处罚建议书，送达有权机关，要求对违法责任人员给予处罚，包括监督公安机关停止有关办案人员的职务活动，更换办案人员等，或者对办案人员相应的处分等，公安机关应当作出相应处理，并将处理结果及时反馈给检察机关。

此外，立法还应适当扩大检察机关的机动侦查权，对于公安机关拒不接受立案监督处理决定、消极侦查或者立案后无故撤销案件的，经上一级检察机关批准，检察机关可以直接立案侦查。这样可以增强立案监督效力的刚性，让被害人提出立案监督申请后不仅能促使侦查机关迅速改变原来的错误决定，而且能够积极对待，从而最大限度地保护被害人权利。2018年刑事诉讼法第19条第2款在取消检察机关职务犯罪侦查权的同时，保留了检察机关的机动侦查权，并且规定检察机关在对诉讼活动实行法律监督中发现的司法工作人员利用职权实施的非法拘禁、刑讯逼供、非法搜查等侵犯公民权利、损害司法公正的犯罪，仍然可以立案侦查。

4. 立案纠纷解决：从行政到司法

立案阶段可能存在各种纠纷，包括刑事诉讼法第112条规定的控告人

（含被害人）对公安、检察机关不立案决定不服申请复议，第113条规定的被害人认为公安机关对应当立案侦查的案件而不立案侦查申请检察监督，以及第117条规定的当事人和辩护人、诉讼代理人、利害关系人对司法机关及其工作人员的申诉和控告等，刑事诉讼法采取行政化的处理方式解决，不符合司法最终裁决原则，效果也不理想。因为检察机关不具有裁判方的中立性。法院进入审前程序实行司法控制后，我国应当借鉴俄罗斯做法，对这些纠纷解决除了继续保留检察监督和救济外，应当增加法院监督和救济，控告人（含被害人）对不立案决定不服的，或者对侦查机关不积极调查案件的不作为行为不服的，既可以向上一级侦查部门申请复议，也可以向检察机关提出控告，或直接向人民法院申请司法审查，从而使立案纠纷的最终解决从行政转向司法。借鉴《俄罗斯联邦刑事诉讼法典》第124条和第125条规定，分别构建检察机关和法院审议申诉和控告程序，尤其是法院审议申诉和控告的审判程序，建立一个完整的立案纠纷的司法救济机制。

四　恢复侦查预审程序

以审判为中心的诉讼制度改革要求侦查为起诉作准备，侦查、起诉共同为审判服务，并服从审判的标准和要求。这要求侦查机关在侦查终结移送起诉前对刑事案件质量进行初次检验把关，检验标准与检察机关提起公诉、法院作出有罪判决一致，达到"犯罪事实清楚，证据确实、充分"的程度。侦查阶段这项任务就是通过预审程序完成的。长期以来，我国刑事司法实践将刑事案件的侦查分为前期侦查和后期预审两个阶段。前期侦查由侦查部门负责，主要任务是收集证据和查获犯罪嫌疑人。预审由预审部门负责，主要任务是审查核实前期侦查收集、调取的证据材料。但是，经过1997年刑侦体制改革，全国绝大部分公安机关取消了独立设置的预审部门，实行"侦审一体化"或"侦审合一"，以提高侦查效率，从而导致"预审功能全面崩溃"，刑事案件质量明显下降。为此，近年来，许多地方公安机关又以各种形式相继恢复了独立的预审机构。推进以审判为中心的刑事诉讼制度改革，亟待重新定位侦查预审程序的功能，恢复并重构独立的侦查预审程序，充分发挥预审的侦查把关作用，防止出现"起点错、跟着错、错到底"。

（一）　中国语境下侦查预审的内涵

预审制度源于法国，学理上分为"纯粹司法审查意义上的预审"和"侦查兼司法审查意义上的预审"。1906年《大清大理院审判编制法草案》第一次使用"预审"一词，确立推事预审机制，1910年《大清刑事诉讼律（草案）》改由检察官行使预审职权，1921年中华民国《刑事诉讼条例》和《刑事诉讼律》又恢复推事预审制度。1979年刑事诉讼法只有一处出现"预审"一词，1996年、2012年和2018年刑事诉讼法前后两处出现"预审"一词，其中第一处都是刑事诉讼法第3条第1款规定的公、检、法三机关在刑事诉讼中的职责分工，第一句将预审与侦查、拘留、执行逮捕并列为公安机关的法定职权。为了落实该规定，进一步明确预审的诉讼地位和任务，1996年刑事诉讼法增加第90条（即2018年刑事诉讼法第116条），专门对预审作出规定，作为第二编第二章"侦查"的"一般规定"之一。按照法理，它适用于整个侦查阶段。根据刑事诉讼法这两处规定，"预审"作为一个专业术语，在我国具有特定含义。概括起来，主要包括五个方面。

第一，预审和侦查（狭义上）是我国刑事诉讼中广义上侦查权的两种具体权能，都由公安机关负责，属于公安机关在刑事诉讼中的法定职权，除法律特别规定的以外，其他任何机关、团体和个人无权行使。因此，主张由法官或检察官负责预审的观点，缺乏法律依据。

第二，预审的启动条件包括程序条件和实体条件两个方面。程序条件是"经过侦查"。1997年刑侦体制改革前，我国公安机关办理刑事案件都是由侦查和预审两个部门完成的，分别行使侦查权和预审权。没有经过前期侦查的案件，包括自诉案件，不能进行预审。预审的目的是对侦查部门收集、调取的各种证据材料进行审查、核实。而审查、核实证据材料是"审查批准逮捕"、"审查起诉"、"审判"等刑事诉讼中各种"审"的基本任务和功能，只是审查、核实的内容存在阶段性区别。这说明"预审"作为公安机关对刑事案件的一种预备性审查，是保证审查起诉和审判顺利进行的一项准备工作，具有"准备性司法权"性质①，它与审查批准逮捕、审查起诉，以及审判程序中的"审"一样，具有共同的诉讼品质和职能，都是刑事诉讼中的一种"审"，是以审判为中心的刑事诉讼制度的"审"的一种表现形式和诉讼职能。

预审的实体条件（或证据条件）是"有证据证明有犯罪事实"。该条件与刑事诉讼法第81条规定的逮捕的证据条件完全一致。根据《六机关规定》第26条解释，"有证据证明有犯罪事实"，是指同时具备下列情形：（1）有证据证明发生了犯罪事实；（2）有证据证明犯罪事实是犯罪嫌疑人实施的；（3）证明犯罪嫌疑人实施犯罪行为的证据已有查证属实的。公安部1979年制定的《预审工作规则》规定，预审是在审查批准逮捕后开始的，预审部门需要对侦查部门提请审查批准逮捕犯罪嫌疑人的申请进行审核，并负责执行逮捕。因此，第26条解释同样适用于预审。换言之，预审的前提不仅要有犯罪嫌疑人实施了刑法规定的犯罪行为，而且要求该犯罪行为必须有相应的证据材料予以证明，是犯罪嫌疑人实施的。至于这种犯罪事实是否清楚，证据材料是否确实、充分，需要通过预审审查核实。这显然比刑事诉讼法第112条规定的"有犯罪事实"的立案条件要求高。因为预审之前已经经过侦查收集、调取相应的证据材料。但是，预审的启动并不要求"需要追究刑事责任"。根据刑事诉讼法第162~163条规定，是否需要追究刑事责任，属于预审结束时作出侦查终结决定的内容。

预审启动的两个条件说明侦查和预审关系非常紧密，在司法实践中极易混同或产生矛盾。这要求公安机关将侦查和预审这两种不同的侦查权能相对分离设置，各自独立实施。公安机关内部的侦查部门和预审部门也应当分别由不同的领导分管。在全国刑侦体制改革前，公安部设有刑侦局（即四局）和预审局（即七局），他们之间是平级的。各地公安机关分管刑侦和预审的领导也是分开的。其目的就是保障侦查权和预审权相互独立

---

① "准备性司法权"是姚莉教授对澳门特别行政区法官预审权的定位，即法官行使预审权并不是在终局意义上行使裁判案件的权力，而是为终局性裁判作准备，具有预备性。参见姚莉《论澳门法官预审权的合理配置》，《比较法研究》2013年第1期。这种"准备性司法权"性质，体现了预审为审判服务但不等于审判的功能定位，因此，符合"以审判为中心"或"审判中心主义"理念，与我国侦查预审的功能吻合。

行使，互相监督制约。另外，预审的启动条件说明，并非侦查部门侦查结束的所有案件都要经过预审。对于那些经过侦查后，侦查部门认为没有证据证明有犯罪事实，依法不应对犯罪嫌疑人追究刑事责任的案件，可以不经预审就直接作出撤销案件的决定。这样处理没有任何监督与救济，很容易导致侦查权滥用。司法实践中很多犯罪嫌疑人"另案处理"异化为不处理，也正源于此。为此，笔者认为，对于侦查部门认为没有证据证明有犯罪事实的案件，也应当移交预审部门，由预审审查后，再作出撤销案件或其他决定。实践中有的地方已经这样操作。刑事诉讼法第116条后面应当补充一句："侦查部门发现不应对犯罪嫌疑人追究刑事责任的，应当移交预审部门审查，作出撤销案件或其他决定。"从而使刑事诉讼法第116条真正成为所有刑事案件侦查阶段的一般规定，使预审成为所有案件侦查终结前的必经程序，实现公安机关内部预审权对侦查权的程序性控制。

第三，预审和侦查是我国刑事诉讼中侦查阶段的两个相对独立的程序，各自的任务相对独立。也就是说，我国"预审"是一种具有侦查属性的预审，置于侦查终结前，通过对前期侦查收集、调取的犯罪嫌疑人有罪或者无罪、罪轻或者罪重的各种证据材料予以审查、核实，从而对侦查终结移送审查起诉的案件质量把关，为起诉作准备，并与起诉一起为审判服务。我国立法设置的这种侦查预审程序，虽然也是为审判服务，符合以审判为中心的诉讼制度的要求，但是，它是为检察机关审查起诉作准备，直接服务于审查起诉，而审查起诉才直接服务于审判。这明显区别于法国、德国、意大利和我国澳门特别行政区等国家（地区）在侦查和审判之间设置的独立的预审程序，后者直接为审判服务，目的是解决是否将被告人交付审判的问题，由预审法官负责，同时对侦查权进行控制和对公诉权进行制约。另外，我国预审也不同于苏联刑事诉讼中的"预审"，[①] 具有中国特色。换言之，此预审非彼预审，设置的诉讼阶段和任务都不同，不能等同。因此，有学者主张借鉴境外做法，在我国刑事诉讼中侦查和审判之间设置一个独

---

① 苏联刑事诉讼法中的"预审"置于"提起刑事案件"和审判之间。苏联学者认为，之所以称为"预审"，是由于它是在法庭审理之前进行的活动并能保证法庭审理的顺利进行。参见〔苏联〕H.B. 蒂里切夫等编《苏维埃刑事诉讼》，张仲麟等译，法律出版社，1984，第223~297页。

立的预审程序，以改革或替代现行的侦查预审程序，① 也没有法律依据。

第四，预审在我国刑事诉讼中具有相对独立的诉讼地位和任务，既是对侦查部门收集、调取证据材料的审查、核实，又是对侦查程序合法性的监督与制约，从而为刑事诉讼法第162条规定的侦查终结时做到"犯罪事实清楚，证据确实、充分"提供依据和保障，从源头上保证案件质量。因此，公安机关进行"侦审一体化"的刑侦体制改革，必须保证落实法律规定的预审程序和独立的预审职能，绝不能为了提高侦查效率而由负责侦查的同一部门尤其是同一警察进行预审，从而使得法定的预审程序名存实亡。否则，就容易导致冤假错案。在浙江张氏叔侄强奸冤案中，当时杭州市公安局实行"侦审一体化"的侦审格局，该案预审负责人聂某是刑侦支队预审大队大队长，她在工作中必须服从刑侦支队长的决定。因此，将该案侦查阶段的错误责任完全归罪于聂某是不公正的。

第五，从刑事诉讼法中两处"预审"规定看，预审只有审查核实证据材料的任务，没有对侦查进行"查漏补缺"，即"进一步发现犯罪线索，扩大侦查战果"和"查清余罪"的侦查职责。《预审工作规则》第3条规定的预审人员的职责也不包括该内容。有学者对我国预审运行状况调研发现，现行预审以审查、核实侦查案卷证据材料为主要内容，以批准、决定报请逮捕、移送起诉为主要任务。原来承担的大部分侦查职责被归还于侦查，即使在内部规定预审仍然承担取证办案、深挖犯罪等职责的地区，其规定也大多流于形式。② 有的地方尽管仍然规定预审民警承担深挖余罪的职能，并在考核中有奖励等，但是，预审人员并没有深挖余罪、追诉漏罪的指标。③ 因此，参与立法者对预审的任务进行扩张解释，主张通过预审活动进一

① 参见洪浩《从"侦查权"到"审查权"——我国刑事预审制度改革的一种进路》，《法律科学》2018年第1期；侯海东《基于审判中心主义的我国预审制度的改革和完善》，《北京警察学院学报》2017年第4期。

② 参见李欣《侦审体制改革以来我国侦查预审制度调整与运行状况的考察》，《北京警察学院学报》2009年第6期。

③ 参见唐雪莲《公安法制部门承担预审职能新模式的实证研究》，《四川警察学院学报》2016年第4期。北京市公安机关一直保留相对独立的预审部门，根据笔者调研得知，预审部门深挖余罪的职责已经名存实亡，他们即使发现，一般都是转交侦查部门处理。

步发现犯罪线索，深挖余罪，扩大侦查战果。[1] 笔者认为，这种解释值得商榷，与刑事诉讼法第116条的预审规定不符。正如学者指出，将深挖余罪作为预审的基本职能和价值，是犯罪控制诉讼模式的典型体现，[2] 有悖加强人权司法保障的新时代背景。笔者也没有发现任何规范性文件为这种扩大的任务提供直接依据。而且预审部门"人少、案多、装备差"，根本无力履行该扩大的任务。由预审人员深挖余罪，也影响其作为客观中立的审查判断者地位。为此，应当将这些侦查职责归还于前期侦查。

那么，侦查预审作为一种预备性审查，具有"准备性司法权"性质，要求公安机关（预审人员）保持客观中立地位，这是否与公安机关在刑事诉讼中的定位相矛盾呢？笔者认为，答案是否定的。虽然我国宪法文本没有明确界定"司法"或"司法权"，而且将公安机关列为各级政府组成部门，有别于法院和检察院。2012年再修改刑事诉讼法时，公安机关在刑事诉讼中的定位曾成为热议问题之一。[3] 但是，笔者认为，这并不妨碍公安机关预审人员客观中立地审查核实证据材料，对侦查终结的案件事实和证据作出公正判断，关键在于按照法官、检察官等司法官标准对预审人员进行选拔与管理，并为他们依法独立行使职权提供制度保障。我国刑法第94条将履行侦查、检察、审判、监管职责的工作人员统称为"司法工作人员"，第247条规定的暴力取证罪、第399条规定的徇私枉法罪、第400条规定的私放在押人员罪和第401条规定的徇私舞弊减刑、假释、暂予监外执行罪等犯罪主体都包括履行侦查职能的警察（含预审人员）。刑事诉讼法第52条要求侦查人员与审判人员、检察人员一样负有客观公正的取证义务。刑事诉讼法第18条、第44条、第48条、第65条、第117条和第286条中规定的"司法机关"都包括公安机关。我们不能因为公安机关作为行政机关的宪法定位，就否认预审人员在履行预

① 参见全国人大常委会法制工作委员会刑法室编《中华人民共和国刑事诉讼法条文说明、立法理由及相关规定》，北京大学出版社，2008，第208页；以及《中华人民共和国刑事诉讼法释义》，中国人大网 www.npc.gov.cn，最后访问时间：2017年12月19日。

② 参见步洋洋《我国侦查程序中的预审制度研究》，《三峡大学学报》（人文社会科学版）2015年第3期。

③ 参见陈光中《刑事诉讼中公安机关定位问题之探讨——对〈刑事诉讼法修正案（草案）〉规定司法机关包括公安机关之质疑》，《政法论坛》2012年第1期；朱磊《将公安机关定位为司法机关应慎重考量》，《法制日报》2011年12月22日，第003版。

审职能时的客观中立地位和公正立场。司法实践中可能会产生某种影响，但可以通过程序设计来控制甚至消除，目前包括公安改革在内的各种司法体制综合配套措施改革都在往这方面推进，值得期待。

（二）侦查预审程序的功能定位

预审应当具备哪些功能？学者们有不同认识。作为预审制度发源地的法国，其法律规定预审主要有三项职能：一是对案件进行侦查，调查事实、获取证据并予以审查；二是对侦查活动进行监督和审查；三是根据侦查结果，对案件是否交付审判进行起诉审查，实现案件分流。由于这三项职能全部由预审法官行使而备受争议。为此，德国将这三项职能分别赋予三个不同主体：检察官行使侦查权，侦查法官负责涉及公民基本人权的强制性侦查措施的司法裁判权，中间程序法官审查决定案件是否交付审判。按照这种三职能理论，我国侦查权由公安机关侦查部门行使，审查批准逮捕和审查起诉由检察机关行使，预审的职能应当是对侦查收集、调取的证据材料进行审查、核实，并对侦查活动进行监督和审查（包括对涉及公民基本权利的强制性侦查措施进行审查）。但是，它仅仅是一种预备性审查，预审结束后，案件需要移送检察机关审查起诉和法院审判。因此，笔者认为，我国刑事诉讼法第116条仅规定侦查预审的核实证据材料的功能，需要补充完善。

有学者认为，我国预审具有但不限于五种功能：一是收集、审查和核实证据，二是审讯犯罪嫌疑人，三是侦查终结和公诉准备，四是监督侦查，五是人权保障。[①] 审讯犯罪嫌疑人是预审审核证据材料的一种方式，而且预审审查核实证据材料本身就是为侦查终结和公诉作准备，它们没有必要单列为一种功能。人权保障是刑事诉讼法第2条规定的基本任务之一，并不限于预审，也不宜作为预审的一种功能。而将收集证据列为预审的功能，有混淆侦查与预审之嫌。还有学者认为预审应具备承续侦查、监督保障和诉讼准备三大功能。[②] 上述观点都是对刑事诉讼法第116条和《预审工作规

---

① 参见洪浩《从"侦查权"到"审查权"——我国刑事预审制度改革的一种进路》，《法律科学》2018年第1期。

② 参见马方、王仲羊《"以审判为中心"视域下侦查预审的模式重构》，《西南政法大学学报》2017年第5期。

则》等规范性文件进行规范解释得出的结论，对2018年刑事诉讼法规定和司法改革要求的体系性思考不足，难以全面概括侦查预审程序的功能。构建以审判为中心的刑事诉讼新格局，既要遵循公、检、法三机关"分工配合制约"的宪法原则和刑事诉讼法原则，又要充分发挥侦查（包括预审）的起诉准备和审判服务功能，这要求我们坚持系统论观点，结合2018年刑事诉讼法和司法体制综合配套措施改革的要求，对刑事诉讼法第116条进行体系性解释，合理定位侦查预审程序的功能。笔者将其概括为五个方面。

1. 核实证据材料

核实证据材料是指对前期侦查收集、调取的各种证据材料予以审查、核实。这既是侦查预审的根本任务，也是其基本功能。这里审查、核实的对象是刑事诉讼法第115条规定的前期侦查中收集、调取的犯罪嫌疑人有罪或者无罪、犯罪情节轻重的各种证据材料。根据《公安部规定》第188条规定，审查、核实的内容包括收集、调取的各项证据材料的真实性、合法性及证明力。一般认为，真实性、合法性决定证据的证据能力，关联性决定证据的证明力。因此，预审审查、核实的内容涉及证据的两个基本属性，既要审查、核实证据材料的真实性、合法性，保障其证据能力，又要审查、核实证据材料的关联性，保证其证明力，从而保证据以作为侦查终结结论依据的所有证据材料都具有证据能力和证明力，保障侦查结果的正确性，为起诉和审判奠定坚实的基础。

审查、核实证据材料的方法因案而异，主要的是书面审核和讯问犯罪嫌疑人。与侦查部门讯问犯罪嫌疑人旨在获取口供破案不同，预审部门讯问犯罪嫌疑人主要是核实证据材料，可以综合全案证据材料进行有针对性的讯问。而经过前期侦查，犯罪嫌疑人逐渐适应了讯问，面对一个新的讯问人员，更加理智地认识自己的行为，提供虚假供述的可能性大大降低。这样，预审人员更容易发现全案证据体系的虚假成分和证据链的缺陷。刑事诉讼法中的侦查讯问规范，包括讯问同步录音录像规范，同样适用于预审讯问。

2. 统一证据标准

根据刑事诉讼法第162条、第176条和第200条规定，公安机关侦查终结、检察机关提起公诉和法院作出有罪判决都要达到"犯罪事实清楚，证据确实、充分"的程度。一般认为，对"犯罪事实清楚、证据确实、充分"的审查判断，是一种具有裁判性质的诉讼认识活动，需要裁判者处于客观中立的地位，与裁判结果没有利害关系。境外国家（地区）实行审判中心主义，区分不同诉讼阶段由不同法官负责履行裁判职能，包括由预审法官主持预审，正是这一原理所在。我国理论和实务中都将人民检察院和人民法院视为司法机关，具有中立性，并负有客观公正义务，都可以进行"审"。所以，人民检察院审查起诉后，作出提起公诉的决定，达到"犯罪事实清楚，证据确实、充分"的证据标准，与人民法院审判后作出有罪判决，达到"犯罪事实清楚、证据确实、充分"的证明标准，容易理解。而公安机关侦查阶段要达到这一证据标准，也必须存在一种具有"审"的性质的诉讼认识活动。笔者认为，这就是我国侦查预审程序设置的法理所在，也是全面准确理解公、检、法三机关"分工配合制约"原则的前提。侦查部门负责收集、调取犯罪嫌疑人有罪或者无罪、犯罪情节轻重的各种证据材料，需要主动采取侦查措施，很难保持客观中立性，他们不可能从事具有"审"的性质的诉讼认识活动。而预审恰好可以弥补这一不足。根据《预审工作规则》第44条规定，公安机关在预审结束时，应当运用审查核实的证据材料对刑法规定的犯罪构成四要件进行认定，从而作出侦查终结移送审查起诉的决定，或者提出撤销案件的意见，报领导批准。从这个意义上说，侦查预审程序既是贯彻落实公、检、法三机关"分工配合制约"原则的一项重要制度设置，又是实现以审判为中心的刑事诉讼制度的一项必要程序配置。

3. 听取律师意见

2012年刑事诉讼法首次明确了律师在侦查阶段的辩护人地位。虽然立法并没有改变我国单轨制侦查模式，没有明确律师在侦查阶段的调查取证权，律师仍然只能为犯罪嫌疑人提供有限的法律帮助。但是，刑事诉讼法规定，律师可以"向侦查机关了解犯罪嫌疑人涉嫌的罪名和案件有关情况，提出意见"。并且在侦查终结前，律师可以要求侦查机关听取意见，或者提出书面意见。这在一定程度上体现了对律师辩护人地位的尊重和辩护权的保障。从第161条立法本意看，这种听取律师意见可以在侦查终结前的任何时间进行，可以是一次，也可以是随时。听取意见应由辩护律师提出要求，但并不排除律师没有提出要求时，侦查机关认为有必要就某一问题听取律师的意见。而且按照本条的规定，如果律师提出要求，侦查机关必须听取律师的意见。[①] 第 161 条被安排在刑事诉讼法第二章第十节"侦查终结"中，立法者显然将听取律师意见作为侦查终结的一项内容，赋予辩护律师要求听取意见和提出书面意见的权利，使侦查终结结论的作出和起诉意见的提出都考量辩护方的意见，移送审查起诉的案卷材料中内含辩护方的观点和意见，从而让检察机关在审查起诉接触案卷材料时能全面了解控辩双方意见，做到兼听则明。显然，这种侦查终结前听取律师意见的诉讼活动只能在预审程序中进行，这样既有利于避免侦查部门受到律师意见的不利影响，又有利于律师全面陈述关于案件事实、证据收集和法律适用等意见，预审部门通过对全案证据的审查，核实律师意见的正确与否，从而充分发挥听取律师意见的功能，保证侦查终结结论的全面性、准确性，防止刑事诉讼"起点错"，尽早减少和避免各种实体性或程序性争议。

此外，"两高三部"《审判中心改革意见》第 6 条规定，在案件侦查终结前，如果犯罪嫌疑人提出其无罪或者罪轻的辩解，或者辩护律师提出犯罪嫌疑人无罪或者依法不应追究刑事责任的意见，侦查机关也应当依法予以核实。这种侦查终结前核实犯罪嫌疑人辩解和律师辩护意见的诉讼活动，也只能由预审程序来完成。

4. 排除非法证据

从预审审核的内容看，侦查部门获取证据材料的合法性是其重要内容之一。根据以审判为中心的刑事诉讼制度改革的要求，在预审程序中，预审部门应当以审查起诉和审判的证据合法性标准来审视侦查证据材料的合法性，对合法性欠缺的证据材料（包括非法证据和瑕疵证据）应当排除，或者要求侦查部门进行补正或作出合理解释，必要时进行补充侦查，使移送审查起诉和审判的所有证据材料经得起法律的检验。通过预审及时发现侦查人员的违法侦查或其他程序性违法行为，不仅可以要求侦查人员及时改正，避免违法侦查或其他程序性违法给侦查人员带来诉讼法律责任，实现侦查人员对法律风险的规避，而且可以补正瑕疵证据和排除非法证据。

2018 年刑事诉讼法第 56～60 条确立了中国模式的非法证据排除规则，

---

① 参见《中华人民共和国刑事诉讼法释义》，中国人大网 www.npc.gov.cn，最后访问时间：2018 年 1 月 6 日。

其中第 56 条第 2 款明确公安机关在侦查阶段依职权排除非法证据的权力和职责。这一立法设计有利于尽早发现和排除非法证据，提高办案质量，维护诉讼参与人合法权利。"两高三部"《严格排除非法证据规定》第 14 条第 2 款和第 15 条再次明确，侦查机关对审查认定的非法证据，应当予以排除，不得作为提请批准逮捕、移送审查起诉的根据。对侦查终结的案件，侦查机关应当全面审查证明证据收集合法性的证据材料，依法排除非法证据。显然，侦查阶段依职权排除非法证据的职能也只能通过预审程序完成。因为侦查部门作为证据收集或非法取证的实施者，即使发现非法证据，也很难主动排除。预审部门审查、核实侦查部门收集、调取的证据材料时，一旦发现属于刑事诉讼法第 56 条第 1 款规定的应当排除的非法证据，应当及时启动非法证据排除程序，依法排除非法证据；发现瑕疵证据，应当依法要求侦查部门予以补正或作出合理解释。只有这样，才能保证所有证据材料的合法性和侦查结果的正确性，从而防止"起点错、跟着错、错到底"，防范冤假错案。通过预审排除非法证据和补正瑕疵证据，既是我国非法证据排除规则的一大特色，也是侦查预审核实证据材料的又一延伸功能。

5. 监督制约侦查

法国、意大利、日本等国实行两步式侦查模式，将侦查分为初步侦查和正式侦查（或预审）。我国侦查（即"大侦查"）也是分两步进行的——侦查（即"小侦查"）和预审。通过预审对前期侦查程序、方法的合法性和案件事实的真实性进行监督制约，体现了预审的监督性质，从而延伸出预审的监督制约功能。上述统一证据标准、听取律师意见和排除非法证据功能都是预审监督制约侦查的具体手段。《预审工作规则》第 3 条规定了预审的任务，不仅明确预审具有核实侦查收集、调取的各种证据材料的功能，而且规定预审具有监督制约侦查功能。在我国澳门特别行政区，预审法官介入侦查的最初目的就是监督侦查机关的侦查行为，防止嫌犯的合法权益受到不法侵犯。《澳门刑事诉讼法典》第 250 条第 1 项规定，对被拘留的嫌犯进行首次司法讯问只能由预审法官进行，就体现了法官预审权的监督制约功能。我国法院不进入审前程序履行司法审查和司法救济职能，侦查阶段审查批准逮捕由检察机关负责，但侦查部门提请审查批准逮捕的申请须经预审部门审查。同理，笔者认为，侦查部门采取其他涉及公民基本权利的强制性侦查措施和撤销案件，也应当提交预审部门审查决定。通过这种具有中国特色的强制侦查的"司法审查"，实现公安机关内部预审权对侦查权的监督制约，既可以避免公安机关广受诟病的自行批准、自行实施绝大部分强制性侦查行为的弊端，也与法国、德国的预审三职能理论一致，还可以与检察机关的外部监督相结合，共同为侦查终结的案件质量提供双重保证。虽然这种监督制约属于公安机关内部监督，但是，它作为中国语境下侦查预审程序设置的基本原理之一，仍不失为现行刑事司法体制下从程序上控制侦查权滥用的一种选择，值得刑事诉讼法再修改时确认。

（三）"以审判为中心"恢复和重构侦查预审程序

我国刑事诉讼法没有规定具体的侦查预审程序。《预审工作规则》虽然对预审程序有所规范，但很多内容已经不适应 2018 年刑事诉讼法和以审判为中心的刑事诉讼制度改革的需要，司法实践中各地有不同做法。针对1997 年全国刑侦体制改革引发的争论和侦查预审制度运行存在的各种问题，① 贯彻落实公、检、法三机关"分工配合制约"的宪法原则和刑事诉讼法原则，适应以审判为中心的刑事诉讼制度改革的要求，反思并重新定位侦查预审程序的五项功能，恢复独立的侦查预审程序日益成为各界的共识。但如何重构该程序，学界存在不同观点。有学者认为，我国预审制度具有审理和补充侦查的双重性质，应实行独立的多元预审制度，包括将预审从侦查中分离出来，成为处于侦查、起诉之间的独立的刑事诉讼程序。② 还有学者认为，我国应当改变目前预审程序由侦查机关主导的制度体系，改由检察官或预审法官进行，从而在根本上实现对整个侦查程序的司法控制。③

① 关于刑侦体制改革的争议，参见周忠伟《1997～2007 年我国预审制度的变革及反思》，《江西公安专科学校学报》2007 年第 6 期；郭春莲《侦审体制改革研究》，《犯罪研究》2009 年第 2 期。关于刑侦体制改革后我国刑事预审制度的现状分析与效果评估，参见洪浩《从"侦查权"到"审查权"——我国刑事预审制度改革的一种进路》，《法律科学》2018 年第 1 期；李欣《侦审体制改革以来我国侦查预审制度调整与运行状况的考察》，《北京警察学院学报》2009 年第 6 期。
② 参见云山城《重构我国预审制度的思考》，《政法论坛》1996 年第 1 期。
③ 参见洪浩《从"侦查权"到"审查权"——我国刑事预审制度改革的一种进路》，《法律科学》2018 年第 1 期；侯海东《基于审判中心主义的我国预审制度的改革和完善》，《北京警察学院学报》2017 年第 4 期。

上述观点都主张构建独立的预审程序，但是，主张由法官或检察官负责预审，不符合我国预审的侦查属性，是不可取的。

构建以审判为中心的刑事诉讼新格局，恢复并重构独立的侦查预审程序，充分发挥侦查预审对案件的审核把关作用，防止刑事诉讼"起点错"，有效防范冤假错案，要求我们立足现行宪法和刑事诉讼法规定，将侦查预审定位于起诉和审判前的一种预备性审查活动，具有"准备性司法权"性质，预审的结果需要对刑事案件是否达到"犯罪事实清楚，证据确实、充分"作出判断，为侦查终结提供依据。根据侦查预审程序的五项功能，结合 2018 年刑事诉讼法和以审判为中心的刑事诉讼制度改革的要求，笔者认为，重构该程序需要解决四个方面问题。

1. 预审的主体

预审的主体就是指预审部门主持进行预审的人员。前文已经论述，这种人员只能是公安机关的警察，而不能是检察官或法官。鉴于预审权作为侦查权的一项具体权能，具有"准备性司法权"性质，与审查批捕、审查起诉、审判一样，都是一种"审"。因此，它应当满足正当法律程序要求，适度公开。为了实现预审的核实证据材料、统一证据标准和听取律师意见三项功能，保证侦查终结与提起公诉、审判定罪的证据标准统一，必须保障同一刑事案件证据材料的审理（或审查）主体的专业素质具有同一性，法律地位具有中立性。这就要求由那些具有扎实的法学专业知识，尤其是刑法和刑事诉讼法知识，厚植刑事法治思维理念的警察作为预审人员，相对独立地负责对侦查部门收集、调取的证据材料予以审查、核实。侦查、预审作为侦查阶段两种不同的诉讼职能和诉讼活动，对侦查、预审人员业务素质的要求不同，这是侦查、预审体制格局维持各自独立的重要原因，也是公安机关设置相对独立的预审部门的主要根据。为此，主持预审的警察的法律专业素质应当与法官、检察官、律师一样，通过国家统一司法考试或法律职业资格考试，取得国家统一法律职业资格，并接受统一的法律职业培训，从而形成法律职业共同体，具有共同的法律职业语言。这样，预审人员在预审、审查批准逮捕和审查起诉过程中才能与律师、检察官进行平等的法律专业交流，并与检察官、法官一样，对"犯罪事实清楚，证据确实、充分"的证据标准作出同一理解与认定。

《中共中央关于全面推进依法治国若干重大问题的决定》提出要"完善法律职业准入制度，健全国家统一法律职业资格考试制度，建立法律职业人员统一职前培训制度"。为了贯彻落实这一精神，中共中央办公厅、国务院办公厅 2017 年印发《关于完善国家统一法律职业资格制度的意见》，将现行的司法考试制度调整为国家统一法律职业资格考试制度，并建立法律职业人员统一职前培训制度。该意见还将"法律职业人员"界定为"具有共同的政治素养、业务能力、职业伦理和从业资格要求，专门从事立法、执法、司法、法律服务和法律教育研究等工作的职业群体"，并规定担任法官、检察官、律师等七类法律职业从业人员，应当取得国家统一法律职业资格，但不包括公安机关的人民警察，后者作为"其他行政执法人员"，属于国家鼓励参加考试的人员。笔者认为，这不利于公安机关选拔符合条件的警察从事预审工作，建议国家有关部门将公安机关从事预审工作的人员增列为应当取得国家统一法律职业资格的从业人员，必须接受法律职业人员统一职前培训。

此外，由于侦查预审还要发挥排除非法证据和监督制约侦查的功能，所以，主持预审的警察的身份和预审后作出的侦查终结决定应当具有一定的权威性，他们不仅法律专业素质应当高于普通从事刑事侦查工作的警察，而且应当是具有丰富的刑事案件办案经验，警衔级别较高、资格较老的警官。法国 2000 年 6 月 15 日"关于加强保障无罪推定和被害人权利的法律"增设的自由和羁押法官制度值得我国借鉴。[1] 我国公安部 2014 年印发《关于全面深化公安改革若干重大问题的框架意见》，明确提出按照职位类别和职务序列，对人民警察实行分类管理，建立警务技术职务序列。[2] 2018 年 1 月召开的中央政法工作会议再次明确要深化人民警察管理制度改革，加快

---

[1] 在法国，从 2001 年 1 月 1 日起，预审法官无权作出先行羁押决定，此权力交由新设立的自由和羁押法官行使。虽然自由和羁押法官与预审法官都是大审法院的法官，但法律规定，自由和羁押法官必须是大审法院级别高于预审法官的坐席法官，这一法官的级别相当于院长、第一副院长、副院长，或者是级别最高、资格最老的法官，由大审法院院长任命。参见 Mireille Delmas-Marty & J. R. Spencer, *European Criminal Procedures*, Cambridge University Press, 2002, pp. 224-226；〔法〕贝尔纳·布洛克《法国刑事诉讼法》（第 21 版），罗结珍译，中国政法大学出版社，2009，译者导言，第 401~407 页。

[2] 参见刘子阳《人民警察将实行分类管理建立警务技术职务序列》，《法制日报》2015 年 9 月 25 日。

公安民警职务序列、招录培养、职业保障制度改革。① 这为公安机关选拔任命那些办案经验丰富，警衔级别较高、资格较老的警官主持预审提供了条件，有利于公安机关内部人员培养和分类管理。笔者认为，预审警官的警衔级别应当相当于或仅次于其所在公安机关副职领导职务，精通刑事法律，并且具有至少5年以上的刑事侦查实务工作经验。由于公安机关长期以来没有要求人民警察通过司法资格考试或律师资格考试，目前符合该条件的警官可能不多。作为过渡，可以暂时不作法律职业资格要求，在公安机关内部选拔那些刑事案件办案经验丰富，警衔级别较高、资格较老的警官主持预审。各级公安机关应有计划地加强这方面人员的招聘和培养，待3~5年后条件具备时再统一实施。

2. 预审的程序

从司法实践看，预审的程序包括受理、审核和决定三个环节。对于侦查部门提交的符合预审启动条件的案件，预审部门都应当受理，并分发给预审警官进行审核。预审警官根据案件不同情况，采取相应的方式，综合全案对各种证据材料进行审查核实，形成《审核报告》和补充侦查提纲，退回侦查部门并责成其补充侦查，② 或者作出侦查终结决定，报领导批准，移送审查起诉或撤销案件。笔者认为，这又需要解决三个问题。

第一，律师讯问时在场权问题。在司法实践中，预审主要通过讯问犯罪嫌疑人来审查、核实证据材料。我国刑事诉讼法没有赋予律师讯问时在场权。如果说对犯罪嫌疑人第一次讯问乃至前期侦查期间讯问不允许律师在场，有利于侦查机关全面、客观地收集证据材料、查明案件事实的话，在前期侦查已经结束，各种证据材料基本固定，侦查部门认为已经破案，提交预审部门进行预审。预审期间讯问犯罪嫌疑人应当允许律师在场。这样，不仅有利于预审更好地审查、核实各种证据材料，而且有利于保障律师在侦查阶段的知情权和参与权，尽早发现侦查中存在的各种问题，包括程序性违法行为，从而启动程序性辩护活动，提前解决各种程序性纠纷，

① 参见程姝雯《中央政法工作会议释放五大改革信号将出台错案责任追究具体办法》，《南方都市报》（深圳）2018年1月23日。

② 参见唐雪莲《公安法制部门承担预审职能新模式的实证研究》，《四川警察学院学报》2016年第4期。

监督制约侦查，保证侦查结果的合法性。《法国刑事诉讼法典》第 199 条规定，受审查人在接受预审法官讯问时，律师有权在场。在侦查中，受审查人可以通过律师将自己的意见以书面形式放入案卷。笔者认为，这值得我国借鉴。针对司法实践中口供收集合法性争议不断，而非法证据排除程序难以启动，理论和实务界提出建立律师在场权制度的呼声越来越高，有的学者还开展了实证研究。① 作为第一步，我国刑事诉讼法再修改时可以先赋予律师预审讯问时在场权，待将来条件成熟时再推广到整个侦查阶段讯问。

第二，律师了解案件情况问题。刑事诉讼法第 38 条规定了辩护律师在侦查阶段的四项职责，包括"向侦查机关了解犯罪嫌疑人涉嫌的罪名和案件有关情况，提出意见"。同时，第 161 条赋予律师要求听取意见或提出书面意见权，这是保障侦查阶段辩护权有效行使的一种重要机制。根据参与立法者的解释，第 38 条规定的"了解案件有关情况"主要是指向侦查机关了解案件的性质、案情的轻重以及对案件侦查的有关情况，包括有关证据情况等。在不影响侦查顺利进行的前提下，侦查机关应当尽量向辩护律师告知案件的有关情况。"提出意见"主要是指依照刑事诉讼法第 161 条规定，辩护律师在案件侦查终结前，有权要求侦查机关听取其意见，或者向侦查机关提出书面意见。提出意见既包括对案件事实和证据提出意见，也包括对侦查活动是否合法等提出意见。辩护律师提出要求的，侦查机关应当听取其意见，并记录在案。辩护律师提出书面意见的，应当附卷。② 可见，立法赋予律师提出意见的前提是他们了解案件有关情况，而第 38 条仅仅规定律师有权向侦查机关了解案件有关情况，但是否告知和告知范围等由侦查机关裁量决定。侦查机关并没有强制性的告知义务。从司法实践看，侦查机关往往以侦查不公开或影响侦查顺利进行等为由，拒绝告知律师有关案件情况。这样，律师在侦查阶段往往只能向侦查机关了解犯罪嫌疑人涉嫌的罪名，而了解案件有关情况就成为一种奢侈。而且我国刑事诉讼法并没有明确辩护律师在侦查阶段的调查取证权，这就很难保证他们在侦查

① 参见樊崇义、兰跃军、潘少华《刑事证据制度发展与适用》，人民法院出版社，2012，第 36~42 页。

② 参见《中华人民共和国刑事诉讼法释义》，中国人大网 www.npc.gov.cn，最后访问时间：2018 年 1 月 15 日。

终结前尤其是预审期间能够有针对性地提出意见。第161条精心设计的听取律师意见或提出意见就可能成为一种摆设。

为此，前文已经论述，建议我国借鉴俄罗斯侦查终结前了解刑事案件材料制度，① 赋予辩护律师在前期侦查结束后、预审开始前了解案件材料的权利，便于他们了解案件情况，从而在预审中提出有价值的意见。同时，通过立法解释或有关规范性文件，将刑事诉讼法第38条规定的保障律师"了解案件有关情况"解释为侦查机关的一项职责，要求侦查部门在前期侦查结束后必须通知律师了解案件情况，包括查阅、摘抄、复制本案的案卷材料。这要求律师在侦查阶段接受犯罪嫌疑人及其法定代理人、近亲属委托后，及时将委托书交给侦查机关，并留下详细的联系方式。这样，律师了解案件情况后，就可以及时向预审部门提出听取意见的要求，甚至申请预审部门采取听证的方式进行预审。案件进入预审程序后，预审警官在预审开始前应当通知律师，安排时间听取他们的意见，或者接受律师提交的书面意见。预审警官对律师提交的书面意见应当进行审核。如果发现律师意见与证据材料不符或有出入，应当采取必要措施予以核实。这样，才能保证预审结果和侦查终结结论建立在审查、听取侦查部门和辩护方双方意见的基础上，符合我国立法设计的预审作为一种"审"的"控辩式三角结构"，是以审判为中心的刑事诉讼制度的要求，也使律师知情权、参与权和提出意见权得以落实。

此外，为了保证预审程序中审查、核实证据材料能够充分了解被害方的意见，平等保障被害人作为控诉方私原告的合法权利，笔者认为，我国应当修改刑事诉讼法第46条规定，将公诉案件被害人及其法定代理人或者近亲属，

---

① 《俄罗斯联邦刑事诉讼法典》第215~219条规定了侦查终结前了解刑事案件材料制度，包括第216条"被害人、民事原告人、民事被告人及其代理人了解刑事案件材料"和第217条"刑事被告人及其辩护人了解刑事案件材料"。俄罗斯学者认为，让刑事被告人及其辩护人了解刑事案件材料既是维护他的辩护权的重要保证，也是检查已经进行的侦查或调查是否充分、全面和客观的诉讼手段之一。参见《俄罗斯联邦刑事诉讼法典》，黄道秀译，中国政法大学出版社，2003，第164~167页；〔俄〕к. ф. 古岑科主编《俄罗斯刑事诉讼教程》，黄道秀等译，中国人民公安大学出版社，2007，第351~362页。但我国刑事诉讼法将犯罪嫌疑人、被告人和被害人都作为法定证据来源，赋予犯罪嫌疑人、被害人等诉讼当事人在侦查阶段了解案件情况的权利可能会影响其陈述的真实性，因此，不宜列为了解案件情况的主体。

附带民事诉讼的当事人及其法定代理人委托诉讼代理人的时间提前到侦查阶段，与犯罪嫌疑人委托辩护人的时间一致，而且在侦查阶段也只能委托律师作为诉讼代理人。同时，赋予诉讼代理律师与辩护律师基本一致的诉讼权利，包括在前期侦查结束后、预审前，向侦查部门了解案件情况，要求预审部门听取意见或提出书面意见的权利。但附带民事诉讼当事人的诉讼代理律师只能了解案件中与附带民事诉讼有关的部分情况。俄罗斯和法国的做法值得我国借鉴。在法国，犯罪嫌疑人和被害人的律师在侦查阶段都可以查阅案卷，并复制副本留作自用（《法国刑事诉讼法典》第 114 条）。

第三，预审听证问题。我国刑事诉讼法坚持侦查不公开原则，各种侦查行为原则上不公开进行。但是，预审作为一种预备性审查，应当具有"审"的品质和构造，才能产生相应的法律效力。刑事诉讼法及司法解释没有明确预审的审查方式，实践中主要通过书面审核或讯问犯罪嫌疑人等不公开调查的方式进行，不询问证人等诉讼参与人。而且刑事诉讼法第 162 条规定，公安机关侦查终结与检察机关审查起诉后提起公诉、法院审判后作出有罪判决一样，必须达到"犯罪事实清楚，证据确实、充分"的证据标准，这也需要相应的对抗式程序来保障。

我国将侦查阶段设计为前期侦查和后期预审两个过程，预审的基本功能是审查、核实前期侦查收集、调取的各种证据材料，具有"准备性司法权"性质，笔者认为，应当适度公开进行，并根据案件情况采取多元化的处理程序，兼顾公正与效率。赋予辩护律师讯问时在场权和听取意见权是保障预审适度公开的一个方面。在预审过程中，如果预审警官对某些证据材料的内容或收集程序的合法性存在疑问，或者发现各种程序性争议，包括侦查部门提交的证据材料和律师提供的证据材料、提出的意见存在较大分歧的，应当借鉴 2018 年刑事诉讼法第 88 条对审查批准逮捕适度诉讼化改革的做法，通过听证的方式进行预审，增强预审的对抗性。这种听证由预审警官主持，通过听取侦查人员、辩护律师、诉讼代理律师的意见，必要时还可以讯问犯罪嫌疑人、询问被害人和证人等诉讼参与人，然后作出相应的侦查终结决定。这不仅有利于实现预审程序的适度诉讼化，而且有利于全面审查核实各种证据材料，充分保护犯罪嫌疑人和被害人权利。但是，为了防止这种听证对后续诉讼带来负面影响，笔者认为，还应借鉴德国、意大利、俄罗斯等做法，要求所有参加听证的人员履行保密义务，非经公安机关、检察机关或法院批准，不得以任何方式泄露刑事案件事实和证据材料的内容，对此，应当要求他们签订书面保证书，明确违反规定需要承担相应的诉讼法律责任。[①]

3. 预审的效力

预审的效力是指预审对人和对物的约束力。具体来说，它包括对刑事案件的效力、对犯罪嫌疑人的效力和对公安机关的效力三个方面。

（1）对刑事案件的效力。一方面，预审作为侦查阶段的一般规定，适用于所有公诉案件。刑事案件只有经过侦查，才能进行预审。未经侦查，不得启动预审。另一方面，预审作为所有公诉案件侦查终结前的一个必经程序，未经预审，不得移送审查起诉或审判。预审作为侦查阶段的一种预备性审查，其基本功能是核实证据材料，为起诉作准备，并为审判服务，保障起诉和审判顺利进行。

（2）对犯罪嫌疑人的效力。预审既是对犯罪嫌疑人有罪、无罪、罪重或罪轻的各种证据材料的审查、核实，也是对犯罪嫌疑人权利的保护。它是加强人权司法保障，防止刑事诉讼"起点错、跟着错、错到底"，防范冤假错案的一项重要制度设置。犯罪嫌疑人及其辩护律师可以通过被听取意见或提出书面意见，对预审警官作出预审决定产生有效影响。因此，任何犯罪嫌疑人未经独立的预审程序，就不得被移送审查起诉或审判。

（3）对公安机关的效力。预审作为公安机关的一项法定职权，不得放弃。公安机关行使预审权，与检察机关审查批准逮捕、审查起诉和法院审判一样，都需要对证据材料进行审查、核实，并对案件是否达到"犯罪事实清楚，证据确实、充分"的证据标准作出判断，因此，需要相对独立行使，保持客观中立性。这要求各级公安机关恢复设置相对独立的预审部门，选拔培养符合条件的预审人员，并实行专门管理，建立相应的程序保障机

---

① 参见 John Sprack, *Emmins on Criminal Procedure*, Eighth Edition, Blackstone Press Limited, 2000, pp. 218-220。《俄罗斯联邦刑事诉讼法典》第 161 条规定"不允许泄露审前调查的材料"。检察长、侦查员或调查人员为了防止泄露的不良后果出现（包括妨碍确定案件真相、过早地或没有根据地对被追究刑事责任的人的信誉造成歪曲的社会舆论等），应当警告侦查行为参加人不得泄露他们所知悉的审前调查材料，对此应由他们具结，同时还要向他们事先说明违反保证时应承担的法律责任。

制，保证他们依法独立行使预审权。

4. 预审的救济

预审的结果是作出移送审查起诉或撤销案件的侦查终结结论，直接影响相关当事人的权利保障。但是，预审决定又是一种具有"准备性司法权"性质的决定，不同于刑事诉讼法第117条规定的侦查机关采取强制措施或侦查措施违法情形，因此，不宜通过向同级检察机关申诉进行救济。预审的救济分两种情形：一是预审结果作出移送审查起诉的侦查终结结论，诉讼继续推进，案件由检察机关审查起诉和法院审判解决。二是预审结果作出撤销案件的侦查终结结论，导致刑事诉讼终结，被害人的追诉请求可能落空，这对被害人是极端不利的，需要给予救济。根据刑事诉讼法第210条第（三）项规定，如果被害人有证据证明对被告人侵犯自己人身、财产权利的行为应当依法追究刑事责任，而公安机关不予追究被告人刑事责任的案件，包括撤销案件，他们可以直接向法院提起自诉进行救济。鉴于我国预审的侦查属性和"准备性司法权"性质，笔者主张由各级公安机关的预审部门和法院进行救济，与刑事诉讼法第180条规定的被害人对检察机关不起诉决定不服的救济机制保持一致。具体来说，公安机关根据预审结果作出撤销案件的侦查终结决定后，应当在3日内书面通知当事人及其辩护律师、诉讼代理律师。被害人如果不服，可以在收到决定书后5日以内向上一级公安机关（预审部门）申请复核，上一级公安机关（预审部门）应当在收到复核申请后5日内作出决定，书面通知被害人。对上一级公安机关（预审部门）维持撤销案件决定的，被害人可以向法院起诉，获得最终救济。被害人也可以不经申请复核，直接向法院起诉，从而将公诉转为自诉，适用自诉程序处理。如果上一级公安机关（预审部门）作出撤销案件的决定，下级公安机关应当服从，并根据刑事诉讼法第162条规定向同级检察机关移送审查起诉。

此外，随着《监察法》的制定生效和监察体制改革的全面推进，职务犯罪案件侦查权由检察机关整体转隶到监察机关。监察机关在调查处置职务犯罪案件时，是否设置独立的预审程序，《监察法》没有明确。根据该法第33条第2款规定，监察机关收集、固定、审查和运用证据的要求和标准，应当与刑事审判一致。该规定体现了以审判为中心的诉讼制度的要求。同时，《监察法》第45条第（四）项规定了监察机关对涉嫌职务犯罪的监督、调查结果的处置，要求调查结果必须达到"犯罪事实清楚，证据确实、充分"的证据标准，才能移送检察机关审查起诉，这与侦查终结的条件是完全一致的。为此，笔者认为，监察程序也应当包括一个独立的调查预审程序，监察机关内部应当设置独立的预审部门，负责对调查部门收集、调取的各种证据材料和提请采取留置措施的申请进行审查、核实，从而将职务犯罪案件的调查分为调查和预审两个环节，保证调查程序的正当性和调查处置结果的准确性，为起诉作准备，并为审判服务，防止职务犯罪案件处理"起点错"，防范冤假错案。据悉，目前各级纪委、监委设立了案件审理部门，负责履行该项职能，但有关审查处置程序需要进一步完善。

五 完善案卷移送制度

刑事案卷包括侦查案卷、起诉案卷、审判案卷、上诉审卷、申诉卷、审判监督卷和死刑复核卷等，各自由各种卷宗组成。这些案卷内容以证据为中心，证据材料主要在侦查阶段形成，对裁判结果产生决定性影响力。[①]各类卷宗的承载方式主要是笔录，夹杂着绘图、照相、录音、录像等多种形式，泛称卷宗笔录或案卷笔录。案卷笔录是由控诉方制作的关于整个侦查过程中证据调查的各种记录的总和，包括犯罪嫌疑人、被告人讯问笔录，证人、被害人询问笔录，勘验、检查笔录，搜查、扣押笔录，辨认笔录以及各种具有法律效力的书面文件等。考察我国案卷笔录及其移送制度的历史演变，分析案卷移送与法官预断、庭审形式化的关系，对于优化我国案卷笔录制度运行环境，推进以审判为中心的诉讼制度改革，实现庭审实质化具有重要意义。

---

① 侦查案卷分为侦查卷宗（正卷）、侦查工作卷宗（副卷）和秘密侦查卷宗（绝密卷）三种。其中，侦查卷宗有文书卷和证据卷，前者包括各种强制措施、侦查措施和结案的法律文书及审批文书，后者包括立案材料、犯罪嫌疑人供述、被害人陈述、证人证言、物证照片、书证、现场勘验笔录等证据材料和相关说明性材料。起诉案卷在侦查卷宗基础上形成，包括侦查卷宗、公诉卷宗、检察内卷。以公诉机关移送的公诉卷宗、侦查卷宗为基础，一审审判案卷由侦查卷、诉讼卷、附卷组成。因此，侦查、起诉、审判阶段都要使用侦查卷，起诉、审判阶段使用的证据卷基本上形成于侦查阶段。参见左卫民《中国刑事案卷制度研究》，《法学研究》2007 年第 6 期。关于刑事案卷的价值、结构及运作状况，参见谢登《刑事案卷制度研究》，载陈兴良主编《刑事法评论》（第 31 卷），北京大学出版社，2012，第 579~599 页。

（一）案卷移送的历史演进与司法实践

案卷笔录制度在我国有一个演进过程。从夏商周时期的"古者取囚要辞，皆对坐"、"两造具备，师听五辞"开始，到隋唐时期的"以情审查辞理，反复参验"，中国古代刑事诉讼中控诉与审判职能合一，审判官集侦查、控诉、审判权力于一身，并采用"升堂问案"的方式对案件进行调查，原告、被告、证人均是诉讼客体，是由官员代表的国家机关进行审讯的对象。在侦控审不分以及诉讼参与人客体化的环境下，刑事诉讼的中心自然是问案的审判官，刑事诉讼制度并不存在那种以案卷笔录为中心的审判模式。换言之，案卷移送并非我国诉讼传统。

清末修律诞生近代中国第一部刑事诉讼成文法典《1911 年刑事诉讼律（草案）》，其第七节"文件"用专章规定了诉讼过程中案卷、笔录、文书的制作规范，并在第 310 条规定了这些案卷笔录的移送制度，标志着案卷移送制度在中国确立。然而，此时的刑事诉讼并未以案卷笔录为中心，相反，《1911 年刑事诉讼律（草案）》第 250 条和第 321 条分别规定了言词审理原则和直接审理原则，形成了"超前"的职权型刑事诉讼制度。但这种"超前性"还未来得及全方位实施，封建制度就被"辛亥革命"推翻。1928 年南京国民政府颁行的《刑事诉讼法》承继了《1911 年刑事诉讼律（草案）》的诉讼制度并作了完善，通行于全国，深刻地影响了现今台湾地区刑事诉讼制度。在这部法典中，1911 年法典关于"文件"规定得以保留，并且在第 258 条明确规定起诉全卷移送制度，第 285 条和第 289 条又分别规定了庭审案卷文件的宣读制度，此时，在没有明确的直接言词原则的制约下，案卷笔录在刑事诉讼中的地位开始中心化。① 中华人民共和国成立后制定的 1979 年、1996 年、2012 年和 2018 年刑事诉讼法都在一定意义上继承了这一做法。

1979 年刑事诉讼法确立的是一种庭前案卷移送制度。根据第 108 条和第 109 条规定，检察院提起公诉时，要向法院移送全部案卷材料和证据，法

---

① 参见单子洪《案卷笔录中心主义"治愈"论——以刑事证据规则的完善和正确适用为切入》，《犯罪研究》2015 年第 5 期。

官在庭前对案卷材料和证据进行实质审查，必要时可以进行勘验、检查、搜查、扣押和鉴定等调查核实证据工作。经过审查，法院只有在"犯罪事实清楚、证据充分"的情况下，才可以开始法庭审判活动。由于我国公、检、法三机关的"相互配合"关系，以及案卷审查法官和庭审法官是同一人，导致"审判员在开庭前对案件已形成较固定的认识，对如何判决也多有了初步决定，并请示庭长、院长；对一些重大疑难案件，则往往开庭前已经审判委员会讨论甚至请示上级法院。案件还未开庭审理，审判员对案件的定性、量刑已成定论。开庭成了走过场。被告人、辩护人提出的相反意见很难受到重视"。①

为了解决上述问题，1996 年刑事诉讼法进行"刑事审判方式改革"，第150 条规定了一种"主要证据复印件主义"的案卷移送方式，作为"案卷移送主义"和"起诉状一本主义"的妥协，它旨在不彻底动摇职权主义诉讼模式的前提下，适当吸收当事人主义模式的优点，控制法官审前接触案卷及证据材料的范围，并将原来的庭前实质审查改为形式审查，法官在庭前不再审查案件是否达到"犯罪事实清楚、证据充分"，只要确认"起诉书中有明确的指控犯罪事实，并且附有相关证据目录、证人名单和主要证据复印件或者照片的"，就应当决定开庭审判，从而真正解决法官预断、先定后审、庭审流于形式等问题。这种改革的出发点是好的，但从司法运作效果看，由于没有将案卷移送制度放在整个刑事诉讼制度的大环境下通盘考虑，"法官在庭前对大部分案卷材料并不熟悉，不了解案件主要争议的问题，难以更好地主持、把握庭审活动，而且由于检察机关不再庭前移送全部案卷材料，辩护律师也无法通过法院阅卷了解全案证据，特别是对被告人有利的证据"。② 结果不仅未能有效解决法官预断问题，实现庭审实质化，反而限制了律师阅卷权，妨碍有效辩护的实现。为此，1998 年出台的《六机关规定》补充了一种庭后移送案卷笔录制度，允许检察机关在庭后向法院移交全套案卷笔录，使得法官在开庭审理结束后有较为充足的时间查阅、研读案卷材料。案卷笔录对于法官判决结论的形成也就更具有影响力。

---

① 王尚新：《刑事诉讼法修改的若干问题》，《法学研究》1994 年第 5 期。
② 全国人大常委会法制工作委员会刑法室：《〈关于修改中华人民共和国刑事诉讼法的决定〉条文说明、立法理由及相关规定》，北京大学出版社，2012，第 207 页。

　　鉴于1996年刑事诉讼法确立的这种"主要证据复印件主义"和《六机关规定》确立的庭后移送案卷制度存在的一系列问题，2012年刑事诉讼法再次对案卷移送方式进行改革，第181条保留形式审查制度并规定法院"对于起诉书中有明确的指控犯罪事实的，应当决定开庭审判"的同时，第172条恢复了庭前案卷移送制度，要求人民检察院提起公诉时"将案卷材料、证据移送人民法院"。这样，"庭后移送案卷制度"自然废止。关于立法重新恢复庭前案卷移送制度的原因，有学者将其概括为三个方面：一是可以保证法官庭前全面阅卷，从而进行全面的审判准备；二是可以有效地保证辩护律师查阅、摘抄、复制案卷材料，充分地进行辩护准备活动；三是可以避免"庭后移送案卷制度"的负面效果。同时，该学者还分析了制约案卷笔录移送制度，导致法院通过阅卷形成裁判结论的四个主要因素，即法官主导证据调查的司法传统、以案卷笔录为中心的审判方式、在法庭之外形成裁判结论的司法文化和建立在阅卷基础上的复审制度。[①] 这说明我国作为一个传统的大陆法系国家实行职权主义诉讼模式，坚持追求实质真实的诉讼理念，公、检、法必须"忠实于事实真相"，离不开案卷移送制度。2018年刑事诉讼法保留了2012年刑事诉讼法的做法。

　　关于案卷移送在司法实践中的运行现状，复旦投毒案审判就是一个典范。2013年4月，复旦大学发生了一起震惊全国的高校研究生投毒杀人案件。2013年11月27日，上海市第二中级人民法院对该案进行了公开审理。在该案一审法庭调查中，公诉人为证实被告人林某实施了投毒杀人的行为，将证据分成三部分向法庭举证：第一部分证实被告人林某利用剧毒化学品二甲基亚硝胺实施投毒行为，并造成被害人黄某死亡的结果。公诉人宣读了实验室的勘验检查笔录、林某对犯罪现场的辨认笔录、毒物储藏室的勘验检查笔录，播放了复旦大学保卫处的监控录像，并宣读了林某对录像的辨认笔录，节选宣读了林某室友盛某和保卫处守卫的证言，宣读了投毒经过以及丢弃毒物路径的侦查笔录，出示了实验室的毒物购买票据以及毒物的鉴定意见等一系列证据。第二部分证实被告人林某犯罪的主观故意。公诉人摘要式地宣读了多名林某同学的证言，证明林某当时已有控制二甲基

---

　　① 　参见陈瑞华《案卷移送制度的演变与反思》，《政法论坛》2012年第5期。

亚硝胺的情形，并出示林某浏览网页的记录，证明林某有销毁毒物的意图等。第三部分证实被告人林某与被害人黄某的平时关系以及林某的作案动机。公诉人摘要式宣读了林某、黄某的多名同学及其老师的证言，并且直接向法庭出示了侦查人员对林某讯问过程的录音录像……①上述三部分证据绝大部分都是案卷笔录材料，整个庭审主要是围绕公诉方案卷笔录材料进行的。关于这种案卷笔录材料在刑事审判中所占比重，上海市第一中级人民法院法官对其所在法院的笔录证据适用情况进行了实证研究。他选取了92 份生效刑事裁判文书，涉及 1468 份证据材料，其中笔录证据数量 946份，占 64.4%；被告人认罪或部分认罪供述有 210 份，其中 147 份被告人审判前供述笔录被作为定案依据，占被告人供述总数的七成；在 9 起案件中，被告人在庭审过程中推翻了其在侦查阶段的供述，但均未被法院认可；以询问笔录形式体现的证人证言数量最多，共有 644 份，占全部证据材料的43.9%；而在 92 起案件中均无证人出庭作证；即使有的被害人亲自到庭，但相关裁判文书仍然援引被害人陈述笔录作为定案依据，且不反映被害人是否当庭陈述及其陈述的内容。② 这进一步印证了案卷笔录类证据在我国刑事审判实践中的主体地位。

（二）案卷移送、法官预断与庭审形式化

以审判为中心的诉讼制度旨在通过庭审认定案件事实并在此基础上定罪量刑，法官对案件事实的全部认知以及裁判心证应当且只能来源于庭审，而不是案卷、审理报告或各种内部批示、请示、答复等。为确保内心确信来源于法庭、裁判结论形成于法庭，必须使裁判者隔离于审前信息的干扰，以空白的心灵状态进入庭审。而庭前信息向庭审程序输送的主要载体就是案卷材料。因此，选择何种案卷移送方式制约着法官庭前预断的阻隔效果乃至庭审的效果。

从世界范围看，公诉机关向法院移送案卷材料，主要存在"案卷移送主义"和"起诉状一本主义"两种方式。前者是指检察机关提起公诉时，

---

① 节选自《"复旦投毒案"一审庭审实录》，新浪博客，http：//blog.sina.com.cn/s/blog_575622440102vc3g.html，最后访问时间：2018 年 5 月 24 日。
② 参见于书生《笔录证据运用的过量与适量》，《法治论丛》2011 年第 2 期。

除向法院提交起诉书外，还要移送所有案卷和证据材料。大陆法系国家（地区）通常采用这种做法。《德国刑事诉讼法典》第 173 条规定，在提起公诉时，"依法院要求，检察院应当向法院移送迄今为止由它掌握的案件材料、证据"。后者是指检察官在提起公诉时，只能依法向有管辖权的法院提交具有法定事项和法定格式的起诉书，表明控诉方的控诉主张，不得同时移送有可能使法官对案件产生预断和偏见的其他文书和控诉证据，也禁止在起诉书中援引其他文书和证据的内容。英美法系国家（地区）和日本通常采用这种做法。《日本刑事诉讼法》第 256 条规定："提起公诉，应当提出起诉书；起诉书，应当记载下列事项：一、被告人的姓名或其他足以特定为被告人的事项；二、公诉事实；三、罪名。""起诉书，不得添附可能使法官对案件产生预断的文书以及其他物品，或者引用该文书等的内容。"案卷移送方式不仅影响甚至决定着审前阶段与审判阶段的联系方式，而且对控辩裁三方在审判过程中的法律地位和相互关系也起着决定性的作用。在辩方无权在庭前向法院移送本方案卷材料或因调查取证权受到严格限制而仅能移送少量本方案卷材料的情况下，如果允许检察机关提起公诉时将全部案卷材料移送给法院，必然会使控方在举证的时机上比辩方抢先一步，进而导致控辩双方不平等。反之，如果不允许检察机关提起公诉时移送证据材料，控辩双方在通过举证影响裁判者心证的时机上就达到了平等；如果允许检察机关提起公诉时将全部案卷材料移送给法院，裁判者在庭前必然会因查阅控方的案卷材料而形成不利于被告人的预断甚至偏见，作为控方的检察机关必然会因此而在法院开庭审判前就已经处于领先地位。因为作为辩方的被告人及其辩护人在裁判者已经形成于本方不利的偏见后，即使在庭审过程中提出了大量的证据材料对控方主张进行反驳或对控方的证据材料进行了充分的质疑，也很难改变本方因控方抢先举证而陷入的不利处境。反之，如果不允许检察机关提起公诉时移送证据材料，裁判者就会因对案件事实和证据材料一无所知而在庭审过程中保持不偏不倚的中立立场，辩方才有可能在庭审过程中与控方展开平等对抗。[1] 从这个意义上说，"审判中心论"下实现拒绝庭前案卷移送，应当与"起诉状一本主义"相

---

[1]　参见唐治祥、曾中平《刑事卷证移送制度与诉讼结构关系之辨析》，《求索》2013 年第 1 期。

配套。

也有学者对此持不同观点。他们认为，无论英美法系国家预审制度还是日本"起诉状一本主义"均未能切断审前案件信息的影响，也不可能完全排除法官基于案件信息的预断。而且法官庭前获得信息的预断与审判的实质化并不具有实质的关系，法官预断对实质性审判的影响也并非致命。德国采用全案移送制度，但有罪判决率多半维持在90%以下，无罪率为2.7%；我国台湾地区也采用全案移送制度，其有罪判决率更低。① 而日本自1949年刑事诉讼法采用"起诉状一本主义"以来，其有罪判决率除个别年份外，每年都在99%以上，接近100%，且与新刑事诉讼法实施之前的年份相比大致相当，不少年份甚至略高。② 这是因为，德国案卷移送制度有一系列配套原则和制度，可以排除庭前预断，如正式审判程序中禁止宣读公诉方笔录、审判长和制作裁判文书的法官不得阅读卷宗、平民法官不参与中间程序、检察官要将有罪和无罪证据开示给被告方、卷宗内容原则上不得用作裁判根据等。德国学者许乃曼教授曾在1979~1986年主持过一项检验案卷信息对判决的影响的实证研究，实验结果令人惊异：接触侦查案卷的所有法官都作出了有罪判决，无论其是否具备询问证人的机会。相反，当法官不接触侦查案卷，仅知道审判程序中出现的信息时，在没有机会询问证人的情况下，大部分法官还是判决被告人有罪，但在有机会询问证人的情况下，大部分法官作出了无罪判决。在有机会询问证人的情况下，就能否看到侦查案卷而言，两组之间的差别非常显著。在不能询问证人的情况下，侦查案卷信息对判决结果的影响没有特别显著地表现出来。上述结果告诉我们：侦查案卷信息对法官判决行为的影响之大超出了我们的想象，即使法官有机会亲自询问证人，也很难修正侦查案卷信息带来的决定性影响；只有在没有条件接触侦查案卷的情况下，是否有机会询问证人才会对法官的判决行为产生重要影响。③ 日本"起诉状一本主义"的立法在实践运

① 参见王梅英《阅卷权之限制》，《台湾本土法学杂志》2003年第48期。
② 参见〔日〕松尾浩也《关于裁量起诉主义》，载西原春夫主编《日本刑事法的形成与特色》，李海东等译，法律出版社、成文堂，1997，第163页。
③ 关于该项实证研究，参见〔德〕贝恩德·许乃曼等《案卷信息导致的法官偏见：关于与英美模式比较下德国刑事诉讼程序优缺点的实证研究》，刘昶译，何挺等编译《外国刑事司法实证研究》，北京大学出版社，2014，第74页。

作中未完全达到期望目标，2004 年刑事诉讼法增设"开庭前整理程序"，以检察官、被告人以及辩护律师参与并整理诉讼中的争点及证据为目的，旨在消解实行"起诉状一本主义"带来诉讼效率低下的负面效应并配合"裁判员制度"集中审理的有效实施。意大利 1988 年刑事诉讼法实行"两步式"案卷移送制度，预审之前实行"案卷移送主义"，侦查案卷移送给预审法官，控辩双方都可以查阅；预审之后实行"双重案卷"移送制度，严格限制庭审法官接触案卷材料的范围。这样，预审法官的阻隔起到了"起诉状一本主义"的作用。为了避免因采用当事人主义对抗制造成大幅度增加审判的时间而出现过分拖延和有限的司法资源不堪重负的问题，意大利在采用不完全"起诉状一本主义"同时，增加了不经过预审程序直接进入审判的"直接审判程序"等一些速决程序，在一定程度上缓解了取消"案卷移送"影响诉讼拖延的压力。[1]

（三）完善案卷移送制度的正当途径

作为一个传统的大陆法系国家，我国经过 1996 年、2012 年和 2018 年三次修改刑事诉讼法，虽然引入了一些当事人主义对抗制因素，但我国刑事诉讼模式整体上仍然属于职权主义，刑事诉讼程序的运行离不开案卷移送，"主要证据复印件主义"在我国运行效果并不理想。但是，卷宗移送的前提是卷宗具有正当化基础，我国卷宗笔录恰恰缺乏这种诉讼程序的正当化洗礼。[2] 研究 2018 年刑事诉讼法确立的案卷移送制度的配套机制，重新审视案卷移送制度的功能，优化案卷笔录的运行环境，是完善我国案卷移送制度的正当途径。

1. 2012 年刑事诉讼法确立的案卷移送制度并非 1979 年的简单"轮回"

2012 年刑事诉讼法修改后，许多学者认为，我国案卷移送方式经历了从"案卷移送主义"到"主要证据复印件主义"再到"案卷移送主义"的

---

[1] Nicola Boari, "On the Efficiency of Penal System: Several Lessons from the Italian Experience", 17 *Int'L Rev. L. & Ec.* 125, p. 125（1997）.

[2] 参见门金玲《控方卷宗笔录运行之审思——兼及比较法视野的考察》，《政法论坛》2010 年第 3 期。

改革轮回，或理性回归，① "使得中国的刑事审判制度回到 1979 年的'原点'"，② 等等。笔者认为，这些观点值得商榷。与 1979 年刑事诉讼法相比，2012 年刑事诉讼法确立的案卷移送制度的配套机制已经发生较大变化，案卷笔录的正当化进一步增强。笔者认为，这主要表现在七个方面：第一，刑事诉讼法第 2 条将"尊重和保障人权"增加为刑事诉讼法的基本任务之一，并且修改和增加了许多加强人权司法保障的具体制度，包括强化犯罪嫌疑人、被告人辩护权保障、加强被害人权利保护、扩大辩护律师和其他辩护人诉讼参与权等，进一步增加了案卷笔录制作的开放性；第二，犯罪嫌疑人、被告人、被害人、证人等权利保障的强化，可以最大限度保障他们作证陈述的自愿性，从而保证侦查取证和笔录制作的合法性；第三，律师以辩护人身份介入侦查，并且在审前程序中享有许多诉讼权利，促进案卷制作主体多元化，保障原始卷宗的真实性、合法性、规范性，使卷宗的内容基本实现控辩平等，让辩方有充足的时间与机会向卷宗中纳入对于辩方有利的事实和材料，从而促使卷宗更加全面、客观，有助于防止阅卷法官的偏听偏信、先入为主；第四，各种侦查行为的规范和非法证据排除规则的确立，进一步保障案卷材料制作的真实性、合法性；第五，侦查预审、庭前形式审查和庭前会议制度的建立，对前期侦查中收集、调取的证据材料予以审查核实，保证侦查终结移送审查起诉和审判阶段的案卷材料的真实性、合法性和证据能力；第六，刑事证明责任的确定和证明标准的细化，进一步规范了审前程序案卷材料的收集范围和取证主体、举证主体、质证主体等，促使案卷移送制度规范化；第七，裁判文书上网公开制度的推行，给案卷移送产生倒逼效应，促使公诉方移送法院的案卷材料合法、规范，从而提高案卷材料和裁判文书的质量。2018 年刑事诉讼法继续保留了 2012 年刑事诉讼法的规定，并且增加值班律师制度，保障犯罪嫌疑人、被告人在刑事诉讼全过程获得值班律师的法律帮助。

---

① 参见蔡杰、刘晶《刑事卷宗移送制度的轮回性改革之反思》，《法学评论》2014 年第 1 期；章莉坚《庭前卷宗移送制度的理性回归》，载《法治论坛》(第 31 辑)，中国法制出版社，2013，第 49~55 页；等等。
② 陈瑞华：《案卷移送制度的演变与反思》，《政法论坛》2012 年第 5 期。

2.2018年刑事诉讼法确立的案卷移送制度运行环境的优化

推进以审判为中心的诉讼制度改革，犯罪嫌疑人、被告人"有罪无罪，法院说了算"，就要严格限制公诉方案卷材料对庭审法官的影响，让法官的心证形成于法庭，裁判结论来自庭审，而不是案卷材料或其他因素。笔者认为，立法应当进一步优化2018年刑事诉讼法确立的案卷移送制度的运行环境，实现案卷笔录的正当化。

（1）建立讯问和询问时律师在场制度，让控诉方制作的每一份笔录类证据材料都有律师在场见证。刑事诉讼法第34条排除律师参与第一次讯问，这是为了保障侦查机关通过第一次讯问获得犯罪嫌疑人"原始陈述"，是立法在侦查需要和人权保障之间进行的一种平衡设计，笔者认为是合理的。但从第二次讯问开始，以及询问证人、被害人等，为了保证犯罪嫌疑人、证人、被害人等言词证据陈述人的陈述自愿性或精神自由权，应当允许律师在场。刑事诉讼法第281条建立讯问未成年犯罪嫌疑人和询问未成年被害人、证人的合适成年人在场制度，实践证明效果是好的，对于保障未成年人陈述自愿性，避免陈述笔录内容的合法性争议发挥了重要作用。立法可以总结该制度，将其推广适用于所有讯问和询问行为。最高人民法院、司法部正在推行刑事辩护全覆盖试点工作，2018年刑事诉讼法第36条已经确立法律援助值班律师制度及其职能，这些都为建立讯问和询问时律师在场制度创造了条件。在场律师的功能是为被讯问或询问人提供法律帮助，见证讯问和询问程序的合法性。这样，所有讯问犯罪嫌疑人和询问证人、被害人笔录上必须有律师签名。如果这样的笔录与讯问同步录音录像相互印证，就可以保证犯罪嫌疑人、被告人供述笔录和证人证言笔录、被害人陈述笔录等笔录类证据的真实性、合法性，避免程序性纠纷。

（2）建立侦查预审前律师阅卷制度和辩护卷宗制度。刑事诉讼法第40条规定，辩护律师直到案件审查起诉之日，才能查阅、摘抄、复制本案的案卷材料。在我国"流水线"诉讼构造下，检察机关尽管是唯一的公诉机关，但被塑造成一个"预审法官"，通过"客观公正"地审查侦查终结移送起诉的案件，作出提起公诉、不起诉或撤销案件的决定，并监督侦查的合法性。这就要求预审部门的预审和检察机关的审查起诉应当得到前期侦查阶段控辩双方的完整信息，才能做到"兼听则明"，作出客观公正的侦查终结结论和审查起诉决定。前文已经论述，在我国"两步式"侦查模式下，前期侦查调查、收集证据已经结束，认为可以破案，所有证据材料基本固定。此时允许辩护律师阅卷，不仅不存在泄露侦查秘密的危险，而且有利于及时发现前期侦查不足，甚至违法侦查，及时纠正。虽然刑事诉讼法第161条赋予辩护律师听取意见和提出意见权，而且《审判中心改革意见》第6条提出，在案件侦查终结前，犯罪嫌疑人提出无罪或者罪轻的辩解，辩护律师提出犯罪嫌疑人无罪或者依法不应追究刑事责任的意见，侦查机关应当依法予以核实，但这些都是被动行为，辩护律师很难全面了解侦查机关案卷材料和证据的全部内容，从而在预审部门听取意见，或者提出书面意见时，律师无法提出有价值的意见。因此，立法应充分保障辩护律师和被告人的诉讼代理律师的知情权，在前期侦查结束后、预审前，允许律师查阅、摘抄、复制本案的案卷材料。这样保障刑事诉讼法第161条规定的侦查终结前听取意见制度和《审判中心改革意见》第6条得以落实。

与此同时，刑事诉讼法赋予律师阅卷权和听取意见、提出意见权后，还应当借鉴意大利做法，从侦查阶段开始建立专门的辩护卷宗，将辩护方提出的书面意见和证据材料等放入其中，随侦查卷宗一并移送检察院审查起诉。在审查起诉阶段收集到的辩护方的书面意见和证据材料等也放入，随公诉卷宗一并移送法院。

（3）建立庭前法官与庭审法官分离制度，充实庭前会议功能。虽然案卷移送方式与法官预断并无必然联系，但庭审法官（包括陪审员）阅卷了解案件情况后，可能对案件或被告人产生不利影响。我国案卷移送制度运行环境虽然已经发生显著变化，1996年刑事诉讼法就确立了"控辩式"庭审方式，控辩双方能够在庭审中发挥更大作用，但立法并没有确立直接言词原则或传闻证据规则，法官庭前可以阅读所有案卷材料。刑事诉讼法第192条增加证人、鉴定人出庭作证的条件的同时，仍然保留了庭审"宣读证据性文书"的内容，第195条还赋予法官庭外调查权等。为此，笔者认为，我国应当建立庭前法官与庭审法官分离制度，充实庭前会议功能。具体来说，在立案庭设庭前法官，由其对公诉案件进行审查，按照普通程序审理的案件必要时，可以根据刑事诉讼法第187条第2款规定启动庭前会议，对于符合开庭条件的，向庭审法官出具开庭意见书，并报告庭前会议中的相关事项。并且借鉴意大利做法，建立专门的法官卷宗，由庭前法官审查确定放入该卷宗中可以供庭审法官阅览的案卷材料，而公诉卷宗和辩护卷宗绝大部分内容不得让庭审法官或人民陪审员阅览。而且庭前法官与庭审法官不得是同一人，也不得接受同一法院领导的领导。此外，立法还应明确确立直接言词原则，构建传闻证据规则，严格限制庭审法官和人民陪审员庭前阅卷，确保所有进入庭审的案卷材料的证据能力。

（4）严格限制法官庭外调查权。与严格限制审前案卷材料影响法官心证原理一致，立法还应当严格限制刑事诉讼法第 196 条规定的法官庭外调查权的行使，从而使庭审法官对案件的裁判结论真正来自当庭审理。《意大利刑事诉讼法典》第 507 条规定就是例证，它使庭审法官依职权进行庭外调查的例外成为常态，从而造成严重的程序不公。① 笔者建议最高人民法院进一步完善《高法解释》第 220 条规定，一是总结司法实践经验，采取列举加概括的方式，对"对证据有疑问的"作出明确解释，以便于操作，避免该权力被滥用。二是法庭应当尽量告知公诉人、当事人及其法定代理人、辩护人、诉讼代理人补充证据或者作出说明。只有确有必要时，才能进行庭外调查核实证据，并尽量通知公诉人、当事人及其法定代理人、辩护人、诉讼代理人等控辩双方一并到场。三是法庭庭外调查核实证据时，应尽量减少适用勘验、检查、查封、扣押、鉴定和查询、冻结等强制性措施，以保持法院中立形象。四是对于庭外调查核实取得的证据，如果控辩双方有异议，法庭应当经过开庭质证后，才能作为定案的根据。

六　规制刑事案件审前报道

在我国，侦查不公开是侦查阶段的基本原则之一。在司法实践中，有的公安机关在办案过程中主动邀请媒体对刑事案件进行报道，以宣扬成绩，扩大影响。许多媒体为了追求所谓的独家报道、轰动效应等，也热衷于对某些刑事案件进行审前报道。近年来发生的张金柱案、唐慧案、李双江之子案等，人们越来越强烈感受到媒体审前报道的"威力"。这种审前报道在

---

① 参见 Mireille Delmas-Marty & J. R. Spencer, *European Criminal Procedures*, Cambridge Universiry Press, 2003, p. 382。第 507 条规定："在取证结束后，如果确有必要，法官可以主动地决定调取新的证据材料。"

满足广大公众知情权的同时，给审查起诉尤其是审判带来诸多负面影响，危及"审判中心"的实现，而我国法律目前缺乏相应规范。推进以审判为中心的诉讼制度改革，需要采取措施合理规制刑事案件审前报道。

（一）刑事案件审前报道的双重属性

"舆论既可以监督司法，同时也可以伤害司法。如果把舆论监督强调到一个不适当程度，就会出现法律碎片化现象，就会导致一人一是非的状态，甚至会使社会呈现出霍布斯所描绘的那种万人对万人的战争状态。在这个意义上，司法政治化的后果非常严重，很可能诱发大规模的秩序危机。"① 这种现象在刑事案件审前报道中表现更加突出，如果控制失灵，就可能导致报道失范，造成"媒体侦查"，甚至"媒体审判"，庭审实质化成为乌托邦。

审前程序允许新闻媒体介入，使侦查和审查起诉接受公众监督，既是新闻媒体作为"第四种权力"的职责，也是刑事司法满足公众知情权，维护公共利益的需要。在 2005 年 8 月第三届警察公共关系国际论坛上，与会代表认为，警察与媒体都是构建和谐社会的积极动力……媒体代表的是公众，警察代表的是政府，警察唯有积极面对媒体，及时诚恳地回应公众所关心的问题，坚持诚实、平等、合作的原则，相互理解和支持，才能达到警方、媒体和社会公众共赢的局面。因此，新闻媒体介入侦查，并非"洪水猛兽"，而是一个多方共赢的正当之举。② 另外，刑事案件的新闻报道尤其审前报道又是一把双刃剑，不仅可能泄露侦查秘密，影响诉讼程序的顺利进行，而且可能损及司法独立和法官中立，侵害犯罪嫌疑人以无罪推定为核心的基本人权，严重影响现代诉讼精神在公众心目中的确立。瑞士学者米特枚认为："某些情况下，在审前阶段，无辜的人会受到怀疑并可能会被曝光，这样的弊端要求保持审前阶段的秘密性。"③ 在加拿大，新闻媒体对审判前或审判中的案件进行报道时，如果明示或暗示、主张或反对何种判决，会或多或少影响审判工作，就有可能构成"藐视法庭"。加拿大法律

---

① 季卫东：《舆论监督使用不当会陷入司法政治化》，《法制日报》2010 年 7 月 29 日。
② 参见李普义《公安机关如何正确对待新闻媒体的监督》，《法制与社会》2011 年第 14 期。
③ 转引自〔瑞士〕萨拉·J. 萨默斯《公正审判：欧洲刑事诉讼传统与欧洲人权法院》，朱奎彬、谢进杰译，中国政法大学出版社，2012，第 59 页。

始终维护一个基本原则：民事案件被告或刑事案件被告人均有接受公正审判的权利。在将嫌犯供述提交法庭前，媒体不得在报道中提及犯罪嫌疑人的供述行为，更不得透露具体内容。媒体亦不能报道嫌犯向证人陈述案件细节，因为这同样意味着把嫌犯等同于罪犯。[①]

在我国，"自媒体辩护"是社会转型时期出现的一种新现象，随着互联网媒体的新发展，刑事案件律师以博客、微博等自媒体为载体，阐述有利于委托人（犯罪嫌疑人、被告人）的"辩护"意见，争取舆论的关注和有关领导的支持，给公检法机关施加压力，从而维护当事人的权利。在早期，某些侦查机关在将案件提起诉讼之时，有意识地安排一些媒体将起诉内容在媒体上公开报道出来，并加上许多细节，形成强大的舆论攻势，在法院审判前就在大众中形成了某种结论，使法院不得不接受。一些人尝到了这样做的甜头，重要的案件几乎都这样做：先进行"媒体审判"，而后再进行法律审判，舆论引导法院。当自媒体及网络繁盛之后，这种局面发生了改观，许多个人也利用媒体，有时包括利用官方媒体表达自己对某些案件的意见或者对判决结论的不满，形成舆论热点，影响、引导甚至改变法院的判决结论。客观上存在的司法不公、司法腐败更助长了这种局面，媒体对司法权的制约越来越大，司法的独立性、公正性受到侵蚀。2015 年 7 月被查的北京锐锋律师事务所"维权"黑幕中很多做法就是属于这一类。[②]

（二）刑事案件审前报道的失范

从司法实践看，审前报道的范围涉及抓获现场、现场辨认、现场报道、电视认罪等方面。例如，当年聂树斌案件刚刚"侦破"，还没有进入诉讼程序时，负责"侦破"该案的一位警察就写了一篇《青纱帐迷雾》的所谓侦破通讯，在公安机关宣称"侦破聂树斌强奸杀人案"之后，他运用难以想象的语言，绘声绘色地描写了这起强奸杀人案的犯罪过程，"从一个月高风黑的晚上"开始描写，到"经过连续的突审，这个凶残的犯罪分子终于交

[①] 参见加拿大司法委员会《加拿大媒体报道司法指南》，张来霞译，《人民法院报》2013 年 11 月 1 日，第 5 版。

[②] 参见《北京锋锐律师事务所被查揭开"维权"黑幕》，《北京青年报》2015 年 7 月 12 日；《北京锋锐律所多名律师被刑拘黑幕利益链曝光》，《新京报》2015 年 7 月 19 日。

代了强奸杀人的犯罪过程"。以至于后来几乎所有的媒体都发出这样的质疑：公安机关到底如何突审，终于让这个"凶残的犯罪分子交代了强奸杀人的犯罪过程"？这种审前程序的案件报道不仅给公众造成案件已经盖棺定论的表象，让法庭审判沦为形式，而且对法院施加巨大压力，他们只能确认侦查结论，不敢另作处理。审前报道的失范主要表现在四个方面。

1. 有悖无罪推定原则，导致"未审先判"

媒体报道应当客观、真实、中立，不得干预正常司法活动。但现实中不少媒体报道超越了"报道"层面，对正在进行庭审的本身、对犯罪嫌疑人进行评论和判定，从而导致"未审先判"。此其一。其二，即便犯罪嫌疑人"认罪"，有可能是因为迫于其他因素，比如刑讯逼供、以"认罪"换得自由等，电视媒体反复播出的"认罪"镜头，在审判前即给犯罪嫌疑人打上了深重的"有罪"烙印，不利于法官客观公正审理案件。其三，犯罪事件发生后，在法院审判之前，媒体披露犯罪嫌疑人的姓名、年龄和住所，甚至刊登其照片，侵犯犯罪嫌疑人的姓名权、肖像权，不仅导致犯罪嫌疑人过早地被贴上犯罪人的"标签"，从侦查阶段起即遭受精神上的折磨，而且造成未来宣告无罪者复归社会的困难。

2. 侵犯当事人合法权益

在侦查或审查起诉阶段，案件事实尚未确定，如果此时就对犯罪事实以及涉嫌的犯罪嫌疑人予以公开，最后法院确认的事实与侦查、起诉阶段认定的事实有出入，那么事实上是媒体提前对案件作了审判，使犯罪嫌疑人在舆论的作用下被定罪。即使之后法院审判不认可侦查、起诉认定的事实，但广大民众可能并不关心最后法院判决的内容，更愿意接受之前媒体的报道，而媒体并不会因为法院的判决内容与之前报道内容不符而就此另作专门报道。因此，尽管司法解释将名誉权的侵害限定在"文章的基本内容失实，使他人名誉受到损害"，① 并不认可这种行为构成对犯罪嫌疑人名誉权的侵害，但对犯罪嫌疑人心理上的伤害却客观存在。从此犯罪嫌疑人被媒体撕破面具，生活在报道的阴影下，很难再获得周围人的认同。这不仅会阻碍其重返社会，他还可能因羞耻感而同社会顽抗到底。

---

① 参见最高人民法院《关于审理名誉权案件若干问题的解答》第 8 条。

3. 导致"媒体审判"

媒体的社会角色是大众传播工具，向社会公众客观展示事情的原貌，引导公众舆论。它本身不具备处理社会纠纷、解决社会矛盾的裁决功能。但某些媒体在刑事案件报道中，常常假借舆论监督的名义在报道中掺杂各自的好恶、情感因素以及不正确的判断，扮演了司法工作人员和社会公众的角色，以审判者和舆论引导者双重角色自居，轻易地给尚在处理中的刑事案件定性甚至量刑，这是对司法机关公正审判的无理攻击和无视。一些人认识到媒体与审判之间的紧密关系，故意在审前传播案件内容，引导或愚弄民众，希望利用民众舆论对法官施加压力，达到其所要的审判目的。这种做法使法官审判被民意所控制，不仅法官的独立性丧失，还使法官审判沦落为民意审判、报纸审判。

4. 对未成年人造成负面影响

这主要包括三个方面：一是产生标签效应。美国心理学家贝科尔认为："人们一旦被贴上某种标签，就会成为标签所标定的人。""犯罪人"这一身份的公开昭示，最终可能使未成年人选择自暴自弃以适应这一形象定位，即便其有自悔自新的言行，但公众对其厌恶或歧视的情况比较普遍，这样不但不利于其再次社会化，反而会使其在犯罪的道路上愈行愈远。二是造成"二次被害"。对于未成年被害人而言，在刑事案件中已经被害，没有受到二次伤害的理由，尤其是在涉性犯罪中。一旦媒体公开被害人的姓名、住址、照片或者报道中不当披露犯罪情节，无疑是对被害人的再次伤害，这将会对他们的心灵造成难以估量的创伤，对其家庭和亲属也会造成心理伤害，承受被别人品头论足的心理负担。三是产生负向指引作用。犯罪新闻对于犯罪细节的曝光有负面示范作用，示范作用的大小由其细节描述的充分性和可操作性直接决定，媒体描述越具体，受众的反应越强烈，模仿性就越普遍。

（三）刑事案件审前报道对"以审判为中心"的影响

各种报道失范对"以审判为中心"产生直接影响，主要表现在四个方面。

1. 对侦查取证的影响

处于侦查阶段的刑事案件，很多初始材料没有经过调查核实，在侦查终结前不能成为侦查机关认定事实的依据，更不能成为审判环节法院认定事实的证据。某些媒体为吸引受众眼球，对于包含社会矛盾或者有悖伦理的事件进行加工式的报道，对侦查活动正常进行造成了"未侦先定"的传播，容易误导受众对侦查结果的认识，对侦查活动的严肃性、程序性和法定性造成隐形损害。此外，媒体报道侦查未终结的案件，使犯罪嫌疑人知晓案件信息，出于逃避惩罚的目的，他们可能采取反侦查措施，干扰案件的侦查。还有一些新闻报道泄露法律严格禁止的国家机密、技术秘密等，暴露侦查手段，造成教唆犯罪的恶劣影响。

2. 对法官审判的影响

相比较于阅读案卷材料，媒体报道尤其是电视报道，更具形象化、趣味性、可接近性和全面性等特点，更直观也更易于被普通民众接受。尤其是媒体对案件作出一些有倾向性的报道，或者案件的经办人员在审前发表倾向性的评论，极易影响法官在审判时保持中立的立场。美国学者研究表明，审前对案件内容的公开，严重地使陪审团产生偏见。几项研究都表明审前案件信息公开，对被告人是否构成犯罪的可能性、对被告人的同情、将被告人作为典型的刑事罪犯、对被告人有罪的审前预断以及最终有罪宣告的评估都产生影响，并且越多了解案件内容的人越倾向于支持公诉。①

3. 对陪审员陪审的影响

媒体的犯罪现场报道直接来源于现场，在事实认定上更可能被认为是真相，如果陪审员在审理案件之前观看了媒体的犯罪现场报道，特别是视频、音频等，会使陪审员认为报道揭露的事实即为案件事实，从而产生预断。美国有研究指出，审前媒体报道会影响陪审团的审议。即使法官在审议前一再告诫陪审员不得讨论审前媒体报道的内容，陪审员大多不会严格遵守法官的指示，因此，看过或听过审前媒体报道的陪审员在审议中，仍可能会讨论媒体报道的内容。此外，审前媒体报道也会影响陪审团在审议中对证据的解读和讨论，接触过审前媒体负面报道的陪审员较易从偏袒检方的角度，检视案件双方提出的证据，而极少从支持辩方的角度讨论这些

① 参见 Joanne Armstrong Brandwood, "You Say 'Fair Trial' and I Say 'Free Press': British and American Approachesto Protecting Defendants' Rights in High Profile Trials", 75 *New York University Law Review* (2000) 1417-1418。

证据，但是陪审团通常没有意识到他们心中存有偏见，从而影响陪审团审判的公正性。[①] 美国联邦最高法院在 *Rideau v. Louisiana* 一案判例支持该观点。[②] 我国刑事诉讼法第 25 条规定，刑事案件以犯罪地管辖为主，被告人居住地管辖为辅。在互联网普及的今天，不管是犯罪地法院还是被告人居住地法院管辖，陪审员都难免受到审前报道的影响，从而影响其心证的形成。

4. 对证人作证的影响

目击证人记忆的形成过程包括编码（encode）、储存（retention）和再现（retrieval）三个过程。[③] 根据重建理论，任何作证者作证陈述的事实都应是其过去亲身感知的案件事实。[④] 诉讼证明作为一种回溯性证明，是对历史事实的证明，"从历史碎片中拼凑事实"。这个过程避免不了受到各种主观个人因素和客观环境因素的影响。目击证人生活在公众中，因为了解案件事实而具有作证资格，这种了解案件事实的方式包括新闻媒体的审前报道。这种报道对目击证人记忆的形成是潜移默化的。而且这种影响一旦形成，有时会诱使甚至迫使证人改变其亲身感知的案件内容，在作证时作出与媒体报道一致的陈述。如果证人不出庭作证，或者庭审质证不充分，就可能误导法庭作出错误的案件事实认定。这在我国司法实践中证人出庭作证率极低的环境下更容易发生。

（四）刑事案件审前报道的法律规制

刑事案件审前报道是刑事诉讼的一项重要命题，它关系到刑事诉讼一系列价值的实现——公平审判、保护公众利益、当事人的隐私和名誉权，同时还与新闻的及时性密切相关。但是这些价值并不是完全兼容的，有的甚至互相抵触。刑事诉讼应当在这些价值之间寻求一种平衡。从世界范围

---

① 参见 Ruva, CL, & Le Vasseur, MA., "Behind Closed Doors：The Effect of Pretrial Publicity on Jury Deliberations", *Psychology*, *Crime & Law*（2011）。

② *Rideau v. Louisiana*, 373 U. S. 723（1963）.

③ 关于目击证人记忆的形成过程，参见兰跃军《刑事被害人作证制度研究》，中国人民公安大学出版社，2011，第12~14页。

④ 参见 Howard W. Timm, "Eyewitness Recall and Recognition by the Elderly", *Victimology*（an International Journal）Vol. 10, 1985, No. 1~4, pp. 425~440。

看，为追求公平审判，同时又照顾到媒体自由，主要通过三种方式对审前案件信息的传播予以限制。① 一是设立藐视法庭罪。二是程序上控制。在美国，一个法官可以采取变化审判地点、延迟审判、陪审员的资格审查、隔离陪审团和启动藐视法庭的惩戒措施五种方式来"补救"审前媒体报道所导致的潜在的不公正审判。三是限制信息披露。在德国，审前程序秘密是一项原则。根据《德国基本法》，新闻媒体享有报道和评论已经发生或将发生事件的自由，各政府机关都有义务向媒体提供资讯。但"如果提供信息将妨碍诉讼的进行或者可能损及公共利益或私人正当权益"，则不得提供。媒体不得在侦查阶段披露被告人姓名或其他对身份有辨识性的提示。如果媒体报道的目的是追缉被告人，则只能在《德国刑事诉讼法典》第131条规定的范围内，即相关刑事案件已启动审判程序。② 《加拿大刑事法典》规定，法官有权禁止媒体公开报道性侵害案件被害人、证人的姓名以及"可能透露身份的任何信息"。这一规定旨在鼓励性侵害案被害人勇敢站出来指控犯罪嫌疑人。

我国宪法第33条第3款规定了国家尊重和保障人权原则，并在2012年刑事诉讼法第2条增加为刑事诉讼法基本任务之一。2016年1月生效施行的《反恐怖主义法》第63条将严格限制恐怖事件信息的新闻报道作为应对处置措施之一。但刑事诉讼法没有明确规定无罪推定原则，缺乏规范刑事案件审前报道的相关内容，刑法也没有设立藐视法庭罪。我国有学者曾主张从立法限制、司法限制和媒体自律三个方面限制侦查阶段的犯罪新闻报道。③ 推进以审判为中心的诉讼制度改革，需要合理规制刑事案件审前报道，有效避免其影响法官心证和裁判结论。结合我国刑事司法体制和司法实践，笔者认为，应从四个方面予以规制。

1. 立法确认无罪推定原则，审前报道必须严格遵守

我国在1997年1月修订的《中国新闻工作者职业道德准则》贯彻国际法

---

① 参见徐美君《审前案件信息的传播与控制——基于刑事诉讼的讨论》，《政治与法律》2009年第6期。

② 参见刘叶深《侦查活动允许媒体自由报道吗》，正义网-检察日报2011年6月22日，最后访问时间：2016年11月8日。

③ 参见周长军《刑事侦查阶段的犯罪新闻报道及其限制——基于犯罪嫌疑人人权的分析》，《中外法学》2005年第6期。

学家委员会制定的《关于新闻媒体与司法独立关系的基本原则》规定的"新闻自由不能违背无罪推定原则"的要求，规定"维护司法尊严。对司法部门审理的案件，不得在法庭判决之前作定性、定罪和案情报道；公开审理案件的报道，应符合司法程序"。媒体在案件报道中应秉承该职业操守，严格遵守无罪推定原则及法律的禁止性规定。根据无罪推定原则，对任何人有罪判决的宣告，只能由法院依法判决，新闻媒体没有这个权力。而在法院判决生效之前，被告人在法律上是无罪的，不能因为其被逮捕、被起诉、被审判而认为其有罪。只要犯罪嫌疑人、被告人尚未被法院认定为有罪，媒体在报道中就不得对犯罪嫌疑人、被告人以罪犯相称，以避免在公众中产生误导。在法院对被告人作出有罪判决宣告前，媒体在对刑事案件的报道中不得使用"罪大恶极"、"不杀不足以平民愤"、"死有余辜"等泛道德化的字眼，从而煽动公众的情绪形成对被告人批判性的社会舆论，影响法院公正的审判。

2. 审前报道内容应当合理限制，保护当事人合法权益

媒体报道内容要真实，评论要中立，不涉及身份，不可曝隐私，不侵害犯罪嫌疑人或被害人的隐私权、名誉权等合法权益。报道应注意保护犯罪嫌疑人的隐私权和名誉权。即使犯罪嫌疑人有罪，但只要他的公民权未被依法剥夺，他的人格尊严、名誉权、隐私权依旧受法律保护。报道也不得侵犯被害人的合法权益。首先，媒体在报道时，除非征得被害人本人或其近亲属的同意，否则，不能披露被害人及其亲属的姓名、住所、照片及其他可能推断出该被害人的资料。其次，媒体在报道时，对被害人的受害情况，只能在介绍案件事实的必要限度内进行客观描述，不应超过这一限度进行过细的报道。最后，媒体在报道时，不能含有针对被害人及其亲属的具有指责性、歧视性、侮辱性和讽刺性的内容。为了保证审前报道的适当性，避免侵害当事人合法权益，在法院进入审前程序实行司法审查后，笔者主张借鉴俄罗斯的做法，[①] 要求新闻媒体报道的内容必须提交审前法官审查同意后，再选择合适的时机和方式报道。

---

① 《俄罗斯联邦刑事诉讼法典》第144条第2项规定："对信息媒体传播的犯罪报道，由检察长委托调查机关或侦查员进行审查。相应媒体的编辑部、主编必须根据检察长、侦查员或调查机关的要求交出相应媒体所掌握的证明犯罪报道的文件和材料，还应提交关于提供上述信息的人员的材料，但提供信息的人要求对信息来源保密的情形除外。"

3. 公安、检察机关应当重视内部的新闻宣传队伍建设，及时主动地通过官方渠道公布刑事案件权威信息，满足公众知情权需要

在无法得到侦查机关权威信息的情况下，新闻记者在采访报道的过程中应当充分说明信息的来源，尽可能地避免使用揣测性的语言。按照平衡报道的原则，新闻记者在采访报道的过程中，既要听取犯罪嫌疑人方面的意见，也要听取被害人的意见；既要采访犯罪现场的居民，又要采访侦查人员。新闻媒体在报道犯罪案件的时候，不能过分倚重当地居民提供的信息，因为这样的采访报道方式带有极大的危险性。当地居民不是侦查人员，他们不了解法律的基本规定，也无法掌握核心证据，由他们来提供信息，很可能导致新闻报道严重偏离客观事实。另外，新闻记者采访第一线，把自己从各方面搜集的信息整理在一起，试图完整拼出犯罪现场，但是，由于没有公安、检察机关提供的权威信息，这样的新闻报道实际上是新闻记者自己的"新闻事实"。因此，正确的做法应该是，由公安、检察机关提供权威信息，再在权威信息的基础上制作客观真实的新闻作品。当然，公安、检察机关提供权威信息也应当遵守无罪推定原则，保护当事人和其他诉讼参与人合法权益。2018 年 8 月 27 日"昆山反杀案"发生后，公安机关及时发布各种警情通报，就是一种很好的做法，值得推广。

4. 审前报道违反法律的禁止性规定，导致案件在审判前受到新闻媒体的偏见报道，以致影响公正审判的，应当追究刑事诉讼法律责任

获得公正审判权是联合国《公民权利和政治权利国际公约》赋予被追诉人基本人权之一。在侦查阶段，甚至尚未进入侦审之前，如果放任新闻媒体恣意对案件发表偏颇性报道或评论，不仅侵害犯罪嫌疑人的人格权，并极易误导被害人与一般民众先入为主，进而产生偏见。一旦事后检察机关及法院依据事实与法律作出侦查或判决结果，与媒体、民众的既定认知产生落差，便会引起民众对司法公正性的质疑，势必损害司法部门的形象。尤有甚者，当媒体偏颇性报道或评论激起社会公众同仇敌忾地指责谩骂，检察官、法官等司法人员在强大外在压力下，有时被迫作出不当判断，以迎合媒体与民众形成所谓"媒体审判"，被告人接受公正审判的权利将不复存在。因此，一旦审前报道违反法律的禁止性规定，导致案件在审判前受到新闻媒体的偏见报道，以致影响公正审判的，上级法院应当

根据刑事诉讼法第238条规定，将其作为一种程序性违法行为，实行程序性制裁，即裁定撤销原判，发回重审，从而保障被告人获得公正审判权。由此造成的损失，包括给当事人和其他诉讼参与人合法权益造成的损害，有关新闻媒体单位应当承担相应的民事责任，构成犯罪的，依法追究刑事责任。

第三章 以审判为中心的刑事审判程序改革

审判程序是审判职能履行最集中的阶段，是"以审判为中心"的集中体现。"以审判为中心"的核心是以庭审为中心，实现庭审实质化，这需要具备三个基本条件：一是具有完备的庭前准备程序，为庭审做好充分准备；二是严格贯彻直接言词原则，强化庭审的功能；三是裁判者具备较强的专业素质和庭审驾驭能力。我国既没有完整的庭前准备程序，也没有确立直接言词原则或传闻证据规则。因此，如何规范庭前准备程序、完善程序分流机制、强化刑事辩护功能、落实证人、鉴定人等出庭作证制度、加强裁判文书说理性，以及健全审判权运行监督机制等，让裁判结论真正来自庭审，是刑事审判程序改革需要重点研究解决的课题。

一 规范庭前准备程序

实现庭审实质化是以审判为中心的诉讼制度改革的基本目标之一，需要贯彻集中审理原则，确保法庭集中持续审理。为了实现集中审理，境外国家（地区）刑事庭前程序区分庭前审查程序和庭前准备程序，前者通过对公诉机关指控的案件进行审查，确定是否启动审判程序，以防止公诉权滥用。后者旨在排除庭审障碍，为庭审顺利进行做好准备。我国 2018 年刑事诉讼法在形式上确立了这两个程序，第 186 条规定了"公诉案件的庭前审查"，第 187 条规定了"开庭前准备"，后者第 1 款和第 3 款继续保留了开庭审判前的五项技术性准备工作，同时增加第 2 款规定"庭前会议程序"，作为连接起诉和庭审之间的"中间程序"。《高法解释》第 182 条细化了开庭审判前的准备工作，第 183 条和第 184 条补充了庭前会议程序的相关内容。《高检规则》第 430~432 条明确了检察机关参加庭前会议程序的相关规定。但由于立法及司法解释对庭前会议程序的相关规定比较原则，在司法实践中存在适用范围差异大、启动方式模糊、被告人是否参加会议有争议、会议主持人选任单一、会议中达成合意的效力不明确以及庭前会议是否可作相应裁决无定论等问题，影响了庭前会议预期功能的实现。为此，《审判中心改革意见》第 10 条提出完善庭前会议程序，对适用普通程序审理的案件，健全庭前证据展示制度，听取出庭证人名单、非法证据排除等方面的意见。《审判中心改革实施意见》第二部分"规范庭前准备程序，确保法庭集中审理"（第 5 条至第 10 条），就庭前会议程序的完善作了一些补充规定。各地政法单位相继制定了有关规范性文件予以落实。为了推动刑事诉讼制度改革落地见效，最高人民法院又研究制定深化庭审实质化改革的"三项规程"，包括《庭前会议规程》，并确定上海市二中院等 17 个中级人民法院及其所辖的部分基层人民法院为试点法院。结合 2012 年刑事诉讼法实施以来的司法实践和有关规范性文件，根据全面推进以审判为中心的刑事诉讼制度改革的要求，进一步完善庭前会议程序，还有很多问题亟待研究解决。

（一）庭前会议的应然功能和立法定位

1. 庭前会议的应然功能

庭前会议有哪些功能，学者们有不同认识。有学者分析了导致庭审中断的四个方面事由，认为庭前会议主要处理与审判相关的程序性争议，具有证据开示、非法证据排除、争点整理、沟通说服、程序分流、调解和解六项直接功能，同时间接发挥过滤不当起诉的功能，形成对公诉审查"形式审"的补足。[1] 成都中院开展"庭审实质化改革试点"，通过在庭前会议上由控辩双方交换证据目录，确定案件的争议焦点，确定出庭作证的证人、鉴定人名单，接受被告方提出的排除非法证据申请，在此基础上形成庭前会议报告，并在法庭调查之前增设庭前准备和庭前会议报告程序。[2] 笔者认

---

[1] 参见莫湘益《庭前会议：从法理到实证的考察》，《法学研究》2014 年第 3 期。

[2] 参见王鑫等《庭审实质化改革的成都实践》，《人民法院报》2015 年 4 月 20 日，第 6 版。

为，庭前会议作为庭审的准备程序，不仅要解决各种可能导致庭审中断的程序性申请和异议，更重要的是要组织控辩双方展示证据，归纳控辩双方争议焦点，开展附带民事诉前调解，注重庭前会议与庭审的有序衔接，进而实现集中审理、持续审理、充分审理和高效审理。为此，庭前会议应当具有五个方面功能。

一是证据开示功能。刑事诉讼法第41条增加了辩护人申请调查取证权。庭前会议能够解决申请调取证据问题，有利于保证庭审的顺利进行。此外，为避免庭审诉讼突袭，或者因提交新证据而造成的诉讼中断，庭前会议应固定证据范围，除新发现的证据外，在庭审中原则上不允许提交新的证据。《审判中心改革实施意见》第6条第1款和《庭前会议规程》第19条明确了这一点。

二是非法证据排除功能。实践中，部分被告人在审判中以其供述系非法取得为由，要求法庭先行调查，导致诉讼的拖延、中止。在庭前会议中，法官如果能够询问被告人及其辩护人是否申请排除非法证据，能保障庭审质证的顺利进行。但是，《审判中心改革意见》第10条规定，在庭前会议中法官只能就非法证据排除问题了解情况，听取意见，而不能进行任何实质性审查，或者直接在庭前会议中排除非法证据。这显然不利于该功能充分发挥。对此，《庭前会议规程》第14条进行了修正，允许法院核实证据材料。

三是争点整理功能。在庭前会议中，法官可以听取公诉方的指控要点，然后由被告人及其辩护人针对指控要点进行辩护，双方可以进行有限的辩论。在法庭审理过程中，对双方没有争议的事实不再进行实质性调查，对双方争议较大的事实、证据进行重点审理。两大法系国家庭前准备程序中都存在争点整理的规定。美国《联邦刑事诉讼规则》第17.1条规定的庭前会议的主要功能便是整理和明确讼争要点。《审判中心改革实施意见》第6条第2款和《庭前会议规程》第20条第1款强调了这一功能。

四是程序性问题前置解决功能。实践中，案件在进行实质性审理之前，涉及管辖权异议、回避、公开与否等程序性问题的审理上，极易让庭审产生间断，进而影响审判的实质开展。因此，在庭前会议中，可将这部分程序性问题前置解决。《审判中心改革实施意见》第7条第1款和《庭前会议规程》明确了该内容。在杭州保姆纵火案 2017 年 12 月 21 日第一次庭审中，由于没有召开庭前会议解决一些程序性问题，辩护律师党某在开庭后半小时就因为管辖权问题没有与法院达成一致，未经法庭许可擅自退庭，致使庭审中止。而该案 2018 年 2 月 1 日第二次开庭审理前召开了庭前会议，庭审顺利进行。①

五是程序分流功能。各国在庭前准备程序中普遍设置了被告人答辩程序，根据被告人是否作有罪答辩，以及案件事实是否清楚明确，决定是否对案件作简易化处理。同时，为了保障被告人在庭前程序中作出的有罪答辩是出于自己的真实意愿且对其法律后果有明确的认知、保障其合法权利不受侵犯，法官需要对有罪答辩的真实性、合法性及事实基础进行审查。各国都对庭前答辩程序作了较为严格的规定。以英国为例，如果被告人在庭前答辩程序中作出有罪答辩，在案件事实清楚的情况下，法官可以直接量刑而不经过正式审判程序，大大节约了司法资源。我国刑事诉讼法没有规定庭前会议的程序分流功能。《庭前会议规程》第 21 条作了补充，允许被告人在庭前会议中认罪，法院核实被告人认罪的自愿性和真实性后，可以依法适用速裁程序或者简易程序审理，从而实现程序分流。

2. 庭前会议的立法定位

刑事诉讼法第 187 条第 2 款对庭前会议的规定过于原则，重点在于解决那些可能导致庭审中断和制约庭审质效的程序性事项，其本质上是在庭前为控辩裁三方构建一个"了解情况，听取意见"的沟通平台，改变我国刑事审判"一步到庭"的模式，在庭前依法处理可能导致庭审中断的事项，保障庭审顺利进行。因此，庭前会议并非所有刑事案件庭审前的必经程序。只有案件存在证据材料较多、案情疑难复杂、社会影响重大或者控辩双方对事实证据存在较大争议等情形，才有必要召开。而且庭前会议也并非庭前准备程序的全部，它仅是特定类型案件庭前准备工作的组成部分。只有那些重大复杂和争议较大的案件，除了进行常规的庭前准备工作之外，还需要召开庭前会议解决相应的程序性问题。庭前会议作为庭前准备程序的

---

① 参见《被告人莫焕晶放火、盗窃一案情况通报（四）》，杭州市中级人民法院官网"中院新闻"，hangzhou. zjcourt. cn，最后访问时间：2018 年 5 月 24 日。

核心环节，使得庭前相关事项的处理更加规范。《庭前会议规程》有关内容充分体现了这一立法定位。

（二）庭前会议的适用范围和具体内容

1. 适用范围

刑事诉讼法第 187 条第 2 款没有明确该程序适用的案件范围。自刑事诉讼法生效实施以来，该程序在司法实践中总体适用率不高。据统计，江苏省盐城市两级法院 2013 年刑事案件总数为 4459 件，2014 年刑事案件总数为 4817 件，但两年内仅有 38 件召开过庭前会议。其中 2013 年 18 件，适用率 0.40%；2014 年 20 件，适用率 0.42%。北京市第二中级人民法院 2013 年和 2014 年总共只有 10 件一审案件召开庭前会议，占该两年审结一审案件数（502 件）的 2%。[①] 而 2013 年前 10 个月，江苏省各级检察院处理刑事案件 6 万多件，召开庭前会议 217 件，适用率约 0.36%。其中苏州市检察院处理刑事案件 11487 件，召开庭前会议 35 件，适用率约 0.30%；泰州市检察院处理刑事案件 2495 件，召开庭前会议 13 件，适用率约 0.52%；无锡市检察院处理刑事案件 7500 件，召开庭前会议 16 件，适用率约 0.21%。[②] 学者对庭前会议程序实证研究结果也印证了上述数据，认为庭前会议的整体适用率较低，是一项"未完成的变革"。[③]

《高法解释》第 183 条采用列举的方式，将可以召开庭前会议的情形分为四种：（1）当事人及其辩护人、诉讼代理人申请排除非法证据的；（2）证据材料较多、案情重大复杂的；（3）社会影响重大的；（4）需要召开庭前会议的其他情形。该规定虽然基本框定了庭前会议的适用范围，但标准过于模糊，致使司法机关对适用标准把握不一，有以涉黑案件、毒品案件、贪污贿赂等具体案件类型为标准，也有适用于全部案件类型，适用的随意性使得庭前会议无法充分发挥繁简分流的功能。各地为落实庭前会

---

① 参见卞建林、陈子楠《庭前会议制度在司法实践中的问题及对策》，《法律适用》2015 年第 10 期。

② 参见杨宇冠《非法证据排除与庭前会议实践调研》，《国家检察官学院学报》2014 年第 3 期。

③ 参见左卫民《未完成的变革：刑事庭前会议实证研究》，《中外法学》2015 年第 2 期。

议程序制定了实施细则，但对适用范围的把握也不统一。《宁夏庭前会议实施细则》第3条在《高法解释》第183条的基础上，增加规定"控辩双方对案件事实、证据、适用法律、审判程序等问题存在较大争议和分歧的案件"。同时，第18条规定，对于适用简易程序审理的案件、被告人认罪案件、被告人在押且没有辩护人的案件，一般不适用庭前会议程序。这样就将庭前会议的适用范围界定为被告人不认罪且有辩护人的案件。最高人民法院《庭前会议规程》总结实践做法，第1条明确地将庭前会议的适用范围限制为适用普通程序审理的刑事案件，排斥简易程序和速裁程序适用。并且改用概括方式，区分"可以召开"和"应当召开"两种情形，规定"对于证据材料较多、案情疑难复杂、社会影响重大或者控辩双方对事实证据存在较大争议等情形的"，可以召开庭前会议。而"被告人及其辩护人在开庭审理前申请排除非法证据，并依照法律规定提供相关线索或者材料的"，应当召开庭前会议，这与"两高三部"《严格排除非法证据规定》一致。笔者认为，该规定可操作性更强，更便于法院根据具体案情掌握适用。

2. 具体内容

刑事诉讼法第187条第2款规定，庭前会议可以对回避、出庭证人名单、非法证据排除等与审判相关的问题了解情况，听取意见。《高法解释》第184条细化了庭前会议的具体内容，规定可以围绕八个方面问题向控辩双方了解情况，听取意见。在召开庭前会议过程中，审判人员可以询问控辩双方对证据材料有无异议，对有异议的证据，应当在庭审时重点调查；无异议的，庭审时举证、质证可以简化。被害人或者其法定代理人、近亲属提起附带民事诉讼的，还可以在庭前会议中开展调解和矛盾化解工作。《庭前会议规程》第2条对庭前会议的内容和性质作了原则规定，将庭前会议的内容定位于与审判相关的、可能导致庭审中断的事项。[①] 同时，第10条

---

① 该条规定："庭前会议中，人民法院可以就与审判相关的问题了解情况，听取意见，依法处理回避、出庭证人名单、非法证据排除等可能导致庭审中断的事项，组织控辩双方展示证据，归纳争议焦点，开展附带民事调解。"

又将庭前会议的具体内容列举为 10 个方面，① 而且明确规定，对于这 10 个方面可能导致庭审中断的事项，法院应当依法作出处理，在开庭审理前告知处理决定，并说明理由。如果控辩双方没有新的理由，在庭审中再次提出有关申请或者异议的，法庭应当依法予以驳回。该规定结合审判实践进一步完善了庭前会议的功能，也更具可操作性，笔者认为是很科学的。

（三）庭前会议的启动方式和参加人员

1. 启动方式

刑事诉讼法和《高法解释》规定审判人员可以召开庭前会议。在实践中，庭前会议既可以由法院依职权启动，也可以根据控辩双方的申请启动。但是否召开庭前会议的决定权在法院。《宁夏庭前会议实施细则》第 5 条明确规定，庭前会议既可以由法院根据案件具体情况依职权决定召开，也可以由公诉人或检察员、当事人、辩护人、诉讼代理人申请法院召开。法院依职权召开庭前会议的，应当听取控辩双方的意见。控辩双方申请召开庭前会议的，法院审查决定是否有必要召开，认为没有必要召开的，应及时通知申请方。是否召开庭前会议应当由合议庭研究决定，并应制作合议笔录。《庭前会议规程》第 1 条继续肯定依职权和依申请召开两种启动方式的同时，进一步明确规定，控辩双方申请召开庭前会议，应当说明需要处理的事项。法院经审查认为有必要的，应当决定召开；如果法院决定不召开庭前会议，应当告知申请人。

笔者赞同上述规定和做法，法院为了有效开展庭前准备，对与审判有关的问题了解情况、听取意见，可以依职权召开庭前会议。控辩双方为了有效参与庭审，充分行使诉讼权利，可以在庭前提出各种程序性申请或者异议，并申请召开庭前会议。对于上述申请，法院经审查认为符合刑事诉

---

① 该条规定："庭前会议中，主持人可以就下列事项向控辩双方了解情况，听取意见：（一）是否对案件管辖有异议；（二）是否申请有关人员回避；（三）是否申请不公开审理；（四）是否申请排除非法证据；（五）是否申请提供新的证据材料；（六）是否申请重新鉴定或者勘验；（七）是否申请调取在侦查、审查起诉期间公安机关、人民检察院收集但未随案移送的证明被告人无罪或者罪轻的证据材料；（八）是否申请向证人或有关单位、个人收集、调取证据材料；（九）是否申请证人、鉴定人、侦查人员、有专门知识的人出庭，是否对出庭人员名单有异议；（十）与审判相关的其他问题。"

讼法和《庭前会议规程》规定的，应当决定召开庭前会议。而且在我国，被害人是公诉案件当事人，既然有权参加庭审全过程，也应当有权参加庭前会议。因此，《庭前会议规程》和《高法解释》第 184 条规定的"控辩双方"应当包括被害人及其诉讼代理人。刑事诉讼法第 187 条第 2 款明确赋予被害人及其诉讼代理人参加庭前会议的权利。

2. 参加人员

刑事诉讼法第 187 条第 2 款规定，庭前会议参加人员包括审判人员、公诉人、被害人、被告人、辩护人、诉讼代理人、附带民事诉讼当事人。《高法解释》第 183 条第 2 款又规定，召开庭前会议，根据案件情况，可以通知被告人参加。《审判中心改革实施意见》第 5 条第 2 款也是这种立法精神。这样，在司法实践中，被告人是否参加庭前会议成为一个争议问题，各地做法不一致，制定的实施细则也作了不同规定。《宁夏庭前会议实施细则》第 8 条区分两种情况作了规定，被告人参加庭前会议的，具体场所由法院确定；被告人不参加的，在法院办公场所进行。

《庭前会议规程》第 3 条和第 4 条对庭前会议参加人员作了规定，包括三个方面内容。第一，第 3 条第 2 款规定公诉人、辩护人应当参加庭前会议。同时，第 3 款又规定，被告人申请排除非法证据，但没有辩护人的，法院应当通知法律援助机构指派律师为被告人提供帮助。似乎只有被告人申请排除非法证据而没有辩护人时，法院才能指定辩护人，其他情形可以没有辩护人，这两款规定相互矛盾，也与该规程其他条款内容不一致。如果缺乏辩护人参与，而被告人又不参加，庭前会议就缺乏三方组合的诉讼构造。一旦被告人参加，如果被告人缺乏辩护人的帮助，一般难以对程序和证据问题提出专业意见，庭前会议很难取得预期的效果。美国《联邦刑事诉讼规则》第 17.1 条规定，庭前会议只适用于被告人有律师的案件，对被告人没有律师的案件不适用庭前会议。因此，笔者认为，第 3 条第 2 款规定是科学的，庭前会议必须有公诉人和辩护人参加。第 3 款应当修改为，如果被告人没有辩护人，法院应当通知法律援助机构指派律师为被告人提供帮助。第二，被告人可以选择性参加庭前会议。第 3 条第 2 款规定，被告人可以根据案件情况参加庭前会议；但是，如果被告人申请参加庭前会议或者申请排除非法证据等情形，法院必须通知被告人到场；有多名被告人的案件，主持人可以根据案件情况确定参加庭前会议的被告人。同时，第 4 条规定，如果被告人不参加庭前会议的，辩护人应当在召开庭前会议前就庭前会议处理事项听取被告人意见。而且第 7 条根据被告人是否参加庭前会议，规定了不同的召开地点。笔者认为该规定值得商榷。刑事诉讼的中心问题是解决犯罪嫌疑人、被告人的刑事责任问题，事关犯罪嫌疑人、被告人的生命、人身自由、财产、其他权利和名誉，按照正当程序原则，被告人应当有权参加刑事诉讼全过程，当然包括庭前会议。庭前会议处理的程序性事项不仅事关被告人切身利益，而且有些事项只有被告人才有发言权，如新证据、新证人、非法证据等事项；被告人参加庭前会议，还可以对被告人、辩护人产生一定的道德约束，避免肆意反悔。因此，被告人应当在辩护人的帮助下参加庭前会议，并且在辩护人的帮助下协商解决相关问题。被告人因故未参加庭前会议的，辩护人针对相关问题提出的申请、异议和主张，事先应当听取被告人意见并且有被告人的明确授权。在庭前会议中，被告人可以选择自主提出申请或者异议，也可以由辩护人代其提出申请或者异议。对于共同犯罪，各被告人都可以参加庭前会议。对于分案起诉的共同犯罪各被告人，基于兼顾公正和效率的考虑，如果各个案件的公诉人和被告人同意，也可以一并召开庭前会议。第三，没有明确被害人及其诉讼代理人的参与权。第 3 条第 4 款仅规定，如果庭前会议中进行附带民事调解时，法院应当通知附带民事诉讼当事人到场，并没有明确被害人及其诉讼代理人的参与权，显然与刑事诉讼法第 187 条第 2 款规定不符，该款规定庭前会议的参加人员不仅包括审判人员、公诉人、被告人及其辩护人、附带民事诉讼当事人，而且包括被害人及其诉讼代理人。被害人可以放弃参与权，或者由其诉讼代理人代替，不是应当参加。因此，笔者认为，第 3 条第 4 款应当补充规定，被害人及其诉讼代理人可以参加庭前会议，从而与刑事诉讼法规定一致，明确被害人及其诉讼代理人参加庭前会议的权利。

3. 主持人

刑事诉讼法和《高法解释》仅规定庭前会议由审判人员负责召集。对于这里的审判人员，学界和实务界有不同理解。通常认为是指审判长或案件承办法官。《宁夏庭前会议实施细则》第 9 条规定，庭前会议由承办法官或者审判长主持召开，根据案件情况，部分或者全部合议庭成员可以参加。

案件重大、复杂的，合议庭成员应当全部参加。《庭前会议规程》第3条第1款规定，庭前会议由承办法官主持，其他合议庭成员也可以主持或者参加庭前会议。根据案件情况，承办法官可以指导法官助理主持庭前会议。在司法实践中，为了避免程序上出现瑕疵，大多以合议庭的形式在法庭召开庭前会议，由审判长主持，无形中增加了庭审预演的色彩。也有的地方出于效率的考虑，以审判长和承办法官两人或承办法官独任的形式主持庭前会议。这些做法都难以避免产生庭前预断，从而影响庭审实质化。而且法官助理并非我国法律规定的审判人员，由法官助理在承办法官指导下主持庭前会议，有悖刑事诉讼法和《法官法》有关规定，是不可取的。

从社会心理学来看，人人都有一种保持前后一致与正确感的渴望。[1] 英国法规定，刑事诉讼庭前会议由主持正式审判的法官之外的一名法官来主持进行。[2] 构建以审判为中心的刑事诉讼新格局，要求建立庭前法官制度，庭前会议由庭审法官以外的庭前法官主持，以有效防止预断，实现庭审实质化。庭前法官与庭审法官相分离，不能同为一人，也禁止两者交换意见。庭前法官对案件作程序性审查，可作出包括非法证据排除、管辖权异议等裁定，主持整理争议焦点，为开庭审判创造条件。但在目前法院体制改革和庭前会议设立初期，从顺利推进庭前会议的实际运行的角度，建议将庭前准备工作适度分离出来交给现有的立案庭负责，在立案庭设立"庭前准备工作组"，实现庭前准备程序与正式庭审程序主持者的分离。可以由立案庭的法官主持庭前会议，将立案庭法官改造成兼具公诉审查和庭前准备功能的庭前法官，实现庭前法官与庭审法官之间角色的分离。由立案庭中负责庭前工作的法官主持庭前的准备工作，包括送达、传唤、通知等工作，主持庭前会议，并在开庭前将案卷分类后交给庭审法官。同时应当明确庭前准备法官不得担任庭审法官，并可以作为当事人主张庭审法官回避的事由。

---

[1]　参见〔美〕菲利普·津巴多、〔美〕迈克尔·利佩《态度改变与社会影响》，邓羽等译，人民邮电出版社，2007，第188页。

[2]　参见〔英〕约翰·斯普莱克《英国刑事诉讼程序》，徐美君、杨立涛译，中国人民大学出版社，2006，第332页。

（四）庭前会议的具体流程和处理方式

1. 具体流程

庭前会议程序按照什么流程进行，包括召开时间、地点、方式、具体程序等，刑事诉讼法和司法解释没有明确。实践中各地有不同规定和做法。《宁夏庭前会议实施细则》第 6 条至第 10 条作了细化规定。宁波中院《关于刑事案件庭前会议的若干规定（试行）》第 8 条至第 14 条也规定了"庭前会议的召开程序"，包括申请和决定、召开时间、地点、方式和处理方式等。《庭前会议规程》结合司法实践作了一定补充，主要包括三点。

（1）召开时间、地点。作为庭前准备程序，庭前会议应当在正式开庭审理之前召开，但需要确保控辩裁各方做好相应的准备。法院应当确定庭前法官，以便针对回避等事由听取意见。同时，庭前法官还需要通过阅卷等方式了解案情和控辩双方的主张，这也是审查确定是否有必要召开庭前会议的前提条件。辩护人通过阅卷和会见被告人等方式整理辩护意见，以便在庭前会议中提出相应的主张和申请。公诉方对于被告人及其辩护人提出的非法证据排除等申请，需要准备相应的证据材料，以便在庭前会议中对证据收集的合法性等问题说明情况。《庭前会议规程》第 8 条没有规定具体召开时间，只是规定法院应当根据案件情况，综合控辩双方意见，确定庭前会议需要处理的事项，并在召开庭前会议三日前，将会议的时间、地点、人员和事项等通知参会人员。通知情况应当记录在案。

由于庭前会议并非正式的庭审，召开地点并无严格要求，也不应作僵化规定。应秉承诉讼经济的原则，由法官根据实际选择在法庭或会议室召开。在有被告人参加的情况下，也可以在看守所召开。《庭前会议规程》第 7 条规定，庭前会议应当在法庭或者其他办案场所召开。被羁押的被告人参加的，可以在看守所办案场所召开。

（2）召开方式、次数。庭前会议是庭审的准备程序，并非正式的庭审，不解决定罪量刑等实体问题。同时，庭前会议侧重由控辩双方协商解决相关程序问题，原则上无须公开进行。此外，对于庭前会议环节开展的调解等事项，也不宜公开进行。庭前会议究竟是采用会议形式还是更为正式的听证形式，也有不同的意见。笔者认为，庭前会议侧重于对与审判相关的问题"了解情况、听取意见"，无须像庭审一样强调控辩双方的对抗，因此，一般采用会议形式更为适当。当然，如果控辩双方对特定的程序事项或者事实、证据问题存在较大争议，也可以采用听证形式组织控辩双方围绕争议焦点进行辩论、出示证据材料等，但不应进行实质性调查或审查。《庭前会议规程》第5条明确，庭前会议原则上不公开进行。而且根据案件情况，还可以采用视频会议等方式进行。

召开次数也不应作限制，只要为了解决可能导致庭审中断的程序性问题，都可以召开。《庭前会议规程》第6条规定，根据案件情况，庭前会议可以在开庭审理前多次召开；休庭后，可以在再次开庭前召开庭前会议。

（3）具体程序。庭前会议究竟如何进行，要视案件具体情况而定。对于当事人提出程序性申请或者异议的情形，首先应当让该方当事人阐明具体的主张。对于其中一些申请，如排除非法证据，可以让控诉方通过出示有关证据材料等方式，对证据收集的合法性加以说明。对于其中一些异议，如管辖权异议，也可以由审判人员依法作出解释并说明理由。对于控辩双方对事实、证据争议较大的案件，或者法院为整理事实、证据争点而依职权召开庭前会议的，可以首先让控辩双方出示各自拟当庭提交的证据材料，然后由审判人员依次询问各方对案件证据材料的意见，区分有异议和无异议的证据材料。

在依次解决程序性申请并梳理事实、证据争点之后，法院可以根据案件情况决定是否进行调解。对存在调解可能性的案件，如果拟在庭前会议中开展调解，就需要在召开会议前做好相应的准备，征求各方当事人的意见、拟订调解方案等。

2. 处理方式

庭前会议对与审判有关的问题了解情况，听取意见后，采取何种处理方式，刑事诉讼法没有明确规定。《审判中心改革实施意见》第7条、第8条和第9条作了一定补充。《宁夏庭前会议实施细则》第11条至第13条分别不同事项作了规定。

《庭前会议规程》第11～22条根据不同程序性问题采取不同的处理方式。对于管辖权异议、回避、明确出庭证人名单等程序性事项，可以在庭前会议中直接作出处理决定。对于非法证据排除问题，应当着眼于庭前会议程序的目的性，对处理方法作灵活性的变通，防止非法证据拖延到庭审时处理，影响审判效率和审判公正。具体来说，可以分以下三种情况进行处理。（1）经过调查确认可能存在刑事诉讼法第 56 条规定的以非法方法收集证据情形的，对有关证据应当予以排除；除非有新的事实和证据，当事人及其辩护人、诉讼代理人不得再在庭审中提起排除非法证据的申请。（2）经过法庭调查确认证据系以非法方法收集的，庭前会议中法官作出了排除非法证据的决定，但并未因此导致诉讼终结，检察机关不可在庭审时提出对排除决定的异议。（3）对依照现有证据不能确认是否为非法证据，需要进一步调查核实的，留待庭审解决。此外，应当允许控辩双方在庭前自行撤回申请或排除非法证据。庭前会议中如果公诉人提供确实充分的证据证明证据的来源合法有效，辩护人认可证据的证明力，应当允许辩护方撤回非法证据排除申请。反之，如果公诉人无法提供充分的证据证明证据的合法性或经过审查发现存在非法取证的问题，那么就面临证据被法庭不采纳的风险，控诉方自行排除非法证据有利于严格规范侦查机关的取证行为，积极引导合法取证。

（五）庭前会议的法律效力

在司法实践中，庭前会议对争议问题只"议"不"决"往往成为常态，甚至庭前会议中法官决定的事项得不到执行也时有出现，庭前会议形式化成为控辩裁三方心照不宣的"行业潜规则"。庭前会议作为庭前准备程序的核心环节，应当尽可能在庭前排除庭审障碍，保障庭审顺利进行。因此，通过庭前会议就审判有关的问题了解情况，听取意见后，凡是控辩双方能够达成一致意见或解决的事项，形成书面记录并经签字确认后，对控辩裁三方具有约束力，除非有正当理由，不允许在庭审中反悔或再次提出。《审判中心改革实施意见》第 9 条规定，控辩双方在庭前会议中就相关事项达成一致意见，又在庭审中提出异议的，应当说明理由。审判人员应当制作庭前会议报告，说明庭前会议的基本情况、程序性事项的处理结果、控辩双方的争议焦点以及就相关事项达成的一致意见。第 10 条规定，对召开庭前会议的案件，在法庭调查开始前，法庭应当宣布庭前会议报告的主要内容，实现庭前会议与庭审的衔接。《庭前会议规程》第 23~25 条肯定了这一做法。具体来说,笔者认为,庭前会议的法律效力分为三种情况。

第一,法院在庭前会议中对当事人的程序性申请或者异议作出处理后,除有新的事实或者证据外,当事人不得在庭审中再次提出,否则法庭可以直接驳回,不再进行审查。

第二,控辩双方在庭前会议中就审判有关的事项达成一致意见的,对双方当事人具有约束力。一方当事人在庭审中反悔的,应当提出正当理由。例如,控辩双方在庭前会议中均认可特定的事实、证据,并在庭前会议笔录中载明并签字确认,如果一方当事人在庭审中反悔,就需要提出正当理由,如被告人主张自己并未授权辩护人作出特定的决定等,对此,法庭应当审查并作出处理。反悔一方没有正当理由的,法院一般不再进行处理。

第三,被告人未依法在庭前会议中提出相应的申请或者异议,直到庭审中才提出,基于保障被告人诉讼权利考虑,法庭不宜直接驳回,但在处理程序上可以有所差异。例如,被告人及其辩护人未按法律规定在庭前提出非法证据排除申请,直至庭审中才提出,根据《高法解释》第100条第3款规定,法院不再对该申请进行先行审查,而是等到法庭调查结束前一并进行审查,并决定是否进行证据收集合法性调查。鉴于《高法解释》已经明确庭前会议可以提出申请或者异议的事项,如果被告人在庭前会议中未提出相应的申请或者异议,而是庭审中才提出,法庭就应当让被告人说明理由,并依法作出相应的处理。对庭前会议达成一致意见并作出决定的事项,原则上应当肯定其法律效力,除非有正当理由,否则不得在庭审中提出异议。庭前会议中达成的附带民事部分的调解协议,立即生效,除非有证据证明调解违反法定程序或违反自愿原则,不应再次提起。调解协议即时履行的,应当制作笔录,由当事人、审判人员和书记员签名盖章后发生法律效力。

二 完善程序分流机制

以审判为中心的诉讼制度是一种诉讼成本高、诉讼期限长、诉讼规则严格的诉讼活动,不可能也不应当适用于所有刑事案件,而只能适用于少数重大、复杂、有争议的案件。根据美国量刑委员会的统计,联邦犯罪案件中,通过辩诉交易结案的比例高达96%,只有4%的案件经历了完整的陪审团审判。① 英国由治安法官按简易程序审理的案件占全部刑事案件的97%，约有20%的成年人犯罪案件通过"正式警告"结案。在日本全部刑事案件中，检察官不起诉的基本在1/3左右，起诉案件中有90%以上通过申请简易命令程序处理，只有不到10%的案件进入普通程序审理。② 构建以被告人对案件事实有无争议为核心的刑事诉讼体系，以案件与诉讼程序相适应为原则实行繁简分流，完善程序分流机制，对绝大多数犯罪嫌疑人、被告人认罪，没有争议或基本没有争议的案件，或者轻微刑事案件简化审理程序，通过完整的普通程序审判极少数重大、复杂、有争议的案件，成为各国诉讼的常态。这有助于缓解司法资源日益紧张的压力，减轻当事人的诉讼负担，提高诉讼效率。《中国法律年鉴》数据显示，2013年全国法院判处三年以下有期徒刑、拘役、管制、单处附加刑及缓刑934059人，占审结案件人数的80.6%。2015年全国各级法院审结一审刑事案件1099205件，判决生效被告人1232695人，其中，判处五年以上有期徒刑至死刑的罪犯115464人，占生效人数的9.37%；判处五年以下有期徒刑541913人，占43.96%；判处缓刑、拘役、管制及单处附加刑556259人，占45.12%；判处免予刑事处罚18020人，占1.46%；宣告无罪1039人，占0.08%。③ 而判处三年以下有期徒刑的超过80%。2015年全国法院工作人员19.88万人，直接办案的法官10.4万人，办理刑事案件的法官仅2.06万人。2016年全国各级法院审结一审刑事案件约111.6万件，判决罪犯122万人，其中，判处三年以下有期徒刑的105万人，占86%。司法实践中80%的被告人认罪，案多人少，轻微刑事案件占绝大多数，已经成为我国刑事司法现实。

十八届四中全会通过的《中共中央关于全面推进依法治国若干重大问题的决定》提出"完善刑事诉讼中认罪认罚从宽制度"。全国人大常委会2016年9月作出《授权认罪认罚从宽试点决定》，"两高三部"2016年11月印发《认罪认罚从宽试点办法》，在北京等18个地区开展为期两年的认

---

① 参见《"与魔鬼交易的制度"，美国近况及中国刑诉改革镜鉴》，法律读库微信公众号，2018年5月7日。
② 参见元轶、王森亮《日本刑事程序分流制度研究》，《晋中学院学报》2013年第4期。
③ 参见最高人民法院研究室《2015年全国法院各类案件审判执行情况》，《人民司法·应用》2016年第10期。

罪认罚从宽制度试点工作。从最高人民法院、最高人民检察院的中期报告看，试点工作已经取得显著成效。截至 2017 年 11 月底，18 个试点地区共确定试点法院、检察院各 281 个，适用认罪认罚从宽制度审结刑事案件91121 件 103496 人，占试点法院同期审结刑事案件的 45%。其中检察机关建议适用的占 98.4%。在检察机关提出的从宽量刑建议中，建议量刑幅度的占 70.6%，建议确定刑期的占 29.4%，法院对量刑建议的采纳率为92.1%。认罪认罚案件犯罪嫌疑人、被告人被取保候审、监视居住的占42.2%，不起诉处理的占 4.5%；免予刑事处罚的占 0.3%，判处三年有期徒刑以下刑罚的占 96.2%，其中判处有期徒刑缓刑、拘役缓刑的占 33.6%，判处管制、单处附加刑的占 2.7%，非羁押强制措施和非监禁刑适用比例进一步提高。对于认罪认罚案件，检察机关审查起诉平均用时 26 天，人民法院 15 日内审结的占 83.5%。适用速裁程序审结的占 68.5%，适用简易程序审结的占 24.9%，适用普通程序审结的占 6.6%；当庭宣判率为 79.8%，其中速裁案件当庭宣判率达 93.8%。通过速裁程序、简易程序、普通程序分流处理，司法资源配置进一步优化，办案效率进一步提升。试点法院审结的侵犯公民人身权利案件中，达成和解谅解的占 39.6%。检察机关抗诉率、附带民事诉讼原告人上诉率均不到 0.1%，被告人上诉率仅为 3.6%。[①] 增设认罪认罚从宽制度和速裁程序成为 2018 年修改刑事诉讼法的核心内容之一。

（一）认罪的自愿性及其事实基础

根据 2018 年刑事诉讼法、《授权认罪认罚从宽试点决定》和《认罪认罚从宽试点办法》规定，认罪是指犯罪嫌疑人、被告人自愿如实供述自己的罪行，对指控的犯罪事实没有异议。这说明认罪必须具有自愿性。但是，如何判断自愿性，如何理解和判断如实供述和没有异议呢？根据英美法中的有罪答辩制度，如果被告人进行有罪答辩，就省略证据调查的审理而直接进入量刑程序。而答辩是被告人同意不经过审判并放弃陪审团或接受法

---

① 参见周强《最高人民法院最高人民检察院关于在部分地区开展刑事案件认罪认罚从宽制度试点工作情况的中期报告——2017 年 12 月 23 日在第十二届全国人民代表大会常务委员会第三十一次会议上》，中国人大网，www.npc.gov.cn 2017-12-25，最后访问时间：2018 年 5 月 26 日。

官审判的权利。被告人放弃宪法上的权利不仅必须是自愿的，而且必须是充分认识到有关诉讼结果的理性的、明知的行为。① 这种有罪答辩制度的基本构想是，法院在审查事实基础时必须质问被告人，并要求被告人"用自己的语言"陈述他自己的犯罪行为。《美国联邦刑事诉讼规则》第 11 条 (f) 规定，被告人有罪答辩如果欠缺事实基础，就不能宣告被告人有罪。法官也没有义务必须接受被告人的有罪答辩。美国联邦上诉法院的判例要求"事实基础"必须有"充分的证据"。"有罪答辩的事实基础不需要被告人本人的供述，但在答辩时，法院必须有充分的证据合理地判断被告人可能实施了犯罪。"② 在美国法中，法院在受理有罪答辩时，有义务审查有罪答辩的"事实基础"，但这种审查不是为了认定有罪而进行的证据调查，而是从防止被告人因无知进行有罪答辩的角度进行审查，是从保护被告人权利的角度进行审查。这种审查的中心任务是仔细推敲被告人作出有罪答辩的任意性，满足事实基础时就予以受理。

在刑事诉讼中，认罪是犯罪嫌疑人、被告人的一项诉讼权利，是他们对所指控的犯罪事实的承认，它源于无罪推定原则，可发生在侦查、起诉或审判阶段。犯罪嫌疑人、被告人认罪的根本意义就是对指控的犯罪事实予以承认，如实供述案件事实。认罪首先必须是自愿的，犯罪嫌疑人、被告人自愿承认其所犯罪行，而不是在强大的证据面前或受到其他压力下被迫承认其犯罪事实。这是认罪的程序法意义。它说明控辩双方对案件事实不存在争议，对抗式审判失去了发挥作用的空间，因此，可以简化诉讼程序，从而为从宽处罚提供程序法根据。另外，认罪必须是真实的，具有事实基础，有充分的证据证明犯罪已经发生，且犯罪嫌疑人、被告人实施了该犯罪行为。这是认罪的实体法意义。犯罪人犯罪后自愿认罪，表明他认识到自己行为的错误及危害性，已经悔过自新，再犯可能性减小，人身危险性降低，因而可以得到从宽处罚，从而为从宽处罚提供实体法根据。因此，无论公安机关、检察机关还是法院接受犯罪嫌疑人、被告人认罪时，

---

① *Brady v. United States*, 397 U. S. 748 (1970).

② Schonev. Purkerr, 15 F. 3d 785, 788 (8ᵗʰ Cir. 1994). *United States v. Marks*, 38 F. 3d 1009, 1012 (8ᵗʰ Cir. 1994).

不仅要判断确认其认罪的自愿性，精神自由没有受到限制或剥夺，没有受到威胁、引诱、欺骗或其他任何形式的压迫，而且要判断确认其认罪的真实性，达到"案件事实清楚，证据确实、充分"的证据标准。2018 年刑事诉讼法第 214 条、第 222 条规定简易程序、速裁程序的适用前提都是被告人自愿认罪，且案件事实清楚，但证据标准分别是证据充分和证据确实、充分。

至于认罪的对象，两大法系规定存在区别。英美法系辩诉交易程序中的认罪对象包含犯罪事实和罪名，大陆法系国家像俄罗斯和意大利法规定的认罪对象仅指犯罪事实，不包括罪名。根据我国司法实践，认罪对象也仅限定为犯罪事实，不包括罪名。如果犯罪嫌疑人、被告人承认自己的行为是犯罪，但不认可司法机关确定的罪名，不影响认罪的成立，因为确定罪名属于法律适用问题，不能寄求于犯罪嫌疑人、被告人。[①] 刑事诉讼法第217 条、第 226 条和《认罪认罚从宽试点办法》第 19~20 条规定都体现了这一精神。刑事诉讼法第 217 条规定，适用简易程序审理案件，审判人员首先应当询问被告人对指控的犯罪事实的意见。为了保障犯罪嫌疑人、被告人认罪认罚的自愿性，《认罪认罚从宽试点办法》第 5 条规定，必须保障犯罪嫌疑人、被告人获得辩护人或值班律师的有效法律帮助，确保其了解认罪认罚的性质和法律后果，并且只能在辩护人或者值班律师在场的情况下才能签署具结书。同时，第 19 条允许被告人在作出认罪认罚表示后提出反悔。反悔以后进入普通程序审理。第 23 条还明确赋予被告人上诉权，在认罪认罚案件判决后，被告人提出他是在他人错误引导或者自己错误认识下表示认罪认罚的，有权提出上诉。

《授权认罪认罚从宽试点决定》和《认罪认罚从宽试点办法》都规定，认罪认罚从宽试点应当遵循刑法、刑事诉讼法的有关规定，包括证明责任和证明标准。由于认罪认罚案件都是公诉案件，刑事诉讼法第 51 条规定，证明被告人有罪的证明责任由人民检察院承担。根据《认罪认罚从宽试点办法》第 11 条规定，人民检察院承担证明责任的方式主要是被告人的认罪认罚具结书等材料，包括有充分的证据证明被告人的行为构成犯罪，证明标准是刑事诉讼法第 200 条第（一）项规定的有罪证明标准，即"犯罪事

---

① 朱孝清：《认罪认罚从宽制度的几个问题》，《法治研究》2016 年第 5 期。

实清楚，证据确实、充分"，不能因为其程序从简而降低证明标准。至于刑事诉讼法第 214 条规定的适用简易程序审判的刑事案件的证据标准是"证据充分"，没有要求证据"确实"，这是否属于降低证明标准？笔者认为，答案是否定的。因为认罪认罚从宽处理的前提是犯罪嫌疑人、被告人有罪，而法院判决被告人有罪必须达到法定的证明标准，即"犯罪事实清楚，证据确实、充分"，这是不能降低的。而有关诉讼程序启动或适用条件可以适当降低证据标准，庭审程序可以适当简化，以提高诉讼效率。在认罪认罚案件中，如果检察机关没有将被告人有罪证明到法定证明标准，法院应当依法作出无罪判决，而不是驳回或让他们重新协商。2018 年刑事诉讼法第 201 条和《认罪认罚从宽试点办法》第 20 条规定的例外情形暗含该要求。

（二）认罚的明知性及其协商过程

2018 年刑事诉讼法第 222 条和《认罪认罚从宽试点办法》第 10 条规定，认罚是指犯罪嫌疑人、被告人同意检察机关的量刑建议和程序适用，签署具结书，并且明知自己享有的诉讼权利和认罪认罚可能导致的法律后果。认罚应具有自愿性和明知性。首先，认罚应当理解为犯罪嫌疑人、被告人在认罪的基础上自愿接受所认之罪在实体法上带来的刑罚后果。在认罪的基础上，检察机关应提出较拒不认罪更轻的量刑建议，如果犯罪嫌疑人同意并达成协议，则可以认定为认罚。其次，在程序上，认罚应当包含对诉讼程序简化的认可，即放弃在普通程序中所享有的部分诉讼权利，同意适用克减在法庭调查或法庭辩论环节的部分诉讼权利来对自己定罪量刑。最后，犯罪后犯罪嫌疑人的退赃退赔也是认罚的应有之义，认罪认罚从宽制度需要体现犯罪嫌疑人的悔罪性，而积极主动的退赃退赔、弥补已经造成的损失正是悔罪性的体现。只有与检察机关达成了有效的量刑协议，并满足了上述三项条件才能被认定为认罚。

认罚需要犯罪嫌疑人、被告人与办案部门经历一个协商达成合意的过程。犯罪嫌疑人在认罪的基础上自愿接受所认之罪带来的刑罚后果，检察机关根据案件事实、情节和犯罪嫌疑人认罚的态度，在起诉时向法院提出经犯罪嫌疑人同意的从宽处罚的量刑建议，法院再按照或基本按照检察机关的量刑建议作出判决，被告人服判并表示不上诉。在这一协商过程中，犯罪嫌疑人接受所认之罪带来的刑罚后果是前提，检察机关提出从宽处罚的量刑建议且犯罪嫌疑人同意该建议是核心，法院根据检察机关的量刑建议作出判决是关键，被告人服从法院的判决是落脚点和归宿。可见，认罚在不同的诉讼环节有不同的内容，认罚的内容是随着诉讼程序的推进而逐步具体、明晰的：在侦查和审查起诉环节，表现为自愿接受所认之罪带来的刑罚后果；在起诉时，表现为同意检察机关的量刑建议；在审判后，表现为服从法院的判决。[①]《认罪认罚从宽试点办法》第 8 条、第 10 条和第 15 条分别规定侦查、审查起诉和审判阶段认罪认罚的告知内容各不相同，第 20 条要求法院依法对认罪认罚案件作出判决时，一般应当采纳检察机关指控的罪名和量刑建议，都体现了上述特点。2018 年刑事诉讼法第 173 条、第 201 条确认了这一做法。在我国，律师辩护率通常不到 20%，绝大部分犯罪嫌疑人、被告人处于羁押状态。笔者认为，我国不宜引进英美交易式协商程序，而应当在合理控制从宽幅度的前提下，探索构建一种法定职权式协商程序，即在犯罪嫌疑人、被告人自愿认罪的基础上，公安机关、检察机关、法院根据案件事实、情节和犯罪嫌疑人、被告人认罚的原则态度，提出从宽处理的量刑建议，与犯罪嫌疑人、被告人进行协商，达成协议，最后由法院依法作出判决。而且协商过程必须保障犯罪嫌疑人、被告人获得辩护人或值班律师的有效法律帮助。2018 年刑事诉讼法第 36 条增设值班律师制度为此创造了条件。

认罚是否包括同意程序适用？无论是英美辩诉交易程序，还是大陆法系国家（地区）的各种刑事协商程序都是针对被告人认罪而设计的一种认罪后诉讼程序，当事人没有选择余地。我国认罪认罚从宽制度是从实体和程序上鼓励、引导、保障确实有罪的犯罪嫌疑人、被告人自愿认罪认罚，并予以从宽处罚的由一系列具体法律制度、诉讼程序组成的集合性法律制度，它既适用于简易程序、速裁程序，也适用于普通程序，不是一项单一的法律制度或诉讼程序。[②] 这样，针对犯罪嫌疑人、被告人认罪认罚的不同情况，需要选择适用不同的诉讼程序，从而赋予其程序选择权。刑事诉讼

---

①　朱孝清：《认罪认罚从宽制度的几个问题》，《法治研究》2016 年第 5 期。

②　参见顾永忠《关于"完善认罪认罚从宽制度"的几个理论问题》，《当代法学》2016 年第 6 期。

法第 214 条、2018 年刑事诉讼法第 222 条和《认罪认罚从宽试点办法》第 16 条都将犯罪嫌疑人、被告人同意程序适用，放弃部分诉讼权利作为认罪认罚的一项必要内容。从联合国刑事司法准则看，选择完整的审判程序进行审判是被告人获得公正审判权的应有之义。但是，我国犯罪嫌疑人、被告人对速裁程序、简易程序或普通程序简化审适用的选择仅仅是被动否决权，即对程序适用没有异议，而不是主动选择自愿同意适用，或者像俄罗斯一样主动申请刑事速决程序。换言之，我国法律没有赋予犯罪嫌疑人、被告人完全的程序选择权。为此，有学者认为，对于犯罪嫌疑人不同意适用速裁程序、简易程序，是其对程序选择权的行使，不影响对"认罚"的认定。[1] 笔者赞同该观点。2018 年刑事诉讼法第 4 条明确肯定犯罪嫌疑人、被告人的程序选择权和值班律师的法律帮助权。

（三）从宽的幅度及其合理限制

认罪认罚从宽滥觞于宽严相济和坦白从宽的刑事政策，体现了宽严相济中的"宽"和坦白从宽的要求，同时，又是对坦白从宽的一种发展。因为认罪认罚除了包括坦白外，还包括自首、当庭认罪、退赃退赔、赔偿损失、刑事和解等多种形式。犯罪嫌疑人、被告人认罪认罚从宽的动机是追求从宽处理。2018 年刑事诉讼法在第一编"总则"第一章"任务和基本原则"中增加规定犯罪嫌疑人、被告人认罪认罚的，可以依法从宽处理，作为基本原则之一。

从宽也兼具实体和程序双重含义，包括实体处理上的从宽和程序适用上的从简，因此，需要分别从实体法和程序法上进行相应的设计。对认罪、认罚和积极退赃退赔等的犯罪嫌疑人、被告人予以从宽处理，在理论逻辑上主要有两方面根据：一是客观上，行为人通过事后行为，修补犯罪后果，降低了社会危害性；二是主观上，犯罪人事后的认罪认罚，或者积极退赃退赔的态度和行为，表明其已经认识到自己行为的不法性，尚存在法规范意识，并有配合司法机关的意愿。这表明行为人已有悔罪表现，人身危险性不大、再犯可能性较小，不再有通过严厉刑罚实现矫正效果之必要。在

---

[1] 参见孙谦《全面依法治国背景下的刑事公诉》，《法学研究》2017 年第 3 期。

实践层面，行为人是否自首、坦白，认罪态度如何，以及是否积极赔偿，也是影响缓刑适用、罚金数额、刑罚轻重的重要因素。[①] 按照我国台湾地区学者的观点，程序从简的作用是"不妨害当事人之攻击或防御之行使"，并"能防冤决疑昭示公允，使诉讼迅速终结，以免耗时费事，徒兹拖累"。[②] 实体从宽表现为在法定刑幅度内从轻处罚，特殊情况下可以作出撤销案件、不起诉、选择性起诉或减轻处罚等程序处理。2018年刑事诉讼法第182条规定，如果犯罪嫌疑人自愿如实供述涉嫌犯罪的事实，并且有重大立功或者案件涉及国家重大利益的，经最高人民检察院核准，人民检察院可以作出不起诉决定，也可以对涉嫌数罪中的一项或者多项不起诉，公安机关可以撤销案件。

从宽处理适用于刑事诉讼各个阶段。在侦查阶段，主要是程序从宽，表现为侦查机关变更、解除强制措施，更多地采取非羁押性强制措施。在审查起诉阶段，表现为检察机关采取非羁押性强制措施，或者作出不起诉决定。在审判阶段，主要是实体从宽，表现为法院依据各个具体罪名的规定，在法定量刑幅度内从宽处罚。认罪认罚从宽在我国实体法和程序法中都有一定依据。犯罪嫌疑人、被告人自愿如实供述涉嫌犯罪的事实获得从宽处罚，也是我国的一贯刑事政策，刑法中自首、立功作为量刑中法定的从轻减轻处罚情节，便是这一政策的制度体现。刑事诉讼法第120条第2款为该制度提供了程序法依据。

由于从宽处理的前提是犯罪嫌疑人、被告人认罪认罚，造成对口供的依赖得以强化，由刑讯等强制手段获得口供变为用从宽处理的利益诱取口供，从而可能侵犯犯罪嫌疑人、被告人权利。因此，认罪认罚从宽只能是依法可以从宽，而不是无限或一律从宽。从宽的幅度必须控制在合理的范围之内。过大的量刑折扣可能刺激无辜者答辩有罪，同时造成选择正式审判的被告人与答辩有罪的被告人在量刑上的失衡，导致被告人在选择正式审判时面临很大的压力。最高人民法院《关于常见犯罪的量刑指导意见》对于自首、立功、坦白等情节以及被告人当庭自愿认罪、退赃、退赔、积

---

① 参见魏晓娜《完善认罪认罚从宽制度：中国语境下的关键词展开》，《法学研究》2016年第4期。

② 张丽卿：《刑事诉讼制度与刑事证据》，中国检察出版社，2016，第81页。

极赔偿被害人经济损失并取得谅解等的从宽幅度作了规定，但从宽的幅度过大，有的可以超过基准刑的50%，有可能使得法官的裁量权失范，需要合理控制。

关于从宽幅度的控制，有学者主张将认罪认罚设置为一种独立的量刑情节，明确具体的量刑优惠及其幅度。对于认罪认罚的犯罪嫌疑人、被告人，应当在考虑了其他从轻、减轻处罚情节的基础上，再给予一定幅度（比如30%~50%）的量刑优惠。① 笔者赞同该做法。我国认罪认罚从宽案件的判决书应增加说理性，不仅要写明被告人存在哪些量刑情节，而且要写明被告人应当判处的基准刑是多少、有哪些量刑情节、从宽处罚或从重处罚的具体情况。另外，为防止过大的量刑优惠对犯罪嫌疑人、被告人构成不当引诱，导致认罪认罚丧失自愿性，继而引发司法腐败，笔者认为，可借鉴意大利、俄罗斯等做法，将从宽的幅度控制在法定刑的1/3以内比较合适，即在考虑了其他从轻、减轻处罚情节的基础上，可以再给予最高相当于法定刑1/3的量刑优惠。

2018年刑事诉讼法和有关规范性文件没有区分认罪、认罚，而是将二者"捆绑"在一起，要求既认罪又认罚。这在司法实践中出现三种形态，即认罪认罚、认罪不认罚和认罚不认罪，可能出现认罪从宽、认罚从宽和认罪认罚从宽三种结果。在三者关系中，认罪是前提，认罚是关键，从宽是结果，三者密切联系，互为条件，共同构成完整意义上的认罪认罚从宽制度。认罚的前提是认罪，犯罪嫌疑人、被告人不认罪，就不可能构成认罚，也无法进行从宽处理。因此，单独的认罚从宽是不存在的。认罪可以从宽，认罪不认罚也可以从宽，既认罪又认罚当然可以从宽，但不认罪仅认罚不可能从宽。

（四）认罪认罚从宽制度的运行程序

关于认罪认罚从宽制度的诉讼程序，学者们有不同认识。樊崇义教授主张建构独立的认罪认罚从宽诉讼程序，避免"嵌用"模式的司法弊端。②

---

① 参见左卫民《认罪认罚何以从宽：误区与正解》，《法学研究》2017年第3期。
② 参见樊崇义《认罪认罚从宽协商程序的独立地位与保障机制》，《国家检察官学院学报》2018年第1期。

从我国刑事诉讼法和有关规范性文件规定看，认罪认罚从宽制度主要有五种运行程序。

1. 速裁程序

全国人大常委会 2014 年 6 月通过《授权刑事速裁程序试点决定》，授权最高人民法院、最高人民检察院在部分地区开展速裁程序试点工作，最高人民法院、最高人民检察院、公安部、司法部 2014 年 8 月印发《刑事速裁程序试点办法》，在 18 个地区开展试点工作，两年期满取得显著成效，也暴露出一些问题。① 为此，全国人大常委会《授权认罪认罚从宽试点决定》将速裁程序纳入认罪认罚从宽制度继续试点。"两高三部"《认罪认罚从宽试点办法》结合认罪认罚从宽制度试点工作要求，对速裁程序试点工作进行了部分改革。两个决定和两个办法共同成为我国开展速裁程序试点工作的法律依据。

从四个规范性文件看，速裁程序主要包括七个方面内容和特点：第一，速裁程序适用于轻罪和轻微犯罪案件，即基层人民法院管辖的可能判处三年有期徒刑以下刑罚的案件，包括单处附加刑和免予刑事处罚；第二，适用需要满足认罪认罚的事实基础和主观要件，前者要求案件事实清楚、证据充分，后者要求当事人对适用法律没有争议，被告人认罪认罚并同意适用速裁程序；第三，由审判员一人独任审判；第四，不仅简化庭审程序，不进行法庭调查、法庭辩论，并当庭宣判，而且简化了审前程序和诉讼文书，缩短了诉讼期限，包括送达期限不受刑事诉讼法规定的限制，缩短审查起诉和审判期限，简化起诉书和使用格式裁判文书等；第五，明确排除适用的五种情形；第六，加强犯罪嫌疑人、被告人权利保障，建立法律援助值班律师制度、保障被告人最后陈述权、建立被告人反悔后的程序回转机制和赋予被告人上诉权等；第七，重视被害人权利保障，公安司法机关办理认罪认罚案件，应当听取被害人及其代理人意见，并将犯罪嫌疑人、被告人是否与被害人达成和解协议或者赔偿被害人损失，取得被害人谅解，作为量刑的重要考虑因素。2018 年刑事诉讼法第 222~226 条将速裁程序增

---

① 参见刘子阳《"两高"全国人大常委会刑事案件速裁程序试点情况报告》，法制网，2015年 1 月 2 日；蔡长春《最高法：刑事速裁程序试点两年办案质效双升》，《法制日报》2016年 9 月 5 日，第 3 版。

设为刑事诉讼法第三编第二章第四节，与简易程序并列，以 5 个条文基本确认了上述内容和特点。但从速裁程序试点状况和内容看，笔者认为，还有三个问题值得思考。

第一，认罪认罚的自愿性。一个人精神自由是其思想自由和言论自由的基础。如果不切实降低审前羁押率，大量轻罪和轻微犯罪嫌疑人长时间羁押在看守所里，就很难保证其认罪认罚的自愿性。速裁程序试点尽量采用非羁押措施作为程序从简的一个方面，就是保障认罪认罚自愿性的重要举措。2018 年刑事诉讼法第 173 条已经将强制辩护列为认罪认罚的必要条件，笔者认为，立法还应当赋予律师讯问在场权，一旦犯罪嫌疑人要求律师在场，侦查机关应当通知辩护律师或值班律师到场参与讯问。同时，立法应当将违反强制辩护或律师在场制度列为程序性违法行为，二审法院可以据此撤销原判，发回重审。

第二，被害人参与问题。关于被害人参与认罪认罚从宽制度，学界存在不同观点。有学者将认罪认罚从宽制度合理设置和有效运作的正当性概括为社会资本理论、交易成本理论、契约自由理论、正义理论、被害人学理论五个方面。[①] 基于被害人学理论，被害人应当作为主体参与认罪认罚从宽制度。陈光中教授认为，被害人作为当事人和认罪认罚从宽制度的主要利害关系人之一，理应参与其中。但被害人的要求往往带有较强烈的个人情绪，可能导致认罪认罚从宽制度难以落实。为此，他主张赋予被害人在认罪认罚从宽制度中发表意见的权利，但公安司法机关从宽处理的决定不受被害人意见的约束。[②] 陈卫东教授也认为，为确保认罪认罚从宽制度适用的效率性，防止因被害人主观情感的变化而导致协商过程随意变更损害诉讼程序的确定性，被害人不宜作为参与主体而对案件协商过程产生实质影响。他主张将被害人的受损利益获得弥补作为认定被告人认罚、积极退赃退赔的合理条件之一，且将被害人获得赔偿的程度与被告人可能获得的从宽幅度直接挂钩，调动被告人积极赔偿被害人的主动性。[③] 我国台湾地区认

[①] 参见桂梦美《刑事诉讼中认罪认罚从宽制度本体描述与理论参照》，《河南社会科学》2016 年第 9 期。

[②] 陈光中、马康：《认罪认罚从宽制度若干重要问题探讨》，《法学》2016 年第 8 期。

[③] 陈卫东：《认罪认罚从宽制度研究》，《中国法学》2016 年第 2 期。

罪协商程序也排除被害人参与。也就是说，被害人作为认罪认罚从宽制度的利益攸关方，其诉讼请求应当得到合理关注并适当满足，但不宜作为当事人直接参与协商过程。

笔者认为，被害人作为刑事案件当事人和刑事诉讼当事人，不仅其诉讼请求应当得到合理关注和适当满足，而且应当直接参与认罪认罚从宽协商过程，通过参与维护自己合法权益，抚慰自己受害的心灵。《俄罗斯联邦刑事诉讼法典》第314条第4项将被害人同意作为适用速决程序的前提之一，保证被害人在速决程序中享有广泛的参与权。在我国，无论是速裁程序的两个试点决定还是两个试点办法都重视被害人权利保障，要求将解决被害人损害赔偿和取得被害人谅解列入对犯罪嫌疑人、被告人从宽处理的重要考虑因素。2018年刑事诉讼法第223条第（五）项也将被告人与被害人或者其法定代理人没有就附带民事诉讼赔偿等事项达成调解或者和解协议作为排除适用速裁程序的情形之一。刑事诉讼法第288条规定的刑事和解程序也是以犯罪嫌疑人、被告人真诚悔罪，通过向被害人赔偿损失、赔礼道歉等方式获得被害人谅解，且被害人自愿和解作为适用的前提条件之一。速裁程序作为轻罪和轻微犯罪案件的处理程序，通过认罪认罚从宽处理实现程序分流是其宗旨所在。无论案件处理还是采取非羁押手段、非监禁刑等，都直接关系到被害人利益，被害人不仅有能力参与，而且有参与的迫切愿望。至于被害人参与可能给认罪认罚制度乃至速裁程序的运行带来障碍，正如被害人作为当事人参与刑事诉讼一样，我们不能以牺牲被害人的合法权利来保护被告人，这对被害人不公平。当然，为了将被害人参与带来的影响降至最低，可以像扩大对犯罪嫌疑人、被告人的法律援助一样，将法律援助平等地扩大至被害人，通过值班律师为被害人提供法律帮助，包括代理被害人参与某些诉讼活动。

第三，证据标准。2018年刑事诉讼法第222条直接将"案件事实清楚，证据确实、充分"确定为速裁程序的适用条件之一，高于刑事诉讼法第214条规定的简易程序和《刑事速裁程序试点办法》第1条、《认罪认罚从宽试点办法》第16条规定的速裁程序适用的证据标准——案件事实清楚、证据充分，笔者认为值得商榷。前文已经分析，无论简易程序还是速裁程序，都以犯罪嫌疑人、被告人自愿认罪作为前提条件。法院经过对认罪的事实基础进行审查后作出有罪判决，都要达到法定证明标准，即"案件事实清楚，证据确实、充分"。而证据是否确实，属于对证据质量的判断，需要经过庭审对抗制审查才能确定。因此，作为速裁程序或简易程序启动的证据标准，只要达到"证据充分"的数量标准即可，没有必要也不可能达到"证据确实"的质量标准。2018 年刑事诉讼法第 222 条规定的证据标准需要修改。

2. 简易程序

我国 1996 年刑事诉讼法增设简易程序以应对刑事案件数量不断攀升的态势。只要案件性质轻微和事实清楚，证据充分，无须被告人认罪认罚即可适用。2003 年 3 月，最高人民法院、最高人民检察院、司法部联合颁布施行《关于适用普通程序审理"被告人认罪案件"的若干意见（试行）》（以下简称《普通程序简化审意见》），设置了被告人自愿认罪案件的"普通程序简化审"。"在保证司法公正的前提下，适当调整简易程序的适用范围，实行案件的繁简分流，有利于提高诉讼效率。"[①] 2012 年刑事诉讼法整合了原有简易程序和"普通程序简化审"，创设了新的简易程序，其适用条件之一是被告人承认自己所犯罪行，对指控的犯罪事实和适用简易程序都没有异议。因此，我国简易程序在立法上正式确立为认罪认罚从宽制度的一种运行程序。

相对于 1996 年刑事诉讼法规定的简易程序，2012 年刑事诉讼法主要作了四方面修改：一是扩大了简易程序的适用范围，除被告人可能被判处死刑、无期徒刑的案件以外，只要在证据和程序上符合条件，均可以适用；二是明确排除几类特殊案件的适用；三是要求审判人员向被告人说明适用简易程序的内容和法律后果，并确认被告人是否同意适用的意愿，防止对被告人辩护权的不当侵害；四是对适用简易程序的审判期限、合议庭组成人员、公诉人出庭等程序事项作出明确规定，包括增设了合议制审判的简易程序。

从司法实践看，各地刑事简易程序适用率都有提升，但是，由于多方

---

① 王兆国：《关于〈中华人民共和国刑事诉讼法修正案（草案）〉的说明》，《中华人民共和国刑事诉讼法（最新修正本）》，中国民主法制出版社，2012，第 141 页。

面原因，简易程序并不简易，导致提高幅度有限。主要原因也包括四个方面。第一，审前程序简化不足，涉及审前程序和庭前程序简化的内容只有不受送达期限的限制，侦查和审查起诉阶段没有简化，法律文书也没有简化。这样，在审判实务中，简易程序相对于普通程序而言，仅仅一定程度上缩短了庭审时间，法官感到并没有实质性减轻多大工作量。第二，对被告人辩护权的保护不完善，首先，由于简易程序中法庭审理过程十分简化，被告人可能由于受到自身法律知识的限制，对适用简易程序审理案件缺乏恰当的理解而无法很好地为自己辩护。其次，《认罪认罚从宽试点办法》规定的值班律师的职责仅仅是在看守所为犯罪嫌疑人提供法律帮助，他们不是辩护人，没有辩护职责。在司法实践中，许多被告人由于经济原因请不起或者不愿请律师为自己辩护。最后，刑事诉讼法第214条仅仅赋予被告人被动的程序选择权，即对适用简易程序没有异议，并没有赋予其完全的程序选择权和程序启动权。第三，刑事诉讼法第221条和《高法解释》第298条规定的简易程序向普通程序转换缺乏应有限制，启动权完全控制在法院，检察机关和当事人没有参与权和制约权。这样，在简易程序转换为普通程序，审判期限重新计算的情形下，有的法院在办案压力大的时候，通过把一些本来适用简易程序的案件转化为普通程序以延长审判期限。第四，简易程序存在被滥用的风险，尤其是对于一些工作量大的法院，很可能出现本不应该适用简易程序进行审理的案件最终却因效率和考核等原因适用了简易程序。

因此，完善认罪认罚从宽制度，构建速裁程序、简易程序、普通程序相互衔接的繁简分流的刑事诉讼体系，需要进一步完善简易程序，以便与刑事诉讼法增设的速裁程序衔接。针对简易程序实施中出现的问题，笔者认为，第一，适当限制简易程序的适用范围，只适用于中等严重犯罪，即对于可能判处三年以上十年以下有期徒刑的，被告人认罪认罚且同意适用简易程序的案件，应当组成合议庭适用简易程序进行审判。世界刑法学协会《关于刑事诉讼中的人权问题的决议》第23条要求，对严重犯罪不实行简易程序，并且切实保障简易程序中被告人的正当程序权，包括程序选择权。《俄罗斯联邦刑事诉讼法典》第40章规定的刑事速决程序的适用对象就是处罚剥夺自由不超过十年的案件。第二，简化审前程序。进一步细化

《认罪认罚从宽试点办法》第 8～11 条规定，将确定是否适用简易程序的环节提前至侦查阶段，对于一些简单或轻微刑事案件，如果犯罪嫌疑人在侦查阶段就认罪认罚并且同意适用简易程序，就可以提前确定适用简易程序。同时，设计一套对侦查阶段和审查起诉阶段的具体简化方案，主要是程序从简，比如缩短侦查期限和起诉期限，明确取保候审、监视居住、撤销案件和不起诉的条件等。第三，建立简易程序中的强制辩护制度，凡是适用简易程序处理的案件，犯罪嫌疑人、被告人没有辩护人的，公安机关、人民检察院或人民法院必须为被告人指定辩护人进行辩护。第四，建立简易程序向普通程序转化的审查监督制度，引入检察监督，在法院作出简易程序转换为普通程序的决定前，必须征得检察院的同意，检察院对案件材料以及法院提交的理由进行审查后，作出同意或者不同意的处理意见。检察院在审查过程中应当听取当事人及其辩护人、诉讼代理人意见。

3. 普通程序简化审

普通程序简化审以最高人民法院、最高人民检察院、司法部 2003 年颁布施行的《普通程序简化审意见》为标志，最高人民检察院 2006 年 12 月通过《关于依法快速办理轻微刑事案件的意见》，为普通程序简化审创造条件。由于这两个规范性文件规定的适用条件都包括案件事实清楚，证据确实、充分，被告人自愿认罪且同意程序适用，因此可以纳入认罪认罚从宽制度的运行程序。《审判中心改革意见》第 21 条也将它与速裁程序、简易程序一并列为"推进案件繁简分流，优化司法资源配置"的具体措施。2012 年刑事诉讼法整合了 1996 年刑事诉讼法规定的简易程序和普通程序简化审，创设了新的简易程序。即使按照前文研究调整简易程序适用范围，根据《关于刑事诉讼中的人权问题的决议》第 23 条规定，对于可能判处 10 年有期徒刑以上刑罚的重罪案件也不宜简化审判程序，不能适用简易程序审判。因此，普通程序简化审已经名存实亡。《授权认罪认罚从宽试点决定》、《认罪认罚从宽试点办法》和 2018 年刑事诉讼法都未提及。笔者在此不再详细研究。

4. 附条件不起诉

刑事诉讼法为了更好地保障未成年人的诉讼权利和其他合法权益，增设了"未成年人刑事案件诉讼程序"，包括附条件不起诉制度。刑事诉讼法第 282 条规定，人民检察院作出附条件不起诉决定的条件之一是"有悔罪表现"且对人民检察院决定附条件不起诉没有异议。一般认为，这里的"有悔罪表现"是指未成年犯罪人认识到自己犯罪行为的错误性、违法性，并对自己的犯罪行为表示后悔、忏悔。未成年犯罪人"有悔罪表现"的前提条件是其承认自己所犯罪行。因此，附条件不起诉也是认罪认罚从宽制度的一种运行程序。

笔者曾通过比较研究考察了德国、我国澳门特别行政区和我国台湾地区的附条件不起诉制度，论证了我国增设该制度的必要性和可行性，并提出了若干构想。① 2018 年刑事诉讼法第 282～286 条增设了该制度，就其适用对象、适用条件、适用程序、监督考察、决定效力等作了规范。修订后的《高检规则》第 492～501 条作了进一步细化和补充规定。笔者又结合境外立法和我国附条件不起诉的适用状况，探讨进一步完善这种中国模式的附条件不起诉制度。② 在此笔者仅结合认罪认罚从宽制度研究进一步完善附条件不起诉的适用条件。

附条件不起诉是介于起诉与不起诉之间的一种审前程序分流机制，通过犯罪嫌疑人主动认罪，自愿承担责任，取得被害人谅解，从而有效化解刑事冲突，简化诉讼程序，提高诉讼效率，体现了恢复性司法的核心精神。德国、我国澳门和我国台湾地区刑事诉讼法都要求被不起诉人主动认罪，履行附加条件。而从我国立法规定看，附条件不起诉没有任何附加条件，成了无条件不起诉。为此，笔者主张借鉴境外做法，将作为附条件不起诉适用条件的"有悔罪表现"细化为一定的负担和指示，主要内容包括悔罪保证事项、遵守考察纪律、履行人身危险性限定事项、取得被害人谅解和承担必要的社会义务四个方面，作为附条件不起诉的附加条件。这样可以通过当事人和解、赔偿等恢复性司法模式，更好地实现附条件不起诉的多重价值目标。《高检规则》第 498 条规定，人民检察院可以要求被不起诉的未成年犯罪嫌疑人接受六个方面的矫治和教育。③ 这些矫治和教育措施其实

---

① 参见兰跃军《论附条件不起诉》，《法律科学》2006 年第 5 期。

② 参见兰跃军《附条件不起诉再议》，《甘肃政法学院学报》2015 年第 6 期。

③ （1）完成戒瘾治疗、心理辅导或者其他适当的处遇措施；（2）向社区或者公益团体提供公益劳动；（3）不得进入特定场所，与特定的人员会见或者通信，从事特定的活动；（4）向被害人赔偿损失、赔礼道歉等；（5）接受相关教育；（6）遵守其他保护被害人安全以及预防再犯的禁止性规定。

就是附加条件。但该规定没有区分负担和指示，也没有明确具体适用条件，立法应进一步细化该规定，将附加条件明确区分为负担和指示两部分，它们都要遵循必要性和比例原则。其中指示的内容之一就是要求犯罪嫌疑人主动认罪，立悔过书，并亲自向被害人道歉，赔偿被害人损失等，取得被害人谅解或与被害人和解。

5. 刑事和解

刑事和解作为恢复性司法的一种运行模式，在国外已经有很长的演进过程。它是作为传统公诉程序的一种替代性措施而发展起来的，主要是为了解决被害人的民事赔偿问题，以弥补传统刑事司法体制对被害人权利保障之不足，通过对刑事纠纷完全的、彻底的解决，实现诉讼和谐与社会关系修复。笔者曾从被害人视角对刑事和解进行研究，提出构建中国模式的刑事和解制度。① 2012 年刑事诉讼法总结司法实务经验和理论研究成果，在第 288~290 条增设了"当事人和解的公诉案件诉讼程序"作为四种特别程序之一。从立法规定和有关规范性文件分析，这种刑事和解程序作为认罪认罚从宽制度的一种运行程序，具有中国特色。主要包括四个方面。

（1）刑事和解是一种私力合作模式。刑事和解是以被害人—犯罪人关系为中心而建立起来的一种合作性司法模式，它属于一种私力合作模式。根据刑事诉讼法第 288 条第 1 款规定，和解程序适用的前提条件是犯罪嫌疑人、被告人真诚悔罪，通过向被害人赔偿损失、赔礼道歉等方式获得被害人谅解，并且被害人自愿和解。被害人作为刑事和解程序的一方当事人，处于主体性地位。被害人在刑事和解中有得也有失。因此，要想被害人自愿和解，犯罪人就必须作出实质性努力，自愿认罪，主动承担责任，才能获得从宽处罚。

（2）刑事和解是一种轻微刑事案件快速处理机制。刑事诉讼法第 288 条规定，和解主要适用于两类轻微刑事案件。而且，犯罪嫌疑人、被告人在五年以内曾经故意犯罪的，不得适用。这决定了刑事和解只能适用于犯罪人与被害人之间存在某些特殊关系，如亲属、邻里、同事、同学等，双

---

① 参见兰跃军《被害人视野中的刑事和解——一种基于实证的分析》，载陈兴良主编《刑事法评论》（第 22 卷），北京大学出版社，2008，第 171~189 页。

方可能达成和解协议，从而导致诉讼终止的轻微刑事案件，如轻伤害案件、交通肇事案件，以及未成年人犯罪案件等。它是一种赔偿性的公诉替代程序。

（3）刑事和解是实现认罪认罚从宽制度的一种运行程序。刑事和解程序要求犯罪嫌疑人、被告人真诚悔罪，通过向被害人赔偿损失、赔礼道歉等获得被害人谅解。真诚悔罪的前提是认罪，赔偿损失、赔礼道歉表明犯罪嫌疑人、被告人认罚。刑事诉讼法第 290 条规定，达成刑事和解协议的案件，可以依法从宽处罚。此外，刑事和解还是实现认罪认罚从宽制度的一种重要手段，《刑事速裁程序试点办法》和 2018 年刑事诉讼法第 223 条第（五）项都将被告人与被害人或者其法定代理人没有就附带民事诉讼赔偿等事项达成调解或者和解协议作为排除适用速裁程序的情形之一，同时，《刑事速裁程序试点办法》将被告人自愿认罪，积极赔偿损失、赔礼道歉，取得被害人或者近亲属谅解作为法院从宽处罚的考量依据。

（4）刑事和解协议必须得到公安司法机关审查确认。刑事诉讼法第 289 条规定，一旦双方当事人达成和解协议，公安司法机关应当对和解的自愿性、合法性进行审查，并主持制作和解协议书。为了保证和解协议的强制约束力，笔者认为，刑事诉讼法应当增设"和解协议确认程序"，明确确认和解协议的具体程序和法律效力。同时，赋予公安机关、人民检察院对轻微刑事案件调解权，以便他们在侦查、审查起诉阶段对符合条件的案件进行调解或委托调解，为刑事和解创造条件。此外，还可以借鉴新西兰"社会正义工作者"参与调解和我国台湾地区"乡镇市调解"、"民间公证人"制度等案件分流方法，[①] 倡导并支持建立各种半官方的和民间组织参与刑事案件调解，促进犯罪人与被害人达成和解协议。

三　强化刑事辩护职能

以审判为中心的诉讼制度要求构建以裁判为中心的诉讼构造，使法官主导下的庭审成为刑事诉讼的中心场域。这离不开刑事辩护职能的充分发

---

① 参见王亚明《案件分流：制度、方法及经验——以台湾地区和新西兰为例》，《人民法院报》2016 年 8 月 5 日。

挥和辩护律师的有效参与。但是，据不完全统计，约有 2/3 的刑事案件没有律师参与辩护工作。基于全国裁判文书的聚法大数据统计，目前我国刑事案件律师辩护率约为 14%。① 律师参与和辩护率低，已成为影响刑事司法公正的严重问题。为此，2014 年以来，中央有关部门先后出台一系列规范性文件，包括"两高三部"2015 年 9 月印发《关于依法保障律师执业权利的规定》，中共中央办公厅、国务院办公厅 2016 年 4 月印发《关于深化律师制度改革的意见》，"两高三部"2017 年 8 月印发《值班律师工作意见》，以及最高人民法院、司法部 2017 年 10 月制定《刑事辩护全覆盖试点办法》，等等，都强调尊重和依法保障辩护律师执业权利，充分发挥律师在刑事诉讼中的法律帮助和辩护职能，并建立法律援助值班律师和刑事辩护全覆盖作为以审判为中心的刑事诉讼制度改革的综合配套改革措施。2018 年刑事诉讼法第 36 条增设值班律师制度，并明确值班律师的辩护职能，同时，第 33 条第 3 款明确规定不得担任辩护人的情形。这些对于推进以审判为中心的刑事诉讼制度改革，实现庭审实质化具有重要作用。强化刑事辩护职能，提高律师辩护质量，笔者认为，还需要从四个方面进一步完善刑事辩护制度。

（一）从有权辩护走向有效辩护

刑事辩护制度的发展经历了从"被告人有权获得辩护"到"被告人有权获得律师帮助"，再到"被告人有权获得律师的有效帮助"三个阶段。联合国《公民权利和政治权利国际公约》等国际性文件不仅确认了被指控人有权获得辩护的原则，而且还规范了各国实施刑事辩护的标准，贯穿了平等、及时和有效的原则。② 联合国《关于律师作用的基本原则》第 2 条规定："各国政府应确保向在其境内并受其管辖的所有的人，不加任何区分……提供关于平等有效地获得律师协助的迅捷有效的程序和机制。"在欧洲，有效的刑事辩护被视为被告人享有公正审判权的前提，欧洲人权法院

---

① 参见《首发：全国刑事案件律师辩护率约为 14%，上海最高》，聚法大数据，2016 年 12 月 12 日。
② 参见熊秋红《有效辩护、无效辩护的国际标准和本土化思考》，《中国刑事法杂志》2014 年第 6 期。

在判例中确立了"任何受到刑事指控的人应当得到律师的有效辩护"的原则。美国将有效辩护视为被告人的一项宪法性权利，而将无效辩护作为原审法院没有维护被告人宪法性权利的理由，并成为上级法院撤销原判、发回重新审判的依据。[①] 无效辩护作为一种具体的制度，就是指在律师辩护无效的情况下所应当承担的一种诉讼法律责任。1984 年，美国联邦最高法院在 *Strickland v. Washington* 一案中制定了无效辩护的双重标准——缺陷标准，即辩护人的表现有缺陷，和偏见标准，即该缺陷表现使被告人遭受了偏见以至于剥夺了被告人的公正审判权。为了证实前一项标准，被告人必须推翻"一个强有力的推定：辩护人的行为在合理的辩护范围内"，并表明它客观上是不合理的。后一项给被告人造成偏见的标准通常要证明，"如果不是辩护人的非专业性错误，则有可能产生另一不同的诉讼结果"。[②]

在我国，辩护权的依据是宪法第 130 条和刑事诉讼法第 11 条。但宪法第 130 条关于被告人辩护权的规定，并没有列于第二章"公民的基本权利和义务"之中，而是在第三章"国家机构"中，属于被追诉人应当享有的基本权利，而非普通公民的权利。当一个人被怀疑犯罪，从立案、侦查、审查起诉到审判的各个阶段，犯罪嫌疑人、被告人自己都可以行使辩护权，也可以委托律师或其他人为自己进行辩护。但是，我国仍然处于被告人有权辩护的阶段。推进以审判为中心的刑事诉讼制度改革，实现庭审实质化，需要从有权辩护走向有效辩护，并建立有效辩护的程序性保障机制——无效辩护制度。《认罪认罚从宽试点办法》第 5 条明确规定，办理认罪认罚案件，人民法院、人民检察院、公安机关应当保障犯罪嫌疑人、被告人获得有效法律帮助。这种有效法律帮助就是指律师的有效帮助。具体来说，笔者认为，我国从有权辩护走向有效辩护需要完善四个方面。

1. 立法确认被追诉人有权获得有效辩护

刑事诉讼法第 11 条应修改为"犯罪嫌疑人、被告人有权获得有效辩护，人民法院、人民检察院、公安机关应当保障犯罪嫌疑人、被告人获得有效辩护"，从而引入有效辩护理念，确认被追诉人获得有效辩护权。待将

① 参见陈瑞华《论辩护律师的忠诚义务》，《吉林大学社会科学学报》2016 年第 3 期。
② 参见申飞飞《美国无效辩护制度及其启示》，《环球法律评论》2011 年第 5 期。

来条件成熟时，再修改宪法第130条关于被告人辩护权的规定，将获得有效辩护权上升为被追诉人的一项宪法权利。

2. 适当提高辩护律师准入资格，逐步实现律师垄断辩护业务

有效辩护是指律师为犯罪嫌疑人、被告人提供富有意义的法律帮助。有效辩护包括五个方面要求：一是律师要具备为刑事辩护所必需的法律知识、技能和经验；二是律师应当忠实于委托人的利益，作出最为恰当的职业判断；三是律师应当做好充分的辩护准备工作；四是律师应当尽早会见委托人，保证委托人的知情权，并在重要决策问题上与委托人进行充分协商；五是律师应当展开充分的调查，收集一切与定罪量刑有关且有利于被告人的证据。[①] 这五个方面要求辩护律师具有相当高的刑事法律专业知识，能为被追诉人提供专业的法律帮助。而我国现行的法律人才培养模式和法律职业资格考试制度显然无法满足所有取得律师执业资格的人员都从事刑事辩护业务。许多律师在法庭上连基本的刑事诉讼法和刑法规定都不熟悉，只能配合法官进行"表演式辩护"。在无法改变现有的法律人才培养模式的前提下，可以从律师行业出发，对于辩护人的准入制度实行分层次、分级别改革。刑事诉讼法第34条规定只有侦查阶段的辩护人必须由律师担任，适用范围太窄，应当将它扩展到刑事诉讼全过程，将非律师作为辩护人的空间彻底堵死，最终实现律师垄断刑事辩护业务，让当事人得到专业有效的法律帮助。十八届四中全会决议提出对申诉案件逐步实行律师代理制度，2018年刑事诉讼法明确赋予犯罪嫌疑人、被告人在刑事诉讼全过程中获得值班律师的法律帮助权，都是朝这个方向迈出的重要步伐。另外，根据律师的执业年限、执业能力、执业效果、诚信程度等方面评定级别，构建律师执业发展的层级梯度。同时，从律师的执业水平、个人素质、社会涵养、专业知识和执业业绩等综合考虑，将律师划分为初级、中级、高级，以适用于有效辩护中的不同案件。如果被告人可能被判死刑，必须由高级律师担任辩护人，以此促进律师行业的良性发展，有效保障当事人的诉讼权利。

---

① 参见陈瑞华《刑事诉讼中的有效辩护》，《苏州大学学报》（哲学社会科学版）2014年第5期。

3. 改革法律援助制度，进一步扩大指定辩护的范围，并且允许被追诉人选择他所信任的律师作为指定辩护人，保障所有被追诉人都有权获得有效法律帮助

根据刑事诉讼法第35条规定，强制性法律援助和指定辩护主要适用于那些被告人可能被判处无期徒刑以上刑罚的案件以及其他三类特殊刑事案件，适用范围极其有限，导致大多数犯罪嫌疑人、被告人在刑事诉讼中无法获得律师的法律帮助，更不要说有效法律帮助。最高人民法院前副院长沈德咏承认，在那些没有辩护律师参与的案件中，辩护方"无法与控方形成有效的抗衡，庭审的效果大打折扣"，要实现庭审实质化，扩大法律援助适用范围势在必行。① 针对我国法律援助和指定辩护制度存在的问题，笔者提出借鉴德国的选择辩护人制度，赋予被追诉人选择他所信任的人作为指定辩护人的权利。② 《刑事辩护全覆盖试点办法》旨在刑事诉讼全过程为犯罪嫌疑人、被告人提供律师辩护。我国要确保被追诉人获得有效辩护，需要进一步扩大指定辩护的范围，无论认罪认罚案件，还是不认罪案件，凡是符合条件的犯罪嫌疑人、被告人都有权获得律师的有效法律帮助。在这方面可以与律师分级改革一并推进，建立一个多元化的律师种类，实行公职律师、公司律师、社会律师、军队律师和法律援助律师五位一体的律师法律服务体系。

4. 制定有效辩护评价标准，探索构建无效辩护制度

刑事诉讼法进一步完善了律师辩护制度，但仍然没有从保障被追诉人的角度规定律师未能有效履行辩护职责或违法辩护的程序性后果，这不利于律师辩护职能的有效实现。因为，辩护人制度是设立在一种假定的基础上的，即律师被推定在刑事诉讼中能够为被指控人提供有效的法律帮助。事实上存在律师的能力无法胜任所承接的案件，或者缺乏责任心、工作不得力等情况，导致辩护未能达到基本的效果。一旦发生无效辩护的情况，诉讼程序的公正性就受到怀疑；况且，被告人因为辩护律师原因而承受对自己不利的结果，也显失公正。美国建立无效辩护制度，赋予被告人主张

---

① 参见沈德咏《论以审判为中心的诉讼制度改革》，《中国法学》2015年第3期。

② 参见孙孝福、兰跃军《德国的选择辩护人制度及其借鉴》，《法学评论》2004年第6期。

无效辩护的权利，既是对有效辩护的程序性保障，也体现了对律师辩护活动的事后监督，督促律师尽职尽责地履行辩护职能。《俄罗斯联邦刑事诉讼法典》第 381 条规定的撤销或变更法院裁决的根据，包括"没有辩护人参加案件的审理，如果依照本法典的规定辩护人必须参加，或者发生了侵犯刑事被告人获得辩护人帮助的权利的其他行为"，和"没有给予受审人参加控辩双方辩论的权利"。

《布莱克法律词典》将"无效辩护"解释为"律师没有合理处理案件"，通常是指律师不称职，或者没有尽力为被追诉人服务，尤其是指因利益冲突，剥夺了被告人获得公正审判的机会。在确定被追诉人是否遭受了无效辩护时，立法确立了以审判为中心的救济机制。法院通常应当考虑四个因素：（1）律师是否预先熟悉了案件；（2）被控诉的不称职行为中是否涉及辩护策略；（3）律师被控诉的无效辩护行为，是否或在多大程度上使被告人遭受了偏见；（4）无效辩护行为是否超出了律师控制的范围。[①]实践表明，该制度有利于被告人获得高质量的辩护，实现司法公正。目前我国辩护质量堪忧，尤其是指定辩护质量普遍不高，应当适当借鉴境外做法，制定有效辩护的评价标准，探索构建无效辩护制度，作为有效辩护的程序性保障机制。对于律师作无效辩护的，二审法院应当以被告人无法获得有效辩护为由，作出撤销原判、发回重新审判的裁定。同时，对于无效辩护的律师应确立相应的诉讼法律责任，由律师惩戒机构对其进行纪律处分。

（二）从实体性辩护走向实体性与程序性辩护并重

实体性辩护与程序性辩护是刑事辩护的两种形态。长期以来，我国存在重实体、轻程序的诉讼观念，传统的刑事辩护也以实体性辩护为主要形态。实体性辩护是指辩护人根据事实和法律，提出证明犯罪嫌疑人、被告人无罪、罪轻或者从轻、减轻、免除其刑事责任的材料和意见，维护犯罪嫌疑人、被告人的合法权益。这种辩护主要是从事实认定和法律适用方面作有利于被追诉人的申辩，围绕裁决结果而展开。通过实体性辩护，辩护

---

① Bryan A. Garner, *Black's Law Dictionary*, Eighth Edition, West Group, 2004, p. 130.

方尽量说服裁判者作出无罪、罪轻或者其他有利于被告人的裁判，着重从实体法适用错误或指控事实不可成立性方面来推翻或者削弱控方的主张。与这种辩护方式相对应，司法实践中超期羁押、刑讯逼供等侵犯犯罪嫌疑人、被告人合法权益的程序性违法现象屡禁不止。2018 年刑事诉讼法第 37 条将辩护人责任定位为"维护犯罪嫌疑人、被告人的诉讼权利和其他合法权益"。这里的"诉讼权利"，就是指刑事诉讼法和其他法律规定的犯罪嫌疑人、被告人在刑事诉讼中享有的程序性权利。这一强调维护"诉讼权利"的表述是对程序性辩护的确认，表明辩护人的责任不再仅限于实体性辩护，而且包括程序性辩护。

从理论上看，程序性辩护有广义和狭义之分。广义的程序性辩护是指所有在程序层面上提出诉讼请求、诉诸司法裁判的辩护活动。从申请回避、申请变更管辖、申请变更强制措施、申请证人出庭作证、申请重新鉴定，到申请召开庭前会议、申请二审法院开庭审理等，都属于辩护方进行程序性辩护的方式。相比之下，狭义的程序性辩护是一种"反守为攻的辩护"，是辩护方针对国家专门机关的程序性违法行为，申请司法机关宣告无效的辩护活动。辩护方通过这种带有进攻性的辩护活动，可以挑战侦查行为、公诉行为和审判行为的合法性，说服司法机关对这些行为作出违法之宣告，并最终排除这些诉讼行为和诉讼结果的法律效力。[①] 在我国刑事诉讼中，根据辩护方所要挑战的诉讼行为合法性的类型，狭义的程序性辩护主要有两种：一是申请排除非法证据，二是申请二审法院撤销原判、发回重审。刑事诉讼法第 56~60 条规定了非法证据排除规则，第 238 条规定一审诉讼程序违法的程序性制裁——撤销原判、发回重审。

由于立法的粗疏和传统司法的惯性力影响，律师的程序性辩护在司法实践中并没有取得预期的理想效果。以排除非法证据为例，尽管这种中国模式非法证据排除规则已经在我国刑事诉讼法中确立，有关部门制定了《非法证据排除规定》、《严格排除非法证据规定》等规范性文件加以落实，而且通过申请排除非法证据来展开程序性辩护的方式，也已经逐渐成为律

---

① 参见陈瑞华《程序性辩护的理论反思》，《法学家》2017 年第 1 期。

师们的通用做法，但排除非法证据仍然是罕见的例外，[①] 律师不敢提，检察官不会提，法官不想排，只有学者们在呐喊"震动空气"。非法证据排除规则在实践中基本处于休眠状态，面临诸多困境。以审判为中心的诉讼制度要求定罪量刑的事实、证据都必须在法庭上调查核实，这既包括实体性问题，也包括程序性问题，要求刑事辩护既重视实体性辩护，又重视程序性辩护，从实体性辩护走向实体性与程序性辩护并重。

1. 明确积极辩护的性质和证明责任

刑事诉讼法第 42 条规定了一种积极辩护制度，根据立法者解释，这里所规定的"辩护人收集"的证据材料，包括犯罪嫌疑人及其近亲属或者其他人向辩护人提供的有关证据材料，以及辩护人依照本法第 43 条规定向有关单位和个人收集的证据材料。而且本条主要适用于辩护人在侦查阶段和审查起诉阶段收集到上述三类证据的情形。但是，立法并没有明确这种积极辩护行为的性质和证明责任，以致司法实践中存在争议，影响积极辩护的效果。有学者认为，让被告人承担"积极抗辩事由"证明责任的理由不充分。相反，由于存在因客观败诉风险而导致的证明必要，亟须强化对被告人辩护权的保障和司法机关的"照顾义务"，并以被告人的辩护权对其进行制约。[②] 笔者基本赞同该观点，认为该规定并非赋予被告人证明责任，而是辩护人接受委托行使辩护权的一种方式。这既是为了保证公安机关、人民检察院作出正确的移送起诉或提起公诉的决定，也是为了肯定辩护人主张积极抗辩事实的一种诉讼义务。赋予犯罪嫌疑人、被告人对积极辩护行为的证明责任不符合刑事证明责任的法理，也与我国刑事诉讼法第 51 条规定的证明责任分配机制矛盾，是不可取的。

2. 重视客观证据的收集与运用

无论实体性辩护还是程序性辩护，都需要构建结构合理、逻辑缜密的证据体系。侦查中心主义诉讼模式下的传统证据体系表现出以口供等书面

---

① 2016 年北京市三级法院共审结刑事案件 1.95 万件，对 2.11 万人判处刑罚，排除非法证据 18 件。2016 年上海市三级法院共审结刑事案件 2.86 万件，对 3.33 万名刑事被告人作出有罪判决，启动证据收集合法性调查程序 16 件，而排除非法证据仅 2 件。参见 2017 年北京市和上海市高级人民法院工作报告。

② 参见李昌盛《积极抗辩事由的证明责任：误解与澄清》，《法学研究》2016 年第 2 期。

证言为主要支撑的特征，言词证据之间及言词证据与实物证据的印证一致成为证据体系的主要内容。言词证据信息量大、关联性强、直指案件事实的特征等，使其极易成为公安司法机关和律师办案的依赖。但言词证据稳定性差，客观真实性证明难度大，尤其随着控辩双方、证人或其他诉讼参与人在法庭上口头陈述、当面对质、充分辩论，若仍以言词证据支撑证据体系，一旦言词证据的客观真实性在庭审中受到质疑，证据体系将受到严重破坏。呼格吉勒图案、聂树斌案、安徽"五周杀人案"等重大冤假错案的产生，一个共同特征就是缺乏能够锁定被告人作案的客观证据。以审判为中心的诉讼制度要求构建以客观证据为核心的证明模式。从对言词证据的高度偏向性，转向由物证、书证、视听资料、电子数据、鉴定意见等客观证据构成证据链条。客观证据间的排列组合、相互关联、相互印证，不仅可以实现对言词证据的去伪存真，也能产生整体大于局部证据之和的证明力，有力实现对案件事实的证明。以客观证据构建证据链条，利用科学信息技术对其予以支撑，从事物、事理的内在逻辑出发运用严谨的逻辑推演实现证据之间的动态配合，可以形成坚不可摧的、经得起庭审检验的证据体系。

3. 明确要求法官对裁判进行说理性论证，对辩护律师的实体性辩护和程序性辩护意见作出回应

对于实体性辩护，法官应该详细阐述辩护律师对于事实认定和法律适用的意见是否得到采纳以及相应的理由；对于程序性辩护，法官应该指出辩护律师提出的程序性申请是否得到支持，并阐释相应的理由，以此体现法官对辩护律师意见的尊重，确立起真正意义上的约束性辩护，以辩护权制约裁判权，从而保障法官的裁判建立在平等听取控辩双方意见的基础上，维护司法的权威和公信力。《审判中心改革实施意见》第20条要求加强裁判说理，通过裁判文书展现法庭审理过程，就体现了该要求。

（三）从定罪辩护走向定罪与量刑辩护并重

我国一直实行定罪量刑合一的审判模式。最高人民法院2010年10月制定《关于规范量刑程序若干问题的意见》和《人民法院量刑指导意见（试行）》，在制度层面上确立了一种相对独立的量刑程序。刑事诉讼法第198

条第 1 款确立了定罪与量刑分离的庭审模式。"两高三部"《审判中心改革意见》和最高人民法院《审判中心改革实施意见》、《法庭调查规程》进一步细化了该内容。这样，法庭审理中既有定罪事实、定罪证据，又有量刑事实、量刑证据，并要求对此都要进行调查与辩论，刑事辩护也就明确划分为定罪辩护与量刑辩护。

定罪辩护指向案件的定性问题，辩护人针对控方的指控，以事实和法律为依据，提出犯罪不成立，或成立其他较轻犯罪的辩护意见。量刑辩护涉及刑罚是否判处和判处的幅度问题，属于定量问题。量刑辩护的主要任务是通过全面查清案件中的从宽量刑情节，意图使被告人能被判处一种较轻的刑罚或判处缓刑，而根本不涉及案件的定性问题。完整意义上的量刑辩护一般分三个步骤：一是提出事实和法律依据反驳控方的从重量刑情节；二是举出相应证据证明被告人具有从宽量刑情节；三是综合性地提出具体的从宽量刑意见。① 量刑辩护主要是针对量刑问题作出：（1）从重量刑情节是否成立，以及成立后对宣告刑的影响幅度；（2）是否具有从宽量刑情节，以及成立后对宣告刑的影响幅度；（3）建议的刑罚种类是否合适，是否判刑过重；（4）最后的判刑能否适用缓刑。在这些量刑辩护意见中，无论是反驳性地推翻控方的重量刑情节和重量刑意见，抑或证明性地提出轻量刑情节和轻量刑意见，都需要和控方的量刑建议之间形成对抗，需要借助控方的量刑建议才能得以成立。

在定罪量刑合一审判模式下，我国量刑基本由法官通过办公室协商、庭外非正式调查及采纳意见完成，辩护律师基本无法对法官的量刑产生积极影响。建立相对独立的量刑程序后，刑事辩护从定罪辩护走向定罪辩护与量刑辩护并重，有的案件甚至更加重视量刑辩护，而且量刑辩护更容易取得法官支持。在定罪与量刑程序相对分离的审判模式下，轻视量刑辩护、律师参与量刑程序比例低，以及量刑裁判说理不足等，成为量刑辩护乃至刑事辩护的困境。因此，需要从三个方面进一步强化量刑辩护。

1. 提高对量刑辩护的认识

首先，肩负追究犯罪人刑事责任、打击犯罪职责的公诉机关应当严格

---

① 参见姜涛《量刑辩护制度研究》，《浙江社会科学》2009 年第 6 期。

依照刑事诉讼法的规定行使公诉权，不越权也不怠权，严格自律保持刑罚的谦抑性；积极履行法律实施的监督职责，防止司法权的滥用，保障有罪之人应有的权利，无罪之人免受刑罚权的侵犯。其次，审判机关始终要保持中立，公平、公正、平等对待各方当事人，防止辩审冲突，保障被告人及其辩护人充分行使辩护权。在确保被告人自愿认罪和查清事实的基础上，准确适用法律，重视量刑的规范化，量刑裁判过程的公开化、透明化；认真听取控诉方与辩护方的量刑建议和量刑意见，不偏不倚，兼听则明。审判机关应当将定罪程序和量刑程序适度分离，为辩护人开展无罪辩护和量刑辩护提供应有的司法保障。最后，辩护方应当在刑事诉讼法范围内合法行使辩护权，遵守法定程序行使会见权，收集量刑信息和证据；发表量刑意见要有理有据，提供足够的证据作支撑。

2. 建立相对独立的量刑程序，扩大律师参与比例

由于量刑辩护中缺乏相应的证明活动，法官对辩护方提出的酌定量刑情节不采纳率相对较高。在相对独立的量刑程序中，无罪辩护与量刑辩护之间的内在矛盾，又阻碍了量刑辩护的有效开展。量刑辩护中存在的各种问题需通过建立相对独立的量刑程序、提高律师辩护的比例来解决。定罪问题主要是事实问题，而量刑问题主要是法律问题。被告人作为刑事案件的当事人，对于定罪这一事实问题，即使没有辩护律师的参与，也能提出自己的观点，或反驳控方的观点，而且司法实践中大部分犯罪嫌疑人、被告人都是认罪的。而量刑问题不同，一旦缺乏作为法律专业人士的律师的有效参与，量刑辩护就很难展开。提高律师辩护率，尤其是律师参与量刑程序的比例，扩大法律援助就是一个重要发展方向。刑事诉讼法扩大了法律援助的范围，有关规范性文件也相继作出规定。《审判中心改革意见》第21条和2018年刑事诉讼法第36条建立法律援助值班律师制度，法律援助机构在看守所、人民法院、人民检察院派驻值班律师，为犯罪嫌疑人、被告人提供法律帮助。完善法律援助制度，健全依申请法律援助工作机制和办案机关通知辩护工作机制。对未履行通知或者指派辩护职责的办案人员，严格实行责任追究。《审判中心改革实施意见》第17条要求人民法院依法履行指定辩护和通知辩护职责，确保被告人依法获得法律援助。《刑事辩护全覆盖试点办法》要求在审判阶段为每一位被告人提供辩护律师，并明确法院

未履行通知辩护或法律援助机构未履行指派律师等职责的诉讼法律责任。笔者认为，建立相对独立的量刑程序后，一旦案件进入量刑程序，被告人没有辩护律师的，人民法院应当指定承担法律援助义务的律师作为辩护律师，为被告人进行量刑辩护，从而实质性扩大律师参与量刑程序的比例。

3. 加强量刑裁判说理

刑事裁判说理包括定罪说理和量刑说理两个方面，量刑事实认定说理是量刑说理的重要组成部分。从实证研究看，辩护方提出的一些量刑事实，判决书在"经审理查明"和"本院认为"中都没有作出回应。部分判决书只是简单罗列量刑证据，没有阐明这些证据的主要内容。部分判决书认定有争议的量刑事实时，说理武断。除了司法认知的量刑事实外，还有其他量刑事实在"经审理查明"部分没有得到认定，但是却在"本院认为"中直接作为量刑的依据。[①]《关于依法保障律师执业权利的规定》第36条规定，法院适用普通程序审理案件，应当在裁判文书中写明律师依法提出的辩护意见，以及是否采纳的情况，并说明理由。《审判中心改革实施意见》第20条提出要加强裁判说理，对控辩双方的意见和争议，包括量刑事实认定与量刑情节等争议，裁判应当说明采纳与否的理由。《法庭调查规程》第51条有同样要求。

（四）从庭审辩护走向庭审辩护与庭前辩护并重

构建以审判为中心的刑事诉讼制度，重视庭审阶段的辩护，充分发挥庭审辩护对控诉、裁判的制约功能，其重要性是不言而喻的。但是，庭审调查的证据材料均来自庭前阶段（包括审前程序和庭前程序），尤其是作为刑事诉讼起点的侦查阶段，辩护律师在庭审中与控诉方进行平等对抗以实现有效辩护的工具准备也在庭前阶段。为了防止"起点错、跟着错、错到底"，庭前阶段辩护尤其是侦查阶段辩护更不可忽视。刑事辩护应从庭审辩护走向庭审辩护与庭前辩护并重，充分发挥庭前辩护对庭审辩护的材料准备和程序保障功能。

---

① 参见张吉喜《量刑事实的证明与认定——以人民法院刑事裁判文书为样本》，《证据科学》2015年第3期。

审判包括"审"和"判"两个部分,而"审"和"判"各自都包含对实体和程序问题的审查与判断。"审"包括对案件事实问题的审查和诉讼程序合法性审查。在审判阶段,法官不仅要就被告人是否构成犯罪以及应判处何种刑罚问题听取双方的意见并作出判断,还要审查各诉讼主体是否合法行使其诉讼权利,犯罪嫌疑人、被告人的权益是否得到有效保障,并对诉讼程序是否合法作出判断。"以审判为中心"不仅强调审判对实体问题的认定,同时强调审判对程序问题的审查。实体定罪量刑权和程序审查判断权都由法院行使,决定了审判不仅决定诉讼的结果,还对审前程序有反馈、制约作用。庭审辩护不仅对庭前辩护具有救济功能,而且离不开庭前辩护,审判职能对审前程序的有效控制也需要审前阶段辩护职能的有效参与。辩护从"老三难"问题发展到"新三难"问题,说明庭前辩护和庭审辩护都面临诸多困境,需要研究解决。刑事诉讼法第 40 条规定,辩护律师从审查起诉阶段开始,可以查阅、摘抄、复制本案的案卷材料,全面履行辩护职能。但是,在侦查阶段,虽然刑事诉讼法第 34 条建立起律师垄断辩护机制,明确律师的辩护人地位,但律师辩护率仍然较低,辩护职能并未得到充分发挥。《刑事辩护全覆盖试点办法》实现庭审辩护全覆盖,有利于进一步强化庭审辩护。《值班律师工作意见》赋予犯罪嫌疑人、被告人在刑事诉讼全过程享有获得值班律师法律帮助的权利,对于加强庭前辩护将发挥积极作用。实现庭审辩护与庭前辩护并重,重点在于强化侦查阶段辩护,主要从三个方面入手。

1. 明确辩护律师在侦查阶段的调查取证权

刑事诉讼法第 43 条关于辩护律师调查取证权的规定,包括自行调查取证权和申请调查取证权,但第一款规定的自行调查取证权是否适用于侦查阶段,学界存在争议,主要是第 38 条关于辩护律师在侦查期间的权限中没有调查取证权,只能"向侦查机关了解犯罪嫌疑人涉嫌的罪名和案件有关情况,提出意见",公安司法机关据此否定辩护律师在侦查阶段的调查取证权。笔者认为,这种理解和做法值得商榷。第一,侦查阶段尤其是犯罪嫌疑人被拘留后的"37 天黄金时间"往往是调查收集证据、查明案件事实的关键,直接决定了刑事案件的命运。如果侦查阶段否定辩护律师的调查取证权,辩护律师只能依赖侦查机关收集的证据进行辩护,这无异于"与虎谋皮"。第二，刑事诉讼法第 34 条明确侦查阶段律师的辩护人地位，该法第 37 条和《律师法》第 35 条都规定，律师作为辩护人履行辩护人责任，提出犯罪嫌疑人、被告人无罪、罪轻或者减轻、免除其刑事责任的材料和意见，需要调查取证。《审判中心改革意见》第 17 条和《关于依法保障律师执业权利的规定》第 1 条明确要求依法保障辩护律师会见、阅卷、收集证据和发问、质证、辩论辩护等权利。这里的"收集证据"包括侦查阶段调查取证。刑事诉讼法第 38 条没有明确辩护律师的调查取证权，但也没有否定该权利。相反，该条赋予律师在侦查终结前"提出意见"权，而提出意见权的行使离不开证据。既然第 42 条已经承认辩护律师在侦查阶段可以收集有关犯罪嫌疑人不在犯罪现场、未达到刑事责任年龄、属于依法不负刑事责任的精神病人的证据，第 43 条第 2 款明确辩护律师在侦查阶段可以向被害人或者其近亲属、被害人提供的证人收集证据，笔者认为，第 43 条第 1 款也应当解释为辩护律师在侦查阶段可以向证人和其他有关单位和个人调查收集证据。第三，我国刑事诉讼法已经确立了一种"控辩式"庭审模式，而"控辩式"庭审中辩方举证、质证和辩论都离不开证据。在我国，绝大多数犯罪嫌疑人、被告人处于审前羁押状态，这种辩护证据只能依赖辩护律师去调查收集。

但是，侦查阶段辩护律师调查取证权应给予必要限制，保持"谦抑性"。[①] 具体来说，第一，辩护律师应比照任意性侦查调查取证。侦查阶段辩护律师的调查取证权仍应按照大陆法系国家的适度限制模式，以被调查人的同意与配合为前提，禁止强制取证，但是，在某些证据可能灭失的紧急情况下，可以赋予辩护律师一些必要的紧急处理措施。第二，调查取证的方向应围绕明显有利于犯罪嫌疑人的事项展开，尤其是刑事诉讼法第 42 条规定的犯罪嫌疑人不应追究刑事责任方面的证据材料。第三，侦查阶段律师的调查取证开启后，如果与侦查权的调查对象或调查时间发生重叠冲突，应遵循先侦查机关后辩护律师的顺序。基于补充、修正已查明的案件事实，维护犯罪嫌疑人权益的目的，辩护律师对侦查机关遗漏的未予询问

---

① 参见董坤《律师侦查阶段调查取证权新探》，《武汉大学学报》（哲学社会科学版）2016 年第 3 期。

的证人、被害人可以进行询问，对侦查机关尚未收集的有利犯罪嫌疑人的物证、书证、视听资料和电子数据等应予补充性收集。对侦查机关作出的鉴定意见，辩护律师如果存有异议，可以申请补充鉴定或重新鉴定。

2. 正确理解辩护律师核实证据的范围

刑事诉讼法第 40 条规定，辩护律师自人民检察院对案件审查起诉之日起，可以查阅、摘抄、复制本案的案卷材料。为了更好地准备辩护，包括向人民检察院提出辩护意见和在法庭上行使辩护职能，进行质证等，辩护律师需要对其查阅、摘抄、复制的有关证据材料以及自行调查收集的有关证据材料向犯罪嫌疑人、被告人进行核实，以确定证据材料的可靠性。为此，刑事诉讼法第 39 条第 4 款赋予辩护律师核实证据权。这时案件已经侦查终结，案件事实已经查清，主要证据已经固定，辩护律师核实证据不致影响侦查活动的正常进行。

但是，如何理解该款中的"核实有关证据"，学界存在争议，主要有"阅卷权说"、"客观证据说"和"不一致证据说"三种观点。有学者认为，辩护律师向犯罪嫌疑人、被告人"核实有关证据"，包括核实与指控犯罪的定罪量刑有关的各种证据，包括人证、物证和书证。主张限制核实人证，违背立法原意，脱离司法实际，也损害犯罪嫌疑人、被告人的正当、合法的辩护权。[①] 笔者赞同该观点。核实证据作为律师会见权的一项具体权能，是犯罪嫌疑人、被告人及其律师有效行使辩护权，具体落实调查取证权的前提。如果律师对有关证据的真实性、关联性或合法性存疑，又不能向犯罪嫌疑人、被告人核实，他们只能使用这种存疑的证据从事诉讼活动，这有悖辩护律师的客观真实义务，不利于促进公正司法。因此，从案件移送审查起诉之日起，原则上不应限制律师向犯罪嫌疑人、被告人核实证据的范围。他们既可以核实实物证据，也可以核实言词证据，只要这些证据与辩护有关，可能影响指控犯罪的定罪量刑。但是，辩护律师核实证据是一种具有法律意义的诉讼行为，律师作为法律职业共同体之一，负有维护法律统一正确实施，维护合法权益的义务。如果核实证据导致辩护律师违背辩护人责任，损害其他合法权益，从而导致诉讼法律责任追究时，应当予

---

① 参见龙宗智《辩护律师有权向当事人核实人证》，《法学》2015 年第 5 期。

以适当限制。刑事诉讼法第 44 条第 1 款、《刑法》第 305 条和《审判中心改革意见》第 18 条都有明确规定。2018 年刑事诉讼法第 33 条第 3 款明确不得担任辩护人的情形，也体现这一诉讼理念。

3. 建立以审判为中心的律师权利救济机制

刑事诉讼法第 44 条第 2 款建立了辩护人涉嫌犯罪异地办理机制，这对于保障律师权利，强化辩护职能是有帮助的。但是，第 49 条对辩护人控告申诉确立了一种检察救济机制，这与我国刑事诉讼法确立的检察监督原则相符，但实施效果并不理想，律师权利很难得到有效救济。为此，如前文论述，一旦法院进入审前程序履行裁判职能，笔者认为，我国应当建立以审判为中心的律师权利救济机制，在检察机关对辩护人的申诉或者控告作出处理后，辩护人不服的，有权向法院申请司法审查获得救济。

四　落实出庭作证制度

以审判为中心的刑事诉讼新格局包含两个方面的重要课题：一是纵向诉讼构造——理顺审前程序与审判程序的关系，将审判作为决定被告人定罪量刑的核心阶段，意味着审前阶段应当恪守为审判活动作准备的职能定位，切断侦查与审判之间的直接联系。为此，原则上应当否定侦查阶段的证人证言笔录、被告人讯问笔录等案卷笔录的证据能力，防止侦查结果和案卷笔录对法官心证的影响。二是横向诉讼构造——审判程序贯彻直接言词原则，构建控辩裁三方组合的诉讼构造，将审判作为最终决定被告人定罪量刑的诉讼阶段，意味着在当事人主义的审判程序框架下，言词证据应当以口头的方式直接呈现在法庭上，并接受控辩双方的质证。这要求证人、鉴定人、侦查人员、被害人等出庭以言词方式作证，让人证出现于法庭，让证据形成于法庭，让心证产生于法庭。在我国刑事审判中，公诉方移送的案卷笔录对于法院认定案件事实具有重要的影响。证人、鉴定人、侦查人员、被害人很少出庭作证，无论对证人证言、被害人陈述，还是鉴定意见、侦查人员的书面情况说明等，法庭几乎都是通过听取公诉方宣读书面笔录的方式来进行法庭调查。《两个证据规定》明确提出了证人出庭作证的要求，规定证人应当出庭而没有出庭，其书面证言经质证无法确认的，不能作为定案的根据。2012 年刑事诉讼法明确了证人、鉴定人、侦查人员出庭作证的法定情形，证人、鉴定人不出庭作证的法律责任，增设了专家辅助人制度。这些规定都体现了以审判为中心的刑事诉讼制度的要求。然而，从刑事诉讼法实施情况看，立法设计的出庭作证制度并没有得到落实，证人、鉴定人、侦查人员、被害人出庭率低甚至基本不出庭的问题依然如故。[①] 为此，《审判中心改革意见》、《审判中心改革实施意见》、《严格排除非法证据规定》和《法庭调查规程》再次强调落实出庭作证制度。笔者曾以《刑事被害人作证制度研究》作为博士论文，对被害人作证的基本原理、作证身份、席位、内容、证据形式、程序、特殊方式、援助和保障进行了研究，初步构建了一个相对独立的被害人作证制度，[②] 在此从略。此外，根据刑事诉讼法规定，侦查人员主要在非法证据排除程序中作为证据收集合法性的程序性证人出庭说明情况，移至第五章第五部分"严格执行非法证据排除规则"中研究更合适。这里主要研究落实关键证人、鉴定人和专家辅助人出庭作证制度。《法庭调查规程》进一步完善了证人出庭作证制度，其中，很多内容同样适用于被害人、侦查人员、鉴定人和专家辅助人。

（一）强化关键证人出庭作证

侦查所做的陈述笔录被提交审判在 19 世纪的法学家中就引起了重大关切。当时有人指出，如果侦查中收集的证据以书面的方式提交审判代替出庭作证，公开、口头审判怎能不被称为"欺骗性的化装舞会呢"？直接原则和言词原则意味着被告人之讯问以及所有与指控有关证据（包括有罪与无罪证据）之听证都应当在法官面前，以下述的方式进行：应由法官亲耳听取证人与被告人的证词，而不能以宣读笔录的方式由他人对于主张与见解

---

① 2013 年至 2014 年 9 月，全国一审公诉案件证人出庭 3086 件，鉴定人出庭 992 件，分别占起诉案件数的 0.18% 和 0.06%。北京市高级人民法院 2016 年工作报告透露，北京市 2015 年制定《关于关键人鉴定人出庭程序及保障机制的工作意见》，全市法院通知关键人出庭作证 291 人次，鉴定人出庭作证 31 人次。上海市高级人民法院 2017 年工作报告透露，上海市三级法院 2016 年刑事案件证人、鉴定人、侦查人员出庭作证仅 199 人次。参见沈荣《砥砺奋进，谱写新时代的新华章——5 年来人民法院工作情况综述》，《人民法院报》2018 年 2 月 5 日。上海市高级人民法院 2018 年工作报告显示，上海市 2015 年 12 月率先启动以审判为中心的诉讼制度改革以来，刑事案件证人、鉴定人、侦查人员出庭作证 484 人次。

② 参见兰跃军《刑事被害人作证制度研究》，中国人民公安大学出版社，2011。

进行转述。法官只能依据其亲耳听到的证据来作出判决，而不是依据其他时间、空间或者人员的证据来源作出结论。判决必须包括直接从经过听证的证据中得出的结论的总结。^① 此即直接言词原则。根据该原则，证人应当出庭作证，证人庭外证言不具有证据能力。证人出庭可以切断法官对案卷材料的依赖，促进法庭审判"由虚转实"。然而，要求所有证人都出庭作证既没有必要，也不可能。境外国家（地区）在规定出庭作证作为原则的同时，规定了若干例外。根据《美国联邦证据规则》第 602～603 条规定，证人出庭作证必须具备两个条件：一是具有亲身知识（personal knowledge），二是经过宣誓或郑重声明。该规则第 802 条规定了"传闻证据规则"，同时，第 803 条规定"传闻证据规则的例外：陈述者可否作证无关紧要"，包括 24 种例外情形；第 804 条规定"传闻证据规则的例外：陈述者不能到庭作证"，明确界定了"不能作为证人出庭"的含义，以及 5 种例外情形。

我国刑事诉讼法一直奉行实质真实的诉讼目的论，实行普遍的无条件作证的义务，即"凡是知道案件情况的人，都有作证的义务"。且公权力机关在调查取证时权力行使具有至上性，"人民法院、人民检察院和公安机关有权向有关单位和个人收集、调取证据。有关单位和个人应当如实提供证据"。但是，在出庭作证问题上，立法确立的是一种关键证人出庭作证制度。《刑事诉讼法》第 192 条第 1 款规定，公诉人、当事人或者辩护人、诉讼代理人对证人证言有异议，且该证人证言对案件定罪量刑有重大影响，人民法院认为证人有必要出庭作证的，证人应当出庭作证。显然，立法并没有要求所有证人出庭，证人只有在三个条件同时具备时才应当出庭。但是，这里"有重大影响"及"有必要"都是很模糊的词汇，实际上把证人是否出庭交由法院自由裁量。法院可能以对"定罪量刑"没有"重大影响"，或者出庭"没有必要"等为借口，拒绝控辩双方（尤其是辩护方）对证人出庭作证的申请。《高法解释》第 203 条就提供了这种依据。^② 而且

---

① 参见〔瑞士〕萨拉·J. 萨默斯《公正审判：欧洲刑事诉讼传统与欧洲人权法院》，朱奎彬、谢进杰译，中国政法大学出版社，2012，第 61～63 页。

② 该条规定："控辩双方申请证人出庭作证，出示证据，应当说明证据的名称、来源和拟证明的事实。法庭认为有必要的，应当准许；对方提出异议，认为有关证据与案件无关或者明显重复、不必要，法庭经审查异议成立的，可以不予准许。"杭州保姆纵火案 2017 年 12 月第一次开庭审理时，前辩护律师党某申请 38 名消防人员出庭作证，均被法院拒绝。

《刑事诉讼法》第 195 条规定，公诉人、辩护人对未到庭的证人的证言笔录、鉴定人的鉴定意见、勘验笔录和其他作为证据的文书，应当当庭宣读。该规定表明，证人、鉴定人、侦查人员、被害人等不出庭作证，公诉人、辩护人可以直接宣读其书面证言笔录、陈述笔录和情况说明来代替。再加上刑事诉讼法第 176 条恢复了全案卷宗移送制度，法官庭前可以查阅公诉方的全部案卷材料，就可能不再传唤或通知证人、被害人、鉴定人、侦查人员出庭作证，而直接采纳书面证言和陈述笔录，并根据这些书面证言和陈述笔录认定案件事实。而且那些庭前查阅过案卷笔录的法官，甚至可能在开庭前先行进行实质性的证据调查，而将法庭审理过程彻底地变成一种仪式。对于应当出庭的关键证人，根据刑事诉讼法第 193 条规定，经法院通知，只有在证人没有正当理由而不出庭作证时，法院才能适用强制到庭措施（但是被告人的配偶、父母、子女除外）。证人拒绝出庭或出庭后拒绝作证，将被追究直至司法拘留的实体性法律责任，但立法并没有明确规定证人不出庭作证的证人证言不得作为定案根据的法律后果。这样，《刑事诉讼法》第 176 条、第 192 条、第 193 条和第 195 条相互配合，必然使得在法庭审理的过程中证人、鉴定人、侦查人员、被害人不出庭成为常态，而出庭作证成为例外。

证人出庭作证在实体上是协助法院查明案件事实，在程序上则是保障控辩双方（尤其是辩护方）的质证权，二者不可偏废。让证人真正出现在法庭上，让证人的当庭作证不再变成"审判秀"，而能对控诉、辩护和裁判都产生直接影响，这是"以审判为中心"实现庭审实质化的应有之义。《审判中心改革意见》第 12 条、《审判中心改革实施意见》第 14 条第 1款和《法庭调查规程》第 13 条都强调落实证人、鉴定人、侦查人员出庭作证制度。公诉人、当事人或者辩护人、诉讼代理人对证人证言、被害人陈述有异议，人民法院经审查认为该证人证言、被害人陈述对案件定罪量刑有重大影响的，证人、被害人应当出庭作证。这些规定适当限制了法院对证人出庭作证的裁量权，将关键证人出庭作证的条件缩小为两个方面，即控辩双方对证人证言、被害人陈述有异议，且法院认为证人证言、被害人陈述对案件定罪量刑有重大影响。但如何解释"有重大影响"，成为确定关键证人的关键。《审判中心改革实施意见》第 29 条虽然在一定程度上明确了证人不出庭作证的法律后果，即证人没有出庭作证，其庭前证言真实性无法确认的，不得作为定案的根据。但并没有彻底否定证人庭外证言的证据能力，证人当庭作出的证言与其庭前证言矛盾，证人能够作出合理解释，并与相关证据印证的，可以采信其庭审证言；不能作出合理解释，而其庭前证言与相关证据印证的，可以采信其庭前证言。也就是说，证人庭审证言并没有优先效力，庭前证言仍具有可采性。《法庭调查规程》第25条明确，如果证人出庭作证，一般不再出示、宣读其庭前证言，但两种情形除外：一是证人出庭作证时遗忘或者遗漏庭前证言的关键内容，需要向证人作出必要提示的；二是证人的当庭证言与庭前证言存在矛盾，需要证人作出合理解释的。该规定进一步限制了证人庭前证言的证据能力。

强化关键证人出庭作证，需要进一步明确证人出庭作证的条件和不出庭作证的法律后果，明确证人出庭作证例外的裁量标准，严格限制庭前证言的证据能力。陈光中先生认为，在被告人不认罪的非简易程序案件中，应该限制法院对证人是否出庭的自由裁量权，明确证人应当出庭的两种情形：一是公诉人、当事人或者辩护人、诉讼代理人对证人证言有异议，且该证人证言对案件定罪量刑有重大影响的，特别是辩护方要求证人出庭的；二是可能判处死刑或者有重大社会影响案件中的重要证人，这类证人即使当事人没有申请，法院也应当主动通知证人出庭。其次，符合证人出庭要求的，法庭应当通知证人出庭，必要时法庭应当强制证人到庭。参照《刑事诉讼法》第192条第3款规定的对鉴定人拒不出庭作证的制裁，如果经人民法院通知证人应该出庭而不出庭的，原来询问证人的证言笔录不得在法庭上宣读，并且不得作为定案的根据。① 笔者基本赞同这一观点，认为还需要明确"有重大影响"、"有正当理由"等词汇，进一步界定必须出庭作证的"关键证人"，构建"关键证人出庭规则"。欧洲人权法院限制庭前证言的"唯一或决定性规则"（The sole or decisive rule）对我国具有借鉴价值。欧洲人权法院通过安特皮廷戈诉奥地利一案确立了"唯一规则"，通过多森

---

① 参见陈光中、唐彬彬《深化司法改革与刑事诉讼法修改的若干重点问题探讨》，《比较法研究》2016年第6期。

诉荷兰一案确立了限制庭前证言的"唯一或决定性规则"，该规则是欧洲人权法院为保障被告人最低限度对质权而确立的证据采纳规则，其含义是：当定罪在唯一或决定性程度上依赖于证人的庭前证言笔录，而不论在侦查或审判阶段，被告人都没有机会询问或间接询问此证人，则这种对辩方权利的限制就可能违反了《欧洲人权公约》第 6 条规定。通过人权法院的判例，此规则逐渐成为欧洲各国保障被告人最低限度对质权的基准。① "唯一或决定性规则"要求，如果证人证言在"唯一或决定性"程度上证明被告人有罪，证人就应当出庭。只有存在正当理由且保障措施有效适用的情况下，证人才可以获准不出庭。循此思路，第一，刑事诉讼法第 192 条规定的"关键证人"应当界定为对定罪有"唯一或决定性"作用的证人。"唯一"是指证明被告人有罪唯一的证人。"唯一"性指没有旁证或旁证的证明力在庭审中消失。"决定性"证人的证明对象包括实体法事实和程序法事实。前者是对定罪或量刑事实有决定作用的证人。将量刑证据纳入此范畴主要是由于我国个罪法定刑幅度较大，一项"决定性"的量刑证据同样会对被告人人身、财产甚至生命权造成重大影响。后者主要是指辩方提出的涉嫌非法取证的侦查人员。这类证人对案件事实的决定作用是间接的。如果辩方提出侦查人员非法收集证据，而此证据又对案件事实具有决定作用，那么侦查人员就成为此争议事实的"决定性"证人，应当出庭作证。

第二，"关键证人"不出庭的理由必须严格限定。欧洲人权法院认为，"唯一或决定性"证据并非必须排除，但前提是证人不出庭须有正当理由。《欧洲人权公约》第 6 条指引列举的理由仅包括证人死亡、失踪、行使沉默权、性虐待案件的被害人。除证人死亡外，其他理由还需被诉政府加以说明。《高法解释》第 206 条规定的作为关键证人不出庭的理由过于宽泛。笔者认为，关键证人不出庭的理由可以是死亡、失踪；可以是患病，但要拿出确实不能行动的证明；可以是身居国外、交通极为不便或其他客观理由，但要法院尽最大努力促使其出庭并在判决书中说明允许不出庭的理由。换言之，对于"关键证人"不出庭，在适用司法解释时，应作狭义理解，以期将"关键证人出庭"真正落到实处。

---

① 参见马婷婷《限制庭前证言的"唯一或决定性规则"》，《社会科学家》2015 年第 6 期。

第三，"关键证人"不出庭要有完善的程序保障或平衡要素。欧洲人权法院认为，"唯一或决定性"证人不出庭需要的程序保障和平衡要素应当最为严格。这都是为了保障"定罪是建立在足够可信的证据基础上的"。刑事诉讼法第 193 条第 1 款但书赋予被告人配偶、父母、子女免予强制出庭的权利，第 64 条规定证人作证的保护措施，证人、鉴定人、被害人可以"采取不暴露外貌、真实声音等出庭作证"。同时，《高法解释》第 206 条第 2 款规定，如果证人无法出庭作证，可以通过视频等方式作证。随着现代科技和网络技术发展，视听传输技术作证或视频作证已经在司法实践中广泛适用，成为"关键证人"确有正当理由无法出庭而解决被告人对质权的一种程序保障。日本学者认为，用视频连接（闭路）录像的方式进行的间接的反询问证人（含被害人）和法官心证形成，正确获得可信性的充分陈述的可能性很高，对被害人保护非常有利，不仅不违反刑事诉讼法的基本原则，而且符合审判中心主义要求。①《法庭调查规程》第 14 条明确视频等作证方式，对于应当出庭作证的证人、被害人、鉴定人、侦查人员，在庭审期间因身患严重疾病等客观原因确实无法出庭的，可以通过视频等方式作证，适用出庭作证程序。

此外，刑事诉讼法第 193 条第 1 款但书条款关于亲属证人作证的理解，学者们存在争议。② 大多数学者认为，该规定应被解释为亲属证人"作证却免于强制出庭的权利"，而不是拒绝证言或拒绝作证权，笔者也持该观点。但这种解释并不能实现立法目的——落实《宪法》第 130 条规定的"被告人有权获得辩护"和第 49 条规定的"婚姻、家庭受国家的保护"两项基本权利。在被告人的配偶、父母、子女提供证言的情况下，又不令其出庭参加质证，有损被告人的对质权。在薄熙来涉嫌受贿、贪污、滥用职权案庭审过程中，被告人薄熙来"两次强烈要求"其妻子谷开来出庭作证，公诉人及辩护人也申请谷开来到庭作证。法庭根据双方申请派法官到监狱面见

① 参见〔日〕田口守一《刑事诉讼法》，张凌、于秀峰译，中国政法大学出版社，2010，第285 页。

② 详细研究，参见何邦武《亲属作证制度在近代中国的演变及启示》，《中国法学》2014 年第 3 期；李奋飞《"作证却免于强制出庭"抑或"免于强制作证"？——〈刑事诉讼法〉第 188 条第 1 款的法教义学分析》，《中外法学》2015 年第 2 期；张翔《"近亲属证人免于强制出庭"之合宪性限缩》，《华东政法大学学报》2016 年第 1 期。

谷开来，但谷开来明确表示拒绝出庭。法庭最后根据刑事诉讼法第193条第1款规定，认为谷开来在法庭依法通知之后，明确表示拒绝出庭作证，法庭不能强制她出庭。于是，原本有可能在法庭上出现的薄、谷对质，就变成了由媒体形容的他们夫妻二人的"隔空开战"。① 刑事诉讼法第193条但书规定自身存在一定矛盾。该条款的规范目的不仅仅是由于亲情等人类基本情感的原因，也是出于维系人与人之间的基本信任的考量。从比较法的视野看，法治国家的通行做法均规定，配偶、近亲属之间享有拒绝作证的权利。但是，此项拒绝作证权的基本内容是拒绝提供证言，部分国家还在该基础上赋予了此类证人拒绝出庭的权利。② 《德国刑事诉讼法典》第52条明确赋予了被追诉人配偶、直系血亲等证人的拒证权，不仅包括侦查阶段拒绝提供证言；若法官传唤此类证人出庭，证人还可以援引该法典第55~56条赋予的证人拒绝回答权，拒绝提供与被追诉人有关的证言。我国刑事诉讼法第62条规定："凡是知道案件情况的人，都有作证的义务。"该条并未赋予任何证人拒绝提供证言的权利，包括被追诉人的配偶、父母、子女。然而，被追诉人的配偶、父母、子女在提供证言后可以援引刑事诉讼法第193条规定拒绝出庭。一旦发生类似薄熙来案的情况，不仅不能体现出亲亲相隐之情，反而会侵害被告人与不利证人对质的权利，阻碍法官发现事实真相。为此，笔者主张直接赋予犯罪嫌疑人、被告人近亲属拒绝作证权或作证豁免权，并将该权利贯彻到刑事诉讼全过程。具体而言，犯罪嫌疑人、被告人的配偶、父母、子女有权拒绝作证。如果上述人员选择作证，不论提供证言发生在侦查、起诉或者审判阶段，也不论其证言有利或者不利于被告人，经法院通知，均应该出庭接受控辩双方的询问，否则，其证言不得作为定案依据。

（二）完善鉴定人出庭作证

2012年刑事诉讼法回应司法实践需求，将原有的"鉴定结论"改为

---

① 参见何远展《薄熙来案庭审凸显中国刑事立法缺陷》，www.zaobao.com/special/report/politi-快照-联合早报网2013年8月28日，最后访问时间：2018年5月29日。
② 参见陈光中、唐彬彬《深化司法改革与刑事诉讼法修改的若干重点问题探讨》，《比较法研究》2016年第6期。

"鉴定意见"，引入专家辅助人制度，改"医学鉴定"为"法医鉴定"，并强化鉴定人出庭作证，制定了相应的保护措施。强调鉴定人在特定情形下应当出庭作证，拒不出庭作证的，不仅鉴定意见不得作为定案依据，而且法院可以强制其到庭作证，情节严重的，还可处十日以下拘留。这些规定极大地强化了鉴定人出庭作证义务，顺应了刑事司法鉴定的需要。因为鉴定人是司法鉴定的实施者，也是出具鉴定意见的主体，是最直接、最全面了解鉴定意见信息的人。只有鉴定人出庭接受法官、当事人及其辩护人、诉讼代理人、专家辅助人的询问，阐明鉴定的过程和采用的方法以及相应的资质，才能保障法官对鉴定意见的科学性作出准确判断。

刑事诉讼法强化鉴定人出庭作证，是审判阶段规范鉴定的重要措施，不仅为改变司法实践中鉴定人出庭率低的状况提供强有力的法律依据，为法官科学审查鉴定意见准确认定案件事实奠定了基础，同时也有效保障了被告人及其辩护人的质证权，契合"以审判为中心"的诉讼制度的要求。另外，鉴定人不出庭作证的法律后果及故意虚假鉴定应负刑事责任的规定，使得鉴定人出庭作证制度更为科学、合理，较大程度上解决了实践中鉴定人不出庭作证导致无法有效审查鉴定意见的痼疾。但是，从立法规定和司法实践看，鉴定人出庭作证仍然面临一系列问题，主要表现在三个方面。第一，鉴定意见的内涵界定不明确。"鉴定结论"到"鉴定意见"的演变，有着深刻的司法背景，但其内涵尚不明确。立法将鉴定意见拉下神坛的同时，必须避免过分削弱其权威性。因为鉴定是具有国家认可的相应资质的专业技术人员运用高科技设备和先进技术对专门问题进行甄别的活动，而这些专门性问题往往是普通人（包括法官、检察官和警察）运用生活经验和常识不能进行有效判断的，加之鉴定人属于法定回避对象，应当处于中立立场，我们应当相信鉴定结果具有较大程度的客观公正性。另外，将所有专门问题的鉴定结果包括侦查机关内部鉴定机构作出的鉴定结果均称为"鉴定意见"，缺乏合理性。侦查机关内部鉴定作为刑事侦查技术手段之一，不属于司法鉴定，其结果可以作为侦查破案的线索，但不应纳入鉴定意见范畴。这种鉴定结果只有犯罪嫌疑人、被告人明确表示认可且声明放弃申请重新鉴定权时，才能作为定案根据。第二，鉴定人出庭作证的条件过于苛刻。刑事诉讼法第192条第3款规定，鉴定人出庭作证必须同时满足两个条件：一是公诉人、当事人或辩护人、诉讼代理人对鉴定意见有异议；二是法院认为鉴定人有必要出庭作证。这种规定极大地限制了鉴定人应当出庭作证的案件范围，但无法从根本上解决鉴定人不出庭作证的司法现状，反而强化了法院在鉴定人出庭作证方面的自由裁量权，导致法院权力过大，忽视了当事人或辩护人、诉讼代理人的质证权。第三，立法没有根本消除鉴定人不出庭作证的顾虑。在司法实践中，鉴定人担心犯罪嫌疑人、被告人打击报复是其不愿出庭作证的重要原因。虽然刑事诉讼法第 64 条规定了鉴定人作证的安全保障措施，在较大程度上解除了鉴定人出庭作证的顾虑，但对鉴定人出庭应得到的合理经济补偿并没有解决。据统计，截至 2016 年 11 月 30 日，全国共登记有司法鉴定机构 4872 家，司法鉴定人 54198 人，共完成各类司法鉴定业务 2131578 件，业务收费 36.69 亿元。司法鉴定人接到出庭通知 20152 次，其中 99.96% 的司法鉴定人依法出庭，比上年的 97.86% 进一步提高。但是，接到出庭通知的数量仅占涉诉司法鉴定业务总量的 1.54%，比上年的 1.43% 略有增长。① 这说明一旦司法鉴定人接到出庭通知后，出庭作证的比例很高。但是，实践中申请鉴定人出庭作证的案件仍然很少。

完善鉴定人出庭作证制度。第一，适当放宽鉴定人出庭作证的条件。与前面关键证人出庭作证条件一致，立法应规制乃至取消法院对鉴定人出庭的裁量权。原则上法官应该尊重辩护方申请鉴定人出庭的要求。如果法官不同意鉴定人出庭，应当以书面形式充分说明未损害被告人对质权的理由，并应赋予当事人对该书面决定申请复议的权利。换言之，公诉人、当事人或辩护人、诉讼代理人对鉴定意见有异议，特别是辩护方要求鉴定人出庭的，法院应当通知鉴定人出庭作证。经法院通知，鉴定人拒不出庭作证的，鉴定意见不得作为定案的根据。

第二，赋予鉴定人出庭作证保障性权利，包括合理的经济补偿权和程序

---

① 参见党凌云、郑振玉《2016 年度全国司法鉴定情况统计分析》，《中国司法鉴定》2017 年第 3 期。另据统计，截至 2017 年底，全国经司法行政机关登记在册的司法鉴定机构共 4338 家，司法鉴定人 49498 人，2017 年度共完成各类司法鉴定业务 227 万余件，业务收费约 40 亿元。参见党凌云、张效礼《2017 年度全国司法鉴定情况统计分析》，《中国司法鉴定》2018 年第 3 期。

性权利，严格司法鉴定责任追究。德国制定了专门的《证人、鉴定人补偿办法》，《美国联邦证据规则》规定了专家证人报酬支付办法，我国《司法鉴定收费管理办法》等相关规范性文件对此缺乏相应的保障。从根本上解决鉴定人不出庭作证的弊端还必须深入探索鉴定人出庭作证的经济补偿或补助机制。《审判中心改革意见》第 12 条第 2 款要求"建立证人、鉴定人等作证补助专项经费划拨机制"。有关部门应当尽快出台实施细则予以落实。此外，就鉴定人的程序性权利而言，特别是鉴定人出庭作证的内容、对其询问适用的规则应当明确，还应当赋予其人格尊严受尊重、依法提出异议、反询问等各项保障性权利。与此同时，应依法依规严格全面追责。鉴定机构或鉴定人在执业活动中违反法律、法规、规章和相关政策、行业规范规定的，应当严格依法依规追究相关刑事、民事、行政、行业和纪律责任。

第三，强化对鉴定意见的审查。其一，提升庭审质证的地位和功能。鉴定结果称谓的变革昭示着鉴定意见本质属性的回归，鉴定意见不能自动产生相应的法律效力，必须经过质证和法院的审查才能作为定案根据。这要求彰显庭审质证的重要性，法庭质证就是对鉴定活动成果的检验和验收。必须将庭审质证视为整个鉴定活动的重要组成部分和核心环节，完善对鉴定操作规程、使用仪器和方法上的质疑机制。[①] 其二，严格区分刑事技术鉴定与司法鉴定。刑事法官往往将刑事技术鉴定视为司法鉴定而直接作为定案依据，这种状况必须改变。必须要求鉴定人出庭作证，通过对鉴定人资质、鉴定程序、鉴定条件及鉴定依据的详细询问强化审查，在当事人特别是辩方提出异议的情况下，必须充分保障其申请补充鉴定和重新鉴定的权利。其三，尽快制定统一的鉴定意见采信标准。对鉴定意见的审查过程充斥着假设、推论，有必要进行类型化归纳，总结出全国统一标准。如鉴定人的资质、鉴定操作程序的规范性、鉴定依据的科学性等。

（三）推进专家辅助人出庭

由于缺乏相应的专业知识，公诉人、当事人或者辩护人、诉讼代理人很难对出庭的鉴定人和鉴定意见提出妥适的质证意见。同样，法官也因此

[①]　参见田毅平《新刑事诉讼法鉴定制度不足与再完善》，《湖北社会科学》2013 年第 7 期。

很容易被专业的鉴定人所左右。尤其是刑事案件中，很多鉴定人是公安、检察机关的工作人员，相对于独立的第三方鉴定人，更容易对法官形成压迫性的影响。刑事诉讼法第197条引入了有专门知识的人出庭，以改善对鉴定意见的质证。这种有专门知识的人就是专家辅助人，他们依据自己在某一领域掌握的专门知识、技能和实践经验，就诉讼中涉及的专业问题，作出自己的判断并发表意见。《法庭调查规程》第26条规定，控辩双方可以申请法庭通知专家辅助人出庭，协助本方就鉴定意见进行质证。专家辅助人可以与鉴定人同时出庭，在鉴定人作证后向鉴定人发问，并对案件中的专门性问题提出意见。专家辅助人一般不超过2人。但是，第13条第2款赋予法院对专家辅助人和鉴定人出庭的自由裁量权。从司法实践看，专家辅助人出庭作证不断增多，尤其是那些有重大社会影响的案件。2013年7月和2014年6月，福建高院两次对念斌案进行二审开庭审理，最后改判念斌无罪。第一次开庭有4名鉴定人、9名侦查人员、4名专家辅助人出庭；第二次开庭有2名证人、3名鉴定人、4名侦查人员、5名专家辅助人出庭。法院通知相关证人、鉴定人出庭作证，侦查人员出庭说明情况，专家辅助人出庭就理化检验报告和法医学鉴定意见提出意见，其中专家辅助人的出庭大大加强了辩护方对于鉴定意见的质证能力，专家辅助人的意见从根本上动摇了控方的鉴定意见。控辩双方针对案件中的主要争议如被害人死因是否为氟乙酸盐鼠药中毒、投毒方式、毒物来源等进行了充分的辩论。[①] 在复旦投毒案二审中，胡某作为专家辅助人出庭，就其与庄某共同作出的北京云智科鉴咨询服务中心《法医学书证审查意见书》作出说明，认为黄某系爆发性乙型病毒性肝炎致急性肝坏死，最终因多器官功能衰竭死亡。针对辩护人及专家辅助人提出的意见，检察机关申请了本案鉴定人陈某出庭作证，就上海市司法鉴定中心《法医病理司法鉴定意见书》鉴定依据向法庭作了说明。二审法院采信了鉴定人的鉴定意见，认为专家辅助人胡某当庭发表的意见与查明的事实不符，不予采信。[②] 杭州保姆纵火案2018年2

---

① 参见福建省高级人民法院〔2012〕闽刑终字第10号刑事附带民事判决书和〔2009〕闽刑终字第391号刑事附带民事判决书。

② 参见殷立勤《林森浩投毒案维持死刑判决，法院未采信"有专门知识的人"二审庭上意见》，《新闻晨报》2015年1月9日。

月1日重新开庭审理时，杭州市中级人民法院不仅依职权通知了浙江省消防标准化技术委员会委员、公安部灭火救援专家等两名有消防专门知识的人出庭作证，而且通知了曾两次参与该案火灾现场勘察的侦查人员出庭作证。[①]

刑事诉讼法引入专家辅助人制度，保障了当事人的质证权，使得鉴定意见的庭审质证更加公开、深入，有助于实现程序正义。但从立法规定和司法实践看，还存在一些问题。第一，专家辅助人的法律性质模糊。第197条第4款规定专家辅助人出庭，适用鉴定人的有关规定，没有明确专家辅助人的角色定位和提出意见的证据属性。在实践中，专家辅助人在法庭上的角色定位模糊，在鉴定人、证人、辩护律师和其他独立的诉讼参与人等角色之间徘徊。[②] 而根据目前的司法解释，专家辅助人意见不属于证据，只能作为法院定罪量刑的参考，这就意味着法官是否采信这种意见不受约束，甚至无法在判决书中体现，将直接导致法官在审查这类意见乃至适用整个专家辅助人制度体系上的随意性。[③] 第二，专家辅助人的资格审查标准缺失。立法仅规定由法庭作出专家辅助人是否出庭的决定，没有明确采取哪些具体的标准。由于专家辅助人在性质、地位和作证范围上都与鉴定机构及其鉴定人迥然有别，完全参照鉴定意见的审查标准是不现实的。第三，专家辅助人出庭规范的不科学。专家辅助人作为非鉴定人诉讼立场的当事人性，意味着专家辅助人出庭后的质证程序、享有的权利和承担的义务，都与鉴定人不同。

推进专家辅助人出庭，主要包括三个方面。第一，明确专家辅助人的专家证人地位，赋予专家辅助人意见的证据能力。专家辅助人出庭的目的，不是自己对鉴定事项进行系统检验并发表结论性的意见，而是对鉴定人作出的鉴定意见提供自己的质辩性意见。在实践中，大部分专家辅助人都是辩方聘请的专家，从专业角度对控方提供的鉴定意见提出质疑和反驳，对

---

① 参见《被告人莫焕晶放火、盗窃一案情况通报（五）》，杭州市中级人民法院官网"中院新闻" hangzhou.zjcourt.cn 2018-02-01，最后访问时间：2018 年 4 月 23 日。

② 参见胡铭《鉴定人出庭与专家辅助人角色定位之实证研究》，《法学研究》2014 年第 4 期。

③ 参见龙宗智、孙末非《非鉴定专家制度在我国刑事诉讼中的完善》，《吉林大学社会科学学报》2014 年第 1 期。

鉴定意见形成必要的监督和制约，只有极少部分的专家辅助人由控方聘任，旨在通过自己的解答强化鉴定意见的效力。对于鉴定事项，专家辅助人提供的意见具有明显的附属性和补充性。从专家辅助人意见的法律效力来看，刑事诉讼法并没有对专家辅助人意见能否视为证据作出明确规定。我国证据种类中也没有增加专家辅助人的意见，原有的鉴定人、证人等概念都无法容纳专家辅助人这类主体。所以，目前很难把专家辅助人意见纳入任何一种法定证据中。《法庭调查规程》第49条第2款规定，专家辅助人当庭对鉴定意见提出质疑，鉴定人能够作出合理解释，并与相关证据印证的，应当采信鉴定意见；不能作出合理解释，无法确认鉴定意见可靠性的，有关鉴定意见不能作为定案的根据，从而明确专家辅助人意见具有一定的法律效力。《高法解释》第215~216条规定，控辩双方和审判人员均可以向专家辅助人发问。如此一来，专家辅助人在法庭上不仅要作为质询者，以揭露问题为目的向鉴定人进行询问，同时还可能以被质询者的身份，接受法官和控辩双方的质询。一旦专家辅助人需要直接面对裁判人员和控辩双方的提问，就意味着专家辅助人有机会甚至有必要对相关的专业事项阐明自己的基本立场，发表自己的独立见解，这也使得出庭的专家辅助人可能突破单纯的协助功能，具备专家证人的某些特征。因此，未来最彻底的解决方式，就是借鉴境外国家（地区）做法，扩展"证人"在我国的含义，使专家辅助人以专家证人的身份参与诉讼，这样，专家辅助人所提供的意见成为证人证言，获得证据效力，除意见证据排除规则不适用于专家证言外，其他关于证人证言的证据规则均可适用。但在法律未作出更改前，鉴于实践中专家辅助人基本都会先制作书面的检验报告，再上法庭接受质询，可以把这些书面检验报告暂时归入书证范畴并参照鉴定意见的标准进行审查。对于检验条件完备、论证过程充分、结论足以让人信服、符合法定要求的检验报告，法庭可以作为证据予以采信。

第二，明确法庭对专家辅助人适格性、出庭必要性审查的标准。其一，刑事诉讼法引入专家辅助人制度的一个重要目的，就是尝试建立以专家个体为重点审查对象的、观照个案具体情况的、相对灵活开放的专家资格体系。在符合一般证人的基本要求，即能够辨别是非和正确表达的基础上，只要从专家过往的教育背景和从业经历看，具备查明案件某专门性问题所需的特定专业知识、技能和经验，并且具备的经验、知识、技能与鉴定意见的内容有直接关联，原则上都应该允许其出庭作证。其二，借鉴境外国家（地区）审查专家证人有无出庭必要的实际操作情况，专家辅助人的作证事项应当具备三个要素：（1）专业性，即法官无法依据日常知识、经验与推理作出准确的分析和判断；（2）重要性，专家证言对案件的作用，应当对裁判者认定要件事实产生显著的影响；（3）争议性，针对专家欲说明的专业性问题，不同的诉讼主体之间存在认识上的根本性分歧，不能达成一致结论。其三，由于专家辅助人法律地位有别于鉴定人、书记员、翻译人员，其不具备司法人员或司法辅助人员所应具有中立性，为更好地保障当事人特别是被告人的质证权，回避制度不适用于专家辅助人。其四，根据刑法第 305 条规定，专家辅助人作为诉讼参与人，不属于伪证罪的主体；其针对鉴定意见发表意见属于一种质证行为，也不属于诉讼证明范畴。专家辅助人即便在法庭上发表虚假陈述致使法庭不采信对方的鉴定意见，也不应当被追究伪证罪的刑事责任。立法只有在充分保障专家辅助人发表意见权的情况下，才能使其更好地履行职责，因此，对于专家辅助人的庭上言论，只要没有发表危害国家安全、恶意诽谤他人、严重扰乱法庭秩序等言论，不应当追究其法律责任。

第三，完善专家辅助人出庭作证制度规范。刑事诉讼法第 197 条和《高法解释》第 211~217 条规定，专家辅助人出庭作证适用证人、鉴定人的有关制度规范，包括发问规则和交叉询问规则，这显然没有考虑到专家辅助人身份的特殊性。就专家辅助人出庭的质询程序而言，其一，专家围绕鉴定事项提供意见的，应当首先向鉴定人进行询问。为了保障专家辅助人的质询权，对于辩方提出专家辅助人出庭申请的，法院应通知相关鉴定人出庭接受质询。其二，如果针对同一专业问题，控辩双方均聘请了专家辅助人出庭作证，在辩方专家询问鉴定人后，双方专家可以进行相互对质。其三，由于专家辅助人出庭适用鉴定人的规定，在辩方专家与鉴定人及控方专家质询之后，参照鉴定人的质询规则，经审判长同意，控辩双方和被害人有权向专家辅助人发问。专家辅助人应该在自己的专业范围内对相关人员的提问进行解答，如果认为公诉人和当事人所提问题超出了自己的专业领域，可以拒绝回答。其四，专家辅助人如果认为某些案件中被告人、被害人或证人的陈述可能存在与事实不符的矛盾或漏洞，而这些漏洞有必要从专业的层面进行剖析，他有权向法庭提出询问相关人员的要求，法庭应当允许。其五，在询问结束以后，经审判长同意，专家辅助人可以进行最后陈述，对庭审质询中涉及的专业问题进行概括和总结。

五　加强裁判文书说理性

刑事裁判文书说理就是要依据事实和法律在裁判文书中阐明被告人的行为是否构成犯罪，是否应判处刑罚，如何判处刑罚，以及应否从轻、减轻、免除处罚的理由。《审判中心改革实施意见》第 20 条要求加强裁判文书说理性，通过裁判文书展现法庭审理过程。对控辩双方的意见和争议，应当说明采纳与否的理由。对证据采信、事实认定、定罪量刑等实质性问题，应当阐释裁判的理由和依据。《严格执行非法证据排除规定》第 36 条要求法院加强对非法证据排除的说理性，对证据收集合法性的审查、调查结论，应当在裁判文书中写明，并说明理由。《法庭调查规程》第 51 条规定，对于控辩双方提出的事实证据争议，法庭应当当庭进行审查，经审查后作出处理的，应当当庭说明理由，并在裁判文书中写明；需要庭后评议作出处理的，应当在裁判文书中说明理由。这些都是以"审判"作为刑事诉讼"中心"发挥引领、制约功能的应有之义。

（一）　刑事裁判文书说理的法理

以审判为中心的刑事诉讼制度要求法官将判决建立在由他直接接触的原始证据的基础之上，而不是建立在不同时期、不同地点由其他人所进行的调查和发现的证据的基础上，特别是不能建立在书面的侦查阶段所收集的证据材料的基础上。这对法官的裁判文书说理能力提出了更高的要求。裁判文书不是对庭审过程的笼统介绍，也不是案件事实及证据的简单堆积，而是审判结果的集中体现，它应当将法官通过庭审形成心证的过程充分展现出来，尤其要对控辩双方意见采纳与否给出详细的说明和解释，让社会公众尤其是案件当事人接受裁判结果。最高人民法院已经建立"中国裁判文书网"，除了法律另有规定外，全国四级法院所作出的生效裁判文书一律要求上网公布。根据最高人民法院 2018 年工作报告，截至 2018 年 2 月底，中国裁判文书网公开文书 4278.3 万份，访问量 133.4 亿人次，用户覆盖 210 多个国家和地区，成为全球最大的裁判文书资源库。裁判文书一旦上网公布，面对的是互联网上所有不特定的读者，不仅不能出现错误，而且要求满足全球不同读者的阅读研究需要，这更要求提高裁判文书的说理能力，通过裁判文书符合逻辑地展示法官心证形成的推理过程。有学者实证研究指出："刑事裁判必须进行说理的理由在于我们生活的世界是一个现象世界，没有很好的说理进行沟通，则彼岸只是自在之物。说理又是一个逻辑推演的过程，选择方法的正确性涉及裁决的被认同的程度。对辩护意见缺乏归纳和说理，实际上对辩护一方的不尊重，导致裁判中立大打折扣。刑事裁决说理性的缺失阻遏了实践与法学的通道。"[①]

刑事裁判文书的说理是以犯罪事实为基础所阐明的法院认定的观点，处处体现的都是结论性的认识，是一个运用法律及相关知识，分析案件事实并得出结论的论证过程，在写法上既要求言辞精练，又要求充分运用事实和法律进行论证，以便为主文判决提供依据。刑事裁判文书的说理在结构上具有承上启下的作用，上承接犯罪事实，下为判决主文奠定基础，因而阐述理由要瞻前顾后，做到"两个一致"，即理由与事实一致、理由与判决一致。

1. 理由与事实一致

理由的阐述必须实事求是，根据事实去分析、评定被告人的罪行实质。这必须对事实的认定进行说理，对公诉机关和被告人、诉讼参与人提交法庭的证据经过庭审充分质证后，审查判断证据的效力和采信与否理由给出说明，从而对所能证明的案件事实作出认定。包括：（1）公诉人、被告人、被害人、其他诉讼参与人就指控的犯罪事实和处罚依据各提供了什么证据，具体内容是什么，证明了何种事实和主张，法院依职权收集的证据，也要一并进行说明。（2）运用证据认定所循规则、逻辑推理和常理知识等分析所质证的证据是否真实，是否为非法证据，与案件事实有无客观联系，证据间能否相互印证，在此基础上对证据的采信作出判断。（3）按照定罪量

---

① 孙万怀：《公开固然重要，说理更显公正——"公开三大平台"中刑事裁判文书公开之局限》，《现代法学》2014 年第 2 期。

刑的事实都要有证据证明、证据都经法定程序查证属实、证据间排除合理怀疑的标准，对案件事实是否清楚，证据是否确实、充分进行说明，并借此对诉辩内容的证明力作出回答。

2. 理由与判决一致

理由部分的分析评论，必须自然作出应该判处某种刑罚的结论，做到罪刑一致，前后吻合。包括：（1）说明经过法庭查明的事实证明被告人具有何种行为、被告人的犯罪行为侵害了何种社会关系。（2）说明被告人的行为侵犯的社会关系在刑法上规定的内容是什么，根据法律规范"假设+处理"的结构，对该法条的立法本意加以必要的法理阐述。（3）对案件的具体事实与刑法规定的假设情况是否符合进行对比分析，并根据法律规定，对被告人行为构成的罪名进行明确。（4）依查明的事实，对照法条，认定被告人是否有从轻、减轻或免除刑事处罚的情节，并对从轻、减轻或免除刑事处罚进行理由阐述。

最高人民法院 2016 年聂树斌案再审刑事判决书和福建省高级人民法院 2014 年念斌案刑事附带民事判决书就是裁判文书说理的典范。以后者为例，它明确指出了控辩双方的争议焦点，对有疑问的证据，包括中毒食物部分的证据、中毒症状部分的证据、物证提取送检部分的证据、理化检验部分的证据、毒物来源部分的证据、作案工具部分的证据、供述部分逐一进行了总结归纳。对于法庭辩论阶段辩护律师、出庭检察员、诉讼代理人、附带民事诉讼代理人等意见进行了总结归纳。在此基础上，针对控辩双方的争议焦点，如被害人中毒原因、投毒方式、毒物来源、有罪供述进行了分析和评判。最后得出总体结论，两名被害人系中毒死亡，但原判认定致死原因为氟乙酸盐鼠药中毒依据不足，认定的投毒方式依据不确实，毒物来源依据不充分，与上诉人念斌的有罪供述不能相互印证，相关证据矛盾和疑点无法合理解释、排除，全案证据达不到确实、充分的证明标准，因此，不能得出系上诉人念斌作案的唯一结论。[①] 判决书是庭审结果的固定化，其质量与庭审的质量互为依托，是司法公正的重要载体。十八届三中、四中

---

① 熊秋红：《以念斌案为标本推动审判中心式的诉讼制度改革》，《中国法律评论》2015 年第 3 期。

全会决定均对"加强法律文书释法说理"提出了明确要求，即裁判文书应真正反映影响案件判决结果的各种因素，应将控辩双方的证据及质证意见一一列举评述，应对控辩双方对事实认定和法律适用方面的主要意见进行逐一评析，法院的裁判应建立在对证据的理性分析和对法理的详尽阐述的基础之上。裁判文书充分说理，有利于增强裁判文书内容的正当性，也有利于裁判文书实质公开，从而增强司法的权威性和公信力。聂树斌案的再审判决书和念斌案的终审判决书回应了司法体制改革中所提出的加强裁判文书说理的要求。我国 2010 年建立了案例指导制度，截至 2018 年 6 月 20日，最高人民法院已经发布 18 批共 96 个指导性案例，内容涵盖民事、刑事、行政、执行、国家赔偿等不同方面。但从实际效果看，不少案例缺乏对基层司法实务的指导作用，重申以往司法解释的案例占有较大比例，使许多指导性案例难以真正发挥指导功能。导致这一现象主要原因就是裁判文书说理部分明显不足，有的基层法官的创造性没有充分得到发挥，有的基层法官不能熟练运用法律解释方法，难以形成有释法意义的判决。

（二）刑事裁判文书说理存在的四类"症状"

长期以来，刑事裁判文书说理不全、说理不透甚至干脆不说理的现象大量存在。龙宗智教授将其总结为四个方面：一是缺乏对证据的分析论证；二是缺乏对控辩双方在事实问题上不同看法的分析辩驳；三是缺乏法官心证形成推理过程；四是在总结性说理裁决部分，重视认定，忽视说理，造成分析不透、说理不足，削弱了判决的公信力与说服力。[①] 这些问题目前仍然不同程度存在。归纳起来，刑事裁判文书说理主要存在四类"症状"。

1. 抽象概括型：没有说理

这种类型的裁判文书基本上是不说理的。其文书结构的主要特征为"证据罗列→抽象概括→定性定量"，而且证据罗列部分占比较大。有学者认为，目前的刑事判决书，对说理——"本院认为"部分的阐述过于简单：大量判决书 90% 以上的内容是罗列证据，不到 10% 的部分用以分析定案理

---

① 参见龙宗智《刑事判决书应加强判决理由》，《现代法学》1999 年第 2 期。

由。① 当然，证据罗列是所有刑事裁判文书的必要组成部分，但其本身并不等同于文书说理。实践中有相当部分文书在证据罗列之后，没有将证据反映出来的事实以及法律关系分析等客观内容纳入规范的论证分析，仅仅经由诸如"综合本案全部证据和事实"、"根据罪责刑相适应的原则"等抽象概括式表述，就径行对案件事实作出定性和定量。

2. 照本宣科型：说理不够

该种类型的裁判文书在"经审理查明"之后，往往按照刑法规定的罪状表述，在未经事实评述与性质分析前，就径行套用刑法的条文乃至直接定性。比如，刑法第 277 条关于妨害公务罪的罪状表述为"以暴力、威胁方法阻碍国家机关工作人员依法执行职务的"，而实践中文书的表述往往就是"某某以暴力方法阻碍国家机关工作人员执行职务，其行为已构成妨害公务罪"。事实上，刑法条文的罪状表述是经验类型与事实评价的最大约同，在具体的个案认定中，是否能够达到个案事实与罪状描述高度契合与匹配，当然需要在文书中进行解释与说理。仍以妨害公务罪为例，该罪罪状中的"暴力、威胁"，在性质与程度如何认定，与抢劫、强奸以及敲诈勒索等罪名中暴力、威胁的标准差异与评价选择，需要法官在具体的个案事实中进行充分解释与说明。

3. 逻辑混乱型：说理不当

在理论通说的范围内准确认定行为的性质，是裁判文书说理的职责所在。被告人的行为往往并非单一构成，刑法理论上的竞合现象大量存在，同一事实评价出现两种以上的观点，裁判文书理应作出回应。比如，在一起行为人使用其持有的枪支杀人案件的裁判中，"本院认为"部分只有一句话："被告人向某违反国家枪支管理规定持有枪支，又用该枪支故意非法剥夺他人生命，致一人死亡，其行为分别构成故意杀人罪和非法持有枪支罪。"事实上，其行为分别构成非法持有枪支罪和故意杀人罪，应当数罪并罚。在此案中，行为人使用枪支杀人的行为，在刑法理论上是否应当与非法持有枪支罪数罪并罚，需要结合牵连犯的理论进行分析认定。即便行为人不构成牵连犯，也需要在文书中予以简单论述提及，尽量避免因为说理

---

① 参见周光权《判决充分说理与刑事指导案例制度》，《法律适用》2014 年第 6 期。

不到位引起理论上的质疑。

4. 简单粗暴型：不愿说理

对控辩双方事实分析和观点的评价与取舍是刑事裁判文书说理的重点内容。然而，实践中对于控方的指控，裁判文书大多先用一两句话说明被告人的行为符合某罪的构成要件，如上述关于妨害公务罪中照本宣科式的简单"比附"，然后就说公诉机关的指控成立。而对被告人与辩护人关于事实、证据、定性的辩解以及从轻量刑的请求，裁判文书往往以被告人及其辩护人的辩护意见缺乏事实和法律支持而不予采纳。① 不得不承认，在某些案件中，辩护人洋洋洒洒的辩护意见，不乏对案件事实、证据效力、罪质规定性与罪量评价的客观、中肯意见，在裁判文书被简单否定，说理不透甚至不说理虽然存在诸多缘由的羁绊，但至少在裁判文书的形式上凸显了司法权力傲慢的色彩。

（三）刑事裁判文书说理难的原因分析

裁判文书说理，说不说、如何说，在社会大众看来只是法官笔下"愿不愿"的事情，但事实并非如此。政治制度传统、公民社会养成、法治思维信仰、责任承担方式等要素均可折射到裁判文书说理视域。无论英美法系国家还是大陆法系国家，但凡有现代司法制度的地方，关于裁判文书说理制约因素的分析，无外乎上述结论。② 笔者调研发现，当前阻碍、困扰裁判文书说理的主要原因是"累"和"怕"。

1. 法官因"累"而无暇说理

一是身累。众所周知，"案多人少"矛盾在全国各级法院不同程度存在，基层法院尤其突出。在高强度的工作压力下，"白天机器人，晚上植物人"、"白加黑"、"五加二"的工作强度比较普遍，法官体力消耗甚巨，长期处于亚健康状态。二是心累。与体力消耗相比，大多数法官更困扰、更无奈的压力是当事人的反复缠诉、"信访不信法"的压力。

2. 法官因"怕"承担责任而不敢说理

一是检察机关的法律监督。法官下意识地担心：裁判文书说理说多了，

---

① 参见周光权《判决充分说理与刑事指导案例制度》，《法律适用》2014 年第 6 期。
② 参见苏力《判决书的背后》，《法学研究》2001 年第 3 期。

难免会出现纰漏，因此导致抗诉就麻烦了。二是当事人不满裁判的诉求转化。实践中当事人对于法院裁判往往抱有利己性预判和对客观真实的绝对信仰。在裁判结果与其预期心理承受能力相悖时，他们一般会通过上诉、申诉甚至信访、缠诉等途径"捍卫真理"。三是缺乏专业素养的舆论监督与司法不自信的自我退让。媒体的全面干预色彩以其独到影响的方式站出来"主持公道"，专业性的司法判断在非专业的舆论监督过程中往往是"秀才遇到兵，有理说不清"。

（四）　加强裁判文书说理性的路径选择

为增强裁判文书的说理性，各地推出了诸如裁判文书样式改革、附法官后语、附法律条文、设置说理评估指数等举措，并就应否公开合议庭少数意见争论不下。结合刑事裁判文书说理难的两个原因，笔者认为，加强裁判文书的说理性，应从三个方面改进。

1. 针对法官"累"无暇说理的对策：全面落实司法责任制，多措并举为法官减负

主要包括三个方面。一是"二八定律"的启示：裁判文书说理案件类型的区分。在司法实践中，不论是普通的民事纠纷案件，还是商事、刑事、行政案件，在案件难易程度、繁简性质上均呈现"二八定律"的一般逻辑态势：80%的案件相对简单，甚至可以界定为"非常简单"，处理这80%简单案件所用的时间和精力只占20%；而20%的案件是相对较难，处理该20%疑难复杂案件所用的时间和精力却占到了80%。我国目前试点并拟立法确认的认罪认罚从宽制度改革就是解决该问题的一个路径。"二八定律"的指导意义在于，要将主要精力集中于顶端的20%案件。在裁判文书说理的制度建设上，首先要解决的是哪些案件应当进入"二八定律"所界定之20%的顶端视域？裁判文书改革的重点不仅在于对疑难、复杂案件的裁判文书说理加强，也在于对一般案件要继续探索刑事简易裁判文书格式、要素式裁判文书样式、释放文书制作压力。只有两者兼顾，才能真正将审判人员的精力从繁重的形式性劳务中解放出来，集中于实质性焦点。对于那些轻微的刑事案件，适用速裁程序审理，可以考虑借鉴德国处罚令程序等做法，采用表格式裁判文书，尽量减轻法官负担。《认罪认罚从宽试点办法》

规定，对于建议适用速裁程序审理的案件，"起诉书可以简化"。法院适用速裁程序审理的案件，应当当庭宣判，并使用格式裁判文书。这种格式裁判文书的内容如何设计，有待进一步探索。此外，我国还应当构建相对完善的裁判理由公开制度，明确规定法官在刑事裁判文书中要对判决理由进行说理性论证，包括对辩护律师的辩护意见采纳、部分采纳或者不采纳的理由。这不仅是交谈合理性下法官所必须承担的一项职责，也是辩护权监督和制约裁判权的重要途径。

二是科学的责任分工：法官助理文书草拟与主审法官审核相结合。英美法系国家的司法文书往往写的"冗长而漂亮"，有的司法判决甚至达到上百页，几乎就可以成为一篇高质量的学位论文。缘何如此？其中一个关键因素就是得益于美国的法律助手制度。[1] 美国司法制度中的法律助手往往是各法学院的优秀毕业生，毕业后给法官当一年或两年的助手。他们年轻好胜、精力旺盛、阅读广泛，同时对工作有很强的新鲜感，这都使得他们有可能也有意愿写出出色的司法判决书。当前，在我国司法改革中，法官员额制、法官助理设置等一系列改革措施已经确立。在裁判文书说理的范畴，以法官员额制为基础，以法官职能分解为主导，构建以法官助理制度为推动力的法律文书制作机制大有可为。具体而言，法官助理在全程跟案、充分了解案情的基础上，根据法官的指导和倾向意见，负责草拟裁判文书，法官则对法官助理草拟的文书进行审阅、批注和修改，从而实现"双赢"：法官职能得到合理分解，法官工作强度得到合理稀释，法官助理能力也得到充分锻炼，师承制的人才培养模式得以建立。[2] 最高人民法院《关于完善人民法院司法责任制的若干意见》和《司法责任制实施意见（试行）》明确了不同司法人员的职责与权限，其中，法官助理的一项重要职责就是在法官指导下草拟审理报告、裁判文书。

三是院、庭长办案职能明确：为法官"拔钉子"、"挡沙子"。当事人对于院、庭长亲自审理的"优待"心怀希望甚至感激，抵触司法的顽固态度往往有所缓和，案件处理难度有所降低。另外，"钉子户案件"往往涉及拆

---

① 参见苏力《判决书的背后》，《法学研究》2001年第3期。
② 参见娄银生《书记员的定心与定位》，《人民法院报》2015年6月3日，第1版。

迁、企业改制破产等社会问题，单纯的司法裁判并不能实际解决问题。院、庭长承办该类案件，可以充分发挥领导的协调、沟通职能，向地方党委、政府积极寻求理解、帮助，在推进矛盾综合化解上具备得天独厚的优势。因此，院、庭长办案职能应该明确为：有效拔除妨碍法官审判工作中"路上的钉子"和"鞋子里的沙子"，保障一线法官心无旁骛、心情愉悦的办理案件。

2. 针对法官因"怕"不敢说理的方案："责任法定"的明确化

司法责任制改革明确不同司法人员的职责与权限，就是要实现责任法定，"让审理者裁判，由裁判者负责"，由法官对自己审理的案件作出裁判，并对裁判终身负责。因此，法官撰写的裁判文书说理不应因检察院抗诉、当事人缠诉闹访、舆论非专业和非规范监督等压力而承担责任，但以下三种情形除外：一是越权说理。裁判文书说理需要规范、明确的依据支撑，越权说理、强硬说理即便能够获取当事人的允诺，可能也会面临法学理论或其他相关利益群体的质疑和诘难。二是错误说理。对于同一行为，存在不同认识和观点在逻辑上完全可能并且完全可以理解，但是不同观点的选择和取舍总归存在理论指导或者其他极为有力的影响因素。因此，在处理不同认识的司法裁判过程中，应当遵循通说理论或者绝大多数理论观点的指导。三是失实说理。不管是事理、法理、情理、文理还是常理、推理，都必须以经法定程序认定的案件事实为基础，遵循证据裁判原则。任何非经法定程序认定、非以案件事实为基础的"说理"，并非裁判文书说理意义上的"说理"，而是一种任意妄为、缺乏事实基础与逻辑反证的强说理、失实说理。

3. 建立判决理由论证制度，完善裁判文书说理激励机制

最高人民法院《关于全面深化人民法院改革的意见》提出"推动裁判文书说理改革"，根据不同审级和案件类型，实现裁判文书的繁简分流。加强对当事人争议较大、法律关系复杂、社会关注度较高的一审案件，以及所有的二审案件、再审案件、审判委员会讨论决定案件裁判文书的说理性。对事实清楚、证据确实充分、被告人认罪的一审轻微刑事案件，使用简化的裁判文书，通过填充要素、简化格式，提高裁判效率。重视律师辩护代理意见，对于律师依法提出的辩护代理意见未予采纳的，应当在裁判文书中说明理由。完善裁判文书说理的刚性约束机制和激励机制，建立裁判文书说理的评价体系，将裁判文书的说理水平作为法官业绩评价和晋级、选

升的重要因素。该规定为加强裁判文书说理性指明了方向。加强裁判文书的说理性，要求法官当庭公开心证，在法庭上充分说明认证的理由、量刑的理由以及诉辩意见采纳与否的理由。上述理由和评议中涉及的其他事实法律问题在裁判文书中予以公开。从 2010 年 10 月 1 日起，法院将量刑统一纳入法庭审理程序，量刑规范化拉开序幕。裁判说理也就可分为定罪说理和量刑说理。其中定罪说理是对判决合法性理由的解释，是对法院认定的事实、采信的证据和适用法律的分析和推理；量刑说理是对判决正当性理由的阐释，是对法院选择刑种刑度及执行方式依据的论证，两者均为了解释法院行使自由裁量权合法有理。但量刑是一种复杂的逻辑思维过程，既要贯彻罪责刑相适应的原则，又要根据案情实现刑罚个别化，同时还要考虑地区经济发展状况、社会治安形势、当地民风民俗等因素，因此，量刑规范化的提出与法官自由裁量权并不矛盾。量刑中法官自由裁量权主要体现在两个方面：一是酌定量刑情节。酌定情节是法律没有明确规定的量刑情节，由法官根据立法精神和审判实践，结合案件的实际情况，予以全面考虑，从而确定被告人的刑罚。酌定量刑情节并不因为法律没有明文规定而成为可有可无的情节，它和法定量刑情节一样，在量刑时都需要全面审度，综合平衡。在说理时对于所有与案件有关的情节都需要法官运用自己的法律知识、对立法精神的掌握作出合理合法的裁量，并给出让人信服的判断理由。如犯罪动机、犯罪目的、犯罪人平时的表现、犯罪人与被害人平时的关系、犯罪后的态度等等。《法庭调查规程》第 42 条规定，法庭除应当审查被告人是否具有法定量刑情节外，还应当根据案件情况审查七个方面影响量刑的酌定情节。二是虽有法律明文规定，但规定过于笼统，无操作细则的情形。这也是以解释填补法律漏洞的说理。在法律虽有规定，但规定过于原则、笼统时，法官在解释时要在平时办案建立的社会阅历、社会经验的基础上，从社会情理、公正良俗等方面进行说理。广东惠州市惠阳区许霆案判决书被誉为"一份伟大的判决书"，法官在说理部分突破传统，将说理分为罪与非罪、此罪与彼罪、刑罚的衡量和最后的说明四个独立部分并各自成段，不仅超越了传统判决文书格式，还创造性地加入法官判决心得。在量刑说理部分，法官对被告人的犯罪动机、犯罪手段、犯罪后果以及被告人的成长环境等方面各自成段，针对被告人特有的犯罪危害性以及人身危险性因素，对其进行了个性化的详细论证。这份判决书广受赞赏，被认为是一份有理有据、说理透彻的判决书。[①] 这种说理性强的优秀裁判文书值得研究推广，作为完善裁判文书说理激励机制的样板。

六　健全审判权运行机制

习近平总书记指出："司法活动具有特殊的性质和规律，司法权是对案件事实和法律的判断权和裁决权。"[②] 在司法权力中具有决定意义的是审判权，而审判权的核心是裁判权，"裁判才是本真意义上的司法。司法责任制改革就是还权于法院和法官，就是建立以审判为中心的诉讼制度和以审判权为核心的司法制度"。[③] 审判权通过法官对证据的认证、采信的自由心证过程，认定事实，适用法律，对案件是非作出判断。以审判为中心的刑事诉讼制度要求建立符合司法规律的审判权运行机制，"让审理者裁判，由裁判者负责"，努力让人民群众在每一个司法案件中都感受到公平正义。当前，我国审判权运行存在一系列不符合司法规律甚至违背司法规律的做法。为适应严格司法的要求，最高人民法院 2013 年制定《关于审判权运行机制改革试点方案》，确定上海市第二中级人民法院等 13 家法院作为审判权运行机制改革试点法院，从 2013 年 12 月起进行为期两年的试点工作。2018 年修改的《人民法院组织法》第 8 条规定，人民法院实行司法责任制，建立健全权责统一的司法权力运行机制。这里主要结合司法体制改革研究解决健全审判权运行机制的四个突出问题。

（一）取消案件请示制度

案件请示制度在我国法院长期存在，发挥独特的作用，但缺乏法律依据。从司法实践看，需要请示的案件主要包括"事实难办案件"、"法律难办案件"、"影响难办案件"和"关系难办案件"四种。案件请示在司法实

---

① 参见周芳芳《论刑事判决说理的"私人订制"——从一份"伟大"的判决书说起》，《东方法学》2016 年第 3 期。
② 习近平：《在中央政法工作会议上的讲话》，载《习近平关于全面依法治国论述摘编》，中央文献出版社，2015，第 102 页。
③ 张文显：《论司法责任制》，《中州学刊》2017 年第 1 期。

践中能有效弥补立法和抽象司法解释的缺陷，尤其是针对审判实践中的许多重大、疑难、复杂案件，它能够起到有力的把关作用，保证案件实体审理结果的公正性，这是案件请示制度的"正面效应"。而且从客观而言，案件请示制度的形成和长期存在与我国立法不完善、法官素质亟待提高、法官考评、错案责任追究制、对抗非理性因素干扰法院审判等现实是密切相关的，这表明案件请示制度在我国司法实践中存在有其合理性。正因为如此，许多学者主张保留、规范。① 但案件请示制度本身固有的内在弊端已经构成对正当程序的僭越，遭多方批判，这是案件请示制度的"负面效应"。具体而言，主要包括四个方面：第一，影响审级独立，违背法院依法独立行使审判权原则。根据我国宪法和法律规定，法院系统上下级是一种监督关系，非领导关系。每一法院作为一个整体依法独立行使审判权，不受行政机关、社会团体和个人的干涉，也不应接受上级法院就个案裁判作出的指示或处理意见。司法实践中针对具体个案所推行的案件请示制度，下级法院将对具体案件所涉及的事实认定和法律适用问题请示上级法院，并依照上级法院的意见进行裁判，不仅影响审级独立，而且导致下级法院对上级法院的依附性增强，不利于法官独立审判意识的培养和司法能力的提升，这必将侵蚀独立行使审判权之根基。第二，破坏直接审理原则，背离司法之交涉性。直接审理原则强调法官参与案件审判的亲历性，要求法官必须通过亲自参加证据审查、亲身聆听法庭辩论，并据此形成内心确信，作出裁判。同时，现代诉讼机制强调民主与公正，体现在制度层面上，便表现为"听证机制"的存在，即审查者应在直接兼听各方观点的基础上作出裁决。在案件请示制度下，下级法院对具体个案的裁判系按照上级法院意见作出，这意味着上级法院实质上行使了一种间接审理权，而下级法院系依据上级法院的审理结果而作出裁判。毫无疑问，这是对直接审理原则的破坏。此外，依司法程序之交涉性，司法机关必须在双方当事人参与诉讼过程，并充分陈述、辩论其主张和根据的前提下方可作出判断。在案件请示制度下，上级法院对请示案件的处理并非以诉讼形态进行，而是实行书面

---

① 参见侯猛《案件请示制度合理的一面——从最高人民法院角度展开的思考》，《法学》2010年第8期；王新房、高蕴嶙《刍议案件请示制度》，《辽宁公安司法管理干部学院学报》2016年第2期；等等。

审查，诉讼双方无从参与，社会公众无法旁听，这实际上背离了司法之交涉性，剥夺了当事人的程序参与权。第三，虚置上诉审程序，侵害当事人之诉权。在案件请示制度下，上级法院针对下级法院具体个案所作的答复，对下级法院的裁判必将产生实质性影响。嗣后即便当事人提起上诉，因下级法院的裁判系依据上级法院意见作出，上、下级法院早在一审时就对案件情况达成了"共识"，即使当事人上诉，被改判的可能性极小。这使得当事人上诉权徒具形式意义，立法设计的上诉救济机制名存实亡。以河南省××市中级人民法院 2016 年 12 月对××县人民法院"关于对被告人王××职务侵占一案的答复意见"为例，该答复意见的具体内容如下。它显然成为其下级××县人民法院对该案的一审判决结果。如果当事人上诉，基本都是被裁定驳回，二审终审形同虚设。第四，影响审判效率，易造成诉讼迟延。由于案件请示制度并非属于法定的诉讼程序，现行立法对于其启动程序、运作方式、请示与解答的期限均缺乏明确规定，容易导致请示案件的审理期限处于不确定状态。实践中，有的案件请示时间过长，导致案件久拖不决、超期羁押现象时有发生，极易损害当事人的合法权益。

××市中级人民法院
关于对被告人王××职务侵占一案的答复意见①

××县人民法院：

你院《关于被告人王××职务侵占一案的请示报告》收悉。经我院审委会研究，同意你院对被告人王××的定罪量刑意见，即：一、被告人王××犯职务侵占罪，判处有期徒刑六年，并处没收个人财产 200 万元人民币；二、依法追缴扣押在案的北京××投资顾问有限公司在中国××银行北京××支行（账号：××，账号：××）及在××银行北京××路支行（账号：××）的违法所得 830.5574 万元及其孳息。

二〇一六年十二月十二日　（院印）

---

① 该答复意见是本案辩护律师阅卷时发现并拍下来的，笔者通过微信传阅得知。盖有××中院的鲜红院印。

正是因为案件请示制度存在上述"负面效应",主张改革乃至取消该制度的呼声早就出现。最高人民法院《人民法院第二个五年改革纲要(2004—2008)》提出对案件请示制度实行诉讼化改造。在实践中,由于改造缺乏确定的模型,各地在最高人民法院司法改革框架下所开展的诸多探索因为地域、人员、经验等诸多因素影响,在具体做法上存在较大差异,主要有"全盘否定式"、"继续沿用式"和"限制适用式"三种。① 从改革情况看,存在改革缺乏统一性,即各地法院在改革取向和模式选择上不尽一致;除个别法院外,大多数法院对案件请示制度的改革幅度偏小,主要属于对原有制度的进一步规范和适当限制;对替代制度的探索和尝试不足,移送管辖制度等很少适用,这与改革纲要的要求相距甚远。最高人民法院2013年《关于建立健全防范刑事冤假错案工作机制的意见》第19条禁止下级法院就事实和证据问题请示上级人民法院。最高人民法院《关于审判权运行机制改革试点方案》第1条规定审判权运行机制改革试点的具体目标是"严格落实相关诉讼法的规定,建立符合司法规律的审判权运行机制,消除审判权运行机制的行政化问题"。该规定隐含了取消带有行政化色彩的案件请示制度。同时,该方案第5条"重大疑难复杂案件的处理"为取消该制度又设计了替代措施:"对于案件审理过程中发现的重要法律适用问题或者其他重大疑难复杂问题,独任法官或者审判长可以提请院长、庭长召集专业法官会议或者审判长联席会议讨论,其结论应当记录在案,供合议庭参考。"该规定为下级法院处理重大疑难复杂案件指明了路径,无须再向上级法院请示。而第6条作为配套措施之一,明确禁止没有参与案件审理的院、庭长再签发审批法律文书,把审理的裁判权交给审理案件的法官或合议庭。所有裁判文书,包括调解书、裁定书和判决书,由独任审判员和审判长审核签发,并要求他们对案件处理程序和实体结果负责。最高人民法院《关于完善人民法院司法责任制的若干意见》和《司法责任制实施意见(试行)》关于不同司法人员职责和权限规定也明确了这一点。此外,最高人民法院已经开通"中国裁判文书网",法官可以查阅全国各地法院

---

① 参见肖伟《我国法院案件请示制度改革之反思与重构——以案件请示诉讼化改造为视角》,《南华大学学报》(社会科学版)2011年第4期。

生效法律文书；最高人民法院定期公布指导性案例，可以为法官裁判解决各种"事实难办案件"和"法律难办案件"提供参考。加之司法改革出台一系列规范性文件，建立了违法干预司法的责任追究制度，又为"影响难办案件"和"关系难办案件"扫除了障碍，下级法院无须再向上级法院请示。为此，笔者认为，我国立法应当取消下级法院向上级法院的案件请示制度。

（二）完善人民陪审员制度

从世界范围看，民众参与司法的基本形式包括英美陪审制、德国参审制和日本裁判员制度三种。无论陪审制还是参审制，非职业法官都由本地区的公民来担任，以保证其案件是由同类的与其具有大致相同的道德观及价值观的人审理，这就使得案件的处理结果能够符合社会公众的一般要求，从而获得社会公众心理上的认同和行动上的遵从。另外，陪审制度使得诉讼与社会公众息息相关。不仅诉讼的裁判主体能够获得来自公众的民意，而且社会公众能够亲身参与到诉讼中，从而体现诉讼的民主，使司法受到民众监督的同时，还与社会保持密切联系。而陪审制与"以审判为中心"又是一种天然依存的关系。在英美法系国家，由于陪审团的存在，控辩双方在审判前的工作完全是围绕审判活动展开的。为了避免不当预断，陪审团不能接触控方卷宗，他们只能根据法庭上发生的情况来认定案件事实，这要求所有的证据必须在法庭上出示，证人证言和鉴定意见必须以言词的方式提出。控辩双方一切活动的目的就是取得陪审团的支持，案件的胜负取决于控辩律师谁提出的证据更有力、谁的说辞更能让陪审团信服、谁的"表演"更能抓住陪审团的眼球。因此，在陪审团审判的案件中，必然要求控辩双方在庭审中举证、质证，进而形成一套完善的证据规则，促进司法公开，让审判活动摆上台面。任何未经举证、质证的证据不可能成为陪审团或法官裁判的依据。

我国人民陪审员制度属于参审制。1979 年刑事诉讼法第 105 条、1996年刑事诉讼法第 147 条和 2012 年刑事诉讼法第 178 条都规定："人民陪审员在人民法院执行职务，同审判员有同等的权利。"但是，2018 年刑事诉讼法第 183 条取消了该规定，以满足七人合议庭的要求。人民陪审员制度作为中国特色社会主义司法制度的重要组成部分，长期以来在促进司法民主、保障司法公正、提升司法公信方面发挥了重要作用。但是，它也暴露出许多问题，需要改进和完善：一是人民陪审员的广泛性和代表性不足；二是陪审案件范围不明确；三是随机抽选流于形式，人民陪审员职权与职责不相匹配；四是人民陪审员退出和责任追究机制缺乏；五是与人民陪审员制度相适应的履职保障机制不完善。这些问题的存在，制约人民陪审员制度功能的充分发挥。《中共中央关于全面推进依法治国若干重大问题的决定》又提出："完善人民陪审员制度，保障公民陪审权利，扩大参审范围，完善随机抽选方式，提高人民陪审制度公信度。逐步实行人民陪审员不再审理法律适用问题，只参与审理事实认定问题。"2015 年 5 月，全国人大常委会作出《关于授权在部分地区开展人民陪审员制度改革试点工作的决定》，授权在黑龙江、重庆等地 50 家法院开展为期两年的人民陪审员制度改革试点，主要内容包括改革人民陪审员选任条件，完善人民陪审员选任程序，扩大人民陪审员参审范围，调整人民陪审员参审职权，建立健全人民陪审员退出、惩戒和履职保障制度等。① 最高人民法院 2018 年工作报告显示，2013～2017 年全国陪审员共参审案件 1295.7 万件。2016 年，全国 22 万名陪审员共参审案件 306.3 万件，占一审普通程序案件的 77.2%。② 最高人民法院 2015 年《关于全面深化人民法院改革的意见——人民法院第四个五年改革纲要（2014—2018）》将"推动人民陪审员制度改革"作为健全审判权力运行机制的具体措施之一。各地也根据本地实际推进人民陪审员制度改革。上海市高级人民法院 2018 年工作报告显示，2013～2017 年人民陪审员参与审理一审案件 29.57 万件，陪审率为 96.31%。2018 年 4 月《人民陪审员法》制定并生效实施，总结人民陪审员制度改革试点经验，进一步完善了该制度。2018 年刑事诉讼法第 183 条根据《人民陪审员法》调整了合议庭组成方式和人民陪审员参与审判的模式。

健全审判权运行机制，改变人民陪审员"陪而不审、合而不议"等现状，《人民陪审员法》主要从四个方面完善了人民陪审员制度，但有的规定

---

① 参见沈德咏《对〈关于延长人民陪审员制度改革试点期限的决定（草案）〉的说明》，中国人大网 2017 年 4 月 27 日，最后访问时间：2017 年 5 月 12 日。

② 参见《周强：4 年依法宣告 4032 名被告人无罪》，《法制日报》2017 年 11 月 1 日。

还有待研究。

1. 人民陪审员制度的定位：从参审制转向混合制

我国刑事诉讼法经过 1996 年、2012 年和 2018 年三次修改，庭审已经吸收英美当事人主义诸多因素，走向"控辩制"，主要由控辩双方当事人推进庭审。《人民陪审员法》第 21 条和第 22 条根据合议庭组成不同，明确陪审员对事实认定和法律适用问题分别行使不同的发表意见权、表决权，采用了混合制模式。陪审员参加三人合议庭，对事实认定和法律适用都可以独立发表意见，并行使表决权，属于参审模式。但是，陪审员参加七人合议庭，只对事实认定有权独立发表意见，并与法官共同表决；而对法律适用仅可以发表意见，但不参加表决，属于陪审模式，但又不同于英美陪审制——法官不回答事实问题、陪审员不回答法律问题。我国《人民陪审员法》确立的这种陪审员参与裁判表决机制，要求探索构建事实审和法律审区分机制，明确区分事实问题和法律问题。这在理论上存在困难，实务部门在改革试点实践中也普遍感到困惑。从境外司法实践看，区分事实问题和法律问题主要包括一般裁定模式和问题清单模式。① 最高人民法院、司法部《人民陪审员制度改革试点工作实施办法》适当借鉴了境外做法，第 23 条第 1 款规定，在合议庭评议案件之前，审判长应当归纳并介绍需要讨论的事实问题，必要时可以以书面形式列出案件事实问题清单。《人民陪审员法》第 20 条仅规定了审判长的指引、提示义务，并没有明确区分事实问题和法律问题的标准或方法。因此，笔者认为，我国需要总结归纳改革试点和陪审实践经验，结合我国国情制定一套区分事实问题和法律问题的标准或方法，明确刑事裁判权在法官和陪审员之间的配置规则，才能确保人民陪审员制度从参审制转向混合制，落实七人合议庭中陪审员的陪审职责，从而保障 2018 年刑事诉讼法第 183 条增加的七人合议庭得以有效运作。

2. 改革人民陪审员选任条件和方式

人民陪审员作为"同类人审判"，负责事实认定，重在认定当地发生的

---

① 关于事实问题与法律问题的区分，参见陈学权《刑事陪审中法律问题与事实问题的区分》，《中国法学》2017 年第 1 期；陈杭平《论"事实问题"与"法律问题"的区分》，《中外法学》2011 年第 2 期。

案件事实所需要的社会阅历、社情民意等朴实知识和良知，而不是法律。因此，应当"大众化"，而不是"精英化"或"专业化"。法官是法律专家，负责法律适用。二者各有所长，相互补充。《人民陪审员法》第5~7条规定人民陪审员的条件和不得担任人民陪审员的情形，在降低学历要求（从大专降为高中），提高年龄（从23岁提到28岁）的同时，明确各类立法和执法工作人员，以及有严重违法违纪行为，可能影响司法公信的人员不得担任人民陪审员，这体现了人民陪审员的去法律专业化倾向，有利于维护司法公信力，无疑是正确的。但是，第5条严格限制人民陪审员的条件，与第2条赋予公民陪审权存在一定冲突。笔者认为，凡是年满18周岁具有选举权和被选举权、能够正确理解和表达的公民，都可以担任人民陪审员，但从事法律职业或者曾经接受过大专以上法律专业学习，以及因犯罪受过刑事处罚或者被开除公职的人员除外。

至于选任方式，《人民陪审员法》第8~13条规定，人民陪审员候选人名单包括随机抽选产生和推荐产生两种方式，经司法行政机关会同基层人民法院、公安机关进行资格审查后，由基层人民法院院长提请同级人民代表大会常务委员会任命，任期五年，一般不得连任。这有利于保证人民陪审员的政治素质，但很难体现陪审员的随机性、大众化。笔者认为，我国应建立由县级人大常委会负责选任、基层人民法院负责管理、从辖区选民中随机抽选的人民陪审员大名单。大名单按照不低于基层法院法官数量的3倍确认，以同级人大常委会的届期为限，每届人大常委会换届后重新确认，届期内参加过陪审的选民在一定期间内不再列入陪审员大名单。陪审时由法院从中随机抽取陪审员，一案一审。除刑事诉讼法规定的法定回避制度，还可以引进英美的无因回避制度，赋予控辩双方当事人（包括被害人）申请无因回避权。

3. 缩小陪审案件的范围

《人民陪审员法》第15条明确了陪审案件的范围，只有涉及群体利益、公共利益，或人民群众广泛关注或者其他社会影响较大，或案情复杂等案件，才由人民陪审员参加审判。同时，第17条赋予被告人申请陪审的权利。立法缩小陪审案件的范围，只有那些涉及公众利益、社会影响较大的案件才实行陪审。这样，剔除一般案件后，陪审案件数量减少，法院没有必要组成与陪审员的固定合议庭，专职陪审员没有了存在空间，一些司法潜规则失去了抑制对象。另外，陪审关涉公众利益、社会影响较大的案件能引起社会的高度关注，公众在关注案件本身的同时，也必然关注陪审员参与审理的过程和裁判结果，形成社会陪审意识的生成过程：陪审社会影响大的案件越多，陪审制的影响越大，公众选择陪审的愿望就越高，有利于重构社会信任关系，培育陪审文化。① 随着认罪认罚从宽制度包括速裁程序改革试点和立法确认，大量可能判处三年有期徒刑以下刑罚的轻微刑事案件将通过独任制的速裁程序解决，陪审案件的范围将自然缩小。

4. 明确合议细则

陪审员的作用主要体现在合议庭评议时。但是，合议时法官的"专业权威"和"领导权威"对陪审员是极大的心理压制，在"双重权威"面前，不熟悉法律的陪审员的"民间智慧"难以完整表达，"同等权利"可能被架空。《人民陪审员法》第 14 条规定陪审员参加审判时，组成三人合议庭，或者由法官三人与陪审员四人组成七人合议庭。第 23 条规定，合议庭评议案件，实行少数服从多数的原则，但没有明确合议细则。最高人民法院《关于完善人民法院司法责任制的若干意见》第 11 条第 2 款确立的审判委员会表决规则值得推广。② 为了保证陪审员的话语表达，立法应当明确合议细则，规定合议庭评议的发言顺序，陪审员应当先于法官发表意见。"二审一陪"合议庭先由陪审员发言，再由法官发言，最后由审判长发言；"一审二陪"或 4 名陪审员参加的合议庭，陪审员按照年龄由低到高确定发言顺序，法官按照等级由低到高确定发言顺序，年龄最少的陪审员首先发言，审判长最后发言。只有规制严格的合议细则才能消除法官对陪审员的心理压制，让陪审员不受法官的诱导而充分发表意见，把普通平民的公正理念和是非判断真正注入陪审过程。同时，为了实现庭审实质化，避免庭前预断，借鉴境外做法，应当明确陪审员在开庭前不能通过阅卷等方式了解案件事实或证据。

---

① 参见何进平《司法潜规则：人民陪审员制度司法功能的运行障碍》，《法学》2013 年第 9 期。

② 该款规定："审判委员会委员讨论案件时应当充分发表意见，按照法官等级由低到高确定表决顺序，主持人最后表决。"

（三）改革审判委员会制度

我国四部刑事诉讼法都将审判委员会（以下简称"审委会"）规定为一种审判组织，不直接审理案件，却可以讨论决定案件裁判。这不符合以审判为中心的诉讼制度的亲历性要求。审委会讨论决定案件的职能引起较大争议。支持者与反对者分歧的焦点在于审委会集体讨论决定案件对司法独立与司法问责两种价值的影响。《人民法院第二个五年改革纲要（2004—2008）》要求审委会的工作程序由"会议制"改为"审理制"，从而使审委会真正回归审判组织的性质。但是，由于传统运行机制的巨大惯性，"审理制"的改革目标一直没有实现。

审委会讨论决定案件的"类审判职能"一直饱受诟病，概括起来，主要存在五个问题：一是案件范围问题。疑难、复杂、重大案件缺乏具体认定标准，极易扩大审委会讨论决定案件的范围，导致法官主动或被动地"上交"案件审判权。二是职能比重问题。审委会疲于讨论具体案件，总结审判工作经验和规律、研究审判执行工作运行态势等审判管理职能没有充分发挥。三是人员结构问题。审委会委员主要由院领导和业务庭室负责人担任，导致开会讨论案件时，普遍存在听取并顺从高级别行政职务委员的意见的情况，群策群力、平等评议的制度预期落空。而作为委员的院、庭长囿于审判知识经验的专业化分工，未必精通跨领域的审判法律问题，也在一定程度上影响了案件讨论的质量。四是议事规则问题。审委会对案件事实作出的判断质量某种程度上依赖于案件承办人所作的汇报质量。如果承办人汇报不全面，或者汇报不够客观真实，审委会委员产生偏听偏信的问题就不可避免。再加上审委会讨论的案件数量过多，委员开会前对拟上会讨论的案件"备课"不充分，也必然导致审委会存在议事走过场的问题。五是责任承担问题。很多法官或者合议庭为了推卸办案责任，穷尽办法将不属于审委会讨论的案件提交讨论，一旦发生错案，无法认定和追究错案责任。[1]

---

[1]　关于审判委员会制度运行实证研究，参见徐向华课题组《审判委员会制度改革路径实证研究》，《中国法学》2018 年第 2 期；左卫民《审判委员会运行状况的实证研究》，《法学研究》2016 年第 3 期；叶青《主审法官依法独立行使审判权的羁绊与出路》，《政治与法律》2015 年第 1 期。

结合审委会制度存在的问题，学者们通过实证研究提出了各种改革方案。有学者认为，审委会制度运行的问题并不是每个法院之间存在差异，而在于一个法院内存有明显的差异。要充分发挥审委会的制度功能，必须忽视这种整体上的差异性，转而通过建构类型性的、差异化制度和机制来消除审判权运行的不确定性，通过"差异化"的方式来使得制度运行得以规范化。① 最高人民法院《关于完善人民法院司法责任制的若干意见》和《司法责任制实施意见（试行）》明确了审委会运行机制、讨论决定的案件范围，以及委员责任的认定与追究，进一步完善了审委会制度，值得肯定。主要内容包括四个方面，但有的还有待实践检验。

1. 合理定位审委会的职能

根据当前审委会承担的具体事项，审委会的职能可划分为审判管理、审判监督和审判案件三个方面。《关于完善人民法院司法责任制的若干意见》第 9 条明确审委会统一本院裁判标准的职能，依法合理确定审判委员会讨论案件的范围，从而强化审委会总结审判经验、讨论决定审判工作重大事项的宏观指导职能。《司法责任制实施意见（试行）》第 19 条将最高人民法院审委会讨论决定案件以外的职责细化为六个方面：（1）总结审判工作经验；（2）监督指导全国法院审判工作；（3）制定司法解释和规范性文件；（4）听取审判业务庭室工作汇报，分析研判本院和全国法院审判工作运行态势，实施审判管理；（5）讨论发布指导性案例；（6）讨论其他有关审判工作的重大问题。2018 年修改的《人民法院组织法》第 37 条将审判委员会的职能界定为四个方面：（1）总结审判工作经验；（2）讨论决定重大、疑难、复杂案件的法律适用；（3）讨论决定本院已经发生法律变动的判决、裁定、调解书是否应当再审；（4）讨论决定其他有关审判工作的重大问题。

2. 限制审委会讨论案件的范围

根据刑事诉讼法第 185 条规定，只有合议庭审理的疑难、复杂、重大的案件，合议庭认为难以作出决定的，才能提请院长决定提交审委会讨论决定。独任法官审理的案件不得提交审委会讨论。关于审委会讨论决定案件的范围，《关于完善人民法院司法责任制的若干意见》第 9 条将其明确界定

① 参见方乐《审判委员会制度改革的类型化方案》，《法学》2018 年第 4 期。

为涉及国家外交、安全和社会稳定的重大复杂案件，以及重大、疑难、复杂案件的法律适用问题，不再讨论事实认定问题。《司法责任制实施意见（试行）》第18条又将审委会讨论决定的案件细分为八类：（1）涉及国家利益、社会稳定的重大、复杂案件；（2）本院已经生效的判决、裁定、决定、调解书确有错误需要再审、重新审理的案件；（3）最高人民检察院依照审判监督程序、国家赔偿监督程序对本院生效裁判、决定提出抗诉、检察意见的案件；（4）合议庭意见有重大分歧，经专业法官会议讨论仍难以作出决定的案件；（5）法律规定不明确，存在法律适用疑难问题的案件；（6）处理结果可能产生重大社会影响的案件；（7）对审判工作具有指导意义的新类型案件；（8）其他需要提交审判委员会讨论的重大、疑难、复杂案件，这可以从涉案标的额、涉案人数等方面进行认定。

3. 完善审委会议事规则

鉴于民事（行政）与刑事之间的知识跨度较大，同时兼具几个领域专业知识和审判经验的审委会成员并不多。依据自己并不很熟悉的知识去讨论其他专业的案件，势必难以形成正确的判断和结论；而如果完全顺从其他专业的审委会成员的意见，事实上又未起到讨论的作用。为此，《司法责任制实施意见（试行）》第17条规定，审委会根据审判工作需要，在内部设立刑事审判、民事行政审判、执行等专业委员会，分别讨论决定不同专业案件。2018年修改的《人民法院组织法》第36条肯定了这一做法，规定审委会会议分为全体会议和专业委员会会议。中级以上人民法院根据审判工作需要，可以按照审委会委员专业和工作分工，召开刑事审判、民事行政审判等专业委员会会议。同时，为了充分调动审委会委员的集体智慧，避免讨论案件走过场，《关于完善人民法院司法责任制的若干意见》第10~11条补充了审委会的议事规则，合议庭认为案件需要提交审委会讨论决定的，应当提出并列明需要讨论决定的法律适用问题，并归纳不同的意见和理由。审委会委员应当事先审阅合议庭提请讨论的材料，了解合议庭对法律适用问题的不同意见和理由，根据需要调阅庭审音频视频或者查阅案卷。审委会委员讨论案件时应当充分发表意见，按照法官等级由低到高确定表决顺序，主持人最后表决。审委会评议实行全程留痕、录音、录像，并制出会议记录。此外，笔者认为，合议庭在办理提交审委会讨论的案件时，应告知当事人享有申请审委会委员回避的权利，并告知参加案件讨论的审委会委员名单。

4. 建立审委会委员的办案责任制

《关于完善人民法院司法责任制的若干意见》第 31 条建立了审委会委员违法审判责任的认定和追究机制，分四种情形。第一，审委会讨论案件时，合议庭对其汇报的事实负责，审委会委员对其本人发表的意见及最终表决负责。第二，案件经审委会讨论的，构成违法审判责任追究情形时，根据审委会委员是否故意曲解法律发表意见的情况，合理确定委员责任。审委会改变合议庭意见导致裁判错误的，由持多数意见的委员共同承担责任，合议庭不承担责任。审委会维持合议庭意见导致裁判错误的，由合议庭和持多数意见的委员共同承担责任。第三，合议庭汇报案件时，故意隐瞒主要证据或者重要情节，或者故意提供虚假情况，导致审委会作出错误决定的，由合议庭成员承担责任，审委会委员根据具体情况承担部分责任或者不承担责任。第四，审委会讨论案件违反民主集中制原则，导致审委会决定错误的，由主持人承担主要责任。2018 年《人民法院组织法》第 39 条肯定了这一做法。

（四）建立违法干预司法责任追究制度

人民法院、人民检察院、公安机关在办理刑事案件过程中，既可能发生党政机关和领导干部干预司法活动、插手具体案件处理的情况，也可能发生法院、检察院、公安机关内部人员违法过问、干预法官、检察官、警察办案的现象。而且，对于党政机关和领导干部干预司法活动、插手具体案件处理的行为，也存在负责办案的法官、检察官、警察迫于压力或囿于人情等因素不予抵制的情况。为此，《中共中央关于全面推进依法治国若干重大问题的决定》规定："建立领导干部干预司法活动、插手具体案件处理的记录、通报和责任追究制度。任何党政机关和领导干部都不得让司法机关做违反法定职责、有碍司法公正的事情，任何司法机关都不得执行党政机关和领导干部违法干预司法活动的要求。对干预司法机关办案的，给予党纪政纪处分；造成冤假错案或者其他严重后果的，依法追究刑事责任。""司法机关内部人员不得违反规定干预其他人员正在办理的案件，建立司法机关内部人员过问案件的记录制度和责任追究制度。"从而全面落实谁办案谁负责、谁决定谁负责的司法责任制。2015 年 3 月，中共中央办公厅、国务院办公厅印发《领导干部干预司法活动、插手具体案件处理的记录、通报和责任追究规定》，中央政法委也印发《司法机关内部人员过问案件的记录和责任追究规定》，建立过问案件登记制度，对于不当的"过问和干预"进行登记和公布，抵御审判权运行中的不当干涉。对于司法机关内部人员过问案件的，由法院、检察院的案件管理部门负责记录和调查核实；对于司法人员不抵制违法干预以致造成冤假错案或者其他严重后果，以及司法机关内部人员违反规定过问案件的，应当予以责任追究。2018 年《人民法院组织法》第 52 条明确规定了违法干预司法活动的责任追究制度，作为人民法院行使职权的保障机制之一。2015 年 11 月和 2016 年 2 月，中央政法委先后公开通报 5 起和 7 起领导干部干预司法活动、插手具体案件处理和司法机关内部人员过问案件的典型案件，相关工作人员受到行政、纪律处分。[①]湖南省益阳市原市委书记马勇曾干预命案致重罪轻判，就是一起典型案例。这起命案从审查起诉到最后判决量刑，益阳市公检法相关人员涉嫌在多个环节，为犯罪嫌疑人获得轻判进行运作，最终，主犯获刑 5 年，从犯被判缓刑。[②]

从司法实践看，违法干预导致司法不公的因素来自方方面面，既有外部干预包括党政领导干部插手案件的原因，也有司法机关内部上下级打招呼和司法人员个人的原因，而且，许多外部干预都是通过司法机关内部的行政化起作用。严格说来，任何干预司法行为，不管是出于私利还是所谓公共利益，都是严格禁止的。中央决定通过记录、通报、追究责任的递进的方式治理这种情况。最理想的状态是没有任何人打招呼干预，让司法机关严格按照司法规律和司法程序处理案件。

1. 记录

包括干预的所有内容，时间、地点、人物，打招呼的内容、过程，都

---

① 参见彭波《中央政法委首次通报五起干预司法典型案例》，《人民日报》2015 年 11 月 7 日，第 05 版；卢俊宇、熊红祥《中央政法委通报 7 起干预司法活动、插手具体案件处理典型案件》，新华网 2016 年 2 月 1 日，最后访问时间：2017 年 5 月 16 日。

② 参见谭君图《湖南一命案轻判的递罪逻辑：市委书记打招呼，公检法全面勾兑》，澎湃新闻网 2016 年 7 月 25 日，最后访问时间：2018 年 2 月 6 日。

应通过文字全部记录下来。当然，记录也包括录音在内。最高人民法院"四五"改革纲要对这些制度提出了具体要求，要求全面、如实记录，做到全程留痕，有据可查。而且记录的内容要全部纳入案件的正卷，供当事人、诉讼代理人查阅。这样，实际上相当于把领导干部干预司法活动公之于众了。

2. 通报

《领导干部干预司法活动、插手具体案件处理的记录、通报和责任追究规定》将通报的范围限定在违法干预司法活动的情形，并且针对实践中比较典型的违法干预行为，作了列举式的规定，主要包括：（1）在线索核查、立案、侦查、审查起诉、审判、执行等环节为案件当事人请托说情的；（2）要求办案人员或办案单位负责人私下会见案件当事人或其辩护人、诉讼代理人、近亲属以及其他与案件有利害关系的人的；（3）授意、纵容身边工作人员或者亲属为案件当事人请托说情的；（4）为了地方利益或者部门利益，以听取汇报、开协调会、发文件等形式，超越职权对案件处理提出倾向性意见或者具体要求的；（5）其他违法干预司法活动、妨碍司法公正的行为。领导干部只要有上述行为之一的，政法委按程序报经批准后予以通报，必要时可以向社会公开。

《司法机关内部人员过问案件的记录和责任追究规定》第9条规定，司法机关内部人员有下列行为之一的，属于违反规定干预办案，负有干部管理权限的司法机关按程序报经批准后予以通报，必要时可以向社会公开：（1）在线索核查、立案、侦查、审查起诉、审判、执行等环节为案件当事人请托说情的；（2）邀请办案人员私下会见案件当事人或其辩护人、诉讼代理人、近亲属以及其他与案件有利害关系的人的；（3）违反规定为案件当事人或其辩护人、诉讼代理人、亲属转递涉案材料的；（4）违反规定为案件当事人或其辩护人、诉讼代理人、亲属打探案情、通风报信的；（5）其他影响司法人员依法公正处理案件的行为。

3. 责任追究

它是对违法干预司法活动的领导干部的一种惩处，针对的是违法干预司法并且造成后果的行为，因此，适用范围比通报要小。《领导干部干预司法活动、插手具体案件处理的记录、通报和责任追究规定》主要明确了两种情形。一是违法干预司法活动、插手具体案件处理，造成后果或者恶劣影响的，依照有关规定给予纪律处分；造成冤假错案或者其他严重后果，构成犯罪的，依法追究刑事责任。二是对如实记录干预情况的司法人员进行打击报复的，依照有关规定给予纪律处分；构成犯罪的，依法追究刑事责任。同时，司法人员不记录或者不如实记录领导干部干预司法活动、插手具体案件处理情况的，予以警告、通报批评；有两次以上不记录或者不如实记录情形的，依照有关规定给予纪律处分。主管领导授意不记录或者不如实记录的，依纪依法追究主管领导责任。《司法机关内部人员过问案件的记录和责任追究规定》第 10 条作了类似规定。

第四章　以审判为中心的刑事
执行程序改革

刑事执行程序是刑事诉讼的最后程序，也是落实审判结果，评价和制约审前程序、审判程序的关键环节。《中共中央关于全面推进依法治国若干重大问题的决定》提出优化司法职权配置，"健全公安机关、检察机关、审判机关、司法行政机关各司其职，侦查权、检察权、审判权、执行权相互配合、相互制约的体制机制"。"完善司法体制，推动实行审判权和执行权相分离的体制改革试点。完善刑罚执行制度，统一刑罚执行体制。"该规定首次将司法行政机关与公安机关、检察机关、审判机关并列，同时，将执行权提升到与侦查权、检察权、审判权平行的高度，强调它们相互配合、相互制约，并且明确指出刑事执行程序改革的目标和方向——实行审判权和执行权相分离，统一刑罚执行体制，构建以审判为中心的刑事诉讼新格局。

一　刑事审判权与执行权分离

《中共中央关于全面推进依法治国若干重大问题的决定》提出推动实行审判权和执行权相分离的体制改革试点，但没有指明具体路径。刑事审判权与执行权分离的理论基础何在？如何实现刑事审判权与执行权分离？这些问题亟待研究。

（一）刑事执行权的性质与审执分离改革

我国刑事诉讼法、民事诉讼法和行政诉讼法赋予法院裁判权的同时，又赋予其执行权，由一审法院负责有关生效裁判的执行。目前，理论界和实务界对执行权的属性存在争议，主要有三种观点：第一种观点认为，执行权是一种行政权，执行旨在实现裁判所确定的权利，而不是解决当事人之间的私权纠纷，执行权应由法院和行政机关共同行使；第二种观点认为，执行权是一种司法权，它是国家赋予法院司法职能的一部分，是实现司法救济的基本手段之一；第三种观点认为，执行权是介于司法权与行政权之间的一种独立权力。独立权力说又有复合权说和司法行政权说两种表述，前者认为执行权既具有司法权的部分属性，又具有行政权的部分属性；后者认为强制执行是具有行政性和司法性双重特征。其中，执行权的复合权说是当前主流观点。最高人民法院认为，从权力性质上说，执行权是兼有司法权属性和行政权属性的复合性权力，含有司法权属性的这种权力理论上应当由司法机关行使。从执行权的具体内容看，可以进行两层划分：第一层分类，执行权可分为执行裁决权和执行实施权，执行裁决权应交由人民法院专门的执行裁判庭行使；第二层分类，执行实施权可以分为执行判断权和执行行为实施权，这种判断权应由法官行使，而不适宜交由行政机关。① 关于刑事执行权的性质，陈光中教授认为，刑罚执行包括两部分活动，具有两种不同的性质。一部分属于诉讼活动，包括刑罚执行机关将已经发生法律效力的判决、裁定所确定的内容依法付诸实施，以及处理刑罚实施过程中出现的变更执行等问题而进行的活动；另一部分是与受刑人的处遇、监管、教育、改造等事项密切相连的具体行刑活动，这类活动不具有诉讼性质，而是司法行政活动。② 陈瑞华教授认为，法院所享有的执行权与其司法裁判权是直接矛盾的。表面看来，执行似乎意味着对司法裁判结论的实现，或者可以被视为司法裁判活动的继续。但实际上，执行与司法裁判是两种性质截然不同的活动。为了执行，法院必须主动采取搜查、扣押、拘留、冻结等强制性措施，以便有效地变更法律关系，实现裁判结论的要求。为了执行，法院必须坚定地与控辩双方中的一方——胜诉方站在一起，对败诉的一方实施带有攻击性甚至侵略性的人身、财产权的限制行为。而为了进行裁判，法院又必须在控辩双方之间保持中立、超然和不偏

---

① 参见《最高法：关于将执行局与人民法院剥离的建议答复》，银川刑事执行检察 2017 年 5 月 16 日。

② 参见陈光中、魏晓娜《论我国司法体制的现代化改革》，《中国法学》2015 年第 1 期。

不倚。显然，执行与裁判是有着内在冲突和矛盾的两种职能，让法院既从事带有主动性的执行，又实施带有被动性的裁判，这就如同让一个法官既进行控诉又进行裁判一样，是与心理学的一般规律相矛盾的。因此，执行权不是司法权，它不符合司法裁判权的任何一个特征。[①] 相反，执行更加接近行政管理活动，属于司法裁判过程结束后进行的一种特殊的行政活动。[②] 按照他的观点，执行权属于司法行政权。

笔者赞同陈光中和陈瑞华两位教授的观点，认为刑事执行权本质上是一种行政权，不是司法权，也不是具有司法性和行政性双重属性的复合性权力，但执行过程中的刑罚变更具有司法裁判权性质。从属性和内容看，刑事执行作为一种实现刑事裁判的手段，与以诉辩、裁判为核心的诉讼有着本质的区别。执行权作为一种实现权，具有确定性、主动性、命令性、强制性等特征，完全不同于具有中立性、被动性、终局性等特征的司法权。因此，纯粹的刑事执行权只能是一种行政性的权力，应当从法院分离出来。而将执行权的性质归结于司法权，是将两种性质明显不同的权力混为一谈；执行权的复合权说的错误在于，将"在执行程序中行使裁判权"和"执行权中包含裁判权"混同。显然，执行中的裁判行为依然是法院司法权的体现，不能因为执行中可能存在需要裁判的情况，如对刑罚变更进行裁判，就错误地认为裁判权是执行权的组成部分。[③] 刑事执行过程中往往会涉及有关解决争议、法律适用及变更原生效裁判的问题，这不可避免地会导致司法裁判权的介入。无论在中国还是在西方，执行过程中都需要有司法官员的参与，由其主持解决一些发生争议或者导致实体问题发生变更的问题。例如，减刑和假释就需要司法官员经过听审作出裁决。这正是审判中心主义的具体体现。但无论如何，刑罚的执行本身是由行政机构而不是司法机构实施的。甚至连旨在规范执行活动的刑事执行法，俄罗斯等不少国家都视为一种特殊的行政法。

[①] 司法权具有六个程序特征：被动性、公开和透明性、多方参与性、亲历性、集中性和终结性。参见陈瑞华《问题与主义之间——刑事诉讼基本问题研究》，中国人民大学出版社，2003，第 17~26 页。

[②] 参见陈瑞华《执行权是司法权吗？》，民事审判参考 2017 年 6 月 1 日。

[③] 参见徐卉《论审判权和执行权的分离》，《中国社会科学报》2016 年 12 月 15 日，第 5 版。

　　我们通常把法官、合议庭兼理执行案件的模式称为审执合一，把设置执行员、执行机构专司执行工作的模式称为审执分离。审执分离改革的缘由，主要是现行民事执行体制中存在的执行难、执行乱、执行腐败等问题，它对于促进司法公正、提高司法公信力具有重要意义。探索审执分离模式，归根结底是如何实现审判权与执行权的有效划分问题。对此，主要有三种观点：第一种观点认为，应该实施彻底的外分，让执行权脱离人民法院；第二种观点认为，应该深化内分，在法院内部将审判和执行作进一步彻底的分离；第三种观点认为，应该深化内分、适当外分，同时，将一部分执行实施工作交给法院之外的其他部门行使。最高人民法院《关于全面深化人民法院改革的意见》将审执分离改革纳入此次五年改革纲要，并专门成立了审执分离改革工作领导小组，统筹协调民事执行、刑事执行与行政执行改革调研论证工作，形成了"深化内分、适当外分"的初步意见。其中，关于刑事案件强制执行，他们认为宜交其他国家机关办理。2015 年 1 月以来，最高人民法院先后批复同意广东、浙江、广西、江苏、上海、贵州、青海高院和河北唐山中院、四川成都中院等九个地区法院的执行体制试点改革方案。各试点地区法院均着眼于审判权与执行权在法院内部深化分离，侧重权力制约，规范执行行为，强化执行实施的统一管理与协调，均取得显著成效。广西法院审执分离改革后，2016 年第一季度共执结 9828 件案件，同比上升 30.7%；申诉信访案件总量同比下降 25%。河北唐山执行改革试点从强化对下统一管理协调的必要性出发，撤销了所有基层法院的执行机构，由中院执行局下设 5 个分局，管辖 17 个区县的执行实施案件，在未增加执行人员的情况下，2015 年 7 月至 2016 年 5 月共结案 8852 件，结案数同比上升 21.7%，执行标的到位率上升 22.7%，涉执信访下降 24.5%。①据悉，最高人民法院已将"深化内分、适当外分"的审执分离改革初步意见上报中央政法委，建议尽快提请中央全面深化改革领导小组审议研究。

（二）　刑事审判权与执行权分离的理论基础

　　最高人民法院审执分离改革的初步意见提出将刑事执行交由其他国家

---

① 　参见《最高法：关于将执行局与人民法院剥离的建议答复》，银川刑事执行检察 2017 年 5 月 16 日。

机关行使，实现刑事审判权与执行权分离，其理论基础包括三个方面。

1. 刑事执行的基本原理

对生效裁判的执行，意味着将该裁判所要求的公民财产、自由甚至生命加以剥夺，这与解决争端没有关系，也与认定事实、适用法律以及作出权威裁判的活动毫不相干。因此，作为司法裁判者的法院，在作出生效裁判之后，其针对有关个案的司法裁判活动已经结束，裁判权已经用尽。而将该裁判的内容付诸实施的权力，应当交由专门的行政机关加以行使，从而实现审判权与执行权分离。当然，虽然对生效裁判的执行本身不是司法裁判活动，但执行过程中涉及有关争议解决、法律适用和变更原生效裁判的问题，却不是刑事执行机构本身能解决的，应当作为司法裁判机关的裁判对象，符合审判中心论要求。如果刑事裁判不由行政机关执行，而是由法院来执行，那么，法院将成为自行裁判、自行执行的机构，无法保持程序正义所要求的中立性、超然性和利益无涉性，也就无法公正地从事执行过程中有关刑罚变更事项的司法裁判活动。如果执行过程中的刑罚变更问题不由法院通过司法裁判活动解决，而由负责执行的行政机关自行处理，这种处理过程无法体现被动性、参与性、公开性和透明性等诸多司法权的特征，违背司法裁判的基本原理。[①] 所以，在法院通过终审裁决对被告人进行定罪和量刑之后，监狱等政府机构通常会对犯罪人执行刑罚，行刑程序由此开始实施。对于这种为最终实现法院生效裁判而进行的执行活动，各国普遍将其定性为行政活动。其背后的理念是，法院终审裁判结论的产生，实际意味着起诉方提交司法机构裁决的案件已经有了一个明确的法律结论，司法裁判活动就此应当正式结束；至于就有罪裁决而进行的执行刑罚活动，其目的不过是最终实现国家的刑罚权，理应由行政机构具体负责实施。正因为如此，现代法治国家几乎普遍将刑事执行机构（尤其是执行监禁刑的执行机构）设在监狱，而监狱又设于国家行政机构（如司法行政部门）管理之下。

2. 刑事执行与民事执行的原则区别

刑事执行以公法维护国家和社会发展所必需的基本条件，体现社会管

---

① 参见陈瑞华《问题与主义之间——刑事诉讼基本问题研究》，中国人民大学出版社，2003，第 36~37 页。

理的单向性，主要强调对人的改造、对主体思想的矫正，偏重于罪犯的再社会化，与审判的关系并不密切，宜由行政机关执行。但民事执行则是用私法调处平等主体之间的权属关系，体现国家对权属关系确定后的裁决和执行实施功能，仍具有裁判属性，而且民事执行主要强调对物和行为的确认、对权属关系的再造，与审判的关系较为密切，可以由审判机关执行。因此，在法院内部推动民事裁决权与执行权的分离、进行审判和执行力量的整合或许是解决民事执行问题更为可行的路径。在法院内部将执行部门单列的做法可以保证执行权相对于审判权的独立性；而执行部门内部执行裁决权和执行实施权的分离实际上涵盖了两种权力之间的相互制约关系。①从推进国家治理体系与治理能力现代化，有利于解决执行不公正问题以及执行中当事人等的权利救济问题出发，执行体制改革必须规范权力配置关系，真正达到审判权与执行权的职能分离、司法权对执行权的有效制约、防止执行权的滥用，使执行公正在权力结构和体制上获得保障，使当事人能够有效地获得权利救济，使审判权和执行权按照司法权和行政权各自不同的机制独立运行。因此，基于刑事执行权的行政权性质，将刑事执行权归位于司法行政机关，执行过程中的刑罚变更事项的裁判权仍由法院行使，实现刑事审判权与执行权分离，符合宪法原则和现代国家治理原理，并且与政府作为行政权主体拥有的资源相匹配。因为政府资源远超司法资源，执行责任归于政府行政部门后，政府可以动用一切资源保证裁判执行。要根治执行难，就要用足行政资源，而不能采用给司法增加行政资源的方式，让法院变成另一个强力的行政执法部门，以致与其作为司法机构的性质、职能完全不符。

3. 统一刑罚执行体制的要求

根据刑事诉讼法规定，刑罚执行分别由人民法院、司法行政机关、公安机关负责。刑罚执行呈现一种分散型体制，执行权分别由多个机关行使，执行主体呈现多元化格局。这种分散型刑罚执行体制存在许多问题。作为审判机关的法院和侦查机关的公安机关享有刑罚执行权，从根本上有悖于

---

① 参见邵栋豪《"三分三转"：司法改革新思维》，《中国社会科学报》2017年5月10日，第5版。

刑事诉讼法所规定的"分工配合制约"原则，削弱了执行程序对侦查、审判程序的评价和制约功能。由法院执行死刑、罚金和没收财产裁判的体制，意味着法院在行使司法裁判权的同时，还要将自己所作裁判加以实现，从而使法院与执行产生某种利害关系，直接背离了司法制度设计的基本原理。这与民事执行一样，都属于自行裁判、自行执行的司法方式，法院将自身置于与司法行政机关和公安机关同样的境地。而司法行政机关和公安机关都属于政府的组成部分，它们行使的都是行政权。法院一旦亲自对生效裁判从事执行活动，司法裁判的公正性以及法院公正裁判者的形象都将受到消极影响，这对刑事诉讼程序的公正运行构成威胁。而公安机关作为国家治安保卫机关，司法实践中执行刑罚形式化严重。而且这种分散型的刑罚执行体制使刑罚执行难以统一规划和管理，导致执行成本提高、效率降低。这些都不符合以审判为中心的刑事诉讼制度要求。

因此，无论从刑事诉讼的内在价值还是从刑事执行权的性质出发，我国现行多元化的刑罚执行权配置模式都应当改变。改革的基本方向是《中共中央关于全面推进依法治国若干重大问题的决定》提出的"健全公安机关、检察机关、审判机关、司法行政机关各司其职，侦查权、检察权、审判权、执行权相互配合、相互制约的体制机制"，"统一刑罚执行体制"，朝着一体化方向发展，将刑罚执行权统一由一个刑罚执行机构行使，该机构可以根据刑罚的不同种类采取不同的执行方式、选择不同的执行场所，可以动用有关的行政资源协助执行刑罚。只有在一体化的刑罚执行体制下，才能进一步保障刑罚执行程序的公正和效率，才能进一步优化刑事司法活动的资源配置。目前，司法行政机关所属（代管）监狱、社区矫正机构和未成年犯管教所作为国家主要的刑罚执行机关，积累了丰富的刑罚执行经验；其机构设置和人力资源能够满足统一行使刑罚执行权的需要。所以，笔者认为，我国应当建立由司法行政机关统一行使刑罚执行权的刑罚执行体制，充分发挥各级司法行政机关的力量，形成公安机关（侦查）、检察机关（起诉）、法院（审判）、司法行政机关（执行）的刑事诉讼体制，所有公权力行使都受到监察机关监察，各司其职，互相配合，相互制约，共同完成刑事执行任务。

（三）刑事审判权与执行权分离的具体思路——兼论统一刑罚执行体制

通过将刑事执行权整体剥离出法院，实现刑事审判权与执行权分离，同时，完善刑罚执行制度，统一刑罚执行体制，形成刑事执行规划和管理的"统一"，监禁刑与非监禁刑相协调"统一"，实现刑罚执行与刑事裁判的"统一"对接，刑罚执行与检察监督的"统一"对接。这主要包括两方面内容。

1. 统一刑罚执行机关

刑事审判权与执行权分离应当是彻底分离，即将刑事执行权统一划归司法行政机关。司法行政机关自上而下设立相应的刑事执行机构负责刑罚执行。刑事执行机构作为落实生效法律文书的专门机构，其执行的主要依据是法院的生效裁判文书。因此，它应当有别于司法行政机关的现行管理方式，直接隶属于司法部，实行垂直管理，人员编制与经费单列。鉴于检察系统内自上而下已经设置了刑事执行检察机构，刑事执行机构的设置可以与法院审级和检察机关对应，分为四级，即刑事执行总局、刑事执行局、刑事执行分局、刑事执行支局。四级刑事执行机构由刑事执行总局统一管理，统一指挥。刑事执行总局和刑事执行局原则上不具体承担实施执行工作。刑事执行总局设于司法部，在司法部领导下，统管全国刑事执行工作，以政策性管理为主，仅负责执行最高人民法院及其设立的特别法庭作出的刑事裁判。刑事执行局设在各省（自治区、直辖市）司法行政机关，统管高级法院辖区内的刑事执行工作，负责本管理区域内执行队伍的建设、执行经费的管理、执行机关的设置、执行统一指挥、执行联动机制的建设等工作。这种模式与现行司法改革中推行的省级以下法院、检察院人财物统一管理一致。刑事执行分局负责具体执行案件的指挥等工作。刑事执行支局负责执行行为的实施。四级刑事执行机构分别接受同级检察机关刑事执行检察机构的法律监督。

与统一刑罚执行机关相适应，目前公安机关管理或代管的看守所、拘役所，以及特定监狱（如秦城监狱）等也应当整体转隶到同级司法行政机关（刑事执行机构）。当前司法行政机关内设的监狱管理机构、未成年犯管教所、社区矫正机构等转由该机关的刑事执行机构统一管理。

2. 统一刑罚执行内容

刑事审判权与执行权的彻底分离，要求将具有刑罚执行内容的刑事执行权全部交给司法行政机关行使。除了司法行政机关目前行使的部分执行权外，还涉及以下内容。

第一，关于死刑的执行，大多数国家都是由司法行政机关或监狱来行使。日本的死刑执行由司法部负责，美国的死刑是由关押的监狱负责执行。我国由人民法院执行死刑，容易使人产生法院的"刀把子"的负面形象，违背法院中立的裁判者地位。因此，死刑的执行权应由法院转移到司法行政机关，由司法行政机关刑事执行机构依法在监狱或其他执行场所执行，接受检察监督。这样，可以以执行权制约审判权，从程序上控制死刑，严格限制死刑适用，减少死刑数量。

第二，关于财产刑的执行，根据刑事诉讼法第271条规定，被判处罚金的罪犯或单位，在判决确定的期限内一次或分期缴纳。期满不缴纳，人民法院应当强制缴纳；如果由于遭遇不能抗拒的灾祸等原因缴纳确实有困难的，经人民法院裁定，可以延期缴纳、酌情减少或者免除。而没收财产的执行，可能涉及利害关系人的权利保护，在必要的时候，法院还需要会同公安机关强制执行。由人民法院执行财产刑的判决，尤其是强制执行，导致法院的中立性受到破坏，影响裁判的公正性、权威性。因此，应当转移到司法行政机关，由其刑事执行机构设立一个专门的财产刑执行部门负责执行。

第三，关于无罪、免予刑事处罚判决的执行，它们基本不涉及刑罚执行问题，可以保持不变，仍然由法院宣判后立即执行。如果涉及非刑罚处罚方法问题，可以交由刑事执行机构中社区矫正部门执行。

第四，关于拘役、剥夺政治权利和剩余刑期在三个月以下有期徒刑的执行，可以分别情况作出处理。首先，将拘役所划归到司法行政机关刑事执行机构后，刑事执行机构可以将现有的监狱管理局扩展为一个羁押管理部门，统一负责监狱、拘役所、看守所和未成年犯管教所的管理。其次，随着社区矫正制度日益完善，矫正手段不断丰富，可以将剥夺政治权利判决交给社区矫正部门执行。最后，对于剩余刑期在三个月以下，在现有体制下由看守所执行的有期徒刑，有两种解决方案：一是变更为社区矫正，交当地社区矫正部门执行；二是建议人民法院量刑时尽量不作服刑三个月以下就刑满的短期判决。从司法实践看，少判三个月对惩罚犯罪的力度以及贯彻罪责刑相适应原则的影响非常有限。①

第五，关于驱逐出境的执行，由于它不涉及司法行政机关矫正措施的实施，可以在法院裁决犯罪人驱逐出境之后，直接由交由司法行政机关执行。刑事执行机构可以设立一个涉外执行部门，统一负责对外国人、无国籍人的刑罚和驱逐出境等有涉外因素的判决的执行。

第六，关于看守所改革。2017 年 6 月 15 日，公安部发布《看守所法（公开征求意见稿）》，向社会公开征求意见。看守所制度存在的主要问题是，看守所性质模糊，功能定位不清，导致未决羁押权与侦查权、刑罚执行权冲突。在看守所整体转隶司法行政机关控制和管理后，为了解决未决羁押与刑罚执行职能的混同问题，应当将已决犯的刑罚执行职能从看守所剥离出去，交由监狱行使。这样，看守所成为一个纯粹的未决羁押机构。这是其一。其二，为了解决未决羁押与刑事侦查职能的混同问题，应当废止在看守所内部展开"深挖余罪"、"扩大侦查成果"等相关制度，废除在看守所内部设置特情人员制度。其三，在成为司法行政机关管理的未决羁押机构后，看守所应当加强对在押犯罪嫌疑人、被告人的权利保障，真正贯彻无罪推定原则，保障律师依法执业权利。在人身权利保障方面，看守所应改善未决犯的居住条件，使其享有基本的人格尊严，废止将其视为罪犯的羞辱性对待，让其获得基本的生活保障。在辩护权保障方面，看守所应至少在每个监号设置一部电话机，放置一部本地律师事务所和律师名录，以便于未决犯与律师事务所和律师进行通信和联络；看守所应至少设立一个法律图书室，为未决犯查阅法律和阅读法律书籍提供便利；在未决犯要求会见律师的情况下，看守所应尽快通知辩护律师到场，设法解决律师排队会见问题，没有辩护律师的，应安排法律援助值班律师与其会面。为保障未决犯的辩护权，看守所应允许辩护律师在会见时携带照相和录像设备，携带案卷材料，允许犯罪嫌疑人、被告人全面查阅这些材料，协助和保障

①　参见陈光中、魏晓娜《论我国司法体制的现代化改革》，《中国法学》2015 年第 1 期。

犯罪嫌疑人、被告人做好充分的辩护准备。[①] 其四，看守所整体剥离公安机关后，应当贯彻执行侦羁分离，切实承担起在押犯罪嫌疑人、被告人的人身安全保障责任。犯罪嫌疑人、被告人在押期间的合法权利遭受损害（包括非正常伤亡），看守所应当承担赔偿责任，除非其能够证明损害发生与其无关。这可以借鉴法国做法，在看守所设置专门的自由与羁押法官，负责对犯罪嫌疑人、被告人逮捕前和逮捕后羁押必要性进行审查，以决定是否有羁押或继续羁押的必要。同时，看守所不仅要加强内部安全管理，实现所有讯问可视化，而且应对所有入所和依法提押出所后返回的犯罪嫌疑人、被告人进行严格体检，体检结果经各方签字确认后，妥善保存以备用证明羁押的合法性。《严格执行非法证据排除规定》有关条款已经对此作了细化规定。

二　刑罚执行程序正当化构建——以被害人权利保障为中心

刑罚执行的根据是法院的生效刑事裁判，其主要内容包括对被告人所判处的刑罚和对被害人的民事损害赔偿两个方面。无论对被告人执行刑罚还是解决被害人损害赔偿，从某种意义上说都是为了保障被害人权利。因此，刑罚执行直接影响被害人权利保障。"以审判为中心"如何完善刑罚执行制度，加强刑罚执行中的被害人权利保障，是一个亟待研究解决的课题。

（一）刑罚执行与被害人权利保障的关系

1. 刑罚执行可以使被害人被害法益得以有效恢复

刑事执行权作为国家刑罚权的具体权能之一，通过执行刑罚，将生效裁判所确定的内容付诸实施，从而惩罚和教育改造犯罪人，促使其早日回归社会，成为遵纪守法的对社会有用的人。根据诉讼法理，生效裁判内容的一个重要方面是解决犯罪人的犯罪行为给被害人所造成的物质和精神损害赔偿问题，使被害人由于犯罪行为而受到的被害法益得以有效恢复。这就是刑罚的补偿功能。法国 2000 年 6 月 15 日 "关于加强保障无罪推定

和被害人权利的法律"修改《法国刑事诉讼法典》第729条,将假释的目标界定为有利于罪犯复归社会和防止累犯。为此,该法扩大了假释的一般标准,将罪犯作出赔偿被害人损失的努力视为其复归社会的严肃努力的表现之一,可以获得假释。① 在美国,即使被害人获得国家补偿后,犯罪被害人委员会还有权要求罪犯在将来更长的时间内给予被害人"创造性赔偿",该方案包括支付被害人损害赔偿和发展被害人与犯罪人之间的关系,为罪犯改过自新和回归社会提供帮助两个方面的目的。② 法国和美国做法的宗旨都在于通过刑罚执行促使犯罪人早日回归社会,与此同时,实现被害人的被害恢复,帮助被害人早日回归社会,兼顾加害恢复和被害恢复双重目的。

2. 刑罚执行可以安抚被害人,预防被害人再次被害

在有被害人的案件中,被害人或者因为丧失亲人而痛苦,或者因为身体健康受到损害而忧愁,或者因为财产损失而焦闷。总之,被害人是因为受到犯罪之害而招致心灵痛苦。而对犯罪人适用和执行刑罚,使犯罪人得到应有的惩罚,可以减轻被害人的心灵痛苦,慰抚其不满情绪。此即刑罚的安抚功能。这是其一。其二,刑事执行程序作为刑事诉讼最后一个阶段,其中具有诉讼特征的刑罚变更事项,需要司法裁判权介入,应当具有刑事诉讼的三方构造,确保所有利益相关人(包括被害人和罪犯)都能参与到程序中来,通过交涉互动实现当事人认可的"正义"。被害人通过对执行程序的参与,了解刑罚执行的过程和变更执行的原因,以及罪犯改恶从善的变化,可以逐渐摒弃原始的报复观念转而理性地接受现代刑罚观,避免因采取私力报复而可能造成再次被害。另外,还可以就罪犯的减刑、假释或暂予监外执行及时向刑罚变更决定机关陈述自己的意见和关切,促使他们在作出变更执行决定前更加全面地考虑被害人利益,准确地作出变更执行决定,使之在被害人权利保障与犯罪人权利保障之间保持平衡,必要时不释放犯罪人或者附条件释放,从而有效避免刑罚变更执行可能给被害人造成的再次被害。英国《1991年缓刑法》规定被害人在执行

---

① 参见赵海峰《欧洲法问题专论》,中国法制出版社,2007,第302页。
② 参见郭建安主编《犯罪被害人学》,北京大学出版社,1997,第219页。

阶段的相关权利,包括在准备提供释放罪犯的报告时将被害人及其家属的意见考虑进去;对那些在监狱中有问题的罪犯,在释放后有骚扰的可能性时,缓刑官在准备有条件释放被告人时,更要注意征求这方面的意见。如果被害人强烈反对释放罪犯,罪犯就不会被释放。美国法规定,被害人或其亲属可以直接或通过有关被害人援助组织与缓刑官见面,以表达被害人的担心。如果缓刑官认为被害人一方的担心有道理,他们就不会释放罪犯,或者附条件释放。①

3. 良好的执行效果可以避免更多的无辜公民沦为被害人,预防被害

通常情况下,被害人遭受犯罪侵害后,独自承受着犯罪所造成的人身损害、物质损失或(和)精神痛苦,会产生报复念头和尽快获得赔偿的心理。在复仇心理的驱动下,被害人首先往往寄希望于国家公力救济,强烈要求公安司法机关对犯罪人给予应有的惩罚,使犯罪人受到至少与自己同等的痛苦。如果他们这种愿望得不到满足,在各种因素的刺激下,被害人及其家属就可能产生"宁做犯罪人,不做被害人"的想法,对犯罪人及其家属进行私力报复,从而造成新的犯罪,制造新的被害人。如果对犯罪人适用和执行刑罚效果良好,不仅能使犯罪人转变思想,洗心革面,遵纪守法,不再实施新的犯罪行为,而且可以安抚被害人的心灵痛苦,满足他们的复仇愿望,从而避免私人报复行为,预防因此而导致的新的犯罪,从而预防被害。这是其一。其二,犯罪学研究揭示,犯罪是无法消灭的,我们只能预防并尽量减少。刑罚执行效果可能直接影响到预防和减少犯罪的数量,良好的执行效果不仅可以有效预防犯罪人重新犯罪,而且可以威胁、警告社会上的不稳定分子(包括被害人及其家属),使他们不致犯罪。据《环球时报》2009 年 2 月 3 日报道,韩国自 1997 年 12 月 31 日停止执行死刑以来,12 年间杀人犯罪率上升了 32%。这使许多社会公众沦为被害人,践踏被害人权利。其三,如果执行效果没有达到预期的目的,就将罪犯释放,他们不仅没有吸取教训,打消犯罪的念头,有的反而迷恋上监狱或看守所的"优厚待遇",成为社会危险分子,随时都可能为了返回监狱而实施

---

① Henlen Fenwick, "Procedural 'Rights' of Victims of Crime : Public or Private Ordering of the Criminal Justice Process", *Modern Law Review*, Vol. 60, No. 3, 1997, p. 331.

犯罪行为，从而使许多无辜社会公众沦为被害人。

我国刑事执行程序和刑罚执行制度总体上是有效的，但也暴露出很多问题。这种高度行政化的运作程序，加之减刑、假释、暂予监外执行等刑罚执行变更机制不完善，全国各地执行标准不统一等，使得刑罚执行阶段成了许多罪犯尤其是某些特权罪犯的"乐园"。在这种执行体制下，他们很容易得到刑罚执行机关极少数工作人员的"主动"配合，将刑罚执行视为儿戏，执行刑罚成了许多单位和个人的"摇钱树"，使得国家投入刑事司法程序的巨额成本化为乌有，当然也就不会为被害人权利保障留下空间，被害人从最初的刑罚执行人沦落到现在连刑罚执行程序参与资格都没有，这样的程序是缺乏正当性的，也成为某些地方"执行腐败"的温床。1999 年发生在广西罗城监狱的罪恶交易就是一个生动写照。① 最高人民检察院 2018 年工作报告显示，五年来全国检察机关全面加强对刑事执行活动的法律监督，坚决纠正违法减刑、假释、暂予监外执行等执行问题。对提请"减假暂"不符合法定条件或程序，以及裁定或决定不当的，监督纠正 11.8 万人。针对人民群众反映强烈的"以权减刑"、"提钱出狱"等问题，监督有关部门对 2244 名罪犯收监执行。针对检察机关发现的一些罪犯被判处实刑后未入狱、流散社会甚至重新犯罪问题，2016 年与公安部、司法部等共同开展专项清理，核查出 11379 人并逐一跟踪监督。现已监督纠正 9222 人，其中收监执行 7162 人。刑罚执行与被害人权利保障的冲突集中体现为罪犯权利保障与被害人权利保障的严重失衡。协调刑罚执行权与被害人权利保障的关系，除了完善刑法第 37 条规定的被害人民事赔偿优先执行制度外，还应当以党的十九大和十八届三中、四中全会精神为指导，全面深化司法体制改革，"以审判为中心"重构刑事执行程序，尤其是刑罚变更执行程序，完善刑罚执行制度，维持被害人权利保障与罪犯权利保障的动态平衡，逐步实现刑罚执行体制一体化和刑罚执行程序公开化、诉讼化。

---

① 参见《监狱竟成了"摇钱树"》，《文摘报》1999 年 6 月 20 日；《广西罗城监狱里的罪恶交易实录》，http://www.sina.com.cn/china/1999-9-913166.html，最后访问时间：2018 年 5 月 27 日。详细分析，参见吴建平、牛正良《减刑、假释、保外就医活动中存在的问题及对策——对胡耀光等人徇私舞弊减刑、假释、暂予监外执行案之透视》，《国家检察官学院学报》1999 年第 4 期。

（二）刑罚执行主体：从多元到一元，为被害人权利提供制度保障

我国刑罚执行机关除了监狱和拘役所外，还包括人民法院、公安机关及其看守所、社区矫正机构等，执行主体具有多元化特征。从被害人权利保障角度分析，这种多元化执行体制存在许多弊端。刑事执行权本质上是一种行政权，只有通过执行机关的主动行使才能实现生效裁判的内容。而人民法院作为国家司法机关，依法行使审判权，由法院行使部分裁判的执行权，尤其是死刑和财产刑的执行，不仅破坏法院的中立形象，有损法院裁判的权威性，而且，在我国目前司法体制下，地方各级法院的经费总是存在不足的问题，迫使许多地方法院想方设法利用审判权和执行权搞"创收"。有的法院为了便于其裁判得到顺利执行，在作出裁判之前与被告人或其辩护人进行所谓的"协商"。而这种"协商"又不允许被害人或其诉讼代理人参与或知情的，有时为了满足被告人及其辩护人的要求，牺牲被害人利益作出裁判。德国刑事庭审协商尽管已经得到德国联邦最高法院认可，但是，由于缺乏被害人参与而饱受争议。另外，公安机关作为国家治安保卫机关，不仅承担着日益繁重的刑事案件侦查任务，而且承担着日益复杂的社会治安维护职责，根本无力顾及剥夺政治权利等裁判的执行，更何况执行这些刑罚并不能为公安机关带来经济利益，解决他们面临的运作经费不足问题，以至于在实践中，这些放在社会上执行的罪犯由于脱离有效监管而造成严重后果的现象日趋严重，有的还直接或间接对被害人及其近亲属再次实施侵害，既有损刑事司法的权威性，又可能造成被害人再次被害。虽然根据我国刑事诉讼法和民事诉讼法规定，被害人民事赔偿相对于罚金或没收财产具有优先权，但它作为执行标的原则上由第一审法院执行，公安机关没有执行的法定义务。这样，有的公安机关即使发现被告人具备赔偿能力，而且被害人或其家属亟须获得损害赔偿，他们在行使执行权时也视而不见，放纵罪犯转移、隐匿、变卖或采取其他手段减损财产，致使被害人获得充分损害赔偿权"落空"。因此，公安机关很多情况下出现执行刑罚形式化，不仅不利于保障被害人获得损害赔偿权，而且可能损害被害人权利。此外，由于缺乏统一的刑罚执行机关和执行机制，执行阶段保障被

害人权利可能变成"踢皮球"，导致被害人"求偿无门"、"求助无路"。

基于上述理由，为了加强被害人权利保障，应当按照刑事执行一体化原则完善刑罚执行制度，推动实行审判权与执行权分离，将执行权赋予司法行政机关统一行使，从而使执行主体从多元变为一元。因为监狱作为我国主要刑罚执行机构，一直在行使死缓、无期徒刑和有期徒刑判决的执行，具有执行刑事裁判的基础和经验。另外，可以使我国司法行政机关真正"司法"，而将法院和公安机关从繁重的刑罚执行工作中解脱出来，实现刑事司法职权的优化配置和有限司法资源的高效利用。刑事诉讼法第 269 条将缓刑、管制、假释和暂予监外执行的执行权赋予司法行政机关的社区矫正机构，实行社区矫正，就是朝这一方向迈出的一个重大步骤。在明确刑罚执行权统一由司法行政机关行使的同时，还应当根据以审判为中心的刑事诉讼制度的要求，进一步完善各种刑罚执行程序。

（三）刑罚执行方式：从封闭到公开，为被害人参与执行留出空间

从被害人角度看，我国刑罚执行方式属于封闭型的，被害人没有任何参与和表达个人意见的机会，形同局外人。这种制度设置是不合理的，很难谈得上保障被害人权利。《中共中央关于全面推进依法治国若干重大问题的决定》提出"保障人民群众参与司法"，"坚持人民司法为人民，依靠人民推进公正司法，通过公正司法维护人民权益"，加强刑罚执行中被害人权利保障，协调刑罚执行权与被害人权利保障的关系，实现被害人权利保障与罪犯权利保障的平衡，应当转变执行方式，从封闭到公开，为被害人参与执行留出空间。

在我国，被害人与被告人都是刑事案件当事人和刑事诉讼当事人，大都身当其事，身临其境，因此，他们不仅与诉讼结局（包括执行结果）有直接利害关系，而且应当成为推进诉讼进程的主导力量，全面地、实质性地参与刑事诉讼全过程，包括刑罚执行程序。根据诉讼法理，当事人参与诉讼包括三个方面：一是知情，即知晓相关案件情况和诉讼进程的权利，这是参与的前提；二是在场，这是一种形式上的参与，要求当事人在诉讼中有权在场并见证诉讼的进程；三是陈述意见，这才是实质上的参与，要

求当事人能够通过陈述个人意见来参与司法决策的作出，从而影响法院裁判的形成。当事人陈述意见既可以采取书面形式，也可以采取口头陈述。根据这一原理，笔者认为，被害人对刑罚执行程序的参与主要包括四个方面。一是，执行机关在有关执行程序开始前应该通知被害人。二是，一旦涉及变更执行时，有关机关应该采用开庭审理的方式审查相关事实，并通知被害人及其近亲属参与，以便被害人表达他的意见和关切；如果被害人对变更执行裁判不服，有权获得救济。三是，在执行过程中，被害人有权获得执行情况的信息，并且可以随时查询执行情况。四是，被害人一旦发现执行不符合法律规定，有权要求相关机关进行处理，有关机关应当将处理结果及时告知被害人。因此，被害人在各种刑罚执行过程中应当有广阔的参与空间，主要包括五个方面。

第一，为了保证刑法第 37 条所规定的被害人民事赔偿优先执行制度得到落实，执行机关在执行财产刑或者财产罚以前，应当与被害人及其近亲属联系，准确了解被害人民事赔偿的实际执行情况，并听取被害人及其近亲属的意见。同时，立法应当增加规定，将犯罪人赔偿被害人损失的情况作为适用缓刑或者对其减刑、假释的法定条件之一，要求犯罪人在执行缓刑期间的收入或者在监狱内执行获得劳动报酬的一部分用来赔偿被害人。执行机关对于依法从犯罪人处扣留的这部分赔偿款应当及时支付给被害人，不得以任何理由挪用或扣减。2018 年刑事诉讼法第 223 条第（五）项要求被告人与被害人或者其法定代理人就附带民事诉讼赔偿等事项达成调解或者和解协议后才能适用速裁程序，体现了这一理念。

第二，在死刑立即执行程序中，执行机关在执行死刑前通知同级检察机关派员临场监督的同时，应当通知被害人及其近亲属，告知他们有权选择是否参与死刑执行。如果被害人或其近亲属决定参与执行，他们可以亲自或者委托诉讼代理人与检察人员一起临场监督执行。一旦发现刑事诉讼法第 262 条规定应当停止执行的情形，在执行机关上报最高人民法院的报告中应当附有被害人及其近亲属的意见。这样，不仅体现了被害人与检察机关共同作为控诉方的诉讼主体地位，使事关人命的死刑执行权能够分别受到来自国家公权力和个人私权利两个方面的监督，保证其严格依法行使，而且可以使最高人民法院在审查裁定是否停止执行或改判时，能够听到被害人的声音，认真考虑被害人的意见和关切。

第三，在死缓变更执行程序中，执行机关在向高级法院提出对罪犯减刑的书面意见之前，应当将该书面意见及罪犯执行情况依法送达被害人或其近亲属，告知被害人或其近亲属在指定期间提出意见，然后，将被害人或其近亲属的意见书连同对罪犯减刑的书面意见及案卷材料一同报送高级法院；无论是二年期满减刑还是审查确定执行死刑，高级法院都应当采取开庭审理的方式进行，并且依法通知被害人或其近亲属及其诉讼代理人参加和陈述意见。但被害人或其近亲属对高级法院作出的减刑裁定不服，只能申请复议一次，不得上诉。裁定生效后可以依法申诉。这不仅是为了防止过分加重最高人民法院负担，而且是为了保持被害人权利保障与罪犯权利保障的平衡。

第四，对于死缓、无期徒刑、有期徒刑和拘役的执行，执行机关在依法收押罪犯，通知罪犯家属的同时，应当通知被害人及其近亲属，并且留下联系方式，以便被害人及其近亲属可以随时查询或了解罪犯执行刑罚的情况；如果罪犯在执行过程中出现逃跑、死亡或者依法准许拘役罪犯回家一天至两天，执行机关应当及时告知被害人及其近亲属。

第五，对于管制、剥夺政治权利、缓刑、假释和暂予监外执行的执行，立法应当将不得侵扰被害人增加规定为罪犯在执行期间的法定义务。另外，执行机关应当告知罪犯此项义务及违反后果，并且通知被害人及其近亲属，向他们留下执行负责人及其联系方式，告知他们可以随时监督罪犯执行刑罚的情况；如果被害人或其近亲属发现罪犯执行刑罚违反法律、行政法规或有关规章规定，他们可以随时要求执行机关进行调查核实，并及时处理，将处理结果告知被害人或其近亲属。被害人或其近亲属对执行机关处理决定不服，有权向上级机关或检察机关申诉，或者直接请求法院审查。这样，不仅可以有效防止这些刑罚在司法实践中出现执行"落空"现象，而且可以充分利用被害人及其近亲属的监督力量来弥补检察监督的不足，增强被害人及社会公众对刑事司法的满意度，提高司法公信力。所有上述执行情况都应当有书面笔录，并且经被害人或其近亲属签字备查。

（四）刑罚执行变更：从行政化到诉讼化，为保障被害人权利创造环境

刑罚执行变更是指在刑罚执行过程中将生效裁判所确定的内容作出有利于犯罪人的改变，其实质是在保持原来裁判所确定的罪名不变的情况下，适当改变原裁判所判处的刑罚期限或执行方式。因此，它不仅直接涉及生效裁判的既判力和权威性，而且直接影响到被害人权利保障程度和包括被害人在内的社会公众对刑事司法的信心，应当采取与原来生效裁判一样的对抗式诉讼程序，经过以裁判为中心的诉讼构造保障被害人的充分参与权。这是以审判为中心的诉讼制度的基本要求。美国《模范刑法典》第305条附10条规定，假释委员会在决定假释时，应当考虑受刑人、辩护人、被害人等的意见。被害人的这种参与是通过其提交被害人影响陈述来实现的。美国联邦假释委员会1990年在确认被害人假释程序参与权时有一段精辟的论述："我们认识到，对于被害人、犯罪人以及各自家庭来说，我们的决定是至关重要的。因此，我们将设法保持最高程度的敏感性，并且在处理时设法尊重那些主要受到我们程序和决定影响的人的意见。"在符合这一目标的前提下，联邦假释委员会着手加大委员会与被害人之间信息分享。按照这种方式，委员会欢迎被害人就释放犯罪人的政策与风险评估提出意见。然而，在正常情况下，提交信息纯粹属于被害人的义务，除非确有必要，委员会不会主动寻求被害人的意见。同样，如果被害人希望得到委员会假释决定的信息，他们必须提出申请。委员会所提供的信息也随着被害人要求的信息类型而变化。而政策方面的信息是随手可得的。[1]法国2000年6月15日"关于加强保障无罪推定和被害人权利的法律"有关刑罚执行最重要的改革就是实现刑罚执行的司法裁决化，规定了刑罚执行法官作出刑事处理措施的程序。刑罚执行法官可以依职权，或者根据被判刑人或共和国检察官的申请，裁决采取下列措施：决定给予、推迟、拒绝、撤回或者撤销监外执行、半自由刑、分割执行和暂停执行刑罚、

---

[1]　参见 *Restorative Justice*：*John Howard Society of Alberta* 1997, p. 13, www. johnhoward. ab. ca/res-pub. htm。

假释等。在作出裁决前，应在法院合议室进行对抗性庭审，被判刑人及其律师可以发表其看法。裁决应当说明理由。对其不服的，可以由被判刑人、共和国检察官以及检察长在接到通知后 10 日内向轻罪上诉法庭提出上诉。但该上诉原则上没有停止执行的效力，除非在决定以后 24 小时内检察官提出上诉。①根据该法对《法国刑事诉讼法典》修改后的序言性条款原则之二规定，共和国检察官和刑罚执行法官在刑罚执行的司法裁决程序中务必告知被害人，并保障被害人的权利。

关于我国刑罚执行变更程序诉讼化改造的必要性与可行性，学者们曾有过分析，②笔者在此不再累赘。大多数学者都主张按照正当程序的要求来重构减刑、假释和暂予监外执行程序，赋予被害人和犯罪人程序参与权，但在程序设计上存在分歧。在实践中，许多地方已经进行这方面的试点，效果还比较理想。最高人民法院 2009 年 4 月要求对减刑、假释案件一律实行公示制度和有条件的公开听证制度，对所有职务犯罪减刑、假释一律实行公开听证制度，重大、有影响的减刑、假释案件实行陪审或接受人民监督员监督。③河南法院率先在全省监狱设立 30 多个审理减刑、假释案件驻狱巡回法庭，并率先在省高级法院设立专门的减刑假释审判庭，减刑、假释公开改革从公开听证到公开开庭，从狱内公开到狱外公开，从实况录播到网络直播，从审理过程公开到立案信息和裁定结果全公开，从由法官组成合议庭到由法官与人民陪审员共同组成合议庭，逐渐形成了河南法院狱内狱外、网上网下"双公示"、"双公开"和人民陪审员庭上参审、庭下观审"双参与"的"三双"工作模式。自 2009 年以来，河南法院共公开审理减刑、假释案件 37980 件，人民陪审员参与审理 26340 件，占 69.35%；其中不予减刑、假释 2189 件，占 5.77%。2015 年 8 月 24 日，河南省高院减刑假释审判庭在新乡市中院公开开庭审理两起无期徒刑罪犯提请减刑案，

① 参见赵海峰《欧洲法问题专论》，中国法制出版社，2007，第 300 页。根据该法律，减刑仍属于司法行政措施，没有司法裁决化。立法者认为，考虑到该措施的性质和数目，不能计入裁决化的范围。
② 参见黄兴瑞《刑罚执行变更程序改革考察》，《国家检察官学院学报》2012 年第 5 期；程绍燕《我国减刑假释听证制度研究》，《政法论坛》2016 年第 4 期；李勤《减刑假释制度的适用：积分制的缺陷及其完善》，《政法论坛》2017 年第 2 期；等等。
③ 参见《最高法：职务犯罪减刑假释须公开听证》，《新京报》2009 年 7 月 11 日。

又在庭审中首次引入减刑"证明制度",不仅要求当庭出示狱中考核得分、表扬奖励、确有悔改表现等一系列材料,证据要经过法庭举证、质证,查证属实,而且要求证人尽可能出庭作证,实事求是地证明罪犯在监狱的改造表现情况。① 推进以审判为中心的刑事诉讼制度改革,保证审判结果得到切实执行,加强人权司法保障,包括保障被害人权利,需要完善刑罚执行制度,实现刑罚执行变更程序诉讼化,使刑罚变更与原来作出生效裁判一样,实行开庭审理,构建以裁判为中心的诉讼构造。笔者认为,主要包括六个方面内容。

1. 程序启动

无论减刑、假释还是暂予监外执行,都应当首先由罪犯向执行机关提出申请,由执行机关调查收集有关证据材料,认为罪犯符合变更执行条件时,再由执行机关提出相应的变更执行申请书,有被害人的案件,执行机关应当将该变更执行申请书送达被害人,并要求被害人在指定期间提出意见。然后,执行机关将变更执行申请书、被害人意见书连同案卷材料一并移送相应的检察机关审查决定。检察机关应当由专门的刑事执行检察部门负责审查核实有关事实、证据,并且听取被害人或其近亲属的意见,认为罪犯符合变更执行条件的,将执行机关报请减刑、假释或监外执行的罪犯名单在合适的范围内予以公示,鼓励有不同意见的人员在指定期间内提出异议;没有人提出异议,或者异议经查实验回的,检察机关再提出自己的变更执行申请书,连同被害人意见书及案卷材料一并移送同级法院审理裁定。这要求各地刑罚执行机关在收监执行刑罚时,应当明确告知每一位罪犯有申请变更执行的权利及条件、程序、期限等,并记录在卷。

2. 审理方式

鉴于司法实践中减刑、假释案件数量太多,而各地中级以上法院审理这类案件的刑事法官又非常有限。因此,减刑、假释和暂予监外执行审判程序的设计具有特殊性,它既要关注公正,同时也要关注效率。具体来说,只有服刑人员和刑罚执行机关、检察机关或被害人就刑罚执行变更的适用

---

① 参见《河南减刑案首引入证明制度 狱警当庭受"拷问"》,《中国青年报》2015 年 8 月 27 日。

条件、法律依据、减刑幅度、假释考验期等存在较大争议，或具有重大影响的案件，才采取普通程序开庭审理；对于争议不大或者影响较小的一般案件，采取简易程序甚至速裁程序审理；而对于无争议的案件，采用公示——书面审理。① 沈阳和全国各地目前正在推行的减刑、假释听证可以视为一种简易审方式。而河南实行的开庭审理方式更符合审判中心的要求，但审理程序需要多样化。

在实践中，刑罚变更执行具体采用哪种程序，由法院根据个案情况决定。但无论采取普通程序、简易程序，还是速裁程序，法院都应当组成合议庭以开庭的方式调查核实有关事实、证据，罪犯、刑罚执行机关、检察机关、被害人和罪犯及其代理人都有权参加，合议庭可以吸收人民陪审员参加。所有申请刑罚执行变更的材料都必须在法庭上出示，并尽可能通知证人出庭作证，经过质证，查证属实，但法庭应当给予出庭的罪犯、被害人及其诉讼代理人陈述意见权，向刑罚执行机关及证人发问权。法院裁定也应当充分考虑被害人的意见和关切，无论采纳与否都应当在裁定中作出附理由的说明。服刑人员、检察机关对法院裁判不服，有权提起上诉或抗诉。与刑事诉讼法第229条规定一致，被害人对法院裁定不服，只能在5日内申请检察机关抗诉，而无权直接上诉。这主要是为了维持被害人权利保障与罪犯权利保障平衡和诉讼效率。因为变更执行申请已经经过检察机关审查和法院审理，并且先前还经过了公示和听取被害人意见程序，基本事实都已经查清，争议不大。

3. 听取意见

无论是刑罚执行机关、检察机关还是法院审查变更执行申请都应当听取被害人的意见，但也要谨防被害人滥用陈述权，作出虚假陈述，影响罪犯权利。美国已经有45个州在假释程序中引入了被害人影响陈述。但据宾夕法尼亚州的一项随机抽样调查发现，在100例被害人在假释程序中进行陈述的案件中，假释被拒绝的比例高达43%，而在100例被害人没有进行陈述

---

① 关于这三种程序的具体设计，参见樊崇义主编《公平正义之路：刑事诉讼法修改决定释义与专题解读》，中国人民公安大学出版社，2012，第533~534页。

的案件中，假释被拒绝的比例只有 7%。[1]显然，被害人影响陈述对于假释委员会是否批准罪犯假释申请是有直接影响的。

4. 审查期间

自罪犯提出变更执行申请之日起，刑罚执行机关应当在 10 日内作出是否同意的决定，并书面告知申请人；申请人对驳回申请不服，或者执行机关在法定期限内没有作出决定的，他们有权申请复议一次，或者直接向检察机关申诉。检察机关在收到刑罚执行机关申请或罪犯申诉之日起 20 天内应当作出是否同意的决定，刑罚执行机关或者申请变更执行的罪犯对检察机关驳回申请不服，或者检察机关在法定期限内没有作出决定的，他们有权申请复核或复议一次，或者直接向法院提出申请。法院在收到检察机关或刑罚执行机关、罪犯申请之日起 20 天内，应当作出最终裁定。

5. 程序效力

立法应当明确禁止人为规定减刑、假释比例，并且经查有能力赔偿被害人损失而拒绝赔偿的罪犯，一律不得减刑或假释。此外，还应当引入刑事禁止令，如果犯罪人在减刑或假释后一年内故意直接或间接侵扰被害人及其近亲属，经查证属实的，应当撤销减刑或假释裁定，收监执行原来的刑罚或被减去的刑期。犯罪人在减刑或假释后三年内对被害人故意犯罪的，无论何罪，均构成累犯，并不得再申请减刑或假释。

6. 专门机构

法院设立专门的刑事执行裁判法庭和刑事执行法官，统一负责减刑、假释和暂予监外执行等刑罚变更执行的审判。这种法庭可以吸收人民陪审员参加，审判可以根据案件具体情况选择采用繁简不同的诉讼程序，既要关注公正，还要提高效率。

三　刑罚执行变更程序诉讼化改造

刑罚执行变更，又称刑罚变更执行，是指在刑罚执行过程中，基于已

---

[1]　参见郭建安主编《犯罪被害人学》，北京大学出版社，1997，第 221~222 页。关于被害人影响陈述及其与被害人陈述的比较，参见兰跃军《刑事被害人作证制度研究》，中国人民公安大学出版社，2011，第 159~168 页。

经发生的法定事由，由有关国家机关依照法定程序对原判刑罚的执行方式或执行内容加以变动或更改的制度。作为我国刑法和刑事诉讼法规定的一项刑罚执行制度，刑罚执行变更对于更加充分地发挥刑罚功能，实现刑罚目的具有重要意义。同时，它也是刑事执行程序中腐败频发的"重灾区"，需要研究解决。

（一）刑罚执行变更的基本内容

刑罚变更执行制度主要包括死刑的变更执行、死缓的变更执行、减刑、假释、暂予监外执行、缓刑的变更执行和赦免七个方面。2015 年 8 月 29 日，全国人大常委会通过关于特赦部分服刑罪犯的决定，经国家主席习近平签署特赦令，在中国人民抗日战争暨世界反法西斯战争胜利 70 周年之际，对参加过抗日战争、解放战争等四类服刑罪犯实行特赦。经人民法院依法裁定，全国共特赦服刑罪犯 31527 人。① 此外，随着我国与其他国家之间的司法协助项目日益增多，国际上被判刑人的移管，对罪犯在执行刑罚过程中所犯新罪或发现的漏罪进行追究、判处刑罚以及对错案进行追究及引起的后果，都是对刑罚执行过程中的处置，涉及对罪犯实际执行刑罚的变更。从司法实践看，刑罚执行变更主要是指减刑、假释和暂予监外执行三项制度，下文主要以这三项制度为中心，考察刑罚执行变更程序及其诉讼化，其他制度可以参照执行。

（二）刑罚执行变更程序的实践考察

案例 3 湖北省××监狱在押犯人雷某在××医院身穿囚服脱逃。据公开司法文书，今年 45 岁的雷某，于 2010 年 8 月 23 日因合同诈骗罪被××法院判处有期徒刑 11 年，并处罚金 50000 元。2016 年 5 月 30 日，湖北省××监狱提出提请减刑建议书，称罪犯雷某在服刑期间，能认罪服法，遵守监规，接受教育改造，积极参加劳动，完成生产任务。建议法院予以减刑。××中级人民法院审理确认，雷某在服刑期间，获得

① 参见《纪念抗战胜利 70 周年特赦完成 31527 名罪犯被释》，新华网 2016 年 1 月 25 日，最后访问时间：2017 年 6 月 20 日。

五次季度表扬，二次季度记功，于 7 月 1 日，将雷某刑罚减去有期徒刑十一个月，刑期自 2010 年 3 月 26 日起至 2020 年 4 月 25 日止。[①] 但判决书显示，此前，雷某曾多次入狱，服刑期间有脱逃前科。1993 年 4 月 28 日，雷某因犯抢劫罪被法院判处有期徒刑 5 年。1995 年 12 月服刑期间，雷某又因犯脱逃罪、盗窃罪被××人民法院加刑 5 年，与前罪余刑并罚，执行有期徒刑 7 年。此后，雷某分别于 1998 年和 2000 年分别减刑 10 个月和 1 年，2001 年 1 月 12 日刑满释放。2007 年 11 月 13 日雷某因犯持有假币罪被法院判处有期徒刑 6 个月。2009 年 3 月至 2009 年 5 月，雷某以交工程保证金、回收电缆需要资金、交股金等为由，先后骗取蔡某某、龚某某、陈某某、谭某某等 4 人共计人民币 55 万元。2010 年 3 月 26 日因涉嫌诈骗被××市公安局刑拘，同年 4 月 28 日被批捕。[②]

这样一位多次犯罪入狱，服刑期间曾经脱逃，减刑出狱后又继续实施各种犯罪行为的罪犯，却经法定程序再次获得减刑，这不得不令人反思我国刑罚执行变更制度存在的各种问题，尤其是刑罚执行变更的法定条件和程序。

以减刑为例。根据刑法第 78 条和刑事诉讼法第 273 条规定，被判处管制、拘役、有期徒刑、无期徒刑的罪犯，在执行期间，如果认真遵守监规、接受教育改造，确有悔改表现的，或有立功表现的，可以减刑；有六种重大立功表现之一的，应当减刑。[③] 减刑以后实际执行的刑期，判处管制、拘役、有期徒刑的，不能少于原判刑期的二分之一；判处无期徒刑的，不能少于十三年；判处死刑缓期二年执行的，缓期执行期满后依法减为无期徒刑的，不能少于二十五年，缓期执行期满后依法减为二十五年有期徒刑的，不能少于二十年。关于减刑的程序，刑法第 79 条和刑事诉讼法第 273~274

[①] 参见《湖北监狱脱逃犯雷军照片曝光 今年 7 月刚获减刑》，新京报 2016 年 9 月 25 日，最后访问时间：2016 年 9 月 25 日。

[②] 参见《湖北蔡甸监狱脱逃犯曾多次入狱 有脱逃前科》，《新京报》2016 年 9 月 26 日。

[③] （1）阻止他人重大犯罪活动的；（2）检举监狱内外重大犯罪活动，经查证属实的；（3）有发明创造或者重大技术革新的；（4）在日常生产、生活中舍己救人的；（5）在抗御自然灾害或者排除重大事故中，有突出表现的；（6）对国家和社会有其他重大贡献的。

条规定，对判处管制、拘役、有期徒刑的罪犯（包括原判死刑缓期二年执行、无期徒刑已减为有期徒刑的罪犯）减刑时，由服刑人员所在监区（分监区）集体研究，提出意见，经监狱主管部门审核，主管监狱长批准后，由监狱提出书面减刑建议，提请当地中级人民法院依法裁定，并将建议书副本抄送人民检察院。人民检察院可以向人民法院提出书面意见。人民法院应当组成合议庭进行审理，并自收到减刑建议书之日起一个月内予以裁定，对确有悔改或者立功事实的，裁定予以减刑；案情复杂或者情况特殊的，可以延长一个月。减刑裁定的副本应当抄送人民检察院。人民检察院认为人民法院减刑裁定不当的，应当在收到裁定书副本后二十日以内，向人民法院提出书面纠正意见。人民法院应当在收到书面纠正意见后一个月以内重新组成合议庭进行审理，作出最终裁定。对判处死刑缓期二年执行、无期徒刑罪犯的减刑，应当由服刑人员所在监狱提出书面减刑建议，报请省监狱管理局审核同意后，提请高级人民法院依法裁定。非经法定程序不得减刑。

司法部 1990 年出台《关于计分考核奖惩罪犯的规定》，规定监狱提请减刑、假释的主要依据是根据思想改造和劳动改造情况实行的量化计分考核。各省司法行政机关陆续制定了《罪犯奖惩考核办法》，各监狱也制定了实施细则和考核办法等。据四川川东监狱负责人介绍，服刑人员减刑要走 9 道程序。符合减刑条件的，先由服刑人员提出申请、由监区民警集体研究、在监区公示 2 天；再提交刑罚执行部门审查、监狱评审委员会评审并公示 5 天；最后移交检察院审查、监狱长办公会决定是否提请，并在监狱公示 3 天。完成上述流程后，再报法院审理裁定。①

最高人民法院数据显示，目前全国减刑、假释案件每年有 60 多万件。减刑、假释对于激励罪犯积极改造，促进罪犯回归、融入社会，具有重要的意义。然而司法实践中，一些服刑人员通过造假、买通相关人员换取减刑、假释的现象比较突出。"有权人"、"有钱人"被判刑之后，减刑相对较快、假释及暂予监外执行比例过高、实际服刑时间偏短，甚至暗藏徇私舞弊、权钱交易，对司法公正和司法公信力损害巨大，在社会上造成极其恶

---

① 参见《四川川东监狱：服刑人员减刑要走 9 道程序》，四川在线 2015 年 12 月 29 日。

劣影响。为此，中央政法委 2014 年颁布《关于严格规范减刑、假释、暂予监外执行切实防止司法腐败的意见》，明确规范职务犯罪罪犯、破坏金融管理秩序和金融诈骗犯罪罪犯、组织、领导、参加、包庇、纵容黑社会性质组织犯罪罪犯"三类罪犯"减刑、假释、暂予监外执行工作。最高人民法院制定《关于减刑、假释案件审理程序的规定》，明确六类案件必须开庭审理。① 最高人民法院、最高人民检察院 2018 年工作报告显示，五年来，最高人民法院会同有关部门建成统一的减刑假释信息化办案平台，依法公开公正审理相关案件，对暂予监外执行罪犯进行全面核查，决定收监执行 6470 人。最高人民检察院对提请"减假暂"不符合法定条件或程序，以及裁定或决定不当的，监督纠正 11.8 万人。以职务犯罪、金融犯罪、涉黑犯罪为重点，强化对异地调监、计分考核、病情鉴定等环节监督，共监督有关部门对 2244 名罪犯收监执行，其中原厅局级以上干部 121 人。针对检察机关发现的一些罪犯被判处实刑后未入狱、流散社会甚至重新犯罪问题，2016 年与公安部、司法部等共同开展专项清理，核查出 11379 人并逐一跟踪监督。现已监督纠正 9222 人，其中收监执行 7162 人。对仍逃匿或下落不明的 1181 人，督促开展追逃。

很多法院通过开庭审理或听证的方式裁定减刑、假释。最高人民法院也对此予以充分肯定，多次强调对减刑、假释案件要有选择地开庭审理，选择的标准一般是案件的重要程度、案件当事人的身份以及对案件是否有异议。选择性开庭审理虽然大幅减少了实际开庭审理的减刑、假释案件数量，具有现实可行性，但能否真正发现真相，实现减刑、假释的程序公正，学界存在异议。以下案例 4 是上海第一起开庭审理的减刑案件。

案例 4　2010 年 6 月 18 日，上海北新泾监狱大礼堂里，上海市一中院采用开庭的方式对汪某减刑案件进行公开审理。审判席上坐着合议庭组成人员；审判席前左边是检察机关席，两名检察官来自闵行区检察院；右边是执行机关席，两名代表来自监狱一方。200 余名服刑人

---

① 参见《最高法明确六类减刑假释案件必须开庭审理》，新华网 2014 年 4 月 29 日，最后访问时间：2018 年 6 月 2 日。

员旁听了这次庭审。在经过一番法定程序之后，审判长宣布进行法庭调查，由执行机关北新泾监狱代表宣读对罪犯汪某的减刑建议书。汪某原系上海某研究所副处长、技术条件高级主管，2002 年至 2006 年，他利用负责技术条件管理及仪器设备的采购等职务之便，先后收受 7 家业务单位相关人员给予的人民币 33 万余元及美元 3000 元。浦东新区法院在 2006 年 12 月以受贿罪判处其有期徒刑 8 年，并没收财产 1 万元。服刑期间，汪某改造表现良好，曾在去年被减去有期徒刑 1 年。这一次他还是因良好表现，被所在监狱提请减刑建议。闵行区检察院驻北新泾监狱检察室派员出庭监督庭审。庭审中，合议庭首先听取了监狱代表的减刑建议。建议书指出，汪某在近期确有悔改表现，在认罪服法方面，建议书称汪某减刑后经教育，对自己所犯罪行的认识不断提高，主动递交了认罪服法书。建议书还称汪某遵守监规纪律，无严重违纪情况发生，在 2009 年监狱政治考试中取得了 93 分的成绩，并积极参加劳动生产，劳动态度端正，能完成生产任务。监狱提交了相关证据材料，包括认罪服法书、劳动情况统计表、奖惩审批表等 9 份证据，建议法院对汪某减去有期徒刑 1 年。合议庭在听取了检察员的意见后，传唤汪某同监罪犯就汪的改造表现作证。这名同监罪犯从汪某的劳动态度、思想学习等方面，对汪某作出了客观积极的评价，以证实汪某的平时表现确实不错。驻监检察室检察员也就汪某的减刑问题及法庭审理程序发表了意见。检察员说，经该院证实，汪某自第一次减刑以来，确实有悔改表现，但是，汪某虽然在法院判决后，被没收财产 1 万元，也退出 12 万元的赃款，但还有 24 万元赃款至今未退还，希望法庭在对其减刑过程中适当从严掌握。对此，汪某诚恳地表示，他在出狱后会省吃俭用，凑出钱退还赃款。合议庭经评议，当庭裁定对罪犯汪某减去有期徒刑一年零二个月。比监狱提出减刑 1 年还要多 2 个月。①

在此案处理过程中，几乎所有的参与人，包括检察机关和法院，都目

① 参见杨金志《上海法院公开开庭审理减刑案件 增加司法透明度》，新华网 2010 年 6 月 19 日。

标一致，试图证明罪犯应当获得减刑，根本不存在争议。由检察机关和执行机关形成对抗的诉讼格局其实不可能存在，因为检察机关对当事人情况的了解也只能限于执行机关所提供的材料。检察机关为什么要与执行机关"对抗"？证人也是由监狱提供，并且证人与申请减刑的罪犯关系亲密，以后还将继续在一块儿服刑，证人不可能提供和监狱意见不同的证明。唯一可能例外的被害人，由于对罪犯在刑罚执行期间的表现一无所知，也无法与其他参与方形成"两造对抗"的诉讼格局，却没有参与的机会。因此，这种所有参与方目标一致的诉讼过程只能是"表演"而已，不具备基本的诉讼品质，很难查清事实。有学者认为，我国减刑、假释程序主要存在四个方面问题：一是刑罚执行机关对服刑人员的考核容易"暗箱操作"；二是服刑人员相关权利出现"空洞"；三是法院的减刑、假释权如"橡皮图章"；四是减刑、假释开庭审理犹如一场没有冲突的"戏剧"。① 在减刑、假释开庭审理过程中，刑罚执行机关出庭提请减刑、假释建议，由其与检察机关互相抗辩是否减刑、假释，地位也相当尴尬。而由服刑人员与检察机关抗辩，立法却没有授予其辩护权和获得法律帮助权。因此，目前这种模式的减刑、假释开庭审理难以走向庭审实质化，不符合以审判为中心的诉讼制度的要求。而且在这种非诉讼化审理程序下，法院也难以获取服刑人员是否符合减刑、假释实质条件的准确信息。

（三）刑罚执行变更程序的诉讼化

刑罚变更执行本质上是变更原生效裁判的执行内容或执行方式，既有法律的适用，也有证据的调查、质证，还涉及罪犯的正当合法权利，因此，属于司法裁判权范畴，应当由法院依照法定程序审理裁定。这是各国共同做法，俄罗斯、法国具有代表性。《俄罗斯联邦刑事诉讼法典》将一审法院收到检察长移送的含有起诉书的刑事案件以后，直至刑事判决裁定的交付执行的全部诉讼阶段统称为法院诉讼程序。这反映了俄罗斯新刑事诉讼制度着力建构以法院为中心的诉讼构造的特点。该法典第 47 章规定，对于审

---

① 参见尹振国《我国减刑、假释程序诉讼化改造的实现路径》，《三峡大学学报》（人文社会科学版）2016 年第 5 期。

理和解决与刑事判决执行有关的问题，如变更执行、假释、撤销缓刑或延长勘验期等程序，由法院根据刑罚执行机构或机关的报告、被判刑人的申请进行法官独任审理。对于法官的裁决，可以依照第二审上诉程序提出申诉或抗诉。法国设立了专门的刑罚执行法官，负责刑罚变更执行裁判。法国 2000 年 6 月 15 日"关于加强保障无罪推定和被害人权利的法律"在《法国刑事诉讼法典》第 712~716 条基本勾勒出了刑罚执行法官的职权，刑罚执行法官的决定全面迈向了司法化，主要包括：第一，决定应当说明理由；第二，作出决定必须经对席辩论程序；第三，对其决定可以提出上诉。① 党的十八届三中全会决定提出"严格规范减刑、假释、保外就医程序，强化监督制度"。笔者认为，我国刑罚执行变更程序应当在现行开庭审理或听证的基础上进一步诉讼化，由刑事执行法官作为裁判方，服刑人员作为申请方，检察机关及刑罚执行机关、被害人作为被申请方，形成三方组合的对抗式诉讼构造。服刑人员可以聘请律师帮助或者申请获得法律援助。裁判方可以吸收人民陪审员参加。具体构建，本书第三章第四节已经研究，在此不再重复。

四　刑事涉案财物处置程序的规范

进一步规范查封、扣押、冻结、处理涉案财物司法程序是十八届三中、四中全会部署的重点任务，也是完善人权司法保障制度，加强人权司法保障的重要举措。虽然我国刑法、刑事诉讼法对涉案财物处置都有规定，也出台了不少司法解释和规范性文件，但目前涉案财物处置工作随意性大，保管不规范、移送不顺畅、信息不透明、处置不及时、救济不到位等问题非常突出，严重损害当事人合法权益，影响司法公信力，社会反映强烈。② 为了落实中央部署，中共中央办公厅、国务院办公厅 2015 年印发《关于进一步规范刑事诉讼涉案财物处置工作的意见》（以下简称《两办涉案财物意见》），健全处置涉案财物的程序、制度和机制。最高人民法院《关于全面深化人民法院改革的意见——人民法院第四个五年改革纲要

---

① 关于法国刑罚执行法官，参见张亚平《法国刑罚执行法官及其启示》，《比较法研究》2015 年第 5 期。

② 参见《中办国办：进一步规范刑诉涉案财物处置》，《新华每日电讯》2015 年 3 月 3 日，第 8 版。

（2014—2018）》规范了法院处理涉案财物的标准、范围和程序。最高人民检察院《人民检察院刑事诉讼涉案财物管理规定》（以下简称《高检涉案财物规定》），进一步规范人民检察院刑事诉讼涉案财物管理工作。公安部《公安机关刑事涉案财物管理若干规定》（以下简称《公安部涉案财物规定》），进一步规范公安机关涉案财物管理工作。推进以审判为中心的刑事诉讼制度改革，贯彻落实中央部署和宪法、《民法总则》中有关保障公民合法私有财产权的规定，规范刑事涉案财物处置程序成为一个亟待研究解决的问题。

（一）刑事涉案财物的概念和处置程序

1. 刑事涉案财物的概念

关于"涉案财物"这一概念，《高检涉案财物规定》与《公安部涉案财物规定》第 2 条作了界定，《高检涉案财物规定》侧重于其经济属性，《公安部涉案财物规定》侧重于其证据属性。有学者认为，"涉案财物"作为一个统合性的概念，从正面来看，它包括犯罪工具、赃款赃物、违法所得、违禁品、供犯罪所用的本人财物，甚至还包括附带民事诉讼中作为财产保全对象的合法财产；从反面来看，"与案件无关的财物"应当排除在外。作为没收对象的"涉案财物"属于非法财产，大致包括两大类：一类是犯罪收益（包括取得物、报酬物、对价物等），另一类是违禁品和供犯罪使用的财物。"涉案财物"一词尽管具有统合作用，但它不应当成为一个开放性的概念，应当在司法解释中明确界定刑法、刑事诉讼法中所出现的不同概念的内涵，避免将"涉案财物"作为一个"大口袋"。[①] 笔者认为，刑事涉案财物是指经有权的公安司法机关依法确认，与犯罪行为相关联，能够证明犯罪事实发生或犯罪情节轻重的各种财物，包括违法所得及其孳息、供犯罪所用之物、违禁品及其他与案件有关的财物。

2. 刑事涉案财物的处置程序

根据刑事诉讼法第 141~145 条、第 245 条和刑法第 64 条规定，涉案财物的处置程序包括六个方面：一是查封、扣押、冻结；二是保管；三是返

---

① 参见熊秋红《刑事诉讼涉案财物处置程序检视》，《人民检察》2015 年第 7 期。

还；四是随案移送；五是追缴、责令退赔；六是没收。其中，第一个方面属于证据收集和保全范畴，第二至第六个方面属于涉案财物处置方式。涉案财物的处置程序可分为前后两个阶段，即最初的程序性保全措施，包括查封、扣押、冻结和后续的处置方式，包括保管、返还、随案移送，以及追缴、责令退赔和没收。在我国，作为涉案财物处置程序的"入口"，查封、扣押、冻结有着相对较为具体的规定，实务中的做法较为统一，但查封、扣押、冻结等对物的强制侦查措施，相对于对人的强制措施而言，最大的问题在于缺乏认定及启动的实体要件和程序要件，权力缺乏监督和制约。为了解决这一问题，有学者认为，对人身和对财物的强制侦查措施均由法院进行审查，可行性不大。他主张那些高强度与较轻程度的强制侦查的审查分别由检察机关和公安机关实施。① 笔者认为，这种观点值得商榷。因为，第一，强制侦查措施批准权属于司法裁判权的范围，不属于公安机关和检察机关的职权范围，不适宜由公安机关和检察院行使；第二，公安机关和检察机关作为侦查机关，自行行使决定权，会出现侦查、处置、监督于一身的现象，未改变涉案财物处置的现状，"侦查中心主义"仍将大行其道，使得审判只不过是对侦查结论的确认而已；第三，由法院进行审查符合我国公、检、法三机关分工配合制约原则和以审判为中心的刑事诉讼制度的要求，也是落实我国宪法和《民法总则》保障公民合法私有财产权的需要。为此，笔者主张建立司法审查制度，由法院（通过审前法官）进入审前程序履行司法审查职能，对涉案财物的强制侦查措施和实体处分进行审查和授权实施，并提供救济。

相对于查封、扣押、冻结而言，涉案财物的保管、返还与随案移送程序的立法规定过于简略，在实务中也未统一。并且作为程序性保全措施，查封、扣押、冻结涉案财物在整个刑事诉讼过程中所起的仅仅是临时固定作用，后续的保管、返还与随案移送才是影响刑事诉讼进程的关键所在。为此，笔者结合刑事诉讼法相关规定与有关规范性文件，将涉案财物的保管、返还以及随案移送作为规范涉案财物处置程序的研究重点。关于追缴、责令退赔、没收，以及附带民事诉讼中的涉案财物处置程序，笔者曾分别

---

① 参见龙宗智《强制侦查司法审查制度的完善》，《中国法学》2011 年第 6 期。

作过专门研究，在此从略。① 至于特别没收中的涉案财物处置程序，将在下一部分详细研究。

（二）刑事涉案财物的保管

1. 涉案财物的保管模式

我国法律并没有规定涉案财物的保管问题，实践中办案机关通常依据司法解释及各部门下发的规范性文件。当前涉案财物的保管模式主要有实物移送、分别管理和单据移送、公安管理两种模式，各有利弊。② 实物移送、分别管理是公安机关、检察机关和法院对扣押、冻结的犯罪嫌疑人、被告人的财物及其孳息，均具有保管责任。三家单位分别设有专用保管场所，制定各自的保管制度，指定专门的保管人员，配置相应的保管经费和保管设施。该模式的优势在于：一是便于案件承办人员进行组织辨认、移交鉴定、庭审质证等司法程序；二是公检法三家单位对于涉案财物管理互有衔接、互有责任，保证了涉案财物管理的中立性，三是通过实物移送、分别管理，检察机关和法院对于涉案财物是不是赃物、是否应该扣押、冻结可以及时实施审查，有利于对扣押、冻结措施的监督。

单据移送、公安管理是涉案财物实物不随案移送，只随案移送相关法律手续，物品仍由公安机关继续保管。在上海市某些区，公检法三家单位通过签订相关协议，明确检察机关向法院提起公诉的案件，赃款以银行转账的方式随案移送，而保存在公安机关的涉案赃证物品，除重大案件、具有财产价值和法官经审理认为需要当庭出示的涉案款物外，一般只移送单据，赃物保存在公安机关的赃证管理部门。法院在案件判决生效后，依据判决结论开具《执行通知书》，由公安机关直接执行后将执行回执送达法院。该模式的主要优势在于：一是节约成本，便于管理。涉案财物集中管理、单据移送避免了保管场所和人员的重复配置，既有利于司法成本的降低，也有助于涉案财物的管理。二是简化程序，提高效率。涉案财物由公

---

① 参见兰跃军《刑事被害人人权保障机制研究》，法律出版社，2013，第 297～299、365～367、369～378 页。

② 参见程建《刑事诉讼涉案财物集中管理的实证调研和制度构想》，《上海政法学院学报》2013 年第 2 期。

安机关集中管理后，应当随案移送的财物就直接以单据形式移送，减少了中间的实物交接环节，提高了办案效率。三是减少周转，降低风险。从证据角度而言，涉案证据，尤其是存有犯罪嫌疑人的指纹、血液等重要生理特征的证据，一旦流转操作不当，就会大大降低其证明能力。在单据移送、公安管理模式中，涉案财物仅进行单据移转，减少了证据的实物流转次数，可最大限度减少因人为因素导致证据出现瑕疵，降低了流转环节发生差错、污损、灭失的可能性。

2. 涉案财物保管中存在的主要问题

（1）保管主体混乱、浪费司法资源。这主要出现在财物移送、分别管理这一模式下。涉案财物从最初的扣押到保管可能需途经多手，使得办案机关通常只关注涉案财物是否已接收，至于具体的保管事宜并不加以关注。而涉案财物根据不同的诉讼阶段由三机关分别保管需要各自设置保管场地，安排保管人员，容易浪费司法资源，增加财政负担。（2）办案人员与保管人员不分。《两办涉案财物意见》第 3 条明确提出建立办案人员与保管人员相互制约制度，禁止由办案人员自行保管涉案财物。但在实践中，对涉案财物保管往往并不设专门人员，而由办案人员自行保管财物。这样，保管人员既是案件的侦查人员，又是涉案财物的保管人员，同时还能够自行决定涉案财物的处分。这种不受制约的权力，必然导致办案机关容易忽略涉案财物的证据属性，而更加重视其经济属性，对涉案财物的保管是极为不利的。（3）缺乏有效监督机制。对涉案财物保管的监督往往只有办案机关的自我监督和有限的外部监督，即上级机关监督下级机关、本机关内部监督、检察机关对办案机关的监督。监督缺位导致权力处于丝毫不受约束的状态。

3. 涉案财物保管制度的完善

针对涉案财物保管存在的问题，应当从两个方面进行完善。（1）设立专门的涉案财物保管中心。《两办涉案财物意见》、《高检涉案财物规定》及《公安部涉案财物规定》强调在各自机关内部实施办案人员与保管人员制约机制，但并未规定相关措施。且三机关分别制作的规定缺乏统一指导，涉案财物的处置往往涉及多部门之间的工作，如此规定只能是延续当前混乱不清的局面与各自为政的现状。设立专门的涉案财物保管中心成为解决这一问题的关键。所谓专门的涉案财物保管中心，是在原公检法保管场地之外设立的专门用于涉案财物交接、保管、移送及返还的场所。实践中已有地方探索实施这一方案。2015 年 7 月，四川省成都市温江区设立刑事诉讼涉案财物集中管理中心，该中心与以往的保管场地相分离，所有案件的涉案财物均于此进行集中保管。① 涉案财物保管中心的管理主体主要有三种方案。第一，由公安机关管理。因为公安机关是当前涉案财物保管最主要的机关，从场地、经验及便利程度上都优于检察机关及法院，具有不可替代的优势，② 仅需将办案人员与保管人员相分离即可。第二，由办案机关共同作为管理主体。由办案机关分别派员参与其中，分别在各自的诉讼阶段内对保管中心进行管理。③ 第三，由办案机关共同管理，同时对一些需专业保管的涉案财物引进社会托管，以实现涉案财物的科学管理，便于随后诉讼程序的进行。④ 对于第一种方案，由公安机关管理保管中心，笔者认为，它不能有效保管涉案财物。因为公安机关是办案主体，又是保管主体，同时可以任意处分涉案财物，其中立地位难以体现，如此依然无法摆脱"侦查中心主义"的影响。另外，由公安机关管理只不过是将原来公安机关内部的保管场所换至更大的一个场地而已，并未体现出设立保管中心的意义。对于第三种方案，笔者认为，虽然引进社会托管确实能够在效率及便利程度上有所提高，相较于当前的保管模式而言确有一定的优势。但是，这种方案同样存在缺陷，涉案财物不仅具有经济属性而且是重要的证据，引进社会托管如何保障刑事诉讼的秘密性。因此，引进社会托管在理论上比较具有吸引力，但却存在较大的风险，应谨慎为之。笔者赞同第二种方案，但对于共同管理，并不能简单地理解为三机关派员参与保管中心的分阶段管理，而应理解为仅在扣押、保管、随案移送等程序性处置过程中，涉案财物的控制权在三机关之间流转，一旦涉及涉案财物实体处置时，必须由法院进行审查，并由相应阶段的保管机关执行。2018 年 5 月 30 日，上海市浦东新区公检法共用的涉案财物管理中心正式启用，该中心通过建立完善

---

① 参见陈俊伶《刑事诉讼涉案财物规范管理的四川样本》，《人民法治》2016 年第 9 期。
② 参见葛琳《刑事涉案财物管理制度改革》，《国家检察官学院学报》2016 年第 6 期。
③ 参见陈俊伶《刑事诉讼涉案财物规范管理的四川样本》，《人民法治》2016 年第 9 期。
④ 参见葛琳《刑事涉案财物管理制度改革》，《国家检察官学院学报》2016 年第 6 期。

的涉案财物集中统一管理，涉案财物网上全程流转，公检法三家无缝衔接等机制，实现浦东新区涉案财物规范管理、随案流转、案结物清。该中心就属于三机关共管模式。

（2）建立涉案财物信息公开平台。《两办涉案财物意见》第5条提出探索建立跨部门的地方涉案财物集中管理信息平台，旨在解决各部门之间信息不共享、不流畅、处置不透明、监督无效的问题，同时使被害人及相关利害关系人能够参与到涉案财物的处置程序中，以保障其合法权益。具体而言，各诉讼阶段的保管机关分别是涉案财物信息公开平台的操作者，办案机关应当将涉案财物信息录入平台并发布，详细说明涉案财物的保管情况及交接过程。以条形码作为辨认及保管涉案财物的重要方式，构建涉案财物进入保管中心、涉案财物信息录入及发布、涉案财物的随案移送、涉案财物移出保管中心的科学保管方式，严格规范办案机关从最初的查封、扣押到随后的保管均能合理进行，为随案移送及返还创造条件。北京市西城区人民检察院运用互联网技术，建立了一套高度智能化的涉案扣押冻结款物管理系统，每件涉案财物都有唯一的二维码，给证物带上"电子身份证"，借助信息技术手段实现涉案财物从侦查、起诉、审判和执行各个环节的顺畅流转，实现涉案财物扣押处置流转在公检法执法办案过程中的全程"电子化"，以阳光透明的"标配"实现涉案财物得到依法处置，杜绝涉案财物处置工作存在的保管不规范、移送不顺畅、信息不透明等问题，确保涉案财物对被告人的定罪量刑和保障人权的正确适用。[①]

（三）刑事涉案财物的返还

相对于扣押、冻结及保管等临时性保全措施，涉案财物的返还是对涉案财物的实体处分，关乎公民个人财产权能否得到有效保障，以维护社会的和谐稳定，更能让人民群众在每一个司法案件中都感受到公平正义。

1. 涉案财物的返还模式

涉案财物的返还阶段不同，返还模式存在差异。（1）审前程序返还。

---

① 参见郝绍彬《"二维码"勒紧涉案财物处置"紧箍咒"》，《人民法院报》2015年12月6日，第2版。

案件尚未经过法院审判，处于侦查或审查起诉阶段，在涉案财物权属明确且不影响审判的情况下，分别由公安机关、检察机关将涉案财物返还给被害人。刑事诉讼法第245条规定："对于被害人的合法财产，应当及时返还"，既未提及返还主体，亦未明确返还方式。如此粗糙的规定不利于实践中形成统一的规范，易损害被害人的财产权益。完善涉案财物的审前返还不仅有利于及时弥补被害人的经济损失，减少社会矛盾，而且可以减轻涉案财物保管中心的管理压力，从而降低保管成本，减轻财政负担。为此，《两办涉案财物意见》第6条提出了完善涉案财物审前返还程序，对于那些权属明确的被害人合法财产，凡返还不损害其他被害人或者利害关系人的利益、不影响诉讼正常进行的，公安机关、国家安全机关、人民检察院、人民法院都应当及时返还。但是，对于权属有争议的，应当由人民法院判决时一并处理。这样，在权属明确不影响诉讼进行的情况下，公安机关和检察机关均可以成为审前返还的主体。《公安部涉案财物规定》第19条也有类似规定。审前程序的返还主要存在两个方面问题：第一，违反程序法定原则。程序法定原则要求涉及司法权等公权力的配置以及公民人身、财产等私权利的保障等重大事项，必须由立法机关以法律的形式予以规定，其他司法机关、行政机关等都不得加以规定。在涉案财物的返还程序中，刑事诉讼法第245条虽然对涉案财物的返还作出规定，但既未指明返还主体，亦未规定返还程序。《高检涉案财物规定》与《公安部涉案财物规定》对刑事诉讼法进行修补，但其效力已然等同甚至超越法律。第二，当事人的合法权益无法得到有效保障。我国对涉案财物的认定及采取强制性措施方面缺乏司法审查，侦查机关可以随意认定并扣押、冻结相关当事人的财物，这极易导致被追诉人、被害人或案外人的合法财产遭受不法处置。加之我国侦查及审查起诉程序过于封闭，相关利害关系人无法得知自己的财物所处的阶段及状态，实践中只有当涉案财物被返还时才被告知，在返还之前几乎不能提出有效抗辩。这种程序上的不公正侵犯了当事人对财产的知情权和程序参与权，有悖于程序公正，更不利于社会稳定。

（2）审判程序返还。通过法院审判，将涉案财物加以认定并恢复到该财物被侵犯之前状态的实质性处置程序。审判程序返还是对被害人权利救济的手段，法院通过审查认定涉案财物并返还，修复了财产的本来归属关系。① 刑事诉讼法第 245 条和刑法第 64 条都规定："对被害人的合法财产，应当及时返还。"《高法解释》第 366 条规定，"查封、扣押、冻结的财物及孳息，经审查，确属违法所得或依法应当追缴的……，应当判决返还……"。从司法实践看，审判程序的返还也存在两方面问题。第一，裁判文书中对涉案财物处置的描述过于简略。裁判文书是保障被害人的财物能够顺利返还的依据，也是判决执行的依据，有的被害人对涉案财物返还的期待甚至远超过对被告人可能判处的刑罚。《高法解释》第 365 条规定："对查封、扣押、冻结的财物及其孳息，应当在判决书中写明名称、金额、数量、存放地点及其处理方式等。涉案财物较多，不宜在判决主文中详细列明的，可以附清单。"但是，笔者在上海市某中院调研时发现，几乎全部有关涉案财物的裁判文书未对该财物的相关信息及处置情况加以说明。以上海市第二中级人民法院〔2016〕沪 02 刑初 106 号张某抢劫案为例，被告人抢劫了被害人的名贵手提包、钱包以及 3500 元现金。在判决主文中对上述财物的描述仅有"查获的赃款赃物发还给被害人家属，犯罪工具双刃尖刀及刀鞘予以没收"一句话，既未提及上述财物的种类、价格，亦未说明其处置的方式。笔者就该问题询问了承办该案件的法官，其理由是：由于侦查机关在移送方面的各种原因，法院对涉案财物在返还前的处置情况知之甚少。第二，因随案移送导致"空判"。涉案财物的随案移送程序，是为保障涉案财物从侦查起顺利地出现在下一诉讼阶段中，是后续的审查起诉以及审判的前提。随案移送若出现问题，会对被告人的定罪量刑以及返还被害人财产产生重大影响。在实践中，由于涉案财物的随案移送中出现了种种问题，导致法院判决之后无法返还被害人财物。被害人的合法财产权无法得到有效保障。

2. 涉案财物返还的程序

针对涉案财物返还阶段不同，返还程序应有区别。（1）审前返还的程序。侦查和审查起诉阶段的返还仍然属于刑事诉讼程序，应当受到刑事诉讼法的调整。在立法上对审前返还加以明确规定，成为遵守程序法定原则

① 参见程小白《追赃理论与实务》，中国人民公安大学出版社，2003，第 26 页。

的必然前提。在此基础上，笔者认为，对于权属明确且不影响诉讼进行的涉案财物返还的审查及返还的决定，也应当由法院（审前法官）作出。

涉案财物的返还与对涉案财物采取强制性侦查措施不同，前者属于对涉案财物的实体处分，带有行使审判权的性质，后者仅仅是程序性措施，并不涉及实体处分。根据刑事诉讼原理，侦查机关与检察机关只能行使程序性权利，对于实体性权利的行使只能交由法院行使。因此，对于侦查、审查起诉阶段的返还，应当由被害人向法院提出申请，并由法院作出裁定，交由当前诉讼阶段的涉案财物保管机关执行。具体而言，首先，由被害人向法院提出返还请求。因为，涉案财物的返还通常是在审判之后由法院依职权进行的。审前返还作为返还程序的例外，属于被害人主张私权利的情形，理应依申请，而非依职权。其次，经过法院的审查，若确实属于权属明确又不影响诉讼活动的情形，可以作出返还的裁定。被害人凭借该裁定至保管机关取回财物。最后，若出现被害人与利害关系人不一致的情形，双方都应当向法院提交相应的证据，但只要达到"优势证据"标准即可。返还的决定权仍由法院（通过审前法官）行使，具体执行则交由保管主体。关于我国侦查程序被害人财产返还机制的规范与实践，返还条件、返还程序、违反返还规范的制裁等，笔者曾作过专题研究，在此不再累赘。①

（2）审判返还的程序。审判阶段的返还是法院依法行使审判权，对涉案财物进行认定并返还给被害人的行为。为了更好地保障被害人的合法财产权和知情权，同时保障涉案财物处置程序公开，法院应当在判决书中专项说明涉案财物的处理，凡是有在案财物的案件，判决中均应对财物的处理作出说明，不得出现漏判、漏项等情况。具体而言，首先，对于需要返还给被害人的涉案财物，在判决书中应当载明该涉案财物的认定以及在庭审中的出示、质证情况，以此来明确涉案财物的种类、价格等相关信息。若在审判之前，涉案财物就已经返还的，应当载明返还的对象、财物的信息等。其次，对于涉案财物被查封、扣押、冻结以及之后的交接、保管、随案移送等处置程序应当予以描述。最后，应当告知被害人该财物当前所处保管中心的具体地点以及取回所需的手续情况。

---

① 参见兰跃军《侦查程序被害人权利保护》，社会科学文献出版社，2015，第193~202页。

此外，笔者认为，还应准确把握追缴、没收、责令退赔与返还的关系。追缴与责令退赔都是程序性保障措施，没收和返还被害人则为实体性处理措施。对于犯罪所得，可以通过追缴的方式对犯罪所得进行查封、扣押、冻结，追缴后的财物只是处于国家机关的暂时管理之下，待作出生效裁判后再作处理。可以通过责令退赔方式解决的，可以责令被告人退赔。对于追缴在案的财物，经审理查明确实属于被害人的，可以判决返还被害人。如果系违禁品则应当予以没收。最高人民法院《关于在执行工作中规范执行行为切实保护各方当事人财产权益的通知》要求严格区分涉案人员个人财产和家庭成员财产，处理涉案人员犯罪不得牵连其家庭成员合法财产。要求依法严格区分违法所得和合法财产，对于经过审理不能确认为违法所得的，不得判决追缴或者责令退赔。要求坚决杜绝超范围、超标的查封、扣押、冻结财产。① 《两办涉案财物意见》第12～15条提出要明确利害关系人诉讼权利，完善权利救济机制，加强监督制约。为了落实这些规定，立法应当构建利害关系人参与涉案财物处置机制，有关政法单位在调查和处理涉案财物之前，应当通过公告方式，向社会发布需要处理的涉案财物信息，利害关系人提出异议的，可以通过通知参加庭审、进行听证、进行询问调查等方式，核实财物的真实权利归属。《德国刑事诉讼法典》第431条规定的"第三人参加程序"值得我国借鉴。

（四）刑事涉案财物的随案移送

涉案财物随案移送是衔接强制侦查措施、保管以及返还的关键程序。由于"侦查中心主义"的影响，返还及保管程序中的问题大多源于此。因此，规范涉案财物的随案移送成为推进以审判为中心的刑事诉讼制度各环节的重中之重。

1. "侦查中心主义"下随案移送程序的实然状态

（1）侦查机关自行处置涉案财物。刑事诉讼法第141～145条及有关规范性文件规定，侦查机关可以根据侦查的需要对涉案财物进行查封、扣押、

---

① 参见罗沙《最高法：处理涉案人员犯罪 不得牵连家庭成员合法财产》，新华社2016年12月6日。

冻结。对于易损毁、灭失、变质以及市场价格波动较大的股票、基金等，侦查机关只要经其主要负责人批准即可对其进行拍卖、出售。在审前返还程序中，侦查机关在确认权属的情况下可将涉案财物返还给被害人。刑事诉讼法第245条第2款规定："对不宜移送的，应当将其清单、照片或者其他证明文件随案移送。"如果侦查机关认为该涉案财物不宜移送，就可以将照片、单据等随案移送，财物则由自己保管。可见，侦查机关既可以自行查封、扣押、冻结涉案财物，又可以自行决定是否进行随案移送与实体处分。如此强大而不受约束的侦查权，便是"侦查中心主义"下随案移送程序出现问题的根本原因。（2）收支两条线的涉案财物管理方式。如果说侦查机关可以任意处置涉案财物只是随案移送问题的表象，那么，收支两条线的涉案财物管理方式就是随案移送程序出现问题的实质所在。笔者在上海市某中院刑二庭（经济类犯罪业务庭）调研时曾经看到众多的刑事案件相关问题的统计，包括历年案件种类的比例、无罪判决率、二审改判率等。在如此丰富的数据统计中，唯独缺少一份涉案财物移送情况的统计。笔者与法官访谈得知，涉案财物处置是司法实践中极混乱的领域之一，在审判中常常出现侦查机关认为涉案财物已经随案移送但法院没有收到该财物的怪现象。另外，法院内没有专门保管涉案财物的场地及人员，对于侦查机关随案移送的财物往往也不愿意接收实物，只接受照片及清单。因此，法院对涉案财物的态度较为排斥，对侦查机关是否随案移送也听之任之。那么，在涉案财物不随案移送亦不先行处分的情况下，涉案财物最终流向何方呢？这就涉及收支两条线的涉案财物管理方式。收支两条线的涉案财物管理方式是指将有关部门的非税收入与支出脱钩，收入部分上缴国库，部门经费则由财政部门予以保障的资金管理模式。[①] 该管理方式旨在预防与治理腐败，将"收"、"支"分离，避免有关部门与该财物发生利害关系，从而保障公正执法。这种将收支脱离的财政管理方式在一定程度上能够从源头上遏制腐败的发生，并且在实施初期取得了不错的效果。然而，随着收支两条线改革的深入发展，受财政经费拨款的制约，这一改革正与其所

[①] 参见柳叶《深化收支两条线改革后基层政法经费保障问题的思考》，《民族论坛》2002年第6期。

希望的目标背道而驰。从经费保障来看，由于"财权上移、事权下移"，①使得改革中出现了"办案"、"装备"、"待遇"、"基建"及"医疗"经费难以保障的"五难现象"。② 各级财政机关的拨款仅能使各司法机关勉强维持现有状态，不可能对设备进行更新以及增加员工福利。这样，司法实践中侦查机关往往不将涉案财物随案移送，在侦查期间就将财物交给同级财政部门，而同级的财政部门再根据其上缴的数量拟定拨发的财政经费，实务中将这样的做法称为"按比例返还"。③ 这就使得曾经收、支脱离的改革又恢复到收、支挂钩的状态，开启变相的"自收自支"模式，同时也深深地打上了司法地方化的烙印。（3）侦查机关与案件发生直接利害关系。通过上述两方面的共同作用，侦查机关与其所承办的案件发生直接利害关系。侦查机关会牢牢地掌握涉案财物的控制权并将其上缴达到创收的目的。随之而来的是，侦查机关会积极追求法院将被告人定罪，以证明其侦查结论的正确性。而一旦法院作出无罪判决或者认定该财物非涉案财物，不仅是对其侦查行为的否定性评价，更是对其获得财政收入的严重打击。因此，侦查机关（包括随后审查起诉和提起公诉的检察机关）就会对法院审判施加各种影响，从而导致庭审虚化。

2. "以审判为中心"下随案移送程序的应然状态

（1）完善单据移送的随案移送方式。单据移送的随案移送方式是目前司法实务中常见的做法。四川省成都市温江区已建立涉案财物集中保管中心，涉案财物的随案移送方式也随之变成保管场地不变，实际保管及处置权限随案件移送至检察院与法院。④ 然而，若将涉案财物的处置权限一同随案移送，建立涉案财物保管中心的意义就仅仅是为了节约保管成本，未对侦查权的行使予以监督和制约，仍在延续"侦查中心主义"模式。因此，应当将对涉案财物的控制权限制在程序性处置阶段。换言之，首先，由法院对涉案财物进行认定，同时批准侦查机关实施强制侦查措施，这样便可

---

① 参见夏鹏程等《关于政法机关经费保障问题的思考》，《地方财政研究》2009年第7期。
② 参见柳叶《深化收支两条线改革后基层政法经费保障问题的思考》，《民族论坛》2002年第6期。
③ 参见陈瑞华《论侦查中心主义》，《政法论坛》2017年第2期。
④ 参见陈俊伶《刑事诉讼涉案财物规范管理的四川样本》，《人民法治》2016年第9期。

以从入口环节制约侦查权的任意行使。其次，随着涉案财物进入保管中心，公检法三机关可以通过单据移送的方式将对涉案财物的控制权交给下一个机关。最后，涉及涉案财物的实质性处分必须由法院裁判，如此即可从出口处监督侦查机关。（2）加强对政法单位经费的保障。通过完善单据移送的随案方式可以从程序上避免侦查机关与涉案财物之间发生利害关系，更为重要的是要保障各政法单位的经费。首先，由中央和省级财政部门统一足额保障各地方政法机关的经费势在必行。具体而言，先可采取按经费性质分类保障的方法，业务及装备的经费由中央和省级财政机关统一保障，人员及公用经费仍分级保障。这样，既可以满足对经费的需求，改变"自收自支"的现象，以保障司法公正，又可以避免体制调整所导致的人员及公用经费的划拨。① 待条件成熟时，再统一由省级财政保障。以此来彻底避免司法行政化以及"按比例返还"的现象。其次，加强政法经费的科学核算是控制政法经费过度增长的重要方式。由中央有关部门先行研究政法机关经费划拨标准，下达指导意见，再由地方各级政法机关根据自身的实际情况，科学核算业务经费及装备经费情况，以避免浪费和提高资源利用率。最后，通过对政法人员编制的控制缩小巨大的经费需求。中央及地方各级政法机关应严格核算在编人数，严禁过度增加在编人数，由中央和省级编制部门根据实际需求进行适当调整。同时，由各编制部门对政法编制人员进行严格审查，加强监督，严禁擅自增编、超编。深化司法体制改革的一项重要内容就是实行省级以下法院、检察院人财物统一管理，将有助于解决这一问题。

五 刑事特别程序裁判执行的完善

2012 年刑事诉讼法增加了四种特别程序，即未成年人刑事案件诉讼程序、刑事和解程序、违法所得没收程序和强制医疗程序。2018 年刑事诉讼法又增加了缺席审判程序。尽管刑事诉讼法、司法解释和有关规范性文件对特别程序裁判的执行有所规范，但实践中还是出现许多问题，不符合以审判为中心的刑事诉讼制度要求，需要研究解决。

---

① 参见夏鹏程等《关于政法机关经费保障问题的思考》，《地方财政研究》2009 年第 7 期。

（一）刑事特别程序裁判执行的实施主体

1. 附条件不起诉考察帮教主体的职能分工

附条件不起诉考验期内的考察帮教是附条件不起诉执行过程中的核心环节，它决定被不起诉人最终是否被提起公诉。刑事诉讼法第 283 条规定，附条件不起诉的监督考察主体为作出附条件不起诉决定的检察机关，未成年人犯罪嫌疑人的监护人应当配合。《高检规则》第 496 条规定，检察机关可以会同未成年犯罪嫌疑人的监护人、学校老师、居住地的村民委员会、居民委员会、未成年人保护组织等相关人员，定期对未成年犯罪嫌疑人进行考察、教育，实施跟踪帮教。这对帮教工作的参与和实施主体作了概括规定，但具体如何开展帮教工作却没有提及。

健全考察帮教机制，需要明确帮教主体的职能分工。在帮教主体方面，对适用附条件不起诉的犯罪嫌疑人，要及时成立帮教考察小组，小组成员可以由检察机关牵头，由司法行政机关、社会团体、学校、基层组织等各部门联合组成，形成公权力和社会各界力量的一种合力。[1] 并根据不同犯罪嫌疑人的犯罪性质、性格特点等个人特质，为其量体裁衣，制定不同的考察义务，做到考察的专门性和针对性，确保帮教效果。在帮教主体的职能分工方面，各部门应当各司其职，帮教的目的不仅是要恢复被破坏的社会关系，还要履行相关的社会公益义务，使犯罪嫌疑人重拾生活的信心和能力。其中，学校应当起到中流砥柱作用，定期对未成年犯罪嫌疑人进行一对一的心理辅导、思想疏导和法制教育，以便其塑造良好的心理防线。社区机构应该积极联系并督促犯罪嫌疑人参加社区公益劳动，让其找到人生定位和价值，更好地恢复被破坏的社会关系。犯罪嫌疑人要对被害人赔礼道歉、赔偿损失，弥补被害人的物质损失和精神损害，同时要加强犯罪嫌疑人与被害人及其近亲属之间的沟通与交流，让被害人及其近亲属亲身感受到犯罪嫌疑人的悔罪态度和改进的努力过程，从而减少被害人的不满情绪，也给予犯罪嫌疑人悔过的动力，增强附条件不起诉的社会效果。妇联等社会团体可以组织未成年犯罪嫌疑人和家长之间的互动活动，加强家庭

---

[1] 参见张寒玉、吕卫华《附条件不起诉制度若干问题研究》，《人民检察》2013 年第 9 期。

内部的联系纽带，用亲情以及良好的家庭氛围，营造良好的成长环境，强化犯罪嫌疑人改过自新的决心和态度。

2. 强制医疗程序中定期诊断评估主体的多元化

强制医疗程序为保护精神障碍者提供了依据，但在确定了犯罪嫌疑人、被告人属于依法不负刑事责任的精神病人并对其进行强制治疗后，还需要对其进行定期评估。确定是否解除强制医疗程序也以被强制医疗人的精神状态为基础，从而判定其是否处于危险性状态，是否需要继续强制医疗。但是，刑事诉讼法第 306 条和《高法解释》第 542 条仅规定由强制医疗机构定期对被强制医疗的人进行诊断评估，提出诊断评估报告，而且定期评估的主体为执行机构的医师，而这种医师所属的安康医院的地位不具有独立性，是公安机关的下设部门，在工作职能上严格按照公安机关的有关规定执行，那么，对精神病人的诊断就难以做到真正的公正、合理。加上安康医院经费紧张，导致安康医院在精神病鉴定中很有可能为了自己利益而存在暗箱操作的情况，[①] 使得犯罪嫌疑人、被告人先利用精神病逃脱责任，再通过所谓的"治疗成功"，恢复自由。因此，需要结合具体案情，加入其他主体，多方面、深层次对强制治疗者进行全面评估，才能判定其是否可以解除强制医疗，回归社会。

在定期诊断评估的主体方面，首先，仍然是治疗机构的医师。医师每天和被强制治疗人相处，更能从专业角度观察精神病人的恢复状况，提供权威的评估报告。其次，人身危险性的判断是一个法律问题，在定期诊断评估中还应按照诉讼程序进行，需要引入公检法机关相关专业人员进行评估。在定期评估中，需要请审前、审判阶段的公安机关相关司法人员来重新判断，通过与治疗后的被强制医疗人接触，来判断是否已经没有社会危险性。最后，社会危险性需要考虑到对社会的影响，可以邀请被害人或其他利害关系人，以及被强制医疗人居住地的居委会、村委会成员，周围邻居等相关人员与其进行深度交流，确保其精神状态确已恢复正常，已经不具有人身危险性，不需要继续强制医疗。法院可以结合三方面的评估报告

① 参见陈刚、代敏《我国精神病人管治工作存在的问题及对策》，《天津市政法管理干部学院学报》2006 年第 3 期。

作出综合评估，再决定是否解除强制医疗。

（二）刑事特别程序裁判执行的具体标准

1. 附条件不起诉的所附条件

附条件不起诉的所附条件，是附条件不起诉的核心，也是区别于其他不起诉制度的重要标志。附条件的目的是让犯罪嫌疑人改过自新，重新做人。但是，当前我国附条件不起诉制度的设立缺乏具体的负担性考察条件，仅仅规定了一般的遵守义务。而这些义务都是对被不起诉人最基本的行为要求，具有一般的指示性。只有刑事诉讼法第 283 条第 3 款第（四）项规定的"按照考察机关的要求接受矫治和教育"作为负担性义务规定，具有一定的惩罚性。但刑事诉讼法并没有对这种考察要求作出具体规定，《高检规则》第 498 条作了一定细化，但不完整，没有说明对于被附条件不起诉的犯罪嫌疑人所需采取的具体矫正教育措施，不能完全体现犯罪嫌疑人的悔罪态度，且无法实现对个体针对性的考察帮教，还有可能导致被害人的不满，激化其余犯罪嫌疑人之间的矛盾，从而增加检察机关的办案压力，导致实践中的附条件不起诉的考察帮教形同虚设，附条件不起诉也就变相延长了审查期限。只要检察院作出附条件不起诉决定，犯罪嫌疑人就可以坐等考验期满后对其作出不起诉决定，不但没有起到节约司法资源的目的，反而降低了诉讼效率，也违背了附条件不起诉制度设计的初衷。因此，必须要求犯罪嫌疑人自觉履行特定义务，同时，政府和社会应提供完善的帮教计划，制定有效的考察帮教措施，促进犯罪嫌疑人的改造。

为了达到教育犯罪未成年人以及修复被犯罪所破坏的社会关系的目的，附条件不起诉中的所附条件应该根据未成年人的身心特点，有针对性地设置一定的附加条件，具体可以包括对被害人的经济补偿、赔礼道歉，到被害人居住地和犯罪行为地附近提供社会公益服务，完成戒毒治疗，参加精神辅导，等等。同时也要通过犯罪嫌疑人的近亲属、学校老师、当地社区成员、被害人及其近亲属的反馈来了解其在生活中的实际表现情况，最终由检察机关综合上述多方面的评估结果，作出考察报告，将其作为决定是否不起诉的依据。此外，还可以通过考验期内被不起诉人的人身危险性以及悔罪表现的变化来调整附条件不起诉考验期的长短，充分调动被不起诉人在考验期间改过自新的积极性。但这种决定的作出必须符合相应的法律程序，而且考验期缩短或者延长的总长度不能突破法律规定的限度。

2. 被强制医疗人定期诊断评估的标准

在强制医疗程序中，被强制医疗人的精神鉴定尤为重要，这是检验适用强制医疗程序是否正确，是否可以解除强制医疗程序的基础。然而，关于精神病的准确概况，对精神病鉴定的诊断标准，以及对鉴定机构的资质问题都属于执行前在适用强制医疗程序中需要解决的问题。而在执行中，如何判断被强制医疗人已经没有人身危险性，不需要继续强制医疗。因为案件具有具体性和特殊性，不是对同一种症状的精神病人进行鉴定就可以得出一致的判断。除了从医学角度思考外，还要考虑案情发生的具体因素。

强制医疗机构应当定期对被强制医疗的人进行诊断评估。在执行监督环节，要通过在强制医疗机构中的涉案精神病人的表现和之前的调查进行对比分析，着重强调对未来表现的关注。对被强制医疗人的定期评估可以分三个步骤进行。第一步，定期请审前阶段的公安机关相关司法人员来重新判断，通过与治疗后的被强制医疗人接触，从个人经验角度判断，其是否较先前有了较大的改变。第二步，强制医疗机构从医学角度对被强制医疗人是否需要继续治疗，是否具有人身危险性，是否具有危害社会的可能性作出专业的分析意见。这里需要从心理和生理两个角度考虑，一种是实施暴力行为的被强制医疗人经过治疗，已经能够实现自我控制，在心理层面上不再具有再犯可能性的，可以提出解除意见。另一种是被强制医疗人经过疾病或者其他原因导致身体残疾或者其他行动不便，丧失了继续危害社会可能性能力的，可以不必对其继续实施强制医疗，转而由亲属监护即可。第三步，审判人员在听取强制医疗机构的诊断评估意见和办案公安司法机关人员在后期经验判断的基础上，综合考虑案情复杂性以及对被害人、社会造成的影响，决定是否解除强制医疗措施。此外，还可以设立一段解除治疗考察期，在考察期内定期到治疗机构复诊。[①] 若在这段回归社会的考察期间内，没有发生危害社会的可能性，则可以解除强制医疗。

---

① 参见秦宗文《刑事强制医疗程序研究》，《华东政法大学学报》2012 年第 5 期。

3. 刑事和解赔偿标准的规范化及和解方式的多元化

实践中对和解的强调，将和解的中心偏移至民事赔偿方面，导致刑事和解基本上都是通过经济赔偿的方式完成。这不仅不利于加害方的悔改，而且加大了法院的执行压力。这种和解方式无形中会诱使法院将民事赔偿和刑事和解捆绑，使得刑事和解变成一种避免附带民事诉讼执行困难的手段，从而加剧了"花钱买刑"的不良影响。① 被害方为了自己利益最大化，难免产生漫天要价的现象，而加害方为了减轻刑罚，倾家荡产都愿意承担高额的经济赔偿。即使达成和解协议，也不免引发"以钱赎刑"的诟病，失去了刑事和解最初的价值。司法解释规定对和解协议的保密措施，更加剧了刑事和解漫天要价的现象。因此，实践中需要一个较为规范的赔偿标准，同时，通过促进和解方式的多元化，来减轻被害人对经济补偿的过度依赖。

首先，完善附带民事诉讼制度，规范赔偿标准。我国立法对物质损失的严格界定导致被害人获得损害赔偿的范围太窄。被害人虽有追诉犯罪、惩罚犯罪的强烈愿望，但对生活影响最为深远的依旧是自身所受到损害的民事权益能否迅速得到赔偿。因此，需要扩大赔偿范围，不仅包括被害人遭受的直接损失，也要考虑到受害导致的间接损失，同时应该参考民法相关规定，将附带民事诉讼赔偿的范围扩大到精神损害。此外，还应该完善配套措施保障被害人的索赔。对有赔偿能力的被告人，法院应该判其一次性赔偿；没有赔偿能力的，应该先赔偿部分，被害人保留随时要求继续赔偿权。同时也可以将参加劳动的罪犯的劳动所得，在扣除必要开支后，用于赔偿被害人的损失。若在服刑期间的劳动所得不足以赔偿被害人全部损失的，罪犯出狱后用自己的经济收入继续赔偿，直到法院的判决完成为止。② 同时，还可以建立被害人贷款赔偿制度。那些有劳动能力却没有经济赔偿能力的加害人可以得到一笔贷款，提前赔偿被害人。加害人用将来的劳动收入归还这笔贷款。这样，被害人就不会顾虑若不与加害人达成和解协议就拿不到应有的赔偿。

---

① 参见《刑事和解经济赔偿与公正量刑之间的关系博弈》，http://scnczy.chinacourt.org/article/detail/2013/12/id/1167427.shtml，最后访问时间：2017年4月4日。
② 参见甄贞、陈静《建设和谐社会与构建刑事和解制度的思考》，《法学杂志》2006年第4期。

其次，建立刑事被害人救助制度。被害人救助制度可以缓解被害人因犯罪带来的经济压力，从而在经济层面免除被害人的后顾之忧，使刑事和解真正建立在相互体谅、真心和解的基础上，使刑事和解成为一种修复社会关系的制度，而不仅仅是一种解决经济赔偿的诉讼技巧。[①] 被害人救助制度的建立，还能够给予被害人"谈判"的资本，使其能和加害人进行一场势均力敌的谈判，从案件的本质出发，从加害人的悔罪态度考虑是否达成和解协议。另外，它也填补了在加害方经济赔偿不足的情形下，不至于使得被害人因为生活条件瞬间下降而对加害方心存更大的憎恨，不公正对待加害方的真诚悔罪。

最后，需要完善多元化的和解方式。在刑事和解的日常操作上，社区服务是加害人承担的较为普遍的方式。加害方通过社区服务对社会作出一定的补偿，对其破坏的社会关系承担一定的社会责任，体现出刑事和解的终极目标，不仅仅是为了满足被害人的利益需求和加害方本身的悔罪，更加重视社会关系的恢复。但是刑事和解下的社区服务和一般的社区服务不同，它应该是加害人和被害人共同协商的结果，而不是法院判处的结果。因此，这种社区服务应该由双方当事人以及社区成员共同参与讨论，并作出决定，且对双方以及社区都有积极意义。如选择在被害人所居住的社区，给予被害人一定的便利，同时方便被害人感知到加害人每天的反省和觉悟，更有利于双方的和解。

（三）刑事特别程序裁判执行的配套措施

1. 附条件不起诉中被不起诉人的隐私保障

这主要包括考察期间的考察义务的隐私保障，以及依法对犯罪记录封存。在司法实践中，未成年犯管教所的经历常常让被管教之人被同龄人所歧视，给以后就业带来一定的影响。即使属于非司法性质的未成年人矫正机构——工读学校，哪怕大多已经改名为"专门学校"，也依旧得不到学生和老师的认可。民众都明知工读学校的性质，在工读学校上学几乎等于被打上了定罪量刑的犯罪标签。因此，即使没有对未成年人进行拘捕、定罪，

[①] 参见张传伟《论刑事诉讼中被害人权利的救济途径》，《政法论丛》2005年第2期。

如果在学校、社区公开对其进行考察，必定会影响其在他人心中的形象，从而影响他的回归。此外，不同法院对犯罪记录封存制度的实施也并不一致，在实践中存在由于查询主体和查询情形规定不明确而导致实践操作困难、难以判断的情形，以及对于封存的技术风险和档案泄密的责任追究问题都难以判断。

立法既然决定用犯罪记录封存制度来表达对未成年人的教育挽救和保护关爱，体现出对未成年罪犯的区别对待，应当一步到位，贯彻落实更加彻底。一方面，需要强调执行隐私保护。法院裁判不能直接送至学校，即使是送到家里，也要避免使用醒目的司法机关的信封，或者穿职业服装，开法院的专车送达，以避免邻里居民对未成年人及其家属"另眼相看"，加重未成年人及其家属的心理负担，从而对未成年人的改造造成不良后果。另一方面，在考察期间，尽可能不声张被考察者的考察身份，帮教人员也要避免学校人员、社区公众对犯罪未成年人刑事污点的猜测以及对其本人的不当看待，避免对其造成舆论压力。如果条件允许，未成年人在学校的考察、在社区的服务以及定期的表现都可以和普通学生的活动穿插在一起。只有指定帮教人员可以知道未成年人在学校的考察情况。避免其在单独找老师进行心理、思想辅导，以及单独出去参加社会公益活动所带来的"落单"，造成心理上的落差，从而不利于其回归社会。

此外，加快修订相关配套的法律规定，逐步实现用前科消灭制度取代犯罪记录封存制度，确保在整个法律框架下形成前科消灭体系。为了鼓励被考察者在考察期间的良好表现，可以建立一个配套性的事后评估体系，由原审法院在考察期满后，针对考察机关作出的考察结果，对那些有良好悔罪表现以及尽力完成考察义务并对被害人作出了其能力范围之内的最大赔偿的，经过审查后可以作出撤销前科的裁定。

2. 加强强制医疗程序的执行机构建设

公安部门的安康医院主要针对肇事肇祸行为的精神病人，是当前对精神病人进行强制医疗或加以监护的专门机构。但面对十分庞大的患者人群，目前的安康医院数量根本无法满足越来越多的肇事肇祸精神病人的治疗需求。中国疾病预防控制中心精神卫生中心2009年初公布的数据显示，我国各类精神疾病患者人数在 1 亿人以上。① 安康医院有限的接纳能力在客观上限制了强制医疗程序的执行效果。当前我国精神卫生服务资源依旧短缺且分布不均。部分地区严重精神障碍患者发现、随访、管理工作仍不到位，监护责任难以落实，部分贫困患者得不到有效救治，依法被决定强制医疗和有肇事肇祸行为的患者收治困难。此外，当强制医疗病人无法承担治疗费用时，定期诊断人员难免会从经济因素考虑而对其降低诊断标准，从而形成"被正常"而解除强制医疗现象，给社会安定带来隐患。这些都是亟须解决的问题。

强制医疗不仅是一个法律问题，而且是一个社会问题。刑事诉讼法在特别程序中对此作出专门规定之后，还应该着重关注实践中的执行场所、经费不足等问题。据卫生部门调查，治疗精神疾病的费用在我国疾病中居首位，约占所有疾病总负担的 20%，有严重精神障碍患者约1600 万人，但精神病院床位和执业医师的数量与严重精神障碍患者总人数之比却只有 1∶121 和 1∶842。② 目前，除了安康医院之外，我国所涉及的精神病人治疗、管理的机构还有两种：一种是隶属于民政部门的有关救助机构，主要针对的是家庭经济困难且需要救助的人群。另一种是隶属于卫生部门的一些精神病院。鉴于安康医院的有限承载能力，要求政府和社会进一步加大投入，可以考虑吸收一些其他社会资源共同开展强制医疗的相关工作。可以让民政部门的救助机构和隶属于卫生部门的精神病院加入强制医疗行列。但必须对其开展强制医疗活动进行严格监督。

除加强强制医疗机构的硬件设施建设外，还应充分考虑被强制医疗人的权益保障，充分考虑利用民政、卫生系统的精神病院相关资源。如把精神疾病纳入医疗保险范围内，并且对社区中的精神病人进行登记，定期安排志愿者等关怀人员去看望、帮助精神病人的日常生活，帮助其融入社会，并热爱集体，从而做好犯罪的预防、治疗工作，减少再犯的可能性。同时

---

① 参见《研究显示我国精神病患者超 1 亿，重症人数逾 1600 万》，http：//news. china. com/zh_ cn/domestic/945/20100529/15956791. html，最后访问时间：2017 年 3 月 18 日。

② 参见邓思清《完善刑事强制医疗程序及法律监督制度》，《国家检察官学院学报》2014年第 6 期。

要加强各个地区之间强制医疗机构的资源整合，通过对人员名单、管理方式、收治、移送和执行等方面的信息共享，更好地配合强制医疗程序的贯彻落实。

3. 完善违法所得没收程序的境内、境外追赃程序

违法所得没收程序裁判执行存在两个主要问题。一是财产刑的异地执行实效甚微。随着城市化进程的加快，人口流动性比较大，许多案件都涉及异地执行。从执行角度看，财产刑的执行难度本身就较大，会受到家属、近亲属明里暗里的阻拦，财产所在地法院自身的执行状况亦不容乐观，更无暇顾及受委托执行的案件。且异地执行也缺乏相应的配套激励和制约机制，受托法院除了及时反馈执行情况外，执行积极性大多不高。二是境外追赃遭遇实践阻力。当前司法机关针对潜逃出境的犯罪嫌疑、被告人，很多都已经掌握其在国外的住址和赃款赃物流向，只是鉴于跨国司法协助和执行困难导致境外追赃十分困难。

针对境内追赃，要完善执行财产调查制度。根据最高人民法院关于民事执行中财产查明相关司法解释，对违法所得没收程序中所涉及的财产调查责任、调查手段、财产线索来源的拓宽，可从悬赏公告制度、巩固信息化与执行联动建设成果、被执行人家属、近亲属对被执行人财产报告义务等五个方面作出详细规定，力求构建系统、完善的执行财产调查制度，避免侵犯善意第三人的合法财产，也不遗漏违法财产。另外，要规范委托执行，建立有效的委托执行制度，促使各地法院在执行工作中积极主动配合，共同提高财产刑的执行效益。对于需要委托执行的财产，将其纳入受托法院的考核体系，并定期、及时地将执行情况反馈到委托法院。受托法院还应定期将本院受托案件的执行进度报送至所在省市的高级人民法院，由高级人民法院定期发布该省市总体的受托案件的执行情况，并给予一定的激励措施。同时委托法院也要定期派员监督或者实地了解受托法院的执行情况，根据财产所在地的情况，因地制宜调整执行措施，更好地保全财产价值，提高执行效率。

针对境外追赃，一方面，应完善公告境外送达的司法协助程序，健全我国生效的没收裁定在国（境）外获得承认与执行的刑事司法协助诉讼机制。另一方面，要建立健全分享犯罪资产，主动与加拿大、澳大利亚

等腐败资产主要流往地签订双边资产分享协议，以便解决国际合作中"分享协议前置主义"的法律障碍，推动有关国家在没收、返还腐败资产方面的国际合作。2018 年刑事诉讼法增加的缺席审判程序，也需要相应的配套机制加以落实。

（四）刑事特别程序裁判执行的检察监督

1. 附条件不起诉决定执行的监督

加强专门的未检机构建设，加快建立有独立编制的未成年刑事检察工作组，增加检察机关工作人员，同时也要加强检察官的心理学和社会学知识，或者向社会招聘具有专业知识的考察人员，协助未检办检察官开展监督考察工作。另外，加强对犯罪记录封存的检察监督，坚持以实现未成年人利益最大化为原则，加强对查询主体的审查力度，并规范保密措施，加大泄密惩罚力度，免除可能对未成年人以及家庭乃至社会带来的不利后果，消除歧视，依法维护未成年人的合法权益。

2. 刑事和解程序裁判执行的监督

检察机关对刑事和解程序裁判执行的监督，主要包括对当事人的监督和对公安司法机关的监督。对当事人的监督主要是对生效后尚未履行完毕的和解协议的跟踪监督，并定期对被害人进行回访调查，保证和解双方的确是真心谅解，而不是欺诈或者第三方压迫等因素所致。但需要注意的是，检察监督需要把握一个度，既要积极监督和解协议的执行，又不能过度干预，包揽包办。对公安司法机关的监督主要针对在审前达成和解协议的，检察机关除了对和解协议内容、执行进度进行监督外，还需要监督已经履行完毕的和解协议，检查侦查机关是否作出了相应的不立案或撤销案件等程序性处理，审查起诉部门是否作出不起诉处理，以确保程序规范性。

3. 违法所得没收程序裁判执行的监督

首先，对案件是否符合违法所得没收程序的适用范围进行监督，对没收财产是否属于涉案财产进行核实，并对财产处理情况，如返还被害人或者上缴国库等进行跟踪监督。[①] 如果发现不符合违法所得没收财产的，要及

---

① 参见刘晴《违法所得没收程序的检察监督》，《中国检察官》2013 年第 5 期。

时启动执行程序倒流，维护当事人的合法权益。其次，健全信息共享机制，扩宽监督信息来源。违法所得没收程序针对的多数为贪污贿赂案件，涉及大量财产的隐匿和转移，因此，需要检察机关加强和房地产、银行等机构的联网信息共享，同时建设违法所得没收财产执行的信息共享监督平台，完善违法所得没收程序的公示告知制度。① 最后，丰富检察监督方式，增强检察监督的强制力和主动性。明确检察机关的调查取证权，赋予其在特定情况下的财产保全和处理权，提高违法所得财产没收程序裁判的执行效率。

4. 强制医疗程序裁判执行的监督

首先，可以在安康医院设巡回检察官，具体巡回检察模式可以参照监狱巡回检察官，② 便于及时有效掌握执行的第一手资料，还可以进行事故检查，增强监督刚性。其次，可以在普通医院实行巡回检察制度，由医院所在地的检察院负责执行，做到随时突击检查，以免使被监督医院通过"备查"等方式走过场。最后，可以实行同步监督机制，利用现行的互联网机制，与法院、公安、强制医疗机构实行强制医疗执行信息的实时分享，保证检察机关可以随时查看执行信息，发现有违法违规执行情况的，及时监督纠正。

---

① 参见吴灿辉《检察机关财产刑执行监督工作之检视及机制完善》，《中国检察官》2016 年第 4 期。

② 参见于潇《最高检试点对监狱巡回检察改革：从重处理发现的问题》，正义网 2018 年 5 月 31 日，最后访问时间：2018 年 6 月 2 日。

第五章　以审判为中心的刑事证据制度改革

《中共中央关于全面推进依法治国若干重大问题的决定》提出推进以审判为中心的诉讼制度改革，确保侦查、审查起诉的案件事实证据经得起法律的检验。这要求全面贯彻证据裁判原则，严格依法收集、固定、保存、审查、运用证据。"以审判为中心"的本质是以证据为核心，保证作为定案根据的所有证据都通过对抗式庭审的方式查证属实。侦查阶段如何收集、固定和保全证据，建立严密的证据保管链；审查起诉阶段如何以客观证据为核心，构筑定罪的证明体系和证据体系；审判阶段如何区分定罪证据和量刑证据，保障定罪准确和量刑适当；等等；这都需要建构一个系统、全面、科学的刑事证据规则体系，并严格执行非法证据排除规则，加强对刑讯逼供和非法取证的源头预防。

一　规范各种证据收集和保管链

以审判为中心的诉讼制度改革要求"案件事实证据调查在法庭"、"诉讼证据出示在法庭"，所有证据通过庭审对抗的方式查证属实。而这些在法庭上出示的每一个证据必须是侦查、审查起诉或审判阶段收集的，并且在诉讼过程中始终保持同一性。这不仅要求全面客观地收集证据，而且要根据各个证据的特点采取相应的措施对证据进行固定或保全，建立严密的证据保管链，保证证据的真实性和原始性，从而为审判作准备，满足裁判的要求和标准。《审判中心改革意见》第2条第2款要求侦查机关、检察机关严格按照裁判的要求和标准收集、固定、审查、运用证据，法院应当按照法定程序认定证据，依法作出裁判。

随着 2018 年宪法修改和《监察法》制定，职务犯罪案件转由监察机关调查、处置。根据《监察法》第 33 条规定，监察机关依照《监察法》规定收集的有关证据材料，在刑事诉讼中可以作为证据使用。但是，监察机关在收集、固定、审查、运用证据时，应当与刑事审判关于证据的要求和标准相一致。并且以非法方法收集的证据应当依法予以排除，不得作为案件处置的依据。该规定为监察证据的收集和运用提供了明确的规范。

（一）证据的收集

收集证据的目的是如实地反映案件事实的本来面目，还原案件真相。在收集确实、充分的证据的基础上，查明案件事实，对犯罪嫌疑人、被告人的行为是否构成犯罪，构成什么罪，是否需要判处刑罚，以及判处何种刑罚等，作出正确的裁判。收集证据工作主要在侦查阶段完成。但是，在审查起诉、审判阶段，如果认为证据不够确实、充分，人民检察院和人民法院也需要补充调查收集证据。刑事诉讼法第 52 条作为规范证据收集的法律依据，明确证据收集应当遵循三项原则：合法原则、全面客观原则和不得强迫自证其罪原则。《审判中心改革意见》第 3 条提出建立健全符合裁判要求、适应各类案件特点的证据收集指引。《严格排除非法证据规定》也要求侦查机关依照法定程序开展侦查，收集、调取能够证实犯罪嫌疑人有罪或者无罪、罪轻或者罪重的各种证据材料。严禁刑讯逼供和以威胁、引诱、欺骗以及其他非法方法收集证据，不得强迫任何人证实自己有罪。

1. 合法原则

这是程序法定原则对侦查取证的基本要求，也是证据合法性的前提。刑事诉讼法第 56 条至第 60 条、《非法证据排除规定》、《严格排除非法证据规定》、《审判中心改革意见》（第 4 条），以及《审判中心改革实施意见》（第 2 条）等共同规定了中国模式的非法证据排除规则，严禁刑讯逼供和以威胁、引诱、欺骗以及其他非法方法收集证据，为合法取证原则提供了直接依据。具体来说，该原则又包括三个方面。（1）取证主体合法，要求证据的调取人必须具有合法的身份。根据刑事诉讼法第 52 条规定，审判人员、检察人员、侦查人员都是法定的取证主体。刑事诉讼法没有明确辩护律师和其他辩护人在侦查阶段的调查取证权，一般认为，他们从案件移送审查起诉之日才能开始调查取证。但根据刑事诉讼法第42条规定，辩护人在侦查阶段可以收集有关犯罪嫌疑人不在犯罪现场、未达到刑事责任年龄、属于依法不负刑事责任的精神病人的证据，并及时告知公安机关、检察机关。主体合法要求刑事证据的收集只能由法定的取证主体进行。其他任何机关、企业、事业单位、人民团体和个人都无权收集和调取证据。如果在特殊情况下做了收集证据的工作，也必须经公安司法机关依照法定程序审查核实以后，才能作为证据使用。例如，辩护律师向被害人及其近亲属、被害人提供的证人收集与本案有关的材料，必须征得人民法院或人民检察院的准许。司法人员制作书证的副本、复制件、拍摄物的照片、录像以及有关证据录音时，制作人不得少于二人，等等。（2）取证程序合法，要求证据收集必须严格遵循刑事诉讼法和其他法律规定的诉讼程序，违反法定程序收集的证据无效。关于收集证据的法定程序，刑事诉讼法第118～155条对如何讯问犯罪嫌疑人，询问证人、被害人，勘验、检查、搜查，扣押书证、物证，鉴定等作了明确规定，有关规范性文件作了一定补充。公安司法人员只有严格执行这些规定，收集的证据才合法。例如，询问证人时应当告知他如实作证的义务和有意作伪证或隐匿罪证要负的法律责任。询问证人可以在现场进行，也可以到证人所在单位、住处或者证人提出的地点进行，必要时通知证人到人民检察院或公安机关提供证言。《审判中心改革实施意见》规定，通过勘验、检查、搜查等方式收集的物证、书证等证据，未通过辨认、鉴定等方式确定其与案件事实的关联的，不得作为定案的根据。收集证据的程序、方式存在瑕疵，严重影响证据真实性，不能补正或者作出合理解释的，有关证据也不得作为定案的根据。（3）取证手段或方法合法，要求证据的收集应当采取合法的手段或方法，严禁刑讯逼供和以威胁、引诱、欺骗以及其他非法方法收集证据。刑事诉讼法第56条界定了非法证据的范围，包括非法言词证据和不符合法定程序收集的物证、书证。《严格排除非法证据规定》采用原则规定和具体列举相结合的方式，进一步细化了非法言词证据的范围，将"威胁"、"非法限制人身自由"和"重复性供述"纳入非法证据的范畴。

　　我国刑事诉讼法规定的八种证据主要是根据法定侦查行为进行分类的，明显具有侦查中心主义特征。刑事诉讼法第50条第1款改用"材料说"，将"证据"定义为可以用来证明案件事实的材料。为了落实该规定，刑事诉讼法第116条规定，侦查预审的基本功能就是对前期侦查收集、调取的证据材料予以核实。这说明，在我国刑事诉讼中，侦查收集到的证据材料，只有经过预审核实后才成为证据。而证据必须经过查证属实，才能作为定案的根据。

2. 全面客观原则

它包括全面、客观两个方面要求，二者紧密联系，密不可分。它们是证据真实性（或客观性）和关联性对证据收集的要求。真实性是收集证据的核心，它要求坚持客观性和全面性，反对主观性和片面性。客观性就是为了收集真实的证据，必须从案件的实际情况出发，尊重客观事实，按照证据的本来面目去了解它，反映它，如实收集。只有这样，才可能收集到真实的证据，运用证据来查明案件事实。如果从主观想象出发，带着主观框框去收集证据，凭主观愿望任意地取舍证据，往往会使收集证据工作发生差错。全面性就是对与案件事实有关的证据材料，要全面调查、收集，不能抓住一点，不及其余。一个刑事案件的发生，相应地会形成物品、痕迹、影像等各种证据材料。只有全面收集留下的这些证据材料，从碎片中拼凑事实，才能查明案件事实的全部情节。《审判中心改革意见》第4条第1款要求侦查机关全面、客观、及时收集与案件有关的证据。这里"全面"的基本要求就是该意见第2条第2款规定的"裁判的要求和标准"，体现"以审判为中心"的理念。换言之，凡是法院裁判所要求的证据，都应当收集。这种证据既包括有罪证据，也包括无罪证据；既包括定罪证据，也包括量刑证据；既包括证人证言、被害人陈述、口供等主观证据，也包括物证、书证、视听资料、电子数据等客观证据；既包括定罪量刑的实体性证据，也包括证明证据合法性的程序性证据。

这里的"客观"是对取证主体的义务要求，根据刑事诉讼法第52条规定，审判人员、检察人员、侦查人员在收集证据时都负有客观公正义务，必须切实贯彻无罪推定原则，既要收集证明犯罪嫌疑人、被告人有罪和罪重的证据，又要收集证明犯罪嫌疑人、被告人无罪、罪轻或免除其刑事责任的证据；既要听取被害人的陈述，又要听取犯罪嫌疑人、被告人的供述与辩解。凡是能够证明案件事实的各种证据材料，都要全面地加以收集。

必须保证一切与案件有关或者了解案情的公民，有客观地充分地提供证据的条件，除特殊情况外，可以吸收他们协助调查。这是公民参与刑事司法的体现。实践证明，按照法院裁判的要求和标准，收集的证据越全面、越充分，就越有利于全面查清案件事实的各种情节，对案件事实作出正确的裁判。反之，如果从主观愿望出发，带着主观框框片面地去收集所谓"印证证据"，是不可能收集到确实、充分的证据的。根据片面的证据材料，对案件事实就难以作出正确裁判。《电子数据证据规定》第2条要求侦查机关遵守法定程序，遵循有关技术标准，全面、客观、及时地收集、提取电子数据。

3. 不得强迫自证其罪原则

根据无罪推定原则，证明被告人有罪的证明责任由控诉方承担。如果控诉方举证不足，将承担其控诉主张不能成立的法律后果。犯罪嫌疑人、被告人不负有证明自己无罪的责任，但他们及其辩护人可以提出无罪、罪轻或者减轻、免除其刑事责任的材料和意见。这种由犯罪嫌疑人、被告人及其辩护人提出的材料和意见是法律赋予他们的辩护权，而不是证明责任或诉讼义务，犯罪嫌疑人、被告人可以行使，也可以放弃。因此，被告人可以拒绝回答与案件事实无关的问题，控诉方不得强迫其开口，更不能以暴力、威胁、引诱或其他非法方法强迫其作有罪陈述。西方国家已普遍将不得强迫自证其罪原则确立为宪法原则。联合国《公民权利和政治权利国际公约》第14条第13款把不得强迫自证其罪确定为一项刑事司法国际准则。我国2012年刑事诉讼法第50条在取证禁止性规定中增加"不得强迫任何人证实自己有罪"的内容，它是否意味着我国刑事诉讼法确立了不得强迫自证其罪原则，目前学界存在争议。关于该内容的理解，学者们也有不同解读。笔者认为，该规定作为我国遏制刑讯逼供的一种机制，赋予犯罪嫌疑人、被告人和其他作证者不得强迫自证其罪的权利，以立法形式公开宣示强迫任何人自证其罪的非正当性。[①]《严格排除非法证据规定》第4条和第6条都将非法限制人身自由收集的言词证据纳入非法证据范围，就是该

---

① 详细研究，参见樊崇义、兰跃军、潘少华《刑事证据制度发展与适用》，人民法院出版社，2012，第173~179页。

权利的重要保障机制。《审判中心改革意见》第 5 条也体现了该要求。

不得强迫自证其罪原则与沉默权存在必然联系。保护犯罪嫌疑人、被告人的沉默权，要求公安司法人员不得强迫犯罪嫌疑人、被告人回答问题，自证其罪，公安司法机关也不得因犯罪嫌疑人、被告人行使这一权利而作出对其不利的推论，还要求公安司法机关工作人员在对犯罪嫌疑人、被告人进行讯问前必须告知其有权拒绝回答的权利。但沉默权的行使并不是绝对的。目前，世界上大多数已确立沉默权的国家中对沉默权的行使均作了一些限制性规定，作为沉默权的例外，从而防止犯罪嫌疑人利用该规则妨碍控方对犯罪的侦查活动和逃避法律追究。我国理论界和司法实务工作者对是否赋予犯罪嫌疑人、被告人沉默权存在争议。笔者认为，赋予犯罪嫌疑人、被告人沉默权不仅是国际公约的要求，也是加快法治中国建设的必然要求。但结合我国的法治现状和司法实际，借鉴英国做法，应当对沉默权的行使作出一些限制性规定。这些限制可以针对以下几类犯罪和具体情况，包括危害国家安全和社会公共利益类型的犯罪；贪污贿赂犯罪；毒品犯罪；巨额财产来源不明罪；犯罪嫌疑人因与犯罪可疑物品和痕迹有关而涉嫌犯罪的；犯罪嫌疑人因在犯罪现场而涉嫌犯罪的；等等。对以上几种情况犯罪嫌疑人如拒不供述，公安司法机关可以对其作出不利的推论。

除此之外，收集证据是一项时间性很强的工作，必须抓紧进行，力求及时主动，不要错过任何有利时机，防止情况发生变化。特别是对于有犯罪现场的案件，在接到报案以后，公安司法人员应当不顾时间早晚，天气好坏，及时赶到现场进行勘验，趁现场未被破坏，证据尚未丢失和变化，了解案情的人记忆犹新等有利条件，发现和全面收集证据。只要发现证据线索，应当及时进行调查，尽快把证据收集起来。公安司法人员要深入案件实际中去，深入群众中去，调查研究，收集一切与案件有关的证据材料，并善于细致地从细小的材料中去发现和收集证据，防止马虎行事，粗心大意。

（二）证据的固定

证据的固定是指公安司法人员在刑事诉讼过程中，为了保持证据的真实性和完整性，使证据在审判时能够出示，具有法律上的证明效力，对已经收集到的证据材料，通过法定的技术、方法，使其稳定、定型，保持原样、原意，长期不变。对于已经收集到的证据材料，只有通过法定的有效方法加以固定，妥善地保存，才能保持其真实性和证明力。有的证据由于种种原因可能会消失、丢失、变质、毁损，最终难以起到证明作用，所以，应当根据各种证据的特征和要求，按照裁判的要求和标准，选用不同的方法加以固定，以便妥善保存，长期使用，包括以客观证据为核心展开侦查，收集其他证据，形成完整的证据锁链。具体来说，证据固定的方法主要有三种。

第一，对于证人证言、被害人陈述、犯罪嫌疑人、被告人的供述和辩解等言词证据，主要采用笔录和录音的方法加以固定。录音制作人不得少于2人，应当附有关于制作过程的文字说明，并由制作人签名或盖章。笔录的记录人必须具有法定资格，符合法定程序和要求，如实记录陈述的原话内容，并经陈述人核对无误逐页签名后才合法有效。《审判中心改革意见》第5条提出探索建立重大案件侦查终结前讯问合法性核查制度，并得到《严格排除非法证据规定》第14条确认，这种核查与讯问录音录像一样，也是核实、固定口供的一种方法。

第二，对于一般物证、书证等实物证据，应当开列清单附卷保存，移送案件时，随同案件一并移送。对于不宜附卷保存的物证、书证，或者不宜随案移送的物证、书证，除对原物或原件采用妥善方法保存外，应当采用拍照、制图、复制、录像等方法予以固定，并且用文字详细说明物证、书证的性质、特征和形状，收取的时间、地点、经过，以及与案件之间的联系等情况。《审判中心改革意见》第4条第2款规定，对物证、书证等实物证据，一般应当提取原物、原件，确保证据的真实性。需要鉴定的，应当及时送检。证据之间有矛盾的，应当及时查证。《电子数据证据规定》第8~10条规定了固定电子数据的多种方法，包括扣押、封存原始存储介质，提取电子数据，以及打印、拍照、录像等。

第三，对于各种痕迹采用不同的方法予以固定。可以用石膏溶液制成模型来固定足迹，用硅橡胶或可塑性橡皮来固定遗留痕迹，还可以用照相或录像的方法来固定痕迹，等等。总之，对各种痕迹证据所采用的固定方法要能够防止其在诉讼过程中变质、变形或被污染、毁损，以便庭审质证时使用。

证据的固定对保证诉讼活动的顺利进行，以及诉讼结束后的案件复查工作，都有重要的意义。由于已经收集到的证据种类繁多，随着时间的推移，自然条件和客观情况的变化，以及其他种种因素，证据可能会发生变化、破坏、消失。如果不及时采取有效的固定方法，在诉讼进行中就难以了解证据的原状、原意，对诉讼中运用证据查明案情将造成困难。所以，证据固定的目的就是对已经收集到的证据及时采取有效的方法，保持证据不失原状、原意，防止证据变质、变形或灭失，确保证据具有证明效力，以便在诉讼过程中运用证据来认定案件事实；即使在案件处理之后，也能运用证据来复查对案件的处理，它不同于证据保全。证据的固定有利于长期发挥证据的效力。如果不重视证据的固定，或者对证据固定的方法不当，就可能使经过艰苦努力才收集到的证据失去证明力，给侦查、起诉、审判工作带来困难，以致造成不应有的损失。

（三）证据的保全

司法实践中，有些证人因客观原因确实无法出庭，有些证据客观上确实无法在法庭上出示，有些证据在审判时可能无法获得或变得不可靠，有些鉴定在庭审时进行必然导致长时间的诉讼中止等，有必要由法庭予以提前调查和保全。在境外，证据保全制度被视为真正实现控辩公平对抗、发现真相和顺利审判的重要保障，体现了"以审判为中心"的要求。英、美、法、德、日等国刑事诉讼法都规定了证据保全制度。我国民事诉讼法第81条、行政诉讼法第42条、海事诉讼特别程序法第63条，以及仲裁法第46条也规定了证据保全制度，只有刑事诉讼法缺乏该制度。刑事诉讼法第50条、第61条和《高法解释》第63条规定，证据必须经过当庭出示、辨认、质证等法庭调查程序查证属实，否则不能作为定案的根据。对于出庭作证的证人，必须在法庭上经过公诉人、被害人和被告人、辩护人、诉讼代理人等双方询问、质证，其证言经过审查确实的，才能作为定案的根据。同时第195条又规定，未出庭证人的证言宣读后经当庭查证属实的，也可以作为定案的根据。这种"矛盾性"的规定，加之刑事证据保全制度的缺失，导致实践中证人、鉴定人等无论是否有正当理由都不出庭作证，法庭调查以宣读书面证言为主进行，大量存在的书面审现象让立法者精心设计的"控辩式"庭审模式成了一种摆设，被告人获得公正审判权的"底线正义"被合法地剥夺。因此，笔者认为，我国刑事诉讼法应当借鉴意大利附带证明程序和境外其他国家（地区）做法，[①] 并结合我国刑事司法体制，增设证据保全制度，适应以审判为中心的刑事诉讼制度的需要。主要内容包括四个方面。

1. 证据保全的要件

包括实质要件和形式要件。实质要件又称适用范围、适用条件，是指在哪些情况下才能进行证据保全。意大利法将它界定为由于自然的原因或者主客观的原因使证据可能变得无法收集，或者不真实，或者过分地减慢法庭审判的速度三种情形。德国法将它界定为证据可能灭失，或者可能会导致犯罪嫌疑人被释放，以及证人、鉴定人因患病、虚弱、路途遥远或其他不能排除的障碍等原因将较长时间地或者不定期地不能到庭参加审判。日本法将它界定为不预先保全证据会在使用证据上遇到困难。美国法采用概括方式，将它界定为在特殊情况下出于司法利益需要。这些规定的一个共同点就是证据可能灭失或以后难以取得，或者可能变得不真实，这与我国民事诉讼法、行政诉讼法、海事诉讼特别程序法、仲裁法所规定的证据保全的实质要件基本一致。另外，意大利法规定的在庭审时鉴定可能过分减慢法庭审判速度也很有现实意义。笔者认为，我国证据保全的实质要件应包括三种情况：一是证据可能灭失或以后难以取得；二是可能出现暴力、威胁、胁迫、给予或者许诺给予钱款或其他好处等方式致使某人不敢作证或作伪证；三是如果鉴定在法庭审理中进行将可能造成至少 30 日以上的诉讼中止。《电子数据证据规定》第 11 条规定了电子数据证据保全制度，如果存在数据量大而无法或不便提取，或者提取时间长可能造成电子数据被篡改或者灭失的，或者通过网络应用可以更为直观地展示电子数据的等情形，经县级以上公安机关负责人或者检察长批准，可以对电子数据进行冻

---

① 关于意大利附带证明程序，参见兰跃军《刑事被害人作证制度研究》，中国人民公安大学出版社，2011，第 262~263 页。

结。冻结电子数据，应当采取计算电子数据的完整性校验值、锁定网络应用账号等方法。

证据保全的形式要件是指申请证据保全应具备的程序性规定，主要包括申请主体、管辖机关、程序参加人等。第一，申请主体。我国民事诉讼法和行政诉讼法将证据保全的申请主体界定为诉讼参加人，显得过于广泛，不利于司法实践操作。而赋予法院主动采取保全措施，又有违裁判权的被动性特征。从境外规定看，申请刑事证据保全的主体应是控辩双方当事人，包括检察官、犯罪嫌疑人及其辩护人。我国刑事诉讼法已经将被害人确立为控方当事人。因此，我国刑事证据保全的申请主体应是控辩双方当事人，包括公安机关、检察机关、犯罪嫌疑人及其辩护人、被害人及其诉讼代理人。基于裁判权的被动性特征，证据保全必须依申请才能启动，法院不得主动采取保全措施。第二，管辖机关。境外都规定为法院，由庭前或审前法官主持，以确保该程序能按照法庭审判的程序进行，体现审判中心主义的要求。我国民事诉讼法和行政诉讼法都没有规定证据保全的管辖机关。海事诉讼特别程序法第 63 条和仲裁法第 46 条将证据保全的管辖机关确定为证据所在地海事法院或基层法院。笔者认为，我国刑事证据保全的管辖机关应是证据所在地基层法院，证据保全程序应由法官主持，体现"以审判为中心"的要求，但主持证据保全的法官不得参与本案的审判。如果将来设置专门的审前法官或庭前法官，应由审前法官或庭前法官主持进行。第三，程序参加人。由于证据保全必须按照法庭审判的程序进行调查取证，以保证证据以公开辩论、对质的方式产生。借鉴境外做法，笔者认为，在我国，侦查人员或检察人员、辩护人代表控辩双方应当参加证据保全的全过程，犯罪嫌疑人、被害人及其诉讼诉讼代理人也有权参加。如果犯罪嫌疑人没有委托辩护人，人民法院应当依法指定承担法律援助义务的律师作为辩护人参加证据保全活动。第四，申请要求。申请证据保全应当向有管辖权的法院提交书面申请，申请内容包括申请保全证据的名称和地点、该证据的证明对象、保全的内容和范围、申请证据保全的理由，以及进行证据保全而需要对事实进行证明的人员等事项。第五，对证据保全申请的处理。法院收到证据保全申请后，应当在 48 小时内作出接受或拒绝进行证据保全的裁定。这与意大利法一致，体现了证据保全作为紧急情况应该快速处理的要求。如果法院拒绝进行证据保全，应当书面说明理由，并立即通知申请人。申请人不服，有权在 48 小时内申请复议或向上一级人民法院申请复查，复议或复查法院应当在 24 小时内作出决定。

2. 证据保全的措施和方式

从境外规定看，证据保全措施主要是询问证人、鉴定人，法院保全证据采用控辩双方交叉询问的方式。此外，保全措施还包括搜查、扣押、勘验、辨认等。我国民事诉讼法和行政诉讼法没有明确规定证据保全措施，最高人民法院《关于民事诉讼证据的若干规定》第 24 条和《关于行政诉讼证据的若干规定》第 28 条规定，人民法院保全证据，可以根据具体情况，采取查封、搜查、扣押、拍照、录音、录像、复制、鉴定、勘验、制作询问笔录等保全措施。《电子数据证据规定》第 12 条规定，冻结电子数据，应当采取计算电子数据的完整性校验值、锁定网络应用账号，或其他防止增加、删除、修改电子数据的措施中一种或者几种方法。笔者认为，我国刑事诉讼法增设证据保全制度时，也不宜对保全措施作出硬性规定，可由最高人民法院根据实践需要以司法解释的形式加以补充，由法院根据个案的具体情形采取及时、有效的措施和手段，以达到固定、保存证据的目的。因为社会生活丰富多彩，刑事案件事实更是纷繁复杂，再加之现代社会高科技的迅猛发展以及人们认识客观世界的手段在不断提升，必将给司法审判不断带来革命性的成果，如果在立法上对证据保全的措施采取僵硬的限定做法，势必妨碍和限制人们认识或再现客观事物的能力与探索的空间。但是，对于证据保全方式，应对询问证人、鉴定人作出明确规范，允许控辩双方对证人、鉴定人进行交叉询问。这对于保障控辩双方的质证权，确保证据的真实性、可靠性及证据效力，监督制约法院的庭外调查活动依法进行，实现诉讼公正等是非常必要的。

3. 证据保全的程序

主要包括五个方面：第一，法院对证据保全申请进行审查后，认为存在进行证据保全的紧急情况之一时，应当裁定进行证据保全，并同时确定主持法官，根据申请和陈述确定的证明对象，根据申请和陈述加以确定的、与调取证据有关的人员，以及进行证据保全的日期（与裁定日期的间隔期不应超过 5 日）。第二，证据保全主要适用于侦查阶段。但在立案、审查起诉、庭前准备阶段，如果发生应当进行证据保全的紧急情况，也可以由法院裁定进行证据保全。刑事诉讼法第110条第3款规定的立案阶段采取紧急措施，包括进行证据保全。第三，法院至少应提前2日将进行证据保全的日期、具体时间和地点通知侦查人员（检察人员）、犯罪嫌疑人及其辩护人、被害人及其诉讼代理人。当实施某一证据保全措施需要犯罪嫌疑人参加，而犯罪嫌疑人无正当理由拒不到场时，法院有权决定实行拘传。第四，证据保全按照法庭审理规定的调查取证程序，由法官主持不公开进行。侦查人员（检察人员）和辩护人有权对有关证人或鉴定人进行询问和质证，犯罪嫌疑人有权与证人对质，被害人及其诉讼代理人可以直接向证人或鉴定人发问，也可以要求法官询问。法官可以进行补充性询问。各方还可以就证人证言、鉴定意见等证据的证明力进行总结陈述和辩论。第五，证据保全的全过程应当制作笔录，并由书记员、法官、侦查人员（检察人员）、辩护人签名。如果犯罪嫌疑人、被害人及其诉讼代理人参加了证据保全程序，也应当签名。在证据保全过程中所制作的笔录，以及取得的物品、文件等应交给侦查人员或检察人员，由他们随案移送法院。辩护人和诉讼代理人有权查阅并取得其副本。犯罪嫌疑人和被害人经法院同意也可以查阅并取得其副本。

4. 证据保全的效力

通过证据保全程序所取得的证据在法庭审理时只需书面调查就可以直接作为定案的根据。但是，借鉴意大利的做法，应作出两方面限制：一是为了保障犯罪嫌疑人、被告人人权，这些证据只能针对其辩护人参加了证据保全并且在笔录上签字的被告人使用，辩护人不在场或者笔录上没有辩护人签字的证据对该被告人无效；二是为了保障被害人人权，如果被害人确有正当理由没有参加证据保全，法院根据证据保全取得的证据作出的无罪判决，对被害人为请求损害赔偿而提起的民事诉讼没有预决的效力，除非该被害人明确表示接受。

（四）证据保管链

根据直接言词原则或传闻证据规则，言词证据原则上要求陈述人出庭作证。而根据最佳证据规则，物证、书证等实物证据应当提供原物、原件，保持真实性和原始性。在刑事诉讼中，法官审查判断实物证据的真伪，主要考察两个方面：一是提交法庭的实物证据是否是案件所涉及的物品；二是提交法庭时实物证据的状态与收集时相比是否发生了实质性变化。"实物证据的真实性或者同一性是指证明该证据为真（genuine）的要求。麦考密克以这种方式表达这一要求：'当提交实物证据时，要建立足够的可采性的基础，就必须提供以下证言：首先，该物品就是事件所涉及的物品，不仅如此，该物品的状态本质上没有发生变化。'"[①] 然而，实物证据从因犯罪活动而留存于犯罪现场，直到在法庭上出示用以证明案件事实，随着时间的流逝和场所的变化，可能会因为各种自然因素或人为因素而被破坏、异变甚至遗失。这就要求建立一条完整、封闭、连续的有关实物证据收集、运输、保管、鉴定等各个环节的证据保管链（chain of custody）。"证据保管链要求每一个保管证据的人提供证言证明对证据的保管是连续的；不仅如此，还要求每一个人提供证言证明在其保管证据期间，证据实质上保持相同的状态……证据的真实性问题越重要，就越需要否定改变或替换的可能性。"[②] 以物证为例，在美国，从犯罪现场发现物证时起，直到将物证提交法庭时止，对所有曾经保管现场物证的人员都需要进行登记和记录。这种记录使得陪审团可以确信，该物品就是当事人所指的物品，并且未遭到改变或破坏。这样做的理由包括两个方面：第一，为了确保提交给法庭的物品就是在犯罪现场发现的物品，同时确保该物品是犯罪活动的产物。第二，为了确保专家进行检查和分析的物品就是与犯罪之间存在关联的物品，并且该物品自发现时起直到进行分析时并未遭到改变或破坏，控诉方对该证据保管链承担证明责任。如果无法进行此种证明，该物品以及专家得出的分析结果就不能作为证据使用。[③] 正如美国法官所言："只有确立了足够的基础，才能采纳实物证据。这里所谓足够的基础，通常要求包括以下证言：提交法庭的证据与争议事件涉及的证据具有同一性，并且该证据与事件发

---

① Paul C. Giannelli, "Chain of Custody and the Handling of Real Evidence", 20 *American Criminal Law Review* 531（1983）.

② Bryan A. Garner（ed.）, *Black's Law Dictionary*, *9th ed.*, Minnesota：West, a Thomson Business, 2009, p. 260。

③ 〔美〕诺曼·M. 嘉兰、吉尔伯特·B. 斯达克：《执法人员刑事证据教程》（第 4 版），但彦铮等译，中国检察出版社，2007，第 409 页。

生时保持实质上的相同状态。"① 以辛普森案为例，辛普森被指控杀害了其前妻妮可儿·布朗·辛普森以及其前妻的男友罗纳德·戈德曼。在侦查过程中，侦查机关在证据保管链问题上出现了多个严重失误，致使多份重要的证据被法庭排除，并最终导致控诉方败诉。例如，在勘验现场的时候，一名叫作富尔曼的侦查人员在大门背后发现一枚清晰的血指纹并在笔记本上对该血指纹做了记录，然而，富尔曼没有对该证据拍照，也没有告知其他侦查人员现场有该血指纹，更没有向上级报告该证据的存在。"因而没有建立关于该证据的证据保管链，不能证明该证据存在，最终该证据被法庭排除。"②

证据保管链制度对实物证据的保管提出严格要求，旨在保证出示在法庭上的实物证据的真实性和原始性，体现了"以审判为中心"的诉讼理念。该制度要求自发现证据时起，就必须对证据的基本情况进行详细记录；此后，每一次交接证据时，也必须对证据的基本情况进行详细记录。这种严密的记录制度意味着，一旦保管证据的人员对证据进行了篡改，那么，在其将证据移交给下一位保管人员时，下一位保管人员对证据基本情况的记录就会与上一位保管人员的记录不一致，从而很容易查清证据到底是在哪一个环节、谁保管时发生了变化。这个记录体系不应当存在断裂或者不连贯之处。从西方法治发达国家的立法和司法实践看，证据保管链制度主要包含两个层面的要求：③ 一是对证据记录体系的要求，要求执法机关建立"从获取证据时起至将证据提交法庭时止，关于实物证据的流转和安置的基本情况，以及保管证据的人员的沿革情况"的完整而连贯的记录体系；二是保管链中所有参与证据的收集、运输、保管等工作的人员，除非符合法定的例外条件，都必须出席法庭并接受控辩双方的交叉询问，以证明保管的规范性以及证据的真实性与关联性。该制度的主要内容也包括两个方面：第一，证据保管链的长度，关键是确定证据保管链的起点和终点，起点始

---

① Spencer Robinson, "Chain of Custody: Problems in its Application", *Arkansas Law Review*, 1976, Vol. 30, No. 3, p. 345.

② Marie-Helen Maras, *Computer Forensics: Cybercriminals, Laws, and Evidence*, Sudbury: John & Bartlett Learning, LLC, 2012, p. 209.

③ 参见陈永生《证据保管链制度研究》，《法学研究》2014 年第 5 期。

于侦查机关收集到证据，终点止于控诉方将证据提交法庭；第二，应当对哪些证据的保管链进行证明。如果证据属于种类物、证据需要进行实验室分析，或者证据的关联性与证据的状态紧密相关，控诉方通常必须对证据保管链进行证明。

证据保管链制度对规范侦查、审查起诉人员收集、运输、保管证据等行为，协助法官审查判断证据的真伪，都具有极为重要的意义。我国刑事诉讼法只要求对证据的收集进行记录，没有明确要求对证据的运输、保管、鉴定等进行记录，更没有要求接触证据的人员出庭作证。这对保障实物证据的证明力极为不利。《审判中心改革意见》第4条第2款规定，所有证据应当妥善保管，随案移送，但没有对实物证据保管链作出规范。《电子数据证据规定》第二部分和第三部分分别对电子数据的收集与提取、移送与展示作了比较全面的规定，基本构建了一个电子数据证据保管链制度。但总体而言，我国还没有建立完整的证据保管链制度。立法的疏漏导致实践中实物证据保管存在不少问题，有些公安司法机关对证据的保管非常混乱，结果导致因保管不善以致证据发生变化，甚至灭失的现象屡屡出现。[1] 近年来，媒体报道了许多类似案件。2003年至2006年轰动全国的湖南黄某案中，法院尚未对被告人是否构成强奸罪作出认定，被害人黄某的尸体就严重腐败，作为尸检对象的黄某的内脏丢失，被害人的衣物，包括内裤神秘失踪。[2] 2013年改判无罪的河南平顶山李怀亮冤案中，叶县公安局曾在事发现场测量了脚印，并用石灰膏刻有模子。警方让湾里村民调主任赵某将脚印模子搬上车，赵某2004年2月3日在叶县法院出庭作证证实此事，但卷宗却并未记载脚印之事。公安机关现场勘测和提取的模子显示，现场留下的脚印是38号鞋码的凉鞋，而事发当晚，李怀亮外出捉爬叉时（知了的幼虫）穿的是44码的平底拖鞋。现场脚印显示，是空调凉鞋，而李怀亮当晚穿的是平底拖鞋。[3] 2016年最高人民法院再审改判无罪的聂树斌案中，聂树斌所在车间案发当月的考勤表缺失，导致认定聂树斌有无作案时间失去重要原始书证，而有证据证明该考勤表确实存在，并且已经被公安机关调取。

---

① 参见陈永生《电子数据搜查、扣押的法律规制》，《现代法学》2014年第5期。
② 参见龚春霞《法治社会和司法公正——从黄静案说开》，《法制与社会》2007年第3期。
③ 参见《河南农民无罪羁押12年：仅洗过一次热水澡》，《新京报》2013年4月28日。

考勤表是证明聂树斌有无作案时间的重要原始书证，根据《公安机关办理刑事案件程序规定》，应当认真登记、妥为保管，考勤表不入卷不符合相关规定，原办案人员也没有作出合理解释。[①]

近年来改判的一系列重大冤假错案反复警示我们，"重视口供的刑事司法制度本身是导致错案发生的结构性原因"。[②] 为此，理论和实务界通过反思口供中心主义侦查模式，提出并推行以客观证据为核心的证据审查模式，构建以客观证据为核心的定罪证据体系和证明体系。而客观证据的主体是实物证据，加强客观证据收集、审查和运用，必须建立一套严密的证据保管链。有学者针对我国在证据保管链方面存在的两个主要问题，提出借鉴境外做法，构建完善的证据保管链制度，包括：（1）应当要求公安司法人员在诉讼过程中建立严密的证据记录体系，制定并执行有关证据收集、运输、保管、鉴定的严格规则；（2）合理界定相关人员出庭作证的范围，在保障公正的同时兼顾效率。[③] 侦查、检察机关自收集证据（包括电子数据）时起至将证据移送法庭时止，对于运输、储存、鉴定证据的每一个环节，都必须确定专人负责保管，并且在每次交接证据时都进行记录，对交接的人员、时间、证据的基本形态等予以记载，以实现证据保管链的无缝对接。不仅如此，法院在对证据进行审查时必须对证据保管链的完整性进行审查，对于证据保管链出现断裂，或者证据在保管期间没有保持实质上的相同状态，并且控诉方不能作出合理解释的，应当将该证据予以排除。[④] 笔者基本赞同该方案。但有三个方面值得商榷和补充。第一，证据保管链起点应当是发现证据之时，而不是收集证据之时，或者从案件发生时开始。因为证据保管链的功能在于确保实物证据的真实性和原始性，应当从犯罪现场发现证据之时开始记录。只有现场发现之时的证据才是最原始的证据，具有真实性和原始性。虽然有的证据发现之日就是收集之日，或案件发生之日，但并非所有证据都是如此。第二，证据保管链制度应当平等适用于控辩双

---

① 最高人民法院刑事判决书〔2016〕最高法刑再3号。
② 〔日〕田口守一：《刑事诉讼的目的》，张凌、于秀峰译，中国政法大学出版社，2011，第24页。
③ 参见陈永生《证据保管链制度研究》，《法学研究》2014年第5期。
④ 参见陈永生《电子数据搜查、扣押的法律规制》，《现代法学》2014年第5期。

方收集的证据，而非仅仅适用控诉方。虽然刑事诉讼法规定证明被告人有罪的证明责任由控诉方承担，但犯罪嫌疑人、被告人享有辩护权，他们从审查起诉阶段开始有权调查收集证据（包括实物证据），刑事诉讼法第42条还赋予辩护人积极辩护权。因此，辩护方收集和保管实物证据，也应当遵循证据保管链制度，对证据保管链的完整性进行证明，保持证据的真实性、原始性。第三，证据保管链制度应当与非法实物证据排除规则相互衔接。我国刑事诉讼法第56条和《严格排除非法证据规定》第7条都规定，对不符合法定程序收集的物证、书证实行可补正的排除。这里的不符合法定程序包括证据保管链记录不符合法律规定，导致证据保管链断裂或不连贯，可能严重影响司法公正的，应当要求证据保管链的链接者予以补正或者作出合理解释，必要时由链接者出庭作证接受控辩双方交叉询问。并根据不同证据保管链断裂原因，分别设置不同的排除模式，在保障司法公正的同时，兼顾诉讼效率。

二　加强客观证据收集、审查和运用——以冤假错案为中心

河北聂树斌案于2016年11月30日经最高人民法院再审宣告无罪，改判的关键理由是缺乏锁定聂树斌作案的客观证据，导致原判事实不清、证据不足，没有达到定罪的证明标准。[①] 据笔者所知，该案是最高人民法院裁判文书中第一次明确使用"客观证据"这一词汇，说明客观证据和主观证据这一证据分类方法已经得到最高司法机关认可，具有重要的理论和实践意义。缺乏客观证据成为许多冤假错案产生的重要原因。安徽高院2018年4月再审改判涡阳"五周杀人案"五名被告人无罪的主要理由也是原判决无任何客观证据。[②]

（一）客观证据的概念与范围

"客观证据"又称"客观性证据"，在我国不是一个法定术语，更不是

---

① 参见中华人民共和国最高人民法院刑事判决书〔2016〕最高法刑再3号。
② 参见《判决书详解安徽"五周案"5被告人无罪理由：无任何客观证据》，澎湃新闻网 ah. ifeng. com>安徽>资讯-快照-凤凰网安徽频道 2018-04-11，最后访问时间：2018年6月3日。

一种法定证据种类。据悉，它最初由浙江省人民检察院提出，该院 2011 年 8 月起在死刑案件公诉审查中开展以客观性证据为核心的审查模式改革探索，2012 年 9 月制定《浙江省人民检察院〈死刑案件客观性证据审查工作指引（试行）〉》（以下简称《浙江工作指引》），2013 年 4 月将客观性证据审查推广到所有公诉案件，并得到最高人民检察院肯定，发文在全国推广。以客观性证据为核心的审查模式，是指公诉部门在办理死刑案件过程中，将审查工作重心从以口供等言词证据为中心转变到以客观性证据为核心上来，凭借客观性证据具有可靠的稳定性和可重复验证性的最佳证据特征，确认案件基础事实脉络，并以此为基础对全案证据予以审查和检验，进而准确认定犯罪事实的审查工作方式。在中国政法大学樊崇义教授主持的 2012 年国家社科基金重点项目"刑事证据规则研究"中，浙江省人民检察院课题组选取客观性证据公诉审查规则开展实证研究，他们以该省公诉部门近年来提起公诉错误的案件、诉讼监督成功的案件以及部分最高人民法院不核准死刑的 31 件典型案件为例，从 16 个方面分析了客观证据在死刑案件公诉审查中导致错误的表现形式，概括了客观证据收集、审查和运用的一系列证据规则。①

从浙江省人民检察院提出并推进客观性证据审查模式改革实践可以发现，"客观证据"是相对于"主观证据"而言的，是针对我国刑事诉讼印证证明模式下，以被告人口供为中心刻意制造虚假印证难以有效识别，极易导致冤假错案而提出的一种公诉审查对策，它既是对重视口供的刑事司法制度的纠正，也是对实践中广受诟病的证据相互印证规则的局限性的补救。日本学者认为，"证据"一词有多重含义，可以区别证据方法和证据资料，前者是作为认定事实素材的人或物，后者是通过前者获得的内容。根据证据内容的不同，证据可以分为言词证据和非言词证据，言词证据是人们记忆中留下的事实痕迹，需要通过人的语言表达出来，受人的主观因素影响

---

① 这 16 个方面分为三类：一是客观性证据审查运用错误而导致公诉错误的案件；二是客观性证据运用充分而诉讼监督成功的案件；三是部分事实客观性证据不充分，最高人民法院不核准死刑的案件。详细研究成果和浙江省人民检察院客观性证据审查模式的介绍，参见浙江省人民检察院课题组《客观性证据公诉审查规则实证研究——以客观性证据审查模式改革为视角》，载樊崇义主编《刑事证据规则研究》，中国人民公安大学出版社，2014，第 658~729 页。

较大，稳定性较差；非言词证据是事实的痕迹以物的形态保留下来，受人的主观因素影响较小，稳定性较强。[①] 根据证据内容的稳定性与可靠性程度之差异，将证据分为客观证据与主观证据。客观证据是指以客观之物为证据内容载体的证据，这些证据内容的载体是客观之物，虽然也会受到自然之影响，但是在有限的诉讼时限内，在没有人为因素介入的情况下，其外部特征、性状及内容等基本稳定，所包含的证据内容受人的主观意志的影响较小，因而客观性较强。我国刑事诉讼法第 50 条规定的 8 种证据中，可以纳入客观证据的包括物证，书证，鉴定意见，勘验、检查、辨认、侦查实验等笔录和视听资料，电子数据。[②] 在司法实践中，指纹和 DNA 鉴定是应用比较多的客观证据。据统计，浙江省温岭市公安机关在盗窃犯罪现场的指纹、DNA 提取率已经达到 40% 左右，每年通过指纹、DNA 锁定犯罪嫌疑人 500 人左右，在此基础上成功抓获犯罪嫌疑人近 300 人。但公安机关报捕的经指纹、DNA 认定的逃犯，2014 年检察院不批准的有 17 人，占全部盗窃案件不捕数的 34%，2015 年不捕 49 人，占 53%，而刑拘后直接释放的更多。[③] 这说明公安机关和检察机关对这两种客观证据的运用还存在分歧，需要研究解决。

主流观点认为，证据的属性包括客观性、关联性和合法性。客观性和关联性决定证据的证明力，而合法性决定证据的证据能力。客观性又称真实性、可靠性、可信性，是指证据所表达的内容或证据事实是客观存在的，不以人的主观意志为转移，集中体现为较强的稳定性和可重复验证性。在司法实践中，客观证据主要来源于与犯罪动机、预备、行为、后果和掩盖犯罪行为等过程相关现场，绝大部分都属于原始证据，经查证属实，具有证据材料形成的原始性、证据内容的真实性、证据载体的可见性、证明方向的可靠性、证据解释的可重复性等特征，这些决定了它们较言词证据易于检验和识别，证据运用的可靠性可以得到充分的保障，便于侦查阶段收

[①] 参见〔日〕田口守一《刑事诉讼法》（第 5 版），张凌、于秀峰译，中国政法大学出版社，2010，第 268 页。

[②] 参见樊崇义、赵培显《论客观性证据审查模式》，《中国刑事法杂志》2014 年第 1 期。

[③] 参见鲍森岳《间接的客观性证据在盗窃犯罪侦查应用中的困境及对策研究——以温岭市应用指纹、DNA 鉴定的侦查实务为例》，《公安学刊——浙江警察学院学报》2017 年第 2 期。

集后，在审查起诉和审判阶段保持相对稳定性和可重复验证性，从而在庭审中查证属实，作为定案的根据。因此，加强客观证据的收集、审查与运用，是实现庭审实质化的需要，符合以审判为中心的刑事诉讼制度的要求。但是，证据内容包括影像和痕迹，有稳定性和可重复验证性，即客观性，而可靠性、真实性与客观性是同一含义。因此，笔者认为，将证据内容的稳定性和可重复验证性不同作为区分客观证据与主观证据的标准更加科学。《浙江工作指引》第 2 条对客观性证据概念及其范围的界定采用了这一立场。该条规定，客观性证据是指物证、书证等证明内容客观性较强，不易受人的主观认识影响，具有较为稳定的表现形式和判断标准的证据材料或事实。包括但不限于：（1）通过证据本身所呈现的形态、特征等物理特点与案件建立关联的物证；（2）通过法庭科学技术进行解释的技术类客观性证据，如 DNA 生物检验、指纹鉴定、痕迹鉴定、微量物质鉴定、毒物检验、尸体（人身）检验报告等鉴定意见；（3）通过信息记载的内容与案件建立关联的记录类证据，如书证、视听资料、电子数据等；（4）通过客观记载侦查活动过程并反映案件某一方面事实情节的记叙类证据，如勘验、检查、辨认、侦查实验等笔录；（5）根据生活常识和经验法则可以推定某一事实存在的基础事实。笔者认为这一界定相对科学，但以"客观性"来定义"客观性证据"，犯有重复定义错误。而第（5）项属于证据裁判原则例外的一种证明方法，不是事实，更不是证据。为此，笔者认为，客观证据就是指证据内容具有相对比较强的稳定性和可重复验证性，不易受人的主观因素影响而变化的证据。首先，客观证据必须是证据，具有证据能力和证明力，即具有客观性、关联性和合法性。《浙江工作指引》第 2 条第（5）项是实践中常用的推定的证明方法，不宜列入客观证据范围。其次，客观证据的基本特征是具有相对比较强的稳定性和可重复验证性，即客观性或真实性，这决定了它们与案件事实的关联性强，在一定条件下和一定时期内不易受人的主观因素影响而发生改变。实物证据可以纳入客观证据，但客观证据并不限于实物证据。与传统证据分类方法一样，我们不能简单地将某一或某些法定证据种类纳入客观证据范围，必须有一定限制条件。《浙江工作指引》第 2 条第（1）项至第（4）项规定比较合理。将经过鉴真的物证、书证、视听资料、电子数据等实物证据纳入客观证据范围，学界认识比较一致。但将鉴定意见和勘验、检查、辨认、侦查实验等笔录证据纳入客观证据，学界有不同看法。笔者认为，虽然鉴定意见本质上是鉴定人的个人意见，属于言词证据，但是，鉴定意见是由作为专家的鉴定人运用科学技术或专门知识对案件中的专门性问题进行分析、判断后所形成的鉴别意见，一旦依法作出并经过查证属实，具有相对比较强的稳定性和可重复验证性，不易受鉴定人主观意志影响而改变，符合客观证据的特征。同理，勘验、检查、辨认、侦查实验等笔录证据是侦查人员对其勘验、检查、辨认、侦查实验、搜查、扣押以及证据提取过程所作的书面记录，一旦依法制作并查证属实，也具有相对比较强的稳定性和可重复验证性，不易受侦查人员主观意志影响而改变，应当纳入客观证据。最后，客观证据大多是"哑巴证据"或"沉默的证人"，属于间接证据，必须遵循间接证据定案规则。以此为据分析，聂树斌案中收集的自行车、凉鞋、连衣裙、内裤和钥匙等物证，以及尸体检验报告、现场勘查笔录和照片等，都属于客观证据，但它们只能证明被害人康某死亡的事实，不能锁定聂树斌作案。而能够证明聂树斌作案的只有聂树斌的有罪供述，但其真实性、合法性存疑。能够作为客观证据的作案工具花上衣存在重大疑点无法排除，可能证明作案时间的重要原始书证考勤表缺失，被害人尸体是否有骨折问题没有真正查清，而作为关键物证的被害人阴道里的精液、被害人身上留下的唾液，犯罪现场留下的鞋印、指纹、头发、阴毛等客观证据都没有收集，导致没有任何一份同一认定的客观证据对聂树斌的口供予以印证。这正是导致本案事实不清、证据不足的原因。

（二）客观证据收集与审查

客观证据在认定犯罪事实上的稳定性和可重复验证性已成为司法实践部门的共识，在刑事证据体系中的地位和作用日益凸显，发挥着越来越积极的作用。在我国印证证明模式下，有的侦查机关违法收集到犯罪嫌疑人有罪供述后，往往放弃收集具有关联性且对被告人有利的客观证据，有的即使已经收集到，也设法隐匿或故意毁灭，坚持以口供为中心收集其他言词证据或实物证据，刻意制造虚假印证，构筑一个虚假的定罪证据体系，这往往很难识别，极易导致冤假错案。因此，强化客观证据的收集和审查，并予以印证，既是防止印证证明模式出现负面效应的有效途径，也是排除矛盾和合理怀疑的必要环节。

1. 客观证据的收集

客观证据绝大部分是随着案件发生而形成的原始证据，并且是"哑巴证据"，一般不会通过言词陈述的方式转换成其他证据形式。因此，客观证据的收集要重视犯罪现场，注意从证据相互印证中发现线索，充分挖掘和全面收集客观证据。

（1）及时保护犯罪现场并全面勘验检查。犯罪现场是案件发生后遗留痕迹和物品最集中的区域，也是各种影像性证据的来源地，因此，刑事诉讼法第129条明确要求保护犯罪现场，并立即通知公安机关派员勘验，全面收集各种证据，制作勘验、检查笔录。《浙江工作指引》第5条强调审查案件时应当运用犯罪现场重建的方法来全面检识案件证据情况，运用收集在案的客观证据推演犯罪过程，检验审查认定犯罪事实的准确性。犯罪现场重建就是通过现场形态以及物证、书证、痕迹、轨迹等的位置和状态，通过科学检验、鉴定分析，结合其他证据来确定犯罪现场是否发生特定的事件和行为的过程。犯罪现场重建的意义表现在：一是通过犯罪现场重建检验案件事实认定的准确性。依托客观证据通过科学的方法和过程，进行犯罪现场重建以此获得更接近客观真实的案件事实，从而得出一个较为可靠的论证结论，作为审查认定的基础事实。二是通过犯罪现场重建发现案件证据的薄弱环节并加以补强。通过犯罪现场重建合理推演案件发生的过程要素，从中发现应当留下而尚未收集到的证据情况，尤其是作案工具、现场遗留的各种物品、痕迹等，并寻求补强相关证据措施。审查杀人案件时，应通过审查现场勘验、检查笔录，运用收集到的各种痕迹、物品、书证等，推演行为人进出现场的路线、渐次展开的活动、使用的工具、接触或破坏的物品、形成的痕迹、遗留的物品、犯罪嫌疑人自身是否受伤或黏附有死者血迹及其他物质，根据相关证据确定与死者的接触情况，以何种方式、手段杀死被害人，如何对尸体和现场进行处理或伪装，如何离开现场。通过重建和推演，再现犯罪过程来印证现场状况及痕迹、物证存在的合理性，进一步去伪存真，得出更接近客观真实的案件事实。

（2）注重从言词证据中挖掘客观证据。虽然言词证据因受人的主观意识影响而存在可信程度低，可靠性较客观证据弱，但作为案件行为的见证人，言词证据的提供者对案件事实信息的感知最直接、全面。《办理死刑案件证据规定》第34条规定："根据被告人的供述、指认提取到了隐蔽性很强的物证、书证，且与其他证明犯罪事实发生的证据互相印证，并排除串供、逼供、诱供等可能性的，可以认定有罪。"该规定既是对刑事诉讼法第55条规定的口供补强规则的细化，也为从言词证据中挖掘和运用客观证据提供了依据。因此，在客观证据不充分的案件中，应当重视言词证据中所蕴含的信息，从这些信息中去分析和寻找可能蕴含的客观证据或客观证据信息点，并以此来发现和挖掘新的客观证据。一方面，被告人供述和证人证言等言词证据是法定证据，在被告人作有罪供述和证人指证的情况下，要积极从言词证据中挖掘并收集新的客观证据，来印证其供述的真实性。如根据被告人活动路线寻找和提取视频监控录像，根据犯罪通信联络线索提取通信记录等；另一方面，要对已经收集在案的证据作更准确解读。证据因证明主张的不同会产生不同的证明效果。例如，被告人因刑讯逼供所受的伤痕，在证明非法讯问行为存在的主张时发挥本证的作用，而在证明证据合法性的主张时，确是反证。因此，对收集在案的证据要从控诉和辩护两个思维路径来进行解读，提前模拟庭审可能出现的证据质证情况，加强对证据的审查。对犯罪嫌疑人供述的作案过程，要与现场勘查记录、尸体（人身）检验报告相比对，寻找印证点和矛盾点，根据审查和补正情况对相关证据作出如何采用的取舍；证明犯罪嫌疑人购买、携带、丢弃、隐匿作案工具、涉案物品的行为过程，不仅要结合证人证言进行辨析，还要与搜查、扣押、提取笔录进行比对，没有提取的要补充提取，从而查明相关证据是否相互印证；案件发生途经相关公共场所和单位的，要审查是否存在监控资料，在相关现场安装有监控设备的，要审查是否已按法定程序予以提取，没有提取的要补充收集。

（3）注意从在案客观证据中挖掘其他客观证据。虽然客观证据绝大部分是间接证据，但它们反映的并非仅仅是犯罪过程的片段，通过挖掘其内在含义、充分解释，结合常识常理，运用推理的手段可以推演犯罪过程、重建犯罪现场，这样，可以从在案客观证据中搜寻其他客观证据，从而夯实全案证据的证明体系。在杀人案件中，通过审查现场勘验、检查笔录，运用收集到的各种痕迹等实物证据，能够推演出行为人进出现场的路线、渐次展开的活动、使用的工具、接触或破坏的物品、形成的痕迹、遗留的物品、被告人是否受伤或黏附有血迹等其他物质；根据相关证据确定与被害人的接触情况，以何种方式、手段杀死被害人，如何对尸体和现场进行处理或伪装，如何离开现场。这时多个客观证据综合起来，就可以推理出犯罪的全过程。因此，对客观证据的审查既要重视收集过程，更要注重挖掘和运用客观证据蕴含的相关信息，确立关联性。通过审查现场勘验、检查笔录，确定收集、提取的客观证据与案件的关联性；通过审查辨认笔录、鉴定意见，确定相关现场获取的客观证据与行为人的关联性；通过审查尸体检验报告和人身检查笔录，确定尸体检验过程的客观性、损伤结论的科学性，并由此还原行为方式和力度、确定作案工具，进而与案件事实建立关联等；通过审查搜查、扣押、提取笔录，建立犯罪嫌疑人人身或处所发现的物品、文件等客观证据与案件事实之间的关联性。例如，凶杀案件案发后，在没有其他证人证言的情况下，如果在被告人处提取到一把带有被害人血迹的匕首，我们首先就会怀疑其是犯罪嫌疑人；如果再在被害人的尸体上检出该行为人的血迹，就进一步增强我们的认知，基本可以确定被告人是犯罪参与人；再进一步排除案发当时没有其他人在案发现场的情况下，我们就可以断定是被告人作案。

2. 客观证据的审查

根据客观证据的特征，其审查判断应当遵循四项原则。

（1）坚持客观证据优先运用原则。这是最佳证据规则在客观证据审查运用中的具体体现。其机理缘于客观证据具有证据材料形成的原始性、证据内容的客观性、证据载体的可见性、证明方向的可靠性、证据解释的可重复验证性等特点，相比较口供、证人证言等言词证据的主观性和易变性，更能客观、稳定地证实案件的真实情况，更具说服力、证明力。因此，在审查和构建定案证据体系时应当予以优先运用。① 客观证据审查模式要求排除口供中心主义，认定案件事实应优先使用客观证据。在运用客观证据之

_____

① 参见客观性证据审查模式改革课题组《探索审查模式改革 确保死刑案件质量——以客观性证据为核心的死刑案件审查模式探索为例》，《人民检察》2013 年第 5 期。

前，要对客观证据的真实性、合法性进行审查。客观证据通常是间接证据，必须通过收集、固定、解读等行为来证明案件的某一事实或者情节，因此，要审查客观证据的提取、保管、鉴定、辨认等活动是否合法进行，是否有导致客观证据失真的不当行为，防止虚假的材料进入证明体系。查证属实的客观证据应作为最佳证据在定案中优先使用，要以客观证据所证明的事实情节作为案件事实的中心，结合其他证据来认定相关事实；证据出现矛盾时，应将客观证据作为认定案件事实情节的关键性证据予以审查使用；坚持客观证据的证明力优先原则，以客观证据检验言词证据的真实性。

（2）坚持严格实行非法证据排除规则。这是证据合法性的必然要求。刑事诉讼法第56条至第60条规定了中国模式非法证据排除规则，客观证据审查模式要求坚决依法排除非法证据，保证证据合法性。对于言词证据要注意审查是否存在非法获取言词证据的情形；对于物证等客观证据，不仅要审查证据的最后形态和结论，更要把审查的注意力贯穿于收集、提取、保管、使用及检验的各个环节，防止非法证据以及来源不明的证据进入法庭调查程序。同时，审查中要注意听取证据合法性异议的意见。要认真对待被告人的辩解以及辩护人的陈述与申辩，如实记录在案，对影响证据客观性、合法性的情形认真核查；对提供具体核查线索和理由的，应当具体调查核实，以调查的结果作出是否采信申辩的判断。再者，要重视通过同步录音录像审查被告人供述的合法性。对被告人以遭受刑讯逼供进行的抗辩，以及被告人翻供的，应当调取审讯录像、看守所羁押人员身体健康检查记录进行核查，不能仅仅以侦查人员书面说明情况的形式来替代对被告人供述合法性的调查活动。最后，对于查明的确属非法取得的口供，应当坚决依法排除，不得以能够与其他证据相互印证为由采纳。对于查明的不符合法定程序收集的物证、书证，应当依法进行补正或者作出合理解释，不得为了故意采纳而作虚假的补正或者解释；无法补正或者作出合理解释的，应当依法予以排除，不得以物证、书证能够得到印证为由，采纳不符合法定程序收集的物证、书证。

（3）坚持言词证据的客观证据验证原则。被告人有罪供述应当得到客观证据补强和印证。刑事诉讼法第55条规定了口供补强规则。刑事证据补强应当从口供补强扩展为言词证据补强。证据补强是对自由心证原则的制约，它有利于防止法官偏向某一个表面上看起来足以定案的证据，而忽略了该证据可能存在的虚假性、薄弱性或片面性。这意味着对于某一项重要的证据，即使达到内心确信的程度，仍要有其他证据印证。这种印证需要做到辅助证据与主证据在证明指向、证明目的上保持一致，而不是相互矛盾，实质上就是证据相互印证。客观证据审查模式要求以客观证据检验补强言词证据尤其是口供，保证言词证据的真实性。一方面，要全面挖掘客观证据。在被告人全面供述犯罪过程的案件中，应当根据被告人供述来发现案件中可能存在的客观证据环节，积极发现和补充提取客观证据，充实证据体系。另一方面，要注重审查口供收集过程的合法性，防止指供、逼供等违法口供被作为定案证据。《办理死刑案件证据规定》第34条规定了中国模式"毒树之果"规则，如果侦查机关根据被告人的供述、指认，提取到了隐蔽性很强的物证、书证，且与其他证明犯罪事实发生的证据互相印证，并排除串供、逼供、诱供等可能性的，可以认定有罪。落实该规则，就要审查被告人供述与客观证据获得先后顺序，如果根据被告人的供述查获了能够证明案情的隐蔽性很强的客观证据，那么证明被告人亲历了与证据反映的相关行为，相互印证的事实也表明口供的可信度较高。如果客观证据收集在先，而后根据客观证据所蕴含的信息提示，在审讯中获得了被告人口供，则应当注意审查被告人供述过程是否合法、自愿，防止非法取供行为的存在。《浙江工作指引》第8条指出，具有下列四种情形的案件，要突出客观证据的审查运用，以客观证据为基础，验证相关证据真实性：一是犯罪嫌疑人、被告人翻供或拒不供认，且无相关目击证人证明的；二是犯罪嫌疑人、被告人的供述与证人证言等言词证据在重要情节上存在矛盾的；三是犯罪嫌疑人、被告人有过多次供述，但在定罪量刑的关键事实或情节上不一致的；四是犯罪嫌疑人、被告人有罪供述的获取存在程序上瑕疵的。在聂树斌案中，现场勘验笔录记载被害人尸体附近有一串钥匙，但聂树斌口供中始终没有提到钥匙，这足以对聂树斌有罪供述的真实性产生合理怀疑，证明他可能没有到过犯罪现场。但王书金口供就提到了这串钥匙。

（4）坚持客观证据科学解释原则。对物证、书证等客观证据必须进行准确解读，与待证事实建立关联，才能证明案件事实。实践中必须全面、准确把握客观证据可能蕴含的案件信息，防止对客观证据解释过度或解释不足。客观证据形式上属于"哑巴证据"，是"沉默的证人"，既要通过技术鉴定作同一认定，也要注重运用经验法则进行综合分析，从控、辩两个视角挖掘客观证据的不同证明作用。在认识客观证据本体意义上对案件事实的证明作用的同时，还要研读其潜在的、能够证明案件事实的其他方面的作用。如在现场较为隐秘位置的保险箱上提取到被告人血指纹（检出被害人DNA），不仅证明了被告人到过现场，而且可以证明被告人是在被害人被侵害后接触保险箱，此外，通过指纹遗留部位还可以证明被告人有获取财物的目的和行为。只有准确、全面地揭示血指纹的证明价值和信息，本案的行为才能得到准确认定。实践证明，物证是确凿的证据，它既不会存在错误，也不会作伪证，更不会完全缺失，只有对物证的解释可能发生错误。我们强调在对物证用科学技术检验和解释的过程进行审查的同时，还要借助专业技术力量对检验和解释的过程进行验证，防止客观证据的解释错误。同时，要结合经验法则、逻辑规则对客观证据能够证明的案件事实构成要素进行分析判断，避免解释不足或解释过度，以致错误认定案件事实。

浙江张氏叔侄冤案产生的一个重要原因，就是错误解释并排除了指向真凶的客观证据，故意曲解对两被告人有利的无罪证据。公诉审查已经查明，被害人8个手指指甲内检出的混合DNA，可由死者和一名男性DNA混合形成，但可以排除两被告人所留的可能性。围绕被害人指甲中检测出的不明身份男子的DNA，原审进行了大量的排查，但终无结果。最后侦查办案人员以不排除死者（系发廊洗头工）生前与人正常接触所留为由，把该DNA证据剔出定罪证据体系，"净化了"原审证据体系。事实上，该审查判断犯了四个方面错误：一是违反生活常理。被害人指甲所留DNA最大可能是和死者最后接触人所留，那么该DNA生物主体，不排除是凶手。二是违反经验法则。本案是强奸杀人，根据案情被告人没有作充分的事先准备和进行充分的毁灭证据活动，那么这样一个案件被害人反抗是必然的，反抗过程留下犯罪行为人痕迹也是客观必然，那么指甲内DNA最大可能是凶手所留。三是违反生物痕迹覆盖规律。即使被告人作案后清理了被害人指甲，那么在清理后的指甲内又检验到他人的DNA，说明此后还有人和被害人接触。如果被害人死亡后尸体被动与他人接触，在指甲内留下DNA不符合情理，推断应该是生前的肢体接触，那么被害人离开被告人时，被害人还活着。四是违反证据采信规则。指甲内 DNA 的解读有多种可能性，已使侦查指控事实处于真伪不明的状态，未排除矛盾，贸然起诉，不符合诉讼认识论和方法论原理。[①]

（三）客观证据的运用及其限度

鉴于客观证据的特点和在刑事证明体系建构中的重要作用，实践中应当全面审查侦查活动收集的各种证据材料，挖掘和运用客观证据，发现派生证据、再生证据，形成证据组合运用体系，构筑一个科学而严密的定罪证明体系和证据体系。笔者认为，客观证据的运用也必须遵循四项原则。

1. 坚持客观证据全面验证原则

犯罪嫌疑人、被告人的供述、被害人陈述、证人证言等言词证据应当经过客观证据的检验，并且能够与客观证据相互印证。要建立客观证据与言词证据两个不同层面的验证审查，不仅客观证据要与言词证据相互印证，而且客观证据与客观证据也要相互印证。这就要求：一要高度重视细节证据的审查印证，细节印证是最有说服力的证明，反映个案特点的细节证据信息或证据线索，其本身可能无法单独、有力地证明案件事实，但可以通过细节信息搜集到相关证据，形成相互印证，证明案件事实；二要充分挖掘证据之间相互印证的联结点，通过证据联结点，形成多个证据之间的印证，从而形成证据链，实现相互验证，强化证明力。

2. 坚持客观证据关联性规则

证据的关联性是由案件的本源事实决定、派生的。犯罪事实总是在一定的时、空发生，并与一定的人、物等外界环境发生作用，必然留下相应的影像、痕迹等。这些痕迹和影像有可能在诉讼中以不同方式转化，成为能够证明案件事实的证据。客观证据作为客观性比较强的痕迹或影像，只有与待证事实具有关联性，才能成为该案的证据。《办理死刑案件证据规定》第 6 条（4）、第 23 条（8）、第 27 条（5）、第 29 条（5）等分别强调

---

① 参见浙江省人民检察院课题组《客观性证据公诉审查规则实证研究——以客观性证据审查模式改革为视角》，载樊崇义主编《刑事证据规则研究》，中国人民公安大学出版社，2014，第 709 页。

了有关客观证据的关联性。《浙江工作指引》第35条规定的九种情形，客观性证据与案件的关联度极强，应当作为认定案件相关事实的关键证据加以分析运用，但能够结合日常生活经验法则予以排除的除外。这些规定作为实践经验的总结，经反复验证具有可靠性，对客观证据的运用具有重要指导作用。客观证据与案件事实之间的关联性，必须通过审查人员的证据识别，确立与待证事实的关联，才能证明案件事实。客观证据关联性规则在实践中也应当把握三个方面：一是必须审查证据来源，确立证据与待证事实之间关联的可能性；二是证据与待证事实的关联，既可以"证实"，也可以"证伪"；三是证据与待证事实之间的关联点的识别是一个动态的过程，必须借助可靠方法和手段去识别。

3. 坚持排除合理怀疑的证据综合审查判断规则

刑事诉讼法第55条规定，对于案件事实的证明必须达到证据确实、充分的程度。证据确实不仅是对全案证据的要求，同时也是对单个证据的要求。用来定案的每个证据都必须经过法定程序查证属实，对其真实性必须达到排除合理怀疑的程度，如此，才能达到综合全案证据，对所认定的案件事实排除合理怀疑。因此，它应当做到：（1）通过客观证据审查，对口供的自愿性、真实性存在合理怀疑的，该口供不得作为定案证据；只有口供而没有客观证据的，口供因无法得到印证，其自愿性、真实性不能令人达到排除合理怀疑的确信，因此应作疑罪处理。（2）全案定罪证据之间存在矛盾、无法排除合理怀疑的，不能定案。只有运用充分的证据相互印证，合理解释消除定罪证据之间的矛盾点，才能确保案件质量，防范冤假错案。（3）定罪证据充分但量刑证据存在合理怀疑的，应当在量刑上坚持有利于被告人的原则。定罪证据与量刑证据虽然存在交叉，但并不完全重合。定罪证据确实、充分并无法保证量刑证据也能够达到确实充分的程度。因此，在定罪证据确实充分，能够定罪的情况下，如果量刑证据存在一定疑问且无法消除的，应当作有利于被告人的量刑。

4. 坚持遵循客观证据定案的限制性规则

客观证据主要是间接证据，不能单独证明案件主要事实，必须与其他证据结合起来才能发挥证明作用。因此，间接证据之间必须互相依赖、互相关联，其证明过程需要一个推理和判断的过程。《办理死刑案件证据规定》第 33 条规定了间接证据定案规则。《浙江工作指引》第 38 条以间接证据定案规则为依据，规定运用客观证据形成的定罪证明体系应当符合四个方面要求：一是每一个客观证据都必须是通过勘验、检查、搜查、扣押等法定手段收集；二是每一个客观证据的解释必须受到合理约束，不能夸大或缩小客观证据的证明内容；三是定案证据必须形成证据锁链，客观证据不能证明犯罪主要事实的，必须结合在案的其他证据，形成完整的证据链；四是客观证据组成的证据体系应当充分，证明结论具有排他性。第 39 条规定，死刑案件在关键事实上缺乏客观证据，不能排除合理怀疑的，不能定案。因为人死不能复生，对于罪行极其严重的犯罪分子，需判处死刑立即执行的，必须有直接、原始的客观证据与其他证据相印证。如果仅有被告人口供作为直接证据，缺少直接、原始的客观证据的，一般不宜判处死刑立即执行。运用客观证据定案必须遵循上述限制性规则，除了强调单个客观证据收集的合法性，其证明内容得到合理解释外，还要求客观证据形成完整的定罪证明体系和证据体系，并且达到结论具有排他性，排除合理怀疑的程度。这也显示了司法解释和有关规范性文件对运用客观证据定案的一种谨慎态度，尤其是判处死刑，更应特别慎重。笔者认为，这也是客观证据运用的局限性。

客观证据审查模式的提出，为客观证据的收集、审查和运用提供了一个很好的平台，它符合刑事诉讼法规定的"尊重和保障人权"、"不得强迫任何人证实自己有罪"等规定，遵循了原始证据优先规则等证据规则，逐步淡化了口供在诉讼环节中的作用，引导司法实务工作者抛弃口供中心主义模式，以客观证据为核心构筑完整的定案证明体系和证据体系。但是，要正确处理好客观证据与口供的关系，不是完全排斥口供，走向所谓的"客观证据中心主义"，而是强调自愿供述，重点解决有供无证、有证无供、供证矛盾、口供矛盾的问题，避免从一个极端走到另一个极端。运用客观证据定案必须遵循限制性规则，保证每一个客观证据的合法性、关联性，单个客观证据的证明内容得到科学解释。

三 区分定罪证据与量刑证据

1979 年和 1996 年刑事诉讼法都确立了定罪与量刑一体化的庭审模式，

导致司法实践中长期存在"重定罪、轻量刑"与"重定罪证据、轻量型证据"的做法，使得量刑证据的独立性难以彰显，并形成了量刑证据依附于定罪证据、量刑程序依附于定罪程序的趋势。随着"控辩式"庭审方式改革，尤其是以审判为中心的刑事诉讼制度改革的推进，这种制度格局面临着一系列的现实挑战和变革压力，已经不能承载与实现制度本身所具有的价值与意义。2010 年 9 月，"两高三部"印发《关于规范量刑程序若干问题的意见（试行）》，确立了相对独立的量刑程序。2012 年刑事诉讼法吸收了量刑程序改革成果，第 53 条第 2 款细化"证据确实、充分"的证明标准时，明确要求"定罪量刑的事实都有证据证明"，这使得定罪事实与量刑事实、定罪证据与量刑证据得以区分，量刑证据与定罪证据受到同等关注。同时，第 193 条第 1 款规定，在法庭审理过程中，法庭对与定罪、量刑有关的事实、证据都应当进行调查，从而构建了一种定罪与量刑相对分离的庭审模式，这符合以审判为中心的刑事诉讼制度的要求，为构建相对独立的量刑程序，实现庭审实质化，以及区分定罪证据与量刑证据提供了直接依据。与之相适应，构建与定罪证据规则相区别的、相对独立的量刑证据规则也亟待研究解决。

（一）定罪证据与量刑证据的概念

随着量刑程序改革的深入开展，将审判程序划分为定罪和量刑两个相对独立的部分后，整个案件的证据也可以根据证明对象的性质不同，划分为定罪证据与量刑证据。二者都是证明案件定罪量刑的实体法事实，是实体性证据。关于定罪证据与量刑证据的概念，学者们有不同认识。有学者认为，量刑证据是指用以证明量刑事实的材料；定罪证据是指用以证明定罪事实的材料。[①] 该定义仅看到定罪证据与量刑证据的区别，而忽视了二者的紧密联系，是不全面的。在实践中，很多证据既是定罪证据，又是量刑证据，二者很难截然分开。还有学者认为，定罪证据是指能够证明对于某一行为是否构成犯罪、构成何种犯罪的确认与评判的根据。它不仅包括犯罪的基本事实、犯罪性质、情节和对社会的危害程度，也包括证明被告人

---

① 参见马运立《审判中心视域下量刑证据相关问题探析》，《法学论坛》2017 年第 3 期。

无罪或尚不足以证明被告人有罪的案件事实。量刑证据是指在行为成立犯罪的前提下，与犯罪行为或犯罪人有关的，体现行为社会危害性程度和行为人人身危险性程度，因而在量刑时从重、从轻或者免除刑罚时必须予以考虑的各种具体事实情况。① 笔者赞同该定义，它比较全面地概括了两种证据的特征和功能。此外，由于行为人的年龄、犯罪数额等情节在某些犯罪类型中既可以影响定罪又可以影响量刑，因此，量刑证据又可以分为定罪量刑混合证据和纯粹的量刑证据，前者证明的是属于犯罪构成要件的量刑事实，如行为人的年龄、犯罪时间、地点和环境、犯罪手段、犯罪数额等，它们既是定罪证据又是量刑证据，在实践中很难明确地将两者区分开来。而后者证明的是不属于犯罪构成要件的纯粹的量刑事实。《法庭调查规程》第42条规定，法庭除应当审查被告人是否具有法定量刑情节外，还应当根据案件情况审查等七个方面影响量刑的酌定情节。证明这些酌定量刑情节的证据基本上都属于纯粹的量刑证据。

与定罪不同，在量刑问题上，法庭应当坚持行为人中心主义，而非行为中心主义，在坚持报应主义刑罚观的同时还要考虑犯罪人的教育、回归问题。这意味着法庭不仅要考虑被告人的法定量刑情节，还要考虑被告人的酌定量刑情节；不仅要考察其犯罪的情况，还需要考察与其品格相关的倾向性证据，如被告人的个人信息、教育背景、家庭状况、成长环境、职业情况、收入状况、心理健康、前科劣迹、人身危险情况以及回归社会的可能性等。由于上述量刑证据有可能导致庭审法官在定罪问题上作出不利于被告人的推定，因此，在定罪程序尚未结束之前，庭审法官不得接触此类量刑证据，这就有赖于在庭前会议中对定罪证据与量刑证据进行区分。据此，主持庭前会议的法官应当在听取控辩双方意见的基础上，科学区分这两类证据，在有异议与无异议证据清单的基础上，将二者各自再行划分为两部分，即定罪证据清单和量刑证据清单。② 并将其中的量刑证据清单，尤其是有异议的量刑证据清单，在量刑阶段再交由法官进行重点调查。当然，在被告人认罪的情形下，庭审可以直接进入量刑阶段，就有异议的量

---

① 参见樊崇义、杜邈《定罪证据与量刑证据要区分》，《检察日报》2012年6月4日，第3版。
② 参见吕升运《刑事庭前会议的程序定位与价值导向》，《天津法学》2014年第3期。

刑证据重点展开调查。《法庭调查规程》第 44 条规定，被告人当庭不认罪或者辩护人作无罪辩护的，法庭对定罪事实进行调查后，可以对与量刑有关的事实、证据进行调查。而且被告人及其辩护人参加量刑事实、证据的调查，不影响无罪辩解或者辩护。

（二）定罪证据与量刑证据的比较

在刑事审判活动中，由于定罪与量刑具有天然的密切联系，二者往往交织在一起，我们很难将定罪证据与量刑证据绝对割裂开来。然而，在相对独立的量刑程序改革的背景下，区分定罪证据与量刑证据具有较强的理论价值和现实意义。总体看来，定罪证据与量刑证据的区别主要包括四个方面。

1. 诉讼功能不同

在刑事审判过程中，定罪环节用以解决被告人罪与非罪、有无刑事责任能力、此罪与彼罪的问题，主要实现刑罚的惩罚功能，体现了刑事诉讼法维护社会秩序的价值。而量刑环节既要体现对犯罪人的报应观念，通过惩罚遏制犯罪，还要给予犯罪人再社会化的机会。与定罪和量刑两个环节相适应，定罪证据着眼于过去发生的犯罪事实，所遵循的理念是无罪推定原则，并由此衍生"证据确实、充分"或"排除合理怀疑"等证明标准。与定罪主要立足于过去的案件事实不同，刑罚裁量必须同时考虑过去的案件事实和被告人未来可能对社会构成危险的证据，以确定犯罪人的社会危害性和人身危险性，实现刑罚的一般预防和特别预防功能，所遵循的理念是罪责刑相适应原则。因此，量刑证据存疑时应当作出有利于被告人的认定。《审判中心改革意见》第 2 条、《审判中心改革实施意见》第 30 条和《法庭调查规程》第 52 条都明确了这一点。

2. 材料来源不同

定罪和量刑的事实依据不同，使得定罪证据与量刑证据的范围有所不同。通常而言，定罪依据的事实包括构成犯罪的基本要素，定罪证据与此具有关联性。量刑证据的范围比定罪证据更广泛，量刑的依据不仅包括定罪信息，还包括各种法定或酌定的从重、从轻、减轻或者免除处罚情节，尤其是酌定量刑情节包含的内容十分广泛，这决定了量刑证据材料来源的广泛性和表现形式的多样性。在教育刑理念的指引下，只有对犯罪人的工作、生活进行调查了解，才能明确犯罪人的犯罪原因，进而判断其人身危险性与再犯可能性。以品格证据为例，在定罪事实的查明过程中，由于被告人的不良品格与危害行为的实施没有必然联系，因而原则上禁止使用品格证据。在量刑环节，为了更好地对犯罪人进行教育改造，不仅要考察被告人在犯罪前、犯罪时和犯罪后的情况，还需要考察与其品格相关的倾向性证据，如被告人的个人信息、教育背景、家庭状况、成长环境、职业情况、收入状况、心理健康情况、前科劣迹、人身危险情况以及回归社会的可能性等，因此可以使用品格证据。

3. 表现形式不同

定罪证据大多产生于犯罪现场和行为时，而量刑证据可能产生于行为前、行为中和行为后。定罪证据的来源较为单一，多是侦查机关依职权收集的；而量刑证据来源宽泛，有小区居民联名意见、村委会说明、被害人亲属谅解表态、未成年人社会调查报告、检察官主动调查的结论、有关组织情况说明和司法机关说明等。定罪证据有八种法定表现形式，实践中办理一个案件时，认定被告人犯罪成立，往往收集、运用的证据包括了全部法定证据种类，其中客观证据比较多，而量刑证据有被告人供述、被害人陈述、当地群众联名信、有关组织书面说明、政府部门协调有关组织出具的说明和侦查机关出具的破案经过、到案说明等，大多是主观性较强的书面证明材料，而视听资料、电子数据、物证、书证、现场勘查笔录等客观证据不多或根本没有。

4. 证明对象不同

定罪证据只限于证明犯罪事实，即犯罪构成要件事实，主要是被告人在犯罪时的状况，外延较窄。而量刑证据包括被告人在犯罪前、犯罪时和犯罪后的情况，外延比较宽，酌定量刑证据更是涉及被告人的各个方面，具有开放性，只要能体现被告人社会危害性和人身危险性的事实都是量刑证据，如性格、经历、生长环境、犯罪后弥补损失、积极赔偿被害人等。与此相对应，定罪要求的是严格证明，需要达到证据确实、充分的程度。而量刑证据要复杂得多，大部分证明被告人人身危险性的量刑证据是传闻证据甚至品格证据，通常涉及犯罪人的日常工作、生活等方面，其中，被告人性格、经历、态度等个体化的量刑信息并非像犯罪构成要件事实那样在犯罪时就定型，因此，对于酌定量刑情节可以适用自由证明，通常只要达到优势证据程度即可。

5. 证据规则不同

鉴于对定罪事实和量刑事实的证明统一于刑事诉讼中，大部分证据规则对两种证明有统一的规范要求，如免证规则、关联性规则、补强证据规则等。然而，从证明的角度看，定罪环节与量刑环节对证据规则的运用存在较大差别。进入量刑阶段之后，由于被告人已经被确定为有罪，这时法庭考虑的重点是如何贯彻罪责刑相适应原则，而不是定罪证明阶段的无罪推定原则。最高人民法院《关于审理未成年人刑事案件具体应用法律若干问题的解释》规定，对未成年罪犯量刑应当充分考虑未成年人实施犯罪行为的动机和目的、犯罪时的年龄、是否初次犯罪、犯罪后的悔罪表现、个人成长经历和一贯表现等因素。由此可见，在定罪程序中必须严格遵守的许多证据规则，在量刑程序中都可以得到突破，对证据的来源、形式、方式的限制较少，如品格证据、意见证据等都可能得到法庭的采纳，非法证据排除规则也可以发挥作用，审前程序和定罪活动中排除的一些非法证据，可能对量刑有价值，可以作为量刑证据使用。《美国联邦量刑指南》和相关判例明确认可了非法证据、品格证据和传闻证据在量刑程序中的可采性。我国《澳门刑事诉讼法典》明确规定了意见证据在量刑程序中的可采性。在美国实务界，通常认为非法证据排除规则不适用量刑听证程序。这主要基于刑罚个别化的要求。传统上规定科刑法官可以采纳的信息之范围和种类的方针在《美国注释法典》（U. S. C. A）第 18 章 3661 节中阐释为：对与被告人背景、个性以及美国的法院可以接受并基于科处适当刑罚目的而加以考量的罪犯行为有关的信息不得施加任何限制。另外，"某些证据即使因违反宪法第四修正案（禁止非法搜查、查封和逮捕）在审判时被禁止使用，而在科刑时却可以被考量"。大多数下级法院都认为：只要非法获取证据的目的不是提高量刑，那么这种证据在量刑阶段就具有可采性。[①]《审判中心改革意见》第 2 条第 3 款使用了"量刑证据"这一概念，规定法院作出有

---

① *United States v. Acosta*，303 F. 3d 78（1ts Cir. 2002）.

罪判决，对于证明犯罪构成要件的事实，应当综合全案证据排除合理怀疑，对于量刑证据存疑的，应当作出有利于被告人的认定。《审判中心改革实施意见》第 30 条和《法庭调查规程》第 52 条都明确定罪证据和量刑证据这一分类方法，并为二者规定了不同的证据运用规则，法庭认定被告人有罪，必须达到犯罪事实清楚，证据确实、充分的证明标准，对于定罪事实应当综合全案证据排除合理怀疑。定罪证据不足的案件，不能认定被告人有罪，应当作出证据不足、指控的犯罪不能成立的无罪判决。定罪证据确实、充分，量刑证据存疑的，应当作出有利于被告人的认定。

（三）量刑证据规则的构建

从程序上看，量刑本身就是一种刑事审判过程。作为庭审的一部分，量刑在程序上表现为一种诉讼过程。控辩双方有必要充分质证和深入辩论——某事实是否为量刑情节，是否有证据来证明该事实属于量刑情节，如何确定每个量刑情节的重要性，量刑建议是否合理，等等。法官在充分听取控辩双方意见的基础上，依法作出公正的裁决——给出对事实采信的理由，确认案件确有的量刑情节，明确对每个量刑情节的理性评价，论证量刑情节和宣告刑之间的逻辑关系，等等。这要求以被告人认罪与否、辩护人是否作无罪辩护为标准，对刑事案件进行分流。在程序分流的基础上，对于被告人不认罪的案件，实行相对独立的量刑程序，给量刑证据更多的展示时间和空间，使法官能充分接触各种影响量刑的证据，实现罪责刑相适应原则，保障量刑的公正与均衡。同时，构建相对独立的量刑证据规则，在充分考虑到量刑事实的性质及其作用以及举证主体的证明能力的基础上，促进量刑证据最大功能的发挥，实现特殊预防与一般预防的目的。为此，有学者主张从品格证据规则、传闻证据规则、意见证据规则和非法证据排除规则四个方面构建量刑证据规则，[①] 笔者认为很有价值，在此不再赘述。我国刑事诉讼法已经确立了非法证据排除规则和意见证据规则，它们既适用于定罪，又适用于量刑；但还没有确立品格证据规则和传闻证据规则。

---

① 参见陈瑞华《量刑程序中的证据规则》，《吉林大学社会科学学报》2011 年第 1 期；马运立《审判中心视域下量刑证据相关问题探析》，《法学论坛》2017 年第 3 期。

在相对独立的量刑程序的背景下，笔者认为，我国应当明确非法证据和意见证据在量刑程序中具有可采性，继续坚持品格证据和传闻证据在量刑程序中的可采性，并且通过加强裁判文书说理制度，尽量避免量刑程序中的非法证据、品格证据、传闻证据和意见证据对被告人定罪产生不利影响。这里主要研究量刑证据规则的三个问题。

1. 量刑证据的证明方法

由于量刑关乎被定罪人的自由、财产甚至生命权，对其裁判依据的证据限制应相对宽松，在提交、运用证据的范围上不宜作过多限制，由此在证据规则的采用上亦应相对宽松。因此，相对于严格的定罪证据规则，量刑证据规则从总体上看略为宽松灵活，这种特征不仅表现在证据种类、取证方式上，而且表现在证明标准、证明责任等方面。在刑事审判过程中，对于定罪事实适用严格证明没有太大争议，而对于量刑事实应当适用何种证明方法，理论上的认识不尽一致。笔者认为，应根据量刑事实的不同类型，采用不同的证明方法。对于定罪量刑混合事实以及法定量刑情节，应适用严格证明，即在证据种类、证据能力、调查方法等方面，应当严格遵守法律的规定，不论其是否有利于被告人。《关于规范量刑程序若干问题的意见（试行）》规定："侦查机关、人民检察院应当依照法定程序，收集能够证实犯罪嫌疑人、被告人犯罪情节轻重以及其他与量刑有关的各种证据。"准确地查明实体法上的定罪量刑事实是刑事诉讼中证明活动的首要目的，法律对各种证据设置了明确而具体的规范之后，法官在采信证据时就必须依法行事，从而防止自由裁量权的滥用。另外，对于酌定量刑情节可以适用自由证明。我国已经存在对量刑事实进行自由证明的相关规定。刑事诉讼法规定，被告人和被害人在庭审程序中，都拥有充分表达自己对量刑意见的渠道，能够进行互相辩论，从而影响量刑的过程和结果。《关于审理未成年人刑事案件的若干规定》第21条规定："开庭审理前，控辩双方可以分别就未成年被告人性格特点、家庭情况、社会交往、成长经历以及实施被指控的犯罪前后的表现等情况进行调查，并制作书面材料提交合议庭。必要时，人民法院也可以委托有关社会团体组织就上述情况进行调查或者自行进行调查。"在量刑环节，为了确保法官获取信息的全面性，在证据范围上可以采用通常情况下不具备证据能力的证据，如品格证据和意见证据；在调查方法上，并不需要受到严格的法定证据方法限制。在摆脱各种形式规则的束缚之后，法官能够自主地运用和判断证据，根据个案证明活动的具体情况形成的内心确信，对案件事实作出符合客观实际的认定，这也是刑罚个别化的必然要求。

2. 量刑程序的证明责任

刑事诉讼法第51条规定，被告人有罪的证明责任由控诉方承担。在定罪阶段，定罪证据的证明责任由控诉方承担。进入量刑阶段后，由于被告人已被认定为有罪，无罪推定原则失去发挥作用的空间，此时被告人也将对自己的量刑主张承担证明责任。具体而言，区分两种不同的量刑证据，分为两种情形：（1）对于定罪量刑混合证据，由控诉方承担证明责任。因为定罪量刑混合证据不仅对量刑有影响，对被告人的行为定性也有关系，且定罪量刑混合证据在定罪阶段进行举证、质证，因此，应当贯彻定罪阶段不得强迫证明有罪原则，由控诉方承担证明责任。（2）对于纯粹的量刑证据，应当采用"谁主张、谁举证"的证明责任分配原则，分三种情况：一是检察机关对自己提出的从重处罚量刑建议应当承担证明责任。此外，刑事诉讼法第52条规定，侦查人员、检察人员负有客观公正义务，必须依照法定程序收集能够证实犯罪嫌疑人、被告人有罪或者无罪、犯罪情节轻重的各种证据。因此，检察机关不仅要提供证明被告人有从重处罚情节的证据，而且要提供证明被告人从轻、减轻或免除处罚量刑情节的证据，并承担相应的证明责任。二是被告人及其辩护人提出从轻、减轻、免除处罚的量刑意见，应当承担证明责任，否则，其量刑意见将不被法院所支持。三是被害人如果补充量刑事实，并提出不同于公诉方的量刑主张，也应当承担相应的证明责任。

3. 量刑事实的证明标准

在刑事诉讼中，"犯罪事实清楚、证据确实、充分"是法院判决有罪必须达到的法定证明标准和最高证据标准。刑事诉讼法第55条从三个方面对"证据确实、充分"作了细化规定。凡是定罪证据未达到该证明标准的案件，法院应当根据疑罪从无规则，作出无罪判决。然而，与相对单一的定罪证据相比，量刑证据要复杂得多，大部分证明被告人人身危险性的量刑证据是传闻证据或品格证据，通常涉及犯罪人的日常工作、生活等方面。

因此，量刑证据存疑成为司法实践的一种常态。随着我国量刑规范化改革的进一步深入，量刑事实的证明标准问题开始显现。从证明标准设置的一般原理看，量刑事实没有必要像定罪事实那样设定最高的证明标准。大陆法国家的司法实践要求将不利于被告人的量刑事实和有利于被告人的量刑事实区分开来。英美法国家量刑事实的证明以争议为前提，且将争议的量刑事实区分为罪轻情节和罪重情节，分别设置不同的证明标准。因此，在构建我国量刑事实的证明标准之前，有必要根据量刑情节对量刑的影响，将量刑情节划分为罪轻情节、一般罪重情节和"升格"加重量刑情节三类，根据不同情节的量刑事实设置相应的证明标准。具体来说，对于那些有利于被告人的事实和情节，被告人只要证明到"优势证据"标准即可；对于那些不利于被告人的法定或者酌定从重情节，控诉方必须证明到"清晰且具有说服力"标准；只有对于那些"升格"加重量刑情节，控诉方才需要证明到"排除合理怀疑"的高度。① 笔者基本赞同这种观点，但从近期来看，对于那些"升格"加重量刑情节，还是主张适用《办理死刑案件证据规定》第 5 条规定，控诉方证明必须达到"证据确实、充分"的程度，对于那些不利于被告人的法定或者酌定从重情节，可以适当降低控诉方的证明标准，要求达到"清晰且具有说服力"的标准，大致介于"优势证据"和"证据确实、充分"之间。《审判中心改革意见》第 2 条、《审判中心改革实施意见》第 30 条和《法庭调查规程》第 52 条都规定，定罪证据必须确实、充分，排除合理怀疑，但量刑证据可以"存疑"，此时法院应当作出有利于被告人的认定。此外，《办理死刑案件证据规定》第 5 条虽然规定了死刑案件证明标准，但并不等于死刑案件证明标准不同于普通刑事案件的定罪标准。因为法院判处死刑或非死刑仅仅涉及量刑问题，在犯罪事实认定即定罪机制上没有区别，因此，所谓"提高死刑案件证明标准"只能是一个"似是而非的命题"。"死刑案件证明标准的特殊性就在于不仅要求认定犯罪构成事实存在特别是被告人实施了犯罪行为达到排除其他可能性的程度，还包括要求对死刑适用的事实和对被告人从重处罚的事实的证明同

---

① 参见汪贻飞《量刑程序中的证明标准》，《中国刑事法杂志》2010 年第 4 期。

样适用最严格的标准"。① 比如，对被告人实施犯罪时已满 18 周岁这一事实的证明，根据《办理死刑案件证据规定》第 40 条规定，也必须"证据确实、充分"，达到排除被告人实施犯罪时未满 18 周岁的可能性的程度。但与联合国《关于保护死刑犯权利的保障措施》第 4 条规定的死刑案件证明标准相比，我国"证据确实、充分"标准片面强调证据的客观性，而忽视了人的认识活动的主观性的一面。因此，作为死刑案件的证明标准，它有待进一步完善。

四 建构刑事证据规则体系

"以审判中心"需要通过刑事证据规则来具体实施，离不开一套完善的刑事证据规则体系。刑事证据规则体系就是由若干不同的证据规则要素组成的一个科学系统。如何建构刑事证据规则体系，理论界和实务部门一直在努力探索。它是贯彻实施刑事诉讼法，推进以审判为中心的刑事诉讼制度改革亟待解决的问题。学者们为此提出过很多有价值的观点。《两个证据规定》和刑事诉讼法根据中央司法改革精神，总结我国刑事司法经验，以及司法实务的现实需要，建构了我国刑事证据规则的初步框架，但许多地方有待完善。

（一）刑事证据规则的现状与问题

作为传统的大陆法系国家，主流观点认为，我国刑事诉讼模式仍然属于职权主义。1979 年刑事诉讼法确立的庭审方式主要由法官依职权推进，刑事证据规则很难有发挥作用的空间。随着 1996 年刑事诉讼法修改，尤其是 2012 年刑事诉讼法的再修改和 2018 年刑事诉讼法再次修正，刑事审判方式发生重大转变。它由过去以法官依职权推动式转变为"控辩式"，庭审主要由控辩双方举证、质证和法庭认证构成。这为刑事证据规则的适用提供了广阔的空间。然而，在司法实践中，刑事证据规则的运用暴露出一系列问题，概括起来，主要包括四个方面。

① 张军主编《刑事证据规则理解与适用》，法律出版社，2010，第 76 页。关于死刑案件是否应当适用比一般案件更高的证明标准，学界还存在较大争议。

1. 立法方面

在证据规则的立法上，我国目前缺乏专门的证据法典，刑事证据制度和证据规则散见于刑事诉讼法、最高人民法院和最高人民检察院司法解释、全国人大法制工作委员会和"两高三部"联合颁布的规范性文件中。刑事证据规则的内容过于粗疏，缺乏系统性、完整性，"按需设法"，具有临时性，很难从整体上形成一套系统的证据规则体系。同时，这种临时设法也造成证据规则之间交叉共存的现象，与公认的证据法原则不协调，不仅造成理论研究上的迷茫，而且造成司法适用上的混乱，无法真正发挥其规范诉讼活动的功能。例如，我国四部刑事诉讼法都给"证据"下了定义，并且规定了证据种类，但立法并没有明确规定证据裁判原则和关联性规则，也没有规定传闻证据规则和意见证据规则，导致司法实践中各种非法定形式证据材料大量进入法庭，公检法三机关就证据适用问题产生分歧的现象时有发生，影响刑事诉讼的顺利进行。

2. 内容方面

在证据规则的内容上，不但缺少一些基本的证据法原则，如无罪推定原则、证据裁判原则等，而且立法对证据规则的规定偏少，尤其是规范证据能力的规则。《两个证据规定》和2012年刑事诉讼法总结我国刑事司法经验和实务工作的需要，初步建构了我国刑事证据规则框架体系，主要内容分为两类：一是《两个证据规定》和刑事诉讼法中明确规定、已经条文化的证据法原则和证据规则，包括非法证据排除规则、证据裁判原则、程序法定原则和证据质证原则；二是在审查判断证据的程序规定中体现出来的证据规则，包括关联性规则、意见证据规则、原始证据优先规则、补强证据规则，以及有限的直接言词原则。从内容上看，这些证据规则以规范言词证据为重点，反映了立法者对言词证据的不信任。这种不信任很大程度上源于言词证据在形成——反馈环节上的种种不确定。况且，我国刑事证据规则很多是为遏制刑讯逼供的应景之作，侧重于规范证据的运用过程。而英美法系证据规则侧重规范证据的可采性。另外，目前仅有的少数证据规则缺少完备性和可操作性。以口供补强规则为例，刑事诉讼法第55条仅原则性规定了该规则，但补强证据的种类、适格条件、证明对象、补强程度、补强证据的数量等都未作规定，实践中适用相当混乱，滥用证据补强的现象时有发生。

3. 实践方面

从证据规则的实践看，由于立法对违反证据规则的法律后果或处罚一般都没有规定，致使证据规则不具有强制执行力，整体上可操作性不强。而公安司法机关追求部门利益最大化也影响到证据规则的适用。即使是立法已经明确规定的证据规则，由于系统性、完备性等原因，在实践中遭到规避。例如，尽管《非法证据排除规定》、《严格排除非法证据规定》和刑事诉讼法已经确立了中国模式非法证据排除规则，明确界定了非法证据的范围及其排除程序、法律效力等，但实践中该规则却陷入尴尬境地，基本处于休眠状态。律师不敢提，检察官不会提，法官不想排，只有学者们持续呐喊"震动空气"。很多检察机关在审查批捕或审查起诉阶段发现非法证据，一般都是与公安机关商量撤回，要求重新取证，而不是依法启动非法证据排除程序处理。在庭审中，被告人提出侦查取证中存在刑讯逼供现象，但大都很难提供证据材料或线索。

4. 生存环境

从证据规则的生存环境看，证据规则数量少，无体系。由于证据规则的适用往往牵涉各个机关的自身利益，因此，在证据规则的构建中，各机关往往从利己的动机出发，寻求利益的最大化，导致不同机关在证据规则的制定上难以保持一致，甚至存在明显的矛盾。加之国家和很多地方经济能力有限，对部分证据规则适用可能带来的各种问题还难以承载。以证人出庭作证为例，尽管刑事诉讼法规定了证人作证的安全保护与经济补偿等，但许多地方法院安排证人出庭作证仍面临各种困难。证人不出庭或不能出庭依然是刑事审判的一个常态。

我国刑事证据规则无论在立法还是实践中，长期以来存在一系列问题，规则少，可操作性差，无体系，刑事诉讼法和有关规范性文件对证据规则的规定不能完全适应刑事审判方式改革和刑事司法实践发展的需要，导致相同案件在同一诉讼环节得不到同样的处理。推进以审判为中心的刑事诉讼制度改革，实现庭审实质化，建构一个系统、全面、科学的刑事证据规则体系，实现证据规则体系化显得十分必要和紧迫。

（二）建构刑事证据规则体系的影响因素

我国目前建构刑事证据规则体系受到一系列因素的影响。归结起来，主要包括四个方面。

1. 公检法三机关"分工配合制约"原则

它是我国处理公、检、法三机关在刑事诉讼中相互关系的基本准则。分工负责有利于提高办案质量，防止主观片面。互相配合可以使公、检、法三机关互通情况，通力协作，保证准确及时地惩罚犯罪和有效地保护人民。互相制约能够及时发现和纠正错误，防范冤假错案。该原则对我国刑事证据规则体系的建构有重要影响。（1）公、检、法三机关分别对侦查、起诉、审判职能负责，都有权对刑事案件作出包括终止诉讼在内的处理决定，而且证据标准都是"犯罪事实清楚，证据确实、充分"。这种"流水作业式"处理案件方式，使得公、检、法三机关在侦查（预审）、审查起诉、审判阶段都要运用证据规则对案件事实进行实体性审查并作出判断，尤其是作出撤销案件、不起诉或判决无罪这些终止诉讼的处理决定。这与境外绝大多数国家（地区）只有审判阶段由法官运用证据规则裁判案件事实是完全不同的。它要求我们必须研究解决刑事证据规则在审前程序和审判程序中一并适用问题。（2）公、检、法三机关都有客观公正的取证义务，都有权力和职责排除非法证据。刑事诉讼法第52条和第56条规定，侦查人员、检察人员、审判人员都必须依照法定程序收集能够证明犯罪嫌疑人、被告人有罪或者无罪、犯罪情节轻重的各种证据，而且无论侦查、起诉还是审判阶段，一旦发现有应当排除的非法证据，都应当依法予以排除，不得作为移送起诉意见、提起公诉和判决的依据。这也与境外绝大多数国家（地区）做法有别。这说明在我国，作证不仅在审判阶段，而且在侦查、审查起诉阶段都存在，证人、被害人、鉴定人等不仅要对法官作证，而且要对检察官、警察作证。公、检、法都要运用证据规则审查判断证据，对案件事实及证据收集的合法性作出判断。（3）受多种因素的影响，我国刑事司法资源配置一直处于紧张状态，法律规定的办案期限、案件管理规范、条线考评机制，以及错案责任追究制度等，迫使公、检、法三机关在实践中形成"利益共同体"，充分利用该原则规定，在分工负责的基础上，互相配合，相互通融处理案件，结果是多数情况下配合有余而制约不足，法律规定的正当程序被虚置，导致庭审虚化和证据审查判断形式化，甚至出现"起点错、跟着错、错到底"。

十八届四中全会提出推进以审判为中心的诉讼制度改革，要求对案件事实的认定及证据的审查判断"以审判为中心"，做到"案件事实证据调查在法庭，定罪量刑辩论在法庭，判决结果形成于法庭"。这样，被告人有罪的判决只能由法院经由庭审活动作出，此前的侦查、起诉等活动应围绕审判进行，对于事实的认定、证据的审查以及法律的适用等都应接受庭审的检验。这要求在刑事诉讼全过程中统一刑事司法标准和刑事证据规则。

2. "口供中心主义"侦查模式

该模式认为，口供是证据之王，全部诉讼证明活动的核心是获取犯罪嫌疑人、被告人口供，并以口供为中心审查证据，认定事实。在这种侦查模式下，第一，无供不录案，口供在刑事诉讼各阶段决定中都起到关键作用。无论侦查、起诉还是审判，侦查人员、检察人员、审判人员不自觉地养成了一种口供情节，口供作为取证成本最低的一种证据种类，受到侦查人员的格外青睐，也得到检察人员、审判人员的追捧。如果没有口供，他们就害怕作决定，也不敢判断案件事实。第二，侦查阶段取得的口供天然地被推定为真实，具有优先效力。受多种因素影响，公、检、法三机关以性善论为基础，多数情况下相信侦查人员具有良好的职业道德和法律素养，通过犯罪嫌疑人、被告人签字画押形式提交的讯问笔录真实可靠，充分反映了犯罪嫌疑人、被告人这个最接近案件事实真相的人的亲身体验，因而是可信的。这样，侦查阶段取得的口供就天然地被推定为真实，不用怀疑，当然也无须再进行所谓的实质性审查，赋予其优先效力。第三，控诉方证据材料偏重有罪证据，强调口供。检察机关作为唯一的公诉机关和法律监督机关，在"流水作业式"案件处理流程中起着承上启下，处理和运送案件，包括进行一定程序分流的职能。这决定了以检察机关为主的控诉方往往侧重于收集和出示犯罪嫌疑人、被告人有罪的证据材料，强调口供，忽视甚至故意隐瞒犯罪嫌疑人、被告人无罪、罪轻的证据材料。

"口供中心主义"侦查模式要求我们建构刑事证据规则体系时，重视和加强口供的证据能力与证明力审查，建立符合我国国情的口供证据模式和证据规则。贯彻个人精神自由原则,设立严格的证据规则规范口供的收集方式,充分保证口供的自愿性。同时,严格限制口供的适用,保证口供的真实性与可采性。

3. "案卷笔录中心主义"审判方式

中国刑事司法中存在一个普遍现象,就是大量审前书面证据材料直接进入法庭调查,案卷笔录成为法庭调查的内容,而证人、鉴定人、被害人、侦查人员等很少出庭作证。刑事诉讼法第195条允许案卷笔录在庭审中使用,导致我国证人、鉴定人、侦查人员等质证很难充分展开,更不必说对证人证言、鉴定意见等书面证据材料真伪的判断。案卷笔录成为公诉方在庭审中的最大依赖,致使很多庭审质证蜕变为对案卷笔录的宣读,而且主要是选择性宣读。这样,在证据及证人证言书面化的情形下,公诉方通过宣读案卷笔录来主导和控制法庭调查过程,法庭审判成为对案卷笔录的审查和确认程序,不仅各种控方证据的证据能力不受审查,而且其证明力也无法得到保证。法官对案卷笔录可采性的天然推定,除了推定案卷笔录具有"不容置疑"的证据能力以外,还会优先接受其证明力,结果是现代刑事证据规则在这种审判方式下很难发挥作用,法庭审理流于形式。刑事诉讼法第176条恢复了卷宗移送制度,要求检察机关起诉时将全部案卷材料、证据移送法院,但并没有增设相应的防止法官庭前预断的机制,这是否会导致"案卷笔录中心主义"审判方式更加盛行,还有待司法实践检验。

"案卷笔录中心主义"审判方式要求我们建构刑事证据规则体系时做到以下几点。第一,应严格限制案卷笔录、书面证言、书面情况说明等进入法庭的资格,进一步明确证人、鉴定人、被害人、侦查人员、专家辅助人出庭作证及其例外情形,增强规则的可操作性。第二,鉴于司法实践中往往认为鉴定意见、勘验、检查等笔录证据具有当然效力,一旦产生争议时以鉴定主体级别高低为标准,必须构建相应的证据规则予以规范。第三,随着技术侦查措施法治化和越来越多高科技手段在侦查取证中运用,立法应当明确技术侦查措施取得的证据材料,以及其他科学证据(包括DNA证据)的运用规则,尤其是它们与案卷笔录相互印证的处理规则。第四,针对电脑和其他电子设备在侦查取证中大量使用,讯问(询问)笔录中通过电脑复制粘贴的内容完全相同的部分(俗称"孪生证据"),其效力如何认定，也有待相关证据规则予以规范。

4. 印证证明模式

实践中法官审查判断证据的主要方法是证据之间相互印证，形成一种以印证为主导的证明模式。这种印证证明模式有两个突出优点：一是证据间主要信息内容的相互支持，其可靠性一般大于无支持或支持不足的个别证据；二是证据间的相互印证，即主要信息内容一致，便于把握和检验。[①]而缺乏相互印证的证据的可检验性显然不足。这样其可认定性往往与裁判者自身的主观认识存在较大关系，导致其真实可靠性难以把握。但这种印证证明模式也存在诸多弊端，主要表现在三个方面：第一，突出口供的重要性。把证据是否与口供相互印证，作为审查证据是否属实的最主要手段，从而忽视其他查证方法，形成以口供为中心的印证认证机制。第二，忽视对单个证据的独立审查。它往往通过寻找证据之间的共同点、差异点来查证证据，导致"证据查证属实才能成为定案的依据"转化为"证据相互印证才能成为定案的依据"，以此强调证据之间的相互印证作为审查证据的关键。第三，证据相互印证才敢定案。无论控方证据还是辩方证据，法官都十分注重证据之间的相互印证，在采信某一证据时，要求被认定的证据必须得到其他证据的印证，据以认定的案件事实是依据全部证据裁判而来，而这些证据之间都必须相互印证。

印证证明模式要求我们科学认识证据相互印证规则：首先，要明确界定证据相互印证的合理限度，尤其是以客观证据验证言词证据时印证证据的种类、印证的证明方式、印证的程度、印证的证明标准等；其次，要正确处理印证与自由心证的关系，严格贯彻直接言词原则，保证事实裁判者的判断能力，要求裁判文书展开心证的形成过程；最后，要进一步完善证据补强规则，厘清证据补强与证据相互印证的关系。

（三）刑事证据规则体系建构的理论前提

建构刑事证据规则体系除了必须遵循刑事证据法和刑事诉讼法的基本原理，明确区分证据学与证据法学、实体性裁判与程序性裁判、定罪证明

---

① 参见龙宗智《印证与自由心证——我国刑事诉讼证明模式》，《法学研究》2004 年第 2 期。

与量刑证明、证据规则与证据制度、证据规则与证明规则外，[①] 还必须满足四个理论前提。

1. 任何证据必须同时具备证据能力和证明力

根据刑事诉讼法第 50 条第 3 款和第 55 条第 2 款第（二）项规定，单个证据转化为公、检、法三机关定案的根据，必须经法定程序查证属实。这里的"经法定程序"，是指证据必须满足合法性要求，具备证据能力。这里的"查证属实"，是指证据必须满足真实性和关联性要求，具备证明力。因此，任何证据必须同时具备证据能力和证明力。证据能力是一项证据有无证据资格问题，公安司法人员对此要作出"有"或"无"的判断。证明力涉及一项证据的证明价值问题，公安司法人员通常对此要作出"大"或"小"、"强"或"弱"的判断。与之对应，刑事证据规则可分为规范证据能力的规则和规范证明力的规则。虽然有的证据规则既规范证据能力又规范证明力，但总的来说，每一证据规则都有所侧重，各个证据规则都有自己明确的规范对象。

2. 理论上将证据区分为言词证据和实物证据

刑事诉讼法第 50 条第 2 款将证据分为八种。理论上根据不同的标准，可以将这八种证据区分为不同的类型。但是，只有根据证据表现形式的不同，将证据区分为言词证据和实物证据，才能将八种法定证据种类彻底分开，不出现交叉重复的情形，即物证、书证、视听资料、电子数据属于实物证据，证人证言、被害人陈述、犯罪嫌疑人、被告人供述和辩解、鉴定意见、勘验、检查、辨认、侦查实验等笔录属于言词证据。[②] 如果根据其他分类方法，某一法定证据种类在不同条件下可能归入两类不同证据类型。以证人证言为例，如果它来自亲身感知案件原始事实的证人的陈述，是原

[①] 详细分析，参见樊崇义《刑事证据规则研究》，中国人民公安大学出版社，2014，第 186~195 页。

[②] 勘验、检查、辨认、侦查实验等笔录表面上具有"书面文件"的形式，但其本质上是侦查人员对勘验、检查、辨认、侦查实验等侦查行为的过程所作的记录，反映了侦查人员对某一侦查过程的主观认识。根据刑事诉讼法规定，一旦这些笔录证据在证据能力或证明力上面临质疑，那些制作笔录的侦查人员可能要出庭作证或说明情况，因此，勘验、检查、辨认、侦查实验等笔录证据也具有言词证据的性质。参见陈瑞华《刑事证据法学》，北京大学出版社，2012，第 94 页。

始证据；如果它是转述或再转述那些亲身感知案件原始事实的证人的陈述，又是传来证据。如果它能单独证明案件主要事实，是直接证据；如果它只能证明案件主要事实的某一环节或片段，又是间接证据。同理，如果它能够证明犯罪嫌疑人、被告人无罪，或者具有从轻、减轻、免除刑罚情节，或者证明证据收集程序不合法，是有利于犯罪嫌疑人、被告人的证据；反之，则又属于不利于犯罪嫌疑人、被告人的证据。刑事诉讼法和有关规范性文件规定的非法证据排除规则，也是按照言词证据和实物证据的区分来定义非法证据的，并且分别适用绝对排除和裁量排除。因此，这一分类方法已经得到我国立法确认，并且在司法实践中广泛运用。与这一理论分类相一致，刑事证据规则可以区分为规范言词证据的规则和规范实物证据的规则。国内外证据规则的内容都是以规范言词证据为重点的。

3. 刑事证据规则应适用于刑事诉讼全过程和所有诉讼主体

根据刑事诉讼法第50条规定，凡是可以用于证明案件事实的材料，都是证据。所有证据必须经过查证属实，才能作为定案的根据。这里的"查证属实"并没有限于法庭，这里的定案也并不仅仅指法院。刑事诉讼法第52条要求审判人员、检察人员、侦查人员依照法定程序，收集能够证明犯罪嫌疑人、被告人有罪或者无罪、犯罪情节轻重的各种证据。在实践中，犯罪嫌疑人、被告人、被害人及证人等不仅要对法官作证，还要对检察官、警察作证，而且主要是对警察作证。第56条至第60条规定的非法证据排除规则不仅适用于审判阶段，而且适用于侦查和起诉阶段。因此，与境外国家（地区）不同，作为规范我国刑事证据收集和适用的证据规则，不仅适用于法庭审判阶段，而且应适用于侦查和审查起诉阶段。我们构建刑事证据规则体系，不仅应研究解决定罪的证据规则，而且应研究解决量刑和程序性裁判证据规则问题。而在我国刑事诉讼中，被害人与犯罪嫌疑人、被告人一样，既是诉讼当事人，也是一种法定的证据来源。他们在法庭审理过程中都有权就起诉书指控的犯罪事实进行陈述，提出自己的诉讼主张，也都有权申请排除非法证据。如果被害人作为当事人提出不同于公诉方的诉讼主张，也应适当承担证明责任。因此，刑事证据规则不仅应规范国家专门机关和证人、鉴定人等其他诉讼参与人的诉讼行为，而且应规范犯罪嫌疑人、被告人和被害人等诉讼当事人的诉讼行为。

4. 刑事证据规则应立足于我国当前刑事证据立法和刑事司法现实

迄今为止，我国没有一部成文的刑事证据法或证据法典。从目前刑事证据立法和刑事司法现实看，刑事证据规则体系具有两个突出特点。一是"重证明力，轻证据能力"。《两个证据规定》不仅对单个证据的证明力大小强弱作出了区分，而且在证明同一案件事实的不同证据出现矛盾的情况下，还对不同种类证据的证明力确立了优先采信的标准。二是高度重视证据的真实性，并确立了若干旨在保证证据真实性的证据规则，包括证据相互印证规则。根据《两个证据规定》，只有证据之间具有内在联系，共同指向同一待证事实，且能合理排除矛盾的，才能作为定案的根据。在实践中，如果证据没有达到相互印证的程度，法官即使相信证据的真实性，也不能据此认定案件事实。如果证据相互之间存在一些无法排除的矛盾或者无法解释的合理怀疑，即使法官内心已经形成确信，也不能认定案件事实。刑事证据规则体系的建构应当认真分析这两个方面特点，根据我国刑事司法实践需要有针对性地保持其优点，弥补其不足。

（四）刑事证据规则体系建构的代表性观点

如何建构刑事证据规则体系，学者们提出过许多有价值的观点。其中代表性的观点主要有两种。

1. 从静态角度和动态角度划分刑事证据规则

静态角度包括规范证据能力的证据规则和规范证明力的证据规则，动态角度主要按照证据运用的阶段，即取证、举证、质证、认证四个阶段来划分。有学者认为："制定刑事证据规则的根本目的在为刑事诉讼中的证明活动提供规范和指导，因此，刑事证据规则体系的构建应当以证明活动的环节为基础，以诉讼进程的阶段为依据。刑事诉讼中的证明活动由取证、举证、质证、认证四个环节或阶段所组成，与此相应，证据规则体系也应该由这四个方面的内容所组成，即取证规则、举证规则、质证规则、认证规则。"[①] 这种划分方法层次比较清楚，同时对于各个证据运用环节都有相应的规则加以规范。但是，在我国刑事司法体制下，公、检、法三机关分

---

① 参见何家弘《中国刑事证据规则体系之构想》，《法学家》2011 年第 6 期。

别负责刑事案件侦查、起诉、审判三个阶段的诉讼活动，都要运用证据对案件事实作出判断。而从动态角度划分刑事证据规则，是以法院为主导的证据采纳和排除体系。这是否适合我国刑事司法实践，有待商榷。此外，虽然这种划分方法对各个环节的证据规则进行了详尽的划分，但有混淆证据规则和证据制度之嫌。例如，取证规则中的询问规则、勘验规则、证据保全规则等，其实都是证据制度。

2. 以确保证据可靠性的证据能力为中心划分刑事证据规则

有学者认为，现代证据规则是对自由心证与证据裁判主义衡平的结果。刑事证据规则的基本框架是以确保证据可靠性的证据能力为中心展开的，分为证据运用基础规则、证据能力规则、证据程序规则三部分。作为框架中心的证据能力规则又分为基础规则和基本规则，并以基本规则为核心。而基本规则形成的内在逻辑是把口头证言作为证据可信性的基础展开，其依据是实物证据的脆弱性和书面证言的不可靠性。他们设计的刑事证据规则框架体系是：（1）证据运用基础规则；（2）证据能力规则，分证据能力基础规则和证据能力基本规则；（3）证据效果判定规则；（4）证据程序规则。各种规则下分别包括若干个证据规则。① 此种划分方法重点强调了言词证据的证据能力规则，提出以确保口头证言可信性的证据能力作为证据规则的核心，同时兼顾实物证据的证据规则，而且设专章规范证据运用规则。但是，它缺乏对证明力规则的单独规范。而证明力规则强调证据的真实性和证据价值，在我国司法实践中，法官比较推崇证明力规则，通常将证明力置于比证据能力更加突出的位置，在重要性上有时甚至超过证据能力。而且这种划分方法将证据能力规则分为基本规则和基础规则，标准有些模糊，有时很难区分。而将证据开示、严格证明与自由证明等证据制度内容列入证据能力基础规则，也值得商榷。此外，它将司法认知规则和刑事证据推定规则作为证据效果判定规则，也不合理。司法认知的特点在于其免证性，本质上仍然属于证据能力的范畴。推定虽然在一定范围内适用且发挥重要作用，但其本身是在证明不能的情况下采取的退而求其次的证明方法，不能作为证据，也不能成为产生证据的方式。

---

① 参见马贵翔等《刑事证据规则研究》，复旦大学出版社，2009，第42~43页。

虽然这两种观点存在一定分歧，但他们都从我国诉讼传统和刑事司法实际出发，认为证据规则不仅要规范证据本身，而且应规范证据的运用。在证据规则内容上，他们都主张以规范言词证据和证据能力为重点。

（五）刑事证据规则体系的框架设计

刑事证据规则之间只有互相衔接与协调，具有内在的统一性，才能形成一个完整、严密的证据规则体系。对于我国刑事证据规则体系的框架设计，必须坚持从我国刑事司法体制和刑事司法实践出发，对其在实践中的具体运用方法和形式加以明确界定。同时，考虑到我国证据法学依附于诉讼法学的大背景，刑事证据规则作为刑事诉讼法的重要组成部分，主要功能在于保障刑事诉讼的顺利进行，提高诉讼效率。因此，刑事证据规则不但要规范证据本身（证据能力和证明力），也要规范证据的运用，而且应当以规范言词证据的证据能力为重点。为此，笔者主张将刑事证据规则划分为规范证据能力的证据规则、规范证明力的证据规则和规范证据运用的证据规则三类。每一类又包括若干证据规则，它们共同组成一个完整的刑事证据规则体系。

1. 规范证据能力的证据规则

证据能力是法律容许一项证据进入法庭，为裁判者所接纳的法律资格。许多国家（地区）刑事诉讼法或证据法都确立了自由心证原则，证据的证明力由事实裁判者自由评价，法律原则上不作限制。因此，刑事证据规则主要是规范证据的证据能力，很少规范证据的证明力。从我国刑事证据规范性文件和刑事司法实践看，规范证据能力的证据规则包括六项。

（1）关联性规则（含品格证据规则）。关联性是所有证据被采纳的首要条件，具备关联性的证据才有证据能力，没有关联性的证据就没有证据能力。我国刑事诉讼法没有明确该规则，但许多条款内容体现了该规则的要求。刑事诉讼法第50条要求所有作为证据的材料必须能够用于证明案件事实，与待证事实具有关联性。《办理死刑案件证据规定》第32条规定，对证据的证明力，应当结合案件的具体情况，从各证据与待证事实的关联程度、各证据之间的联系等方面进行审查判断。为此，有学者主张将中国证据法的理论体系概括为：以相关性为逻辑主线，以准确、公正、和谐与效率为价值基础的举证（取证）、质证和认证过程。①

关联性规则涉及品格证据能否在诉讼中的适用问题。我国立法没有规定品格证据，法院倾向于将被告人以往受过刑事处罚的事实作为不良品格加以采纳。这引申出品格证据规则，即一个人的品格或品格特征的证据在证明这个人在特定环境下实施了与此品格相一致的行为上不具有关联性。关于被告人品行好坏的证据和被害人、证人品格好坏的证据的适用及其例外，都需要构建品格证据规则。

（2）非法证据排除规则。在刑事诉讼中，除法律规定外，通过非法方法收集的言词证据或通过非法搜查、扣押等手段获得的实物证据，依法予以排除，不得作为认定案件事实的根据。非法证据是否排除在本质上是一种价值权衡过程。现代国家刑事诉讼法都禁止以违反法定程序的方式收集证据。然而对非法获得的证据能否取得证据能力，却有不同的处理方式。在美国，以违法取得的证据为线索，进而以合法的手段取得的其他证据也应当排除，此即"毒树之果"规则。我国《非法证据排除规定》、《严格排除非法证据规定》和刑事诉讼法第56~60条规定了中国模式非法证据排除规则，但实施效果并不理想。如何进一步明确界定非法证据的范围，科学构建非法证据排除程序，以及被害人申请排除非法证据制度的构建等，都亟待研究解决。

此外，鉴于公检法分工配合制约原则和全面落实司法责任制给公安司法人员带来的种种顾虑，为避免在司法实践中一提到"非法证据"就与司法责任联系起来，从而影响该规则的有效实施，笔者建议立法充分考虑我国作为传统大陆法系国家的诉讼传统，借鉴德国证据禁止理论，以"证据禁止规则"取代"非法证据排除规则"这个名称，并按照证据禁止原理和我国刑事司法体制重构证据排除规则。

（3）传闻证据规则。传闻证据规则是指传闻证据不得作为认定案件事实的根据，法律另有规定的除外。我国法律没有规定传闻证据规则，刑事诉讼法第192条规定了证人、鉴定人出庭作证的条件，但第195条又允许法庭当庭宣读未到庭的证言笔录、鉴定意见等书面笔录。在实践中，有时还

---

① 参见张保生《证据规则的价值基础和理论体系》，《法学研究》2008年第2期。

需要提出证人审判前陈述的笔录作为举证或者质证的辅助手段。传闻证据规则不仅要求证人必须出庭作证，而且在作证时只能陈述自己亲身感知的案件事实。构建该规则必须根据我国刑事司法实践科学界定传闻证据的例外情形，明确关键证人的范围、出庭作证的条件及不出庭作证的法律后果等。

（4）意见证据规则。意见证据规则要求证人作证只能陈述自己亲身感知的事实，不能将自己的判断意见和推测作为证言的内容，但根据一般生活经验判断符合事实的除外。意见证据规则将证人证言分为两种：一种是体验性陈述，证人就自己感知的事实作证陈述；另一种是意见陈述，证人陈述的内容仅仅是个人的意见、判断或者推测。《办理死刑案件证据规定》第12条规定了意见证据规则："证人的猜测性、评论性、推断性的证言，不能作为证据使用，但根据一般生活经验判断符合事实的除外。"完善该规则需要明确哪些事实属于"根据一般生活经验判断符合事实"，以增强该规则的可操作性。

（5）自白任意性规则。在刑事诉讼中，只有基于犯罪嫌疑人、被告人的自由意志而自愿作出的自白才具有证据能力，缺乏任意性或具有非任意性之怀疑的自白，都不得采纳为定案的根据。它所针对的是狭义上的自白，重点解决自白的真实性和自愿性问题。刑事诉讼法没有明确规定自白任意性规则，但第55条第1款、有关司法解释，以及《办理死刑案件证据规定》有关被告人供述与辩解的审查判断体现了该规则。

鉴于"自白"、"任意性"二词专业性太强，在实践中也很难准确判断，可能影响该规则的实施。笔者建议立法时采用"陈述自愿性规则"这个名称取代它，而且将它扩大适用于所有言词证据，重点规范犯罪嫌疑人、被告人陈述，也包括被害人陈述、证人证言。

（6）原始证据优先规则。现代意义的最佳证据规则适用范围主要局限于书证，要求以文字材料的内容证明案情时，必须提交该文字材料的原件。以原始文字材料（包括书面文件、记录和照片，如文件、X光照片、电影和录像带，但一般不包括物证）作为证据，其效力优于它的复制品，因而是最佳的。我国在借鉴英美最佳证据规则的基础上，提出了原始证据优先规则，主要规范实物证据，包括物证、书证、视听资料和电子数据。它包括两层含义：一是要求收集证据时尽可能收集原始证据，凡是能够收集原始证据的，不得只收集派生证据或传来证据；二是原始证据的证明力大于传来证据。刑事诉讼法没有明确规定该规则，但《办理死刑案件证据规定》和有关司法解释都以该规则作为实物证据审查判断要求。

在上述六项证据规则中，关联性规则作为一项基础性规则，侧重规范证据的内容和实体。非法证据排除规则侧重规范证据的取证方法。二者都适用于所有证据。而传闻证据规则侧重规范言词证据的法定形式与调查程序，意见证据规则侧重规范言词证据的内容和法定形式，自白任意性规则侧重规范自白的证据能力和证明力。原始证据优先规则侧重规范实物证据的证据能力和证明力。

2. 规范证明力的证据规则

从刑事证据规范性文件和刑事司法实践看，规范证明力的证据规则主要是证据补强规则，又称补强证据规则，是指某些证据被认为存在弱点，必须与其他证据合并提出，才能作为定案的根据。该规则实质上是一种数量规则，主要适用于特定的言词证据，包括犯罪嫌疑人／被告人供述、不经宣誓的儿童证言、性犯罪中女性被害人的陈述等。它要求这些言词证据必须在其他证据担保其真实可靠性的条件下，才能发挥证明作用。设立证据补强规则，目的在于保证司法公正，防止法官在审理案件过程中可能出现的判断上的错误。刑事诉讼法第55条规定，只有被告人供述，没有其他证据的，不能认定被告人有罪和处以刑罚。这一规定要求以其他证据作为对被告人供述的补强证据，从而确认了口供补强规则。在实践中，补强证据规则被滥用的情况时有发生，对违反法定程序取得的瑕疵证据进行补强的情况尤为常见，应当通过立法严格限制其适用条件。此外，证据补强规则在适用中遇到许多问题，包括补强的范围、补强的程度和补强证据的证据能力，共犯口供的补强、被害人陈述的补强、未成年人证言的补强等，都需要进一步完善补强证据规则。

3. 规范证据运用的证据规则

取证、举证、质证、认证等证据运用全过程都需要相应的证据规则予以规范。从刑事证据规范性文件和刑事司法实践看，规范证据运用的证据规则主要有两项。

（1）作证特免权规则。在查明案件事实的过程中，具有证人资格的公民在法定条件下有权拒绝充当证人或者拒绝回答某类问题。该规则旨在保护某些特殊的信赖关系，而这些关系是依某种职业或身份关系形成的以当事人之间的相互信任为基础的社会关系。随着我国经济发展和社会进步，社会主体多元化和司法诉求多样化趋势明显，要求刑事诉讼价值进一步多元化。刑事诉讼法第193条第1款赋予被告人的配偶、父母、子女免予强制出庭作证的特权，符合这一发展趋势。但适用范围太狭窄，立法表述显得模糊，不便于实施，需要借鉴境外做法进一步完善，明确夫妻之间的交流特权、律师与委托人之间的交流特权、医患关系中秘密信息的保护特权，以及关于政府秘密的特权等，并构建相应的程序保障机制。

（2）交叉询问规则。交叉询问是指对抗制庭审中由当事人主导的从相对立场对证人进行的询问，包括主询问、反询问、再主询问、再反询问等。这里的证人包括当事人、鉴定人及知晓案情而向司法机关陈述的第三人。交叉询问的前提是证人、鉴定人等出庭作证，要求进一步完善出庭作证制度，保证关键证人、鉴定人、侦查人员等出庭作证。我国刑事诉讼法没有明确规定该规则，《高法解释》第212～215条和《法庭调查规程》第19条作了一定补充。但这些内容简略，可操作性不强。此外，该规则的有效实施还需要建立和完善一系列配套制度。

作证特免权规则和交叉询问规则都侧重规范言词证据的法庭调查程序，前者侧重规范取证和举证，后者侧重规范质证。

五 严格执行非法证据排除规则

十八届三中全会通过《中共中央关于全面深化改革若干重大问题的决定》，将严格实行非法证据排除规则作为严禁刑讯逼供、体罚虐待，完善人权司法保障制度的具体措施。十八届四中全会通过《中共中央关于全面推进依法治国若干重大问题的决定》，提出加强人权司法保障，健全非法证据排除等法律制度，加强对刑讯逼供和非法取证的源头预防。为了落实中央决策部署，中央全面深化改革领导小组第三十四次会议审议通过《严格排除非法证据规定》，"两高三部"2017年6月印发该规定，作为严格排除非法证据的新举措，进一步发展了中国特色非法证据排除规则。为了规范非法证据排除程序，严格排除非法证据，最高人民法院又制定《排除非法证据规程》，于 2018 年 1 月 1 日起试行。但是，从司法实践看，非法证据排除仍然面临许多问题，有待研究解决。这里着重探讨五个问题。

（一）非法实物证据的排除

与刑事诉讼法第 56 条规定一致，《严格排除非法证据规定》第 7 条对不符合法定程序收集的物证、书证适用可补正的排除。根据该条规定，排除不符合法定程序收集的物证、书证必须同时具备三个条件：（1）收集物证、书证不符合法定程序，包括未经依法批准和不符合法律对于取证主体、取证手续、取证方法的规定。（2）可能严重影响司法公正，具有严重违法性。这是指收集物证、书证不符合法定程序的行为明显违法或者情节严重，可能对司法机关办理案件的公正性造成严重损害。① 认定时应当综合考虑物证、书证违反法定程序以及所造成后果的严重程度等情况。② 这里"可能严重影响司法公正"与《非法证据排除规定》第 14 条中使用的"可能影响公正审判"表述不同，后者被认为是"影响实体上的公正审判"，而前者更能反映非法证据排除制度的功能。换言之，即使非法取得的物证、书证本身不影响实体公正，只要取证手段严重损害司法公正的，也应当予以排除。③（3）不能补正或者作出合理解释。这里的"补正"是指对取证程序上的非实质性瑕疵进行补救。"合理解释"是指对取证程序的瑕疵作出符合常理及逻辑的解释。④ 证据的补正与合理解释应当严格按照刑事诉讼法规定的取证程序和方法进行，"通过补正与合理解释尽量减轻程序违法的侵权性，消除、淡化或弥补非法取证行为给司法公正造成的不良影响"。⑤ 对于收集物证、书证不符合法定程序，可能严重影响司法公正的，首先应当允许侦查机关补正；在无法补正的情况下，应当允许作出合理解释。只有在既不能补正，又不能作出合理解释的情况下，才予以排除。这是因为，物证、书证等实物证据是以实在物为其存在状态和表现形式的客观证据，具有不可

① 最高人民检察院《人民检察院刑事诉讼规则（试行）》第 66 条第 3 款。
② 最高人民法院《关于适用〈中华人民共和国刑事诉讼法〉的解释》第 95 条第 2 款。
③ 参见最高人民法院刑事审判庭《刑事审判参考》2012 年第 5 期，法律出版社，2012，第 108 页。
④ 最高人民检察院《人民检察院刑事诉讼规则（试行）》第 66 条第 3 款。
⑤ 参见陈卫东主编《刑事诉讼法学》，高等教育出版社，2017，第 178 页。

再生性和不可复制性等特点，只有在对实物证据的收集程序不能补正或者作出合理解释，不能排除其已经变化或者存在伪造可能性时，才作为非法证据予以排除，但如果经补正或者作出合理解释后能确认实物证据的获取方法对刑事案件客观真实的发现并没有直接影响，则该实物证据仍可作为定案证据使用。[①] 因此，收集物证、书证不符合法定程序为补正或者作出合理解释提供了可能性，但它不等于违法收集物证、书证，或者非法取证。收集物证、书证不符合法定程序，可能严重影响司法公正，说明补正或者作出合理解释具有必要性。只有收集物证、书证不符合法定程序，可能严重影响司法公正，而且既不能补正，又不能作出合理解释的，才能称为非法物证、书证，对有关证据予以排除。在制止犯罪、实施抓捕、避免证据灭失等紧急情况下，未经依法批准，采用搜查、扣押等措施收集物证、书证，在作出补正或合理解释后，有关物证、书证可以作为证据使用。

《严格排除非法证据规定》第 7 条仅适用于排除不符合法定程序收集的物证、书证。《办理死刑案件证据规定》第 28 条规定的不符合法定程序收集的视听资料，《电子数据证据规定》第 27 条规定的不符合法定程序收集的电子数据，与不符合法定程序收集的物证、书证一样，都实行可补正的排除。它们作为我国非法实物证据排除的重要组成部分，有待立法整合，构建一个统一的非法实物证据排除规则。非法证据排除规则最初就是由美国联邦最高法院根据美国联邦宪法第四修正案确立的非法实物证据排除规则，适用对象为非法搜查或扣押所获得的证据。随后，才根据美国联邦宪法第五、第六修正案确立了非法自白排除规则，乃至"毒树之果"规则。

此外，最高人民法院、最高人民检察院司法解释对不符合法定程序收集的物证、书证的界定缺乏清晰的判断标准，如"明显违法或者情节严重"、"严重损害"、"非实质性瑕疵"和"符合常理及逻辑"等，司法实践中不易掌握，容易导致滥用，有待积累经验予以细化。而"不符合法定程序"的前提是各种物证、书证的收集程序法定，这要求立法进一步完善物证、书证的取证程序。根据《排除非法证据规程》第 27 条规定，对物证、书证等实物证据收集合法性的审查、调查程序，参照该规程有关供述的规

---

① 参见骆锦勇《如何严格排除非法证据》，《人民法院报》2017 年 8 月 3 日，第 002 版。

定进行，但仍然没有明确实物证据收集程序。

（二）辩护方和被害方申请排除非法证据

非法证据排除的启动包括依申请启动和依职权启动。虽然刑事诉讼法第 56 条规定侦查机关、检察机关、法院在侦查、审查起诉、审判阶段都有启动非法证据排除的权力和职责，但实践中极其罕见。刑事诉讼法第 58 条赋予当事人及其辩护人、诉讼代理人在审判阶段申请排除非法证据的权利，第 57 条明确当事人及其辩护人、诉讼代理人，以及其他单位和个人在审前程序中向检察机关报案、控告和举报非法取证行为的权利。《严格排除非法证据规定》仅仅明确犯罪嫌疑人、被告人及其辩护人在侦查和审查逮捕、审查起诉期间向检察机关申请排除非法证据，以及在审判阶段向法院申请排除非法证据的权利，忽略了被害人及其诉讼代理人的权利，而且很多制度有待配套措施才能落实。主要包括四个方面。

第一，明确法律援助值班律师的辩护人、诉讼代理人地位和权利。《严格排除非法证据规定》第 19 条规定，如果犯罪嫌疑人、被告人在非法证据排除过程中申请提供法律援助，公安司法机关应当按照有关规定指派法律援助律师。但是，法律援助值班律师只能为犯罪嫌疑人、被告人提供法律帮助，对刑讯逼供、非法取证情形代理申诉、控告，他们没有辩护人地位，无法享有刑事诉讼法第 38 条规定的辩护律师在侦查阶段的诉讼权利。这限制了他们为犯罪嫌疑人、被告人提供法律帮助的效果。"两高三部"2017 年印发的《关于开展法律援助值班律师工作的意见》第 2 条与此一致，规定法律援助值班律师不提供出庭辩护服务。2018 年刑事诉讼法第 36 条也将值班律师的职能定位为法律帮助，而非辩护。符合法律援助条件的犯罪嫌疑人、被告人，可以依申请或通知由法律援助机构为其指派律师提供辩护。这必将影响辩护的效率。为此，笔者主张立法进一步明确法律援助值班律师的辩护人地位，他们依法享有辩护人权利。同时，还应当赋予被害人及其法定代理人、近亲属取得值班律师的法律帮助的权利，并且明确值班律师的诉讼代理人地位和权利。

第二，强化辩护方申请调取证据权的保障。《严格排除非法证据规定》第 22 条规定，犯罪嫌疑人、被告人及其辩护人有权申请法院、检察机关调取侦查机关收集但未提交的讯问录音录像、体检记录等证据材料。这在一定程度上有助于解决目前非法证据排除过程中困扰辩护方的取证难问题，为非法证据排除规则更好地贯彻落实创造条件。但是，该条仅赋予辩护方申请权，是否调取的决定权在法院、检察机关，而且没有明确法院、检察机关滥用裁量权的程序性后果。《排除非法证据规程》第 21 条补充规定，法院经审查认为该证据材料与证据收集的合法性有关的，应当予以调取；认为与证据收集的合法性无关的，应当决定不予调取，并向被告人及其辩护人说明理由。这里的"认为与证据收集的合法性无关"过于模糊，很容易导致裁量权滥用。笔者认为，如果法院、检察机关决定不予调取时，应当赋予辩护方向上一级法院、检察机关上诉或申诉获得救济。如果有证据证明法院、检察机关滥用裁量权，应当承担相应的程序性后果。

第三，明确被害方申请排除非法证据的权利。[1]《严格排除非法证据规定》第 37 条规定，法院对证人证言、被害人陈述等证据收集合法性的审查、调查，参照犯罪嫌疑人、被告人供述的相关规定进行，但没有明确被害人及其诉讼代理人申请排除非法证据的权利。有学者认为，只有那些被侵权者（即犯罪嫌疑人、被告人及其法定代理人）才有权提起为权利救济而设立的"程序性裁判"程序。检察机关作为控诉方，出于查明案件真相，正确认定事实的需要，如果认为辩护方提供的证人证言、被害人陈述是非法取得的，也可以提出申请，由举证方对其证据收集的合法性予以证明。至于证明标准，检察机关应达到"证据确实、充分"，而被告人只要达到"优势证据"即可。[2]《非法证据排除规定》第 13 条规定，在庭审中，如果检察人员、被告人及其辩护人提出未到庭证人证言、被害人的书面陈述是非法取得的，应当由举证方对其取证的合法性予以证明。该规定显然与非法供述不一致，不能参照适用供述有关规定。笔者认为，《严格排除非法证据规定》应当与刑事诉讼法一致，明确赋予被害人及其诉讼代理人在侦查、审查起诉阶段向检察机关和在审判阶段向法院申请排除非法证据的权利，但申请排除对象限于控诉方运用公权力收集的证据。而且被告人及其辩护

---

[1] 关于被害人及其诉讼代理人申请排除非法证据，参见兰跃军《被害人申请排除非法证据：法理、程序与证明》，《中南大学学报》（社会科学版）2014 年第 5 期。

[2] 张军：《刑事证据规则理解与适用》，法律出版社，2010，第 340 页。

人申请排除非法的证人证言、被害人陈述，只要达到"优势证据"即可。

第四，辩护方和被害方申请启动的初步证明责任不能要求太高。刑事诉讼法和有关规范性文件规定，证据收集合法性的证明责任由检察机关承担，但申请方（辩护方或被害方）需要提供相关线索或者材料，承担启动证据收集合法性调查程序的初步证明责任。这主要是为了保证非法证据调查的顺利进行，避免申请和启动非法证据排除程序的随意性。根据《排除非法证据规程》第5条，这里的"线索"是指内容具体、指向明确的涉嫌非法取证的人员、时间、地点、方式等；"材料"是指能够反映非法取证的伤情照片、体检记录、医院病历、讯问笔录、讯问录音录像或者同监室人员的证言等。由于侦查不公开、高羁押率、律师不在场等，要求辩护方提供非法取证的线索或材料确有现实困难，因此，法律仅仅规定了辩护方承担初步证明责任的最低要求，即提供相关线索或者材料。有学者认为，这里的"线索或者材料"不能要求太高，只要它们比较具体，感觉有一定的真实可信性，足以对证据收集的合法性产生疑问就可以了，不能将线索材料提高到要求提供具体证据的程度。① 笔者赞同该观点。申请方承担的这种初步证明责任，是当事人及其辩护人、诉讼代理人对自己提出排除非法证据申请的诉讼主张提供证据加以证明的一种诉讼义务，只要足以形成争点，使裁判方对证据收集合法性产生疑问，抱有大体上的心证程度，达到"表面上成立"的证据标准即可。它不是证明责任倒置，也不需要达到证据确实、充分的程度。如果辩护方或被害方在开庭审理前申请排除非法证据，没有提供相关线索或者材料，不符合法律规定的申请条件，法院将不予受理。因此，对相关线索或者材料要求过高，可能导致很多申请得不到受理。

同理，刑事诉讼法第58条和《严格排除非法证据规定》第26条都将法官"认为可能"，即"有疑问"规定为启动非法证据调查程序的证据标准。对证据收集合法性产生疑问是一种主观心理状态，涉及法官的自由裁量权。因此，对于"有疑问"也不能要求过高，只要通过辩护方提供线索、材料以及控诉方的解释说明，使法官感觉存在非法取证的可能性，就应当

---

① 参见陈光中《对〈严格排除非法证据规定〉的几点个人理解》，《中国刑事法杂志》2017年第4期。

视为"有疑问"，达到"表面上成立"标准，从而启动非法证据排除的调查程序。[①] 此时设置过高要求违背诉讼规律，不仅给法官滥用启动调查程序的裁量权提供依据，而且挫伤辩护方和被害方申请排除非法证据的积极性。

（三）庭审调查非法证据

庭审调查非法证据是非法证据排除的关键环节。《非法证据排除规定》和《排除非法证据规程》都将庭审调查非法证据分为程序启动、法庭初步审查、控诉方证明、双方质证和法庭处理五个阶段。笔者查阅了 2013 年以来网上公开的各高级人民法院年度工作报告，只有北京、上海、重庆、江苏等地提供了有关非法证据排除情况的数据。其中，上海市自 2014 年以来每年都公开全市三级法院启动非法证据排除情况的数据，作为推进以审判为中心的诉讼制度改革，加强人权司法保障的具体成果。上海市三级法院2014 年一审审结刑事案件 3.19 万件，启动证据收集合法性调查程序 15 件，排除非法证据 2 件；2015 年一审审结刑事案件 3.27 万件，启动调查程序 12件（排除数据不详）；2016 年一审审结刑事案件 2.86 万件，启动调查程序16 件，排除非法证据 2 件；2017 年一审审结刑事案件 2.76 万件，启动调查程序 16 件，排除非法证据 6 件。[②] 从数据分析可知，庭审启动非法证据排除程序的情况很不乐观，启动比例低，排除证据数量更是凤毛麟角。学者实证研究结果也印证了这一点。[③] 还有学者利用北大法宝司法案例网络数据

[①] 参见陈光中《对〈严格排除非法证据规定〉的几点个人理解》，《中国刑事法杂志》2017年第 4 期。

[②] 北京市 2015 年一审审结刑事案件 22335 件，启动证据收集合法性调查程序 114 件，排除非法证据 9 件；2016 年一审审结刑事案件 19494 件，排除非法证据 18 件。重庆市 2015 年一审审结刑事案件 24982 件，启动证据收集合法性调查程序 96 件；2016 年一审审结刑事案件25667 件，启动非法证据排除程序 50 次；2017 年一审审结刑事案件 26591 件，启动非法证据排除程序 55 次。江苏省 2013 年一审审结刑事案件 66584 件，启动证据合法性调查程序143 件；2014 年一审审结刑事案件 80196 件，启动证据合法性调查程序 224 件。

[③] 有学者发现，作为学界、立法与司法机关及社会各界持续关注的热点话题，非法证据排除规则在司法实践中相当冷清，几乎是一条处于休眠状态的"死"规则。不仅法院很少依职权启动非法证据排除程序，而且被告方提出启动程序申请的比例也较低。即使依被告方申请启动程序，法官展开合法性调查的兴趣也不高。从调查结果看，很少有证据被认定为非法并排除，而即或排除也难以对案件处理产生实质影响。参见左卫民《热与冷：非法证据排除规则适用的实证研究》，《法商研究》2015 年第 3 期。

库，以"非法证据"为检索词，搜索到 2005～2015 年刑事裁判文书 1567 份，其中真正有关非法证据排除的案例只有 1459 例，每个省每年平均不到 5 例。在这些申请排除非法证据的案件中，还有 155 件没有启动非法证据排除程序。而在启动非法证据排除程序的案件中，法院最终决定不排除的案件高达 1168 件，决定将非法证据予以排除的案件只有 136 件。[①]

为了改变这种冷清状况，激活非法证据排除规则，《严格排除非法证据规定》第 26~33 条对庭审调查非法证据程序作了补充规定，主要包括四个方面。

第一，完善庭前会议程序排除非法证据的操作规范。非法证据排除是庭前会议程序的应然功能之一。《严格排除非法证据规定》第 26 条规定，如果公诉人、被告人及其辩护人在庭前会议中对证据收集是否合法未达成一致意见，公诉人提供的相关证据材料不能明确排除非法取证，法院经过审查，对证据收集的合法性有疑问，就应当启动调查程序。该规定明确了庭审启动非法证据调查程序的前提条件和证据标准，比刑事诉讼法第 58 条规定的"可能存在"标准更容易操作。但是，庭前会议程序排除非法证据的操作规范有待完善，《排除非法证据规程》第 12 条规定经过试行后可以吸收确立。

第二，严格控制先行当庭调查的例外情形。在庭审期间，如果法庭决定对证据收集的合法性进行调查，应当先行当庭调查。这体现了证据能力优先于证明力原则，证据收集合法性的程序性审查相对于案件实体审理具有优先性。但考虑到法庭审理期限和司法实践需要，为防止庭审过分迟延，非法证据调查也可以在法庭调查结束前进行。但是，这种例外情形应当严格掌握，防止滥用。而且在法庭对证据收集合法性的调查程序结束前，不得对有关证据出示、宣读。因为非法证据排除规则涉及证据能力问题，只有先解决证据合法性争议后，才能对有关证据进行宣读、质证，解决证明力问题。《排除非法证据规程》第 18 条将这种"例外情形"限定为"对于被申请排除的证据和其他犯罪事实没有关联等情形"，笔者认为比较合理，经过试行后可以总结经验确定。

---

① 参见易延友《非法证据排除规则的中国范式》，《中国社会科学》2016 年第 1 期。

第三，细化公诉人的证明方法，保障辩护方的参与权。《严格排除非法证据规定》将出示讯问笔录、提讯登记、体检记录、采取强制措施或者侦查措施的法律文书、侦查终结前对讯问合法性的核查材料等证据材料规定为公诉人对证据收集合法性的证明方法。这里的"出示讯问笔录"，是为了证明供述的证据能力，基于讯问笔录显示的讯问时间、地点、提问内容、笔录篇幅等事项，审查讯问过程的合法性。只有在确认讯问笔录具有证据能力的情况下，才能对讯问笔录宣读、质证，解决供述的证明力问题，决定能否将它作为定案的根据。[①] 同时，将"提供原始的讯问过程录音录像"改为"有针对性地播放讯问录音录像"，更符合实践做法。公诉人可以针对辩护方申请中提出异议的供述内容，有针对性地播放相应时段的讯问录音录像加以证明即可，没有必要全程播放，影响庭审效率。此外，该规定还明确赋予被告人及其辩护人出示相关线索或材料，申请法庭播放特定时段讯问录音录像的权利，扩大了辩护方的参与权，体现了控辩平等原则要求。这有利于充分发挥辩护职能在庭审调查非法证据中的作用，实现法庭审理的实质化。笔者认为，这种辩护方参与权同样需要相应的程序性制裁机制予以保障，防止法庭滥用裁量权。

第四，当庭裁决决定作出前禁止对有关证据进行宣读、质证。法庭启动证据收集合法性的调查程序后，必须当庭作出是否排除相关证据的决定，这是原则。但是，有的案件案情疑难、重大、复杂，加之争议证据又是关键证据，合议庭短时间难以达成一致意见，或者合议庭认为难以作出决定，可以宣布休庭，由合议庭进行评议或者提交审判委员会讨论决定。但是，再次恢复开庭时，必须宣布合议庭或审判委员会作出的决定。而且在法庭作出是否排除有关证据的决定之前，法庭不得对有关证据进行宣读和质证。这有利于避免非法证据在庭审中影响法官的心证。

（四）侦查人员出庭作证

为了证明供述取得的合法性，《非法证据排除规定》第 7 条首次规定了

[①] 参见戴长林、刘静坤、朱晶晶《〈关于办理刑事案件严格排除非法证据若干问题的规定〉重点解读》，《人民法院报》2017 年 7 月 26 日，第 6 版。

侦查人员和其他在场人员①（以下统称"侦查人员"）出庭作证制度。刑事诉讼法第 59 条第 2 款确认了该制度，但将"出庭作证"改为"出庭说明情况"，并且明确侦查人员出庭的条件——现有证据材料不能证明证据收集的合法性，而有必要出庭。该条件的裁量决定权在法院。该款还赋予侦查人员自行申请出庭说明情况的权利。有关规范性文件与刑事诉讼法规定一致，区分实体法事实和程序法事实，将侦查人员出庭证明证据收集的合法性规定为"出庭说明情况"，而将警察就其执行职务时目击的犯罪情况出庭规定为"出庭作证"。《审判中心改革实施意见》第 25 条和《排除非法证据规程》第 20 条、第 23 条补充规定，不得以侦查人员签名并加盖公章的说明材料替代侦查人员出庭。经法院通知，侦查人员不出庭说明情况，不能排除以非法方法收集证据情形的，对有关证据应当予以排除。该条严格限制书面情况说明的使用，明确了侦查人员不出庭的法律后果。《严格排除非法证据规定》还补充规定了侦查人员出庭的作证义务，应当向法庭说明证据收集过程，并就相关情况接受发问。同时赋予被告人及其辩护人申请侦查人员出庭的权利，法院认为现有证据材料不能证明证据收集的合法性，确有必要通知侦查人员出庭作证或者说明情况的，可以通知出庭。《法庭调查规程》第 13 条第 3 款与此基本一致，控辩双方对侦破经过、证据来源、证据真实性或者证据收集合法性等有异议，申请侦查人员或者有关人员出庭，法院经审查认为有必要的，应当通知侦查人员或者有关人员出庭。《排除非法证据规程》进一步规范非法证据排除程序，完善了有关操作规范。

1. 侦查人员出庭作证的身份

侦查人员作为刑事案件证据的主要收集者，其出庭作证并在庭审中接受交叉询问，也是庭审实质化的必然要求。从刑事诉讼法和有关规范性文件看，侦查人员出庭作证分为两种情形，可能具有四种身份。

就实体法事实出庭作证。包括两种身份：第一，目击证人。刑事诉讼法第 192 条第 2 款规定，警察在执行职务过程中，目击部分或全部犯罪情况，成为知道案件情况的人，应当以证人身份出庭作证，适用证人出庭作

---

① 主要是指侦查人员以外的能够证明证据收集合法性的人员，如在场的看守所监管人员、驻看守所检察人员、值班律师、同监室的在押人员等。

证的相关规定。"执行职务时目击的犯罪情况"主要指三种情况：一是警察在执行职务时目击了非其办理的案件的事实；二是警察在执行日常职务时目击了案件事实，之后成为该案主办人员；三是警察在自己办理的案件中执行职务时，目击了犯罪嫌疑人的犯罪事实。在后两种情况下，警察因受案、勘验、检查、抓捕犯罪嫌疑人等职务行为了解相关案件情况，仍可以以证人的身份出庭作证。从本质上看，警察在执行职务时目击的犯罪情况，与一般目击证人没有区别，但实践中侦查机关通常提交有警察签名的书面情况说明、抓捕经过等代替出庭，如果控辩双方没有异议，法庭直接采纳为定案根据。一旦辩护方对这些材料提出合理怀疑，法庭就应当要求警察作为目击证人出庭作证。

第二，量刑事实提供者。法庭对量刑问题进行裁判前，要对各种法定和酌定量刑情节进行调查，对于犯罪发生后既成的量刑情节，如主犯、从犯、起因等，侦查人员会在侦查过程中制作笔录。但对于诉讼进行中形成的量刑情节，如自首、立功、认罪认罚、刑事和解、积极赔偿等，虽然侦查人员也可以提供情况说明，但如果辩护方对此有异议，法庭仍然可以要求侦查人员出庭说明情况，此时侦查人员就是作为量刑事实提供者出庭作证。《高法解释》第110条第2款规定，对被告人及其辩护人提出有自首、坦白、立功的事实和理由，有关机关未予认定，或者有关机关提出被告人有自首、坦白、立功表现，但证据材料不全的，法院应当要求有关机关提供证明材料，或者要求相关人员作证，并结合其他证据作出认定。这里的"有关人员"包括侦查人员。侦查人员就自首、坦白、立功等量刑情节出庭作证，其作证身份也是证人，适用证人出庭作证的有关规定。

就程序法事实出庭说明情况。也包括两种身份：第一，程序性证人。刑事诉讼法第59条第2款确认了侦查人员出庭说明情况制度。但是，无论"出庭作证"还是"出庭说明情况"，立法都将侦查人员出庭作证设计为一种最后手段和补救措施，只有在采取其他证明方法都无法证明的情况下，才允许提请侦查人员出庭作证。在侦查人员出庭证明证据收集的合法性时，他们是作为程序事实提供者的证人，具有程序性证人身份。其所要提供的程序事实之一就是违法收集证据行为的严重程度、危害后果、可否补正等内容。因此，侦查人员出庭说明情况本质上是一种作证行为，立法应当统一修改为"出庭作证"，更有利于侦查人员出庭时明确自己的程序性证人身份，从而享受证人权利，履行证人义务，向法庭说明证据收集过程，并就相关情况接受控辩双方的发问。与此同时，《高法解释》第 101 条第 2 款和第 108 条又肯定了侦查机关书面情况说明的证据能力。从司法实践看，对于这类书面情况说明材料，法院大都没有对其证据能力作出否定性评价，而是通过简单的书面审查之后就将其采纳为定案的根据。侦查人员书面情况说明在司法实践中仍然大量使用，而出庭说明情况或出庭作证率很低。① 目前，我国全面禁止书面情况说明的使用并不现实，更不可能奢望所有的书面情况说明均以侦查人员出庭替代。鉴于侦查机关的实际情况，最大限度地限缩侦查人员出庭作证的范围，使侦查人员出庭更具现实性。具体可作如下限定：如果控辩双方对书面情况说明所证明的内容均无异议，侦查人员可以不出庭，而以书面情况说明代替。如果控辩双方对侦查机关出具的书面情况说明有异议，且其他证据无法证明证据收集的合法性，应当要求侦查人员出庭作证。侦查人员拒不出庭的，书面情况说明不得作为定案的根据。《审判中心改革实施意见》第 25 条明确了这一点，如果现有证据材料不能证明证据收集合法性，法院可以通知有关侦查人员出庭说明情况。此时，就不得以侦查人员签名并加盖公章的说明材料替代侦查人员出庭。如果经法院通知，侦查人员不出庭说明情况，且不能排除以非法方法收集证据情形的，对有关证据应当予以排除。《排除非法证据规程》第 23 条作了同样规定。在这种情况下，侦查人员出庭作证的内容是证据收集的合法性。至于侦查人员出庭作证的程序，可以适用《排除非法证据规程》第 19条规定。

第二，证据保管链的链接者。证据保管链制度要求建立自侦查阶段收

---

① 重庆市人民检察院某分院及其辖区基层院 2014 年至 2015 年提起公诉的案件共有 16228 件，其中侦查人员出庭说明情况的仅有 22 件，出庭率为 0.14%。2013 年上半年北京市各级法院共审结刑事案件 9692 件，涉及侦查人员出庭说明情况的 65 件，占 0.67%，其中公诉机关提请法庭通知侦查人员出庭的有 37 件 52 人次，被告人及其辩护人提请排除非法证据后法庭通知侦查人员出庭的有 28 件 41 人次，没有法庭直接通知侦查人员出庭的案件，也没有侦查人员主动向法庭要求出庭的案件。参见牟绿叶《比较法视野下侦查人员出庭作证的三种模式》，《江西警察学院学报》 2011 年第 6 期。

集证据至审判阶段将证据提交法庭的完整记录体系；除少数例外情形，所有接触证据的人员（包括侦查人员）都必须出庭作证。根据西方法治发达国家的经验，对于以下三类证据，证据保管链的链接者通常必须出庭作证：一是证据属于种类物；二是证据需要进行实验室分析；三是证据的关联性与证据的状态紧密相关。具体条件包括两个方面：第一，辩护方对证据的可靠性存在异议的。这通常表明证据在收集、运输、保管等环节发生了变化，其被篡改、伪造，或者因其他原因而导致虚假的可能性较大，因而有必要要求相关链接者出庭，以便法官审查证据的真伪。第二，法官对证据的可靠性存在疑问。如果法官对证据的收集、运输、保管等程序存有疑问，怀疑证据的真实性，法官有权要求相关链接者出庭作证。[①] 侦查人员作为证据保管链的链接者出庭作证的时间范围，始于开始收集证据（如果没有在第一时间收集到的证据，从案件发生时开始），终于侦查终结移送起诉（如果没有将有关实物证据材料随案移送审查起诉，则终于将证据提交法庭时）。在这种情况下，侦查人员出庭作证的内容是其所参与收集的证据保管链的完整性。

2. 侦查人员出庭作证的规范

立法和有关规范性文件关于侦查人员出庭作证作出了许多不一致的规定，亟待明确、统一、规范。主要包括四个方面。

第一，侦查人员出庭说明情况属于就程序法事实出庭作证，他们作为程序性证人，适用证人作证规范，应当与《非法证据排除规定》第7条和刑事诉讼法第192条第2款规定一致，统一称为"出庭作证"。侦查人员出庭应当履行法律规定的作证义务，向法庭说明证据收集过程，并就相关情况接受控辩双方的发问。但对发问方式不当或者内容与证据收集的合法性无关的，法庭应当制止。《排除非法证据规程》第23条第1款再次明确了这一点。

第二，侦查人员出庭既可以基于控辩双方申请，也可以自行要求，但只能作为一种最后手段和补救措施，即现有证据材料不能证明证据收集的合法性，有必要出庭。如果公诉人通过出示讯问笔录、提讯记录、体检记

---

① 参见陈永生《证据保管链制度研究》，《法学研究》2014年第5期。

录、批准采取强制措施或者侦查措施的法律文书等证据材料，以及有针对性地播放讯问录音录像，能够证明证据收集的合法性，被告人及辩护人也认可的，没有必要再提请侦查人员出庭作证。

第三，严格限制书面情况说明的使用。《高法解释》第 101 条第 2 款和第 108 条应当修改，以便与《审判中心改革实施意见》和《排除非法证据规程》保持一致，避免司法实践中执行混乱。虽然目前我国还不可能全面禁止书面情况说明的使用，但是，在现有证据材料不能证明证据收集合法性时，应当适用《审判中心改革实施意见》和《排除非法证据规程》有关规定，由侦查人员出庭作证，不得以侦查人员签名并加盖公章的书面情况说明替代。经法院通知，侦查人员不出庭作证，又不能排除以非法方法收集证据情形的，对有关证据应当予以排除。而且根据《非法证据排除规定》第 7 条第 3 款和《高法解释》第 101 条第 2 款规定，公诉人提交的书面情况说明，必须经有关侦查人员签名，加盖公章，并得到其他证据印证，才能作为证明取证过程合法的依据。

第四，适当限制法院对侦查人员出庭的裁量权。《严格排除非法证据规定》第 27 条规定，被告人及其辩护人申请法院通知侦查人员出庭，即使现有证据材料不能证明证据收集的合法性，法院认为"确有必要"的，仍然是"可以"通知，而不是"应当"。《排除非法证据规程》第 21 条第 3 款作了同样规定。这样，侦查人员是否出庭的决定权由法院裁量决定。这与《审判中心改革实施意见》第 25 条规定不一致，而且"确有必要"显得过于模糊，其要求明显高于刑事诉讼法第 59 条第 2 款规定的检察机关申请侦查人员出庭的条件。笔者认为，侦查人员作为执行职务时了解证据收集情况的人，根据刑事诉讼法第 62 条第 1 款规定，有作证的权利和义务。他们出庭作证证明其证据收集的合法性，也是其工作职责的一部分。通过出庭作证可以促使侦查人员依法取证，避免采用刑讯逼供等非法方法收集证据。如果立法对侦查人员不出庭作证缺乏程序性制裁，实践中侦查人员与证人一样，不出庭成为一种常态。立法精心设计的侦查人员出庭作证制度将沦为一种摆设。为此，笔者认为，《法庭调查规程》第 13 条第 3 款规定是合理的，改为"应当"通知出庭。

（五） 对法院排除非法证据的救济

《严格排除非法证据规定》第 36 条要求法院将证据收集合法性的审查、调查结论写入裁判文书，并说明理由。作为裁判的一部分，检察机关认为确有错误，有权抗诉；上诉权人不服，有权上诉。但是，由于证据收集合法性的审查、调查结论并不是一个独立的裁判，只能依附于实体裁判，检察机关、被告人及其法定代理人不能单独就证据收集合法性裁判提出抗诉、上诉，只能将它作为抗诉、上诉的部分理由。这对法院排除非法证据的救济是不全面的。一旦法院的实体裁判无法抗诉，上诉权人又没有上诉，对证据收集合法性的审查、调查结论就无法获得救济。笔者认为，我国应当借鉴境外做法，针对各种程序性违法和程序性裁判，建立专门的程序性上诉机制，允许控辩双方当事人就法院的程序性裁判单独提出抗诉、上诉获得救济。

检察机关、被告人及其法定代理人依法提起抗诉、上诉，启动二审程序，如果他们对一审法院有关证据收集合法性的审查、调查结论提出异议，根据刑事诉讼法第 233 条规定的全面审查原则，二审法院应当对一审判决认定事实、适用法律和诉讼程序进行全面审查，包括有关证据收集合法性的争议，从而为一审裁判提供救济。为了维护二审法院对有关证据收集合法性审查、调查结论的救济功能，避免虚假诉讼，被告人及其辩护人在一审程序中未申请排除非法证据，而在二审程序中提出申请，并且说明理由的，二审法院也应当进行审查。这体现了我国刑事诉讼追求实质真实的诉讼理念，有利于保障被告人及其辩护人申请排除非法证据的权利。但被告人及其辩护人必须有正当理由，证明他们不是在一审程序中怠于申请，二审法院才能受理。这可以在一定程度上限制被告人及其辩护人滥用非法证据排除申请权，督促他们在审前程序和一审程序中提出排除非法证据的申请。这里的"正当理由"包括被告人在审前程序和一审程序缺乏律师帮助，未能及时行使申请权；或者被告人及其辩护人在一审庭审后才发现涉嫌非法取证的线索或材料等。相应地，如果检察机关在一审程序中未出示证据证明证据收集的合法性，一审法院依法排除了有关证据，视为检察机关没有证据证明证据收集的合法性，那么，他们在二审程序中就不得出示之前未出示的证据，除非该证据是在一审程序后才发现的。这样，对检察机关在二审程序中的举证范围进行限制，可以避免检察机关在一审程序中怠于举证而引发不必要的程序争议。

二审法院经过审查、调查，区分不同情形对非法证据进行处理。《高法解释》第103条规定，具有三种情形之一的，二审法院应当对证据收集的合法性进行审查，并根据有关规定作出处理。《严格排除非法证据规定》第40条规定了两种处理方法。一是裁定撤销原判，发回原审法院重新审判，适用条件是一审法院对被告人及其辩护人排除非法证据的申请未予审查，并以有关证据作为定案根据，可能影响公正审判的。二是排除非法证据，适用条件是一审法院对依法应当排除的非法证据未予排除。而一旦排除非法证据后，二审法院按照刑事诉讼法第236条规定，分三种情形对一审裁判进行处理。但是，第40条使用的三个"可以"，赋予二审法院自由裁量权，笔者认为值得商榷。

关于第一个"可以"，一审法院对被告人及其辩护人排除非法证据的申请未予审查，并以有关证据作为定案根据，可能影响公正审判的，明显违反刑事诉讼法第238条第（3）项、第（5）项和《严格排除非法证据规定》第25~26条规定，是一种程序性违法行为，根据刑事诉讼法第238条规定，二审法院"应当"裁定撤销原判，发回原审法院重新审判，而不是"可以"。《排除非法证据规程》第33条就采纳了这一做法，规定为"应当"。关于第二个"可以"，一审法院对依法应当排除的非法证据未予排除，二审法院似乎还可以不排除，通过其他方式处理，这与刑事诉讼法第60条和《严格排除非法证据规定》第34条直接矛盾。它和第一个"可以"一样，放纵一审法院不履行排除非法证据的职责，也是一种程序性违法行为，应当改为"应当"。关于第三个"可以"，直接援引刑事诉讼法第236条第1款第（3）项规定，但去掉了"可以在查清事实后改判"，只有"裁定撤销原判，发回原审人民法院重新审判"这一种处理方式，且没有裁量余地。因此，笔者认为，也只能改为"应当"，或者增加规定"可以在查清事实后改判"的处理方式。《排除非法证据规程》第34条明确了这一点，将后面两个"可以"都改为"应当"，笔者认为是科学的。

附件　相关法律和规范性文件简称

1. 2012 年《中华人民共和国刑事诉讼法》，简称"2012 年刑事诉讼法"。除非特别说明，本书所称"刑事诉讼法"都是指 2018 年刑事诉讼法。

2. 最高人民法院 2012 年《关于适用〈中华人民共和国刑事诉讼法〉的解释》，简称《高法解释》。

3. 最高人民检察院 2012 年《人民检察院刑事诉讼规则（试行）》，简称《高检规则》。

4. 公安部 2012 年《公安机关办理刑事案件程序规定》，简称《公安部规定》。

5. 最高人民法院、最高人民检察院、公安部、国家安全部、司法部、全国人大常委会法制工作委员会 2012 年《关于实施刑事诉讼法若干问题的规定》，简称《六机关规定》。

6. 2016 年 7 月，最高人民法院、最高人民检察院、公安部、国家安全部、司法部《关于推进以审判为中心的刑事诉讼制度改革的意见》，简称《审判中心改革意见》。

7. 2014 年 6 月，全国人民代表大会常务委员会《关于授权最高人民法院、最高人民检察院在部分地区开展刑事案件速裁程序的试点工作的决定》，简称《授权刑事速裁程序试点决定》。

8. 2014 年 8 月，最高人民法院、最高人民检察院、公安部、国家安全部、司法部《关于在部分地区开展刑事案件速裁程序试点工作的办法》，简称《刑事速裁程序试点办法》。

9. 2016 年 9 月，全国人民代表大会常务委员会《关于授权最高人民法院、最高人民检察院在部分地区开展刑事案件认罪认罚从宽制度试点工作的决定》，简称《授权认罪认罚从宽试点决定》。

10. 2016 年 11 月，最高人民法院、最高人民检察院、公安部、国家安全部、司法部《关于在部分地区开展刑事案件认罪认罚从宽制度试点工作的办法》，简称《认罪认罚从宽试点办法》。

11. 2010 年 7 月，最高人民法院、最高人民检察院、公安部、国家安全部、司法部《关于办理死刑案件审查判断证据若干问题的规定》，简称《办理死刑案件证据规定》。

12. 2010 年 7 月，最高人民法院、最高人民检察院、公安部、国家安全部、司法部《关于办理刑事案件排除非法证据若干问题的规定》，简称《非法证据排除规定》。

13. 2017 年 2 月，最高人民法院《关于全面推进以审判为中心的刑事诉讼制度改革的实施意见》，简称《审判中心改革实施意见》。

14. 2016 年 11 月，最高人民法院、最高人民检察院、公安部《关于办理刑事案件收集提取和审查判断电子数据若干问题的规定》，简称《电子数据证据规定》。

15. 2017 年 6 月，最高人民法院、最高人民检察院、公安部、国家安全部、司法部《关于办理刑事案件严格排除非法证据若干问题的规定》，简称《严格排除非法证据规定》。

16. 2017 年 8 月，最高人民法院、最高人民检察院、公安部、国家安全部、司法部《关于开展法律援助值班律师工作的意见》，简称《值班律师工作意见》。

17. 2018 年 1 月，最高人民法院《人民法院办理刑事案件庭前会议规程（试行）》，简称《庭前会议规程》。

18. 2018 年 1 月，最高人民法院《人民法院办理刑事案件排除非法证据规程（试行）》，简称《排除非法证据规程》。

19. 2018 年 1 月，最高人民法院《人民法院办理刑事案件第一审普通程序法庭调查规程（试行）》，简称《法庭调查规程》。

20. 2017 年 10 月，最高人民法院、司法部《关于开展刑事案件律师辩护全覆盖试点工作的办法》，简称《刑事辩护全覆盖试点办法》。

图书在版编目（CIP）数据

以审判为中心的刑事诉讼制度改革 / 兰跃军著. --
北京：社会科学文献出版社，2018.12
　ISBN 978-7-5097-6317-9

Ⅰ.①以… Ⅱ.①兰… Ⅲ.①刑事诉讼-司法制度-
体制改革-研究-中国 Ⅳ.①D925.210.4

中国版本图书馆 CIP 数据核字（2018）第 275734 号

以审判为中心的刑事诉讼制度改革

著　　者 / 兰跃军

出 版 人 / 谢寿光
项目统筹 / 芮素平
责任编辑 / 芮素平　李从坤　刘小云

出　　版 / 社会科学文献出版社·社会政法分社（010）59367156
　　　　　地址：北京市北三环中路甲 29 号院华龙大厦　邮编：100029
　　　　　网址：www.ssap.com.cn
发　　行 / 市场营销中心（010）59367081　59367083
印　　装 / 天津千鹤文化传播有限公司

规　　格 / 开　本：787mm×1092mm　1/16
　　　　　印　张：20.75　字　数：328 千字
版　　次 / 2018 年 12 月第 1 版　2018 年 12 月第 1 次印刷
书　　号 / ISBN 978-7-5097-6317-9
定　　价 / 89.00 元